LUCIANO VIAZZI, nato a Nizza Monferrato in Piemonte. Alpinista e ufficiale degli Alpini, ha svolto una intensa attività pubblicistica e fotografica dedicata alla montagna. Ha diretto – fra l'altro – dal 1967 al 1972 la rivista specializzata «Rassegna Alpina» e realizzato per la New Record Film di Milano il lungometraggio documentario «Penne Nere - storia delle truppe alpine dalle origini ai giorni nostri». Dal 1965 ha pubblicato, presso diversi editori, i seguenti volumi: Guerra Bianca sull'Adamello, Guerra d'Aquile, il Cantanaja, il Capitano Sora, Le Aquile delle Tofane, Guerra sulle Vette, Con gli Alpini sulla Marmolada, I Diavoli dell'Adamello, Ortles-Cevedale, Storia illustrata della Valcamonica.

*Per ricordare
gli alpini caduti
sulle montagne
del Cadore
Ampezzano*

LUCIANO VIAZZI

LE TOFANE

La meravigliosa storia di una montagna e della sua gente, dalle antiche ere geologiche ai giorni nostri

In prima di copertina. Comitiva di alpinisti sul ghiaione del versante NO della Tofana di Dentro.

In quarta di copertina. Sopra: Tofana di Rozes vista dalla Tofana di Mezzo. *Sotto:* Dalla Vetta della Tofana di Rozes si osservano (a sinistra) la Tofana di Inze o III e (a destra) la Tofana di Mezzo o II.

Prima edizione

ISBN 88-7024-214-5

© 1983 - by MANFRINI EDITORI
Divisione editoriale della
MANFRINI R. ARTI GRAFICHE VALLAGARINA S.p.A.
Calliano (Trento) - Italy

Tutti i diritti riservati.
È vietata la riproduzione anche parziale
dei testi e delle illustrazioni.

Presentazione

Nella vita di ogni alpinista c'è sempre una montagna verso la quale è particolarmente attratto e che, molte volte, rappresenta lo scopo ideale della sua esistenza.

Anch'io, in questo senso, ho avuto il mio «colpo di fulmine» dolomitico: le Tofane! Esse, da almeno una trentina d'anni, sono divenute le montagne del mio cuore, per motivi che trascendono la stessa esaltante esperienza alpinistica, al punto da considerarle ormai come un'entità simbolica soprannaturale. Sono convinto che esse abbiano un'anima immortale che si esprime attraverso il muto linguaggio dei millenni. Oltre a questo aspetto, che potremmo definire di carattere interiore, c'è un più comprensibile rapporto di questa montagna con l'uomo che vive, lavora e lotta lungo i suoi versanti, con la costante aspirazione di raggiungere le massime vette.

Da queste due grandi linee mi sono mosso per realizzare una vera e propria «biografia» di questa montagna, che integra e completa la storia del periodo di guerra 1915-1918, che già avevo anticipato con il mio volume [1] «Aquile delle Tofane».

Essa è centrata, come del resto appare logico, sulla cronaca alpinistica che va – grosso modo – dalla metà del secolo scorso sino ai giorni nostri. In questa mia fatica mi sono stati di prezioso aiuto per la parte geologica, lo studio dei fossili e della vegetazione: Rinaldo Zardini, e il dr. G. Angelo Mariotti, i quali hanno messo a mia disposizione, per la pubblicazione integrale, i loro studi in materia.

Un ringraziamento particolare è dovuto al prof. Vito Pallabazzer direttore dell'Istituto di Studi per l'Alto Adige per l'autorizzazione ad attingere, per la parte toponomastica riguardante le Tofane, all'opera del defunto prof. Carlo Battisti «I Nomi Locali dell'Ampezzano» e per la collaborazione prestata nella fase di aggiornamento e revisione linguistica dell'opera in questione.

Fonte primaria dell'opera per quanto riguarda le Regole Ampezzane e l'attività da esse svolta nella zona delle Tofane, sono gli scritti del dr. Giuseppe Richebuono, e in particolare l'interessante studio sulle «Antichi Laudi delle Regole» e l'originale ricostruzione di una «Storia di dieci pecore da nove milioni l'una», editi a cura della Cassa Rurale ed Artigiana di Cortina d'Ampezzo.

Per quanto riguarda l'attività alpinistica hanno collaborato gli «Scoiattoli»: Lino Lacedelli, Luigi Ghedina, Ettore Costantini, Lorenzo Lorenzi, Bruno Menardi, Carlo Gandini, Franz e Armando Dallago, ed altri numerosi alpinisti di varia estrazione, fra i quali devo ricordare Armando Aste di Rovereto e Felice Anghileri di Lecco.

Per la parte illustrativa sono grato a Giuseppe Ghedina, alla foto-ottica Zardini e al dr. Lodovico Sella dell'Istituto di Fotografia Alpina «Vittorio Sella» per le magnifiche fotografie gentilmente messe a disposizione.

Un grazie ancora al dr. Enrico Rossaro direttore dell'Azienda Autonoma di Soggiorno e Turismo di Cortina d'Ampezzo per la fattiva collaborazione alla buona riuscita del volume.

---

[1] Pubblicato nel 1974 dalla casa editrice Mursia di Milano (Via Tadino n. 29).

L'AMBIENTE NATURALE ED UMANO

Tofana di Mezzo e Tofana di Dentro viste dalla vetta della Tofana di Rozes.

◁ Alba sulla parete S della Tofana di Rozes.

Descrizione generale del massiccio

Il gruppo montuoso delle Tofane, di cui ci accingiamo a descrivere le varie componenti e a narrarne la storia alpinistica, è situato nel cuore delle Dolomiti Orientali tra la provincia di Belluno e quella autonoma di Bolzano, sul bordo occidentale dell'ampia conca di Cortina d'Ampezzo.

Si tratta di un imponente massiccio, disposto ad arco da N verso SO, dal quale si elevano tre cuspidi rocciose così denominate:

Tofana I o di Rozes (m 3225),
Tofana II o di Mezzo (m 3244),
Tofana III o di Dentro (m 3238),

quest'ultima detta anche – in dialetto ampezzano – de Inze.

Il gruppo è chiaramente delimitato a S dal Rio Costeana e dal Rio Falzárego, ad O dal Rio Travenánzes, da Forcella Bós a Ponte Alto, e ad E dal torrente Boite, da Podestagno a Cortina d'Ampezzo. Esso è lungo all'incirca 9 km e largo (dalla Val Travenánzes al Col Druscié) 5 km.

Tra il Doss de Tofana ed il Col Rosà abbiamo il valico di Pospórcora che collega in modo diretto la località di Fiammes alla Val Travenánzes.

L'altro valico, che permette l'attraversamento in quota del gruppo, è la Forcella di Fontana Negra, profonda spaccatura che divide nettamente la Tofana di Rozes dalle altre due cime gemelle.

L'immane piramide della Rozes s'impone per la bellezza e l'eleganza della sua struttura rocciosa, caratterizzata dai poderosi pilastri della parete S.

Le altre due Tofane (di Mezzo e di Dentro) hanno invece un aspetto molto più complesso e meno caratteristico: lunghe dorsali sostenute da potenti contrafforti si diramano in varie direzioni: Punta Anna, Ra Válles, Doss de Tofana, Tondi e Crepe di Cianderou, Ra Zéstes. Il versante che guarda verso Cortina d'Ampezzo ha grosso modo la forma di un ondulato altipiano inclinato verso N, mentre il versante opposto ricade a picco sulla lunga ed incassata Val Travenánzes.

Alle propaggini estreme del gruppo si ergono due caratteristici e giganteschi torrioni: a NE l'aguzza cuspide del Col Rosà (m 2166) e a SO il ferrigno baluardo del Castelletto (m 2656) che sembrano vigilare e difendere gli ingressi obbligati del leggendario Regno dei Fanes. Altri due torrioni: Punta Marietta (m 2973) e Punta Giovannina (m 2936) li troviamo ai bordi della Forcella di Fontana Negra, ma in genere, salvo qualche altro spuntone o pinnacolo isolato, il gruppo delle Tofane è formato da cime tozze a cupola o a cresta, pochissimo articolate e caratterizzate da ampie pareti, a loro volta solcate da rovinosi valloni e percorse da facili cenge.

Sulle più alte pendici settentrionali del gruppo, nei due canaloni di Potofana, sul versante orientale (culmine di Ra Válles) e occidentale della sella tra la Tofana II e III, si trovano alcuni estesi campi nevosi con fondo ghiacciato permanente, definiti come ghiacciai, pur non avendone tutte le caratteristiche.

Da questi scaturisce (anche nel periodo estivo) una discreta quantità di acqua che va principalmente ad alimentare il Rio Travenánzes, principale tributario del Boite.

Di conseguenza, tutto il territorio attorno alle Tofane, adibito sia a pascolo che a bosco o prato, presenta una vegetazione particolarmente fiorente e ben curata, conservando (malgrado l'intenso traffico turistico di certe zone) il fascino profondo della natura ai suoi primordi.

Studio geologico del gruppo delle Tofane

G. ANGELO MARIOTTI

Introduzione

Lo studio geologico della zona delle Tofane ha richiesto il rilevamento geologico alla scala 1:25.000 che ho eseguito durante il 1963 e 1964, compiendo numerose escursioni; per la natura impervia della zona, ho incontrato talora notevoli difficoltà, ed ho dovuto eseguire qualche arrampicata.

Per poter meglio osservare le ripide pareti del gruppo, mi sono servito di un'apposita ricognizione aerea su di un apparecchio Pilatus Porter dell'Aeroporto di Cortina. Ho eseguito anche escursioni in zone vicine, allo scopo di confrontare le formazioni ivi affioranti con quelle che compaiono nella zona oggetto del presente studio.

Sulla zona delle Tofane erano stati fatti vari studi, tra i quali vanno ricordati principalmente: lo studio di M. M. Ogilvie Gordon (1934), corredato da una carta geologica alla scala 1:50.000, e quelli di G. Merla, B. Castiglioni e Piero Leonardi i cui risultati figurano nel foglio Pieve di Cadore della carta geologica delle Tre Venezie a cura della sezione geologica dell'Ufficio Intendenza del Magistrato delle Acque di Venezia.

Il mio rilevamento, alla scala 1:25.000, ha avuto lo scopo di rendere più particolareggiato lo studio della zona, con speciale riguardo per gli elementi tettonici. La zona rilevata è delimitata ad E da una linea che segue il torrente Boite dalla confluenza del Costeana fino al terreno ove sorgeva l'Aeroporto di Fiames; a N dal limite della tavoletta tra l'ex Aeroporto e il Rio Travenánzes; a ONO da una linea che segue il fianco sinistro della Val Travenánzes, toccando i due Lagazuoi, e che scende poi al Passo Falzárego; a S da una linea che dal Passo suddetto, passando a N delle Cinque Torri, si dirige al Rio Costeana che segue poi fino alla sua confluenza nel Boite.

Oltre alle condizioni geologiche della zona ho preso in considerazione anche gli aspetti morfologici e i problemi di geologia applicata relativi ad alcuni impianti idroelettrici ed acquedotti.

Sguardo generale alla geologia delle Dolomiti

La regione dolomitica è caratterizzata dal grande sviluppo che si assumono le dolomie. Originariamente quasi tutti i materiali che costituiscono queste imponenti masse rocciose erano calcarei e si trasformarono poi in dolomia in seguito

Gruppo delle Tofane visto dal Faloria. In alto, da sinistra a destra, si può notare Tofana Prima, Tofana Seconda, Tofana Terza. Al centro, sotto il Dosso di Tofana, si vede lo scivolamento che ha formato il Col Drusciè. Più a destra le Crepe di Cianderau. In basso il paese di Cortina.

◁ Carta geografica della zona Cortina-Tofane.

al processo di «dolomitizzazione» (che ancor oggi è oggetto di studio non avendo una chiara interpretazione). Per ciò che riguarda la dolomia ladinico-carnica dobbiamo pensare ad un ambiente di scogliera, mentre per la dolomia principale norica ci si deve collegare ad una deposizione in ambiente di piattaforma.

Accanto ai processi sedimentari bisogna considerare una intensa attività vulcanica: le lave, i materiali tufacei, ricoprendole, portavano la morte e quindi l'interruzione nella costruzione delle barriere coralline.

A queste manifestazioni si alternavano periodi di quiete nei quali l'attività degli organismi riprendeva.

Nell'Era Terziaria movimenti orogenetici portarono all'affioramento del fondo marino e, in seguito a processi erosivi, alla formazione delle vette dolomitiche.

Da uno sguardo tettonico generale la zona dolomitica appare come una regione a pieghe o pieghe-faglie orientate da O o da SO a NE che generalmente sono inclinate verso S.

Il protrarsi dei movimenti orogenetici portò allo stiramento e talvolta anche alla rottura dei fianchi intermedi delle pieghe causando delle pieghe-faglie e scorrimenti che, per la loro estensione, hanno formato linee di dislocazione d'importanza regionale quali: linea di Funes, linea di Falzárego ecc.

Hanno interessato la zona dolomitica anche fenomeni di scollamento e di scivolamento gravitativo che spiegano ottimamente le discordanze stratigrafiche da altre complicazioni che caratterizzano la vetta di determinate montagne.

Stratigrafia

La serie stratigrafica della conca di Cortina nella zona da me rilevata comprende i terreni che vanno dal Malm agli strati di S. Cassiano e precisamente:
Malm, Lias, Norico, Raibliano, Dolomia cassiana, Strati di S. Cassiano.

Malm

È rappresentato da calcari rossi ricchi di resti di Ammoniti e con Terebratula dyphia col. che permette di attribuire questo complesso, con sicurezza, al Titonico (rosso ammonitico veneto). La massa inizialmente doveva essere compatta e ben stratificata. Ora appare fratturata per il sovrascorrimento di vetta. Questi calcari rossi sono in parte selciferi. Il contatto con le sottostanti masse liassiche è messo in netta evidenza per la variazione di colore. Questi materiali, nella zona da me rilevata, compaiono solamente sulla vetta di Tofana III. Dalle altre parti evidentemente sono stati asportati dagli agenti erosivi. Questi calcari, appartenenti al Giurassico, sono i più recenti della serie.

Lias

Non sempre è possibile tracciare un limite netto tra le masse liassiche e la sottostante Dolomia Principale. Da lontano è possibile fare un'approssimativa distinzione ma da vicino ciò riesce molto difficile. Questo livello è costituito da rocce di colore decisamente più grigio che non la Dolomia sottostante. Il complesso dei materiali si presenta compatto con ottime stratificazioni concordanti con quelle della Dolomia. Il colore è dovuto ad alterazione causata dagli agenti atmosferici. Litologicamente siamo in presenza di masse calcaree che all'interno sono di colore bianco. Lo spessore degli strati è variabile. La loro separazione è sempre evidente. Complessivamente la massa è più compatta e meno frastagliata di quella della Dolomia Principale. La consistenza dei materiali non permette che la formazione di irrilevanti depositi detritici. Praticamente questi materiali sono afossiliferi.

Norico

La potenza della formazione dolomitica norica, che va sotto il nome di Dolomia Principale, si aggira sui 1000-1200 m. La stratificazione è ben visibile ed ovunque gli strati sono ben delimitabili sia inferiormente che superiormente. A volte tra strato e strato può comparire un sottilissimo letto d'argilla di colore verdognolo. Lo spessore degli strati varia da pochi millimetri (lamellati) fino a uno-due metri. È una roccia di colore bianco che, per alterazione, diventa giallastra. Si presenta con pareti strapiombanti, frastagliate, con torri, pinnacoli e con altre varie forme che si ritrovano solamente in questo meraviglioso paesaggio. Anche in questo tipo di Dolomia, come vedremo poi per la Dolomia Cassiana, possono osservarsi le caratteristiche chiazze rosse dovute agli ossidi di ferro. Le azioni, dovute all'acqua meteorica, formano delle macchie di colore nero che si possono notare, ad esempio, sulla strapiombante parete del Lagazuoi Grande. I ritrovamenti di fossili sono notevoli considerando il fattore quantità. Si trovano modelli interni di Lamellibranchi di tipo Megalodon che presentano i luccicanti cristalli di Dolomite dovuti alla fossilizzazione.

Le forme dell'animale sono ricalcate con grande fedeltà. Le dimensioni di questi fossili variano notevolmente. Da tenere presente che i fossili si trovano concentrati in determinate plaghe al di fuori delle quali è difficile il ritrovamento. Talvolta si può rinvenire qualche esemplare di Worthenia Solitaria.

Raibliano

Tra le sovrapposte imponenti masse di Dolomia Norica e le Dolomie Cassiane c'è un'alterazione calcareo-marnosa che corrisponde agli strati di Raibl.

Questa intercalazione è costituita da materiali che si disgregano facilmente sotto l'azione degli agenti atmosferici e spesso è ricoperta da prati a dolce pendio e da detrito. Nei luoghi dove manca la copertura prativa o detritica questo orizzonte è ben distinguibile, anche da lontano, dagli altri materiali con i quali sta a contatto per la vivacità dei colori. È un complesso a facies arenaceo-marnosa talora calcarea con strati argillosi. Gli strati arenacei sono a grana piuttosto grossolana, variabili nel colore. Si ha una prevalenza del rosso. Spesso si nota l'alternanza di arenarie rosse con arenarie gialle o calcari verdognoli. Lo spessore dell'intero complesso si aggira sul centinaio di metri. Le differenze tra la varietà sono rappresentate, oltre che dalle caratteristiche già viste, dalla durezza dei depositi calcarei e delle arenarie gialle nei confronti di quelle rossastre che sono molto friabili.

Dolomia Cassiana

Il S. Cassiano superiore è generalmente rappresentato da una formazione calcareo-dolomitica, talora di scogliera, di variabile potenza. La roccia in esame si presenta in blocchi e si può osservare bene percorrendo la Statale n. 48 delle Dolomiti. In prossimità di Pocol costituisce le grotte di Volpera, la Crepa, il Belvedere. Più in alto, verso Passo

La serie carnica affiorante presso il Rifugio Dibona. Dal basso verso l'alto: la Dolomia ladinica, strati di S. Cassiano, Dolomia cassiana, Raibliano. I tre canaloni che tagliano la serie corrispondono ad altrettante faglie di cui si può intravvedere anche il rigetto. (Foto R. Zardini)

Falzárego, si ritrova, con spessori poco notevoli, alle propaggini della Tofana di Rozes, quindi, si continua nei grandi blocchi del Col di Bos, Monte Falzárego, Lagazuoi Piccolo. Si presenta come una roccia molto compatta. Il colore tende al bianco che, per alterazione, generalmente diventa grigiastro. A volte presenta delle chiazze rossastre dovute a fenomeni di riduazione degli ossidi di ferro. Questi enormi massi, che non danno luogo alle forme strapiombanti e frastagliate della Dolomia Principale, generalmente non sono stratificati; talvolta però compare qualche stratificazione in grossi banchi. L'esame microscopico rivela la presenza delle alghe Diplopore che la costituiscono. In alcune zone questa dolomia è molto fratturata, quasi spezzettata e si sbriciola facilmente.

Strati di S. Cassiano

Gli affioramenti di questa formazione sono molto estesi. Si può dire che ad essa corrispondono quasi tutte le distese di prati a pendio dolce che circondano la conca ampezzana. Questi strati costituiscono il nucleo dell'anticlinare di Cortina e ne seguono quindi l'andamento dell'asse: da una parte un braccio verso Falzárego, dall'altra uno verso Passo Tre Croci. Gli strati di S. Cassiano sono costituiti da materiali assai vari. Nella parte più bassa vi sono arenarie tufacee di tinta brunastra (solamente nell'abitato di Cortina). Procedendo verso l'alto i materiali arenacei si fanno più fini e più calcarei finché nella parte più alta prevalgono le marne ed i calcari marnosi. Si vengono così ad avere marne assai dure e compatte che passano ad argille tenere e facilmente disgregabili che danno origine a smottamenti ed a piccole colate di fango. Verso la sommità della formazione a queste marne si alternano blocchi isolati di calcari coralligeni del tipo dei calcari di Cipit.

I fossili non sono uniformemente distribuiti bensì concentrati in determinate zone, particolarmente ricche; i prati fra Pocol e Rumerlo, Cianzopè, Vervei, Bosco Milieres.

La Ogilvie Gordon attribuisce i reperti della conca di Cortina a due livelli: i fossili di Rumerlo alla fauna di Stuores, quelli appartenenti agli affioramenti lungo la strada di Falzárego ad un livello superiore, con fauna più affine a quella raibliana.

Da tenere in considerazione il fenomeno del nanismo presentato dalla fauna cassiana di questa zona. Il Boni sostiene che ciò sarebbe dovuto sia a fattori ambientali che a fattori biologici interni degli animali.

Detrito

Alla base della Dolomia principale vi sono immensi depositi detritici dovuti all'erosione dei materiali sovrastanti. Queste masse conferiscono al paesaggio un aspetto più dolce di quello primitivo.

Alluvione

Si possono ritrovare depositi alluvionali ciottolosi nella Valle Travenánzes, in corrispondenza del Rio omonimo, ed in corrispondenza del letto e delle immediate vicinanze del torrente Boite ed in località Fiames e Campo.

Descrizione di alcune zone
Lagazuoi - Monte Falzárego - Col di Bós

Subito a N del Passo Falzárego anziché avere, come ci si potrebbe aspettare, le formazioni superiori al Raibliano, si trovano invece le marne di S. Cassiano e pareti di Dolomia ladinico carnica con grande spessore: Monte Falzárego, Lagazuoi, Col di Bós.

L'origine di questa Dolomia è prevalentemente zoogena e viene chiamata dello Sciliar (dal monte omonimo). Il colore è grigio biancastro. In genere mancano o si hanno rare stratificazioni. Talvolta lateralmente può comparire una stratificazione. Questo avviene perché il moto ondoso ha sgretolato la ripida parete della scogliera; i materiali erosi, frammisti ad altri sedimenti, si sono stratificati dando origine ad un pendio non molto inclinato che prende il nome di scarpata di scogliera.

Tale fenomeno è chiamato dai Tedeschi Riffboschung.

Come è stato detto precedentemente, questa Dolomia è dovuta all'attività costruttrice dei coralli che possono vivere solamente a debole profondità.

Per spiegare quindi la potenza verticale di queste rocce bisogna pensare ad un continuo e regolare abbassamento del fondo marino con movimento parallelo a quello della sedimentazione. Le scogliere che compaiono nella zona da me studiata sono del tipo a «lente»: hanno, cioè, forma regolare perché gli organismi hanno lavorato in condizioni ambientali tranquille e favorevoli.

Abbiamo visto all'inizio che la posizione dei terreni nella zona circostante alla linea del Falzárego è anomala. Il G. Merla ed il Signorini la spiegano come dovuta ad una faglia corrispondente alla linea di disturbo suddetta. Giustificherebbero così l'aspetto a gradino della zona. Questo concetto è stato però superato dalla teoria applicativa del prof. Piero Leonardi. La linea del Falzárego non è una faglia bensì corrisponde agli strati intermedi, striati e talvolta rotti, di una piega-faglia.

Serie stratigrafica carnica posta sopra
il Rifugio Dibona ed affioramenti Raibliani

Nel versante S sottostante alle Tofane compare una bella serie stratigrafica comprendente i terreni dal Carnico al Norico. Questa, peraltro, è interrotta in corrispondenza del detrito di falda del ghiaione che porta al Rifugio Cantore.

Si hanno così due tronconi: uno proprio sotto Tofana di Rozes, l'altro sopra il Rifugio Dibona. La meglio conservata di tali serie è quella corrispondente al secondo troncone, sebbene sia attraversata da tre linee di faglia. Andando da O verso E si vede che i materiali raibliani, nei quali è incisa una magnifica cengia, pittoresca per i vari colori rosso, verde, viola, passano a quote via via decrescenti per effetto delle linee di disturbo. La stessa disposizione è seguita dalla sottostante Dolomia ladinico-carnica, degli Strati di S. Cassiano, e, sotto, ancora da Dolomia ladinico-carnica che, nella parte mediana, non è visibile essendo coperta da detrito.

Ad E questa serie s'interrompe per lo scivolamento gravitativo che ha implicato le rocce della Dolomia Principale e del Raibliano in località Pomedes e Rifugio Duca d'Aosta.

Da notare che questa è una delle poche zone dove è possibile prendere la giacitura degli strati di S. Cassiano che dalle altre parti non appare quasi mai come affioramento, bensì come detrito.

Il Raibliano che arriva fin proprio alla base della Dolomia Principale è formato da marne e da letti argillosi, dalla disgregazione dei quali si ottiene il caratteristico detrito rosso.

Considerando il profilo di questa zona si vede che prima è verticale, in corrispondenza della Dolomia Principale, si addolcisce poi nei terreni raibliani per ritornare quasi alla verticalità nella Dolomia ladinico-carnica che presenta le stesse caratteristiche di quella affiorante nel Lagazuoi Piccolo. Le stratificazioni hanno tutte direzioni circa EO ed immergono a N. Alla base di questa serie compare il detrito che scende fino alla strada nazionale dove, in corrispondenza della linea di dislocazione di Falzárego, compare il detrito prevalentemente raibliano.

Per ciò che riguarda la serie sotto la Tofana di Rozes bisogna notare che le stratificazioni raibliane non sono così distinte come nella zona precedente.

Qui i materiali suddetti sono più fratturati ed erosi perché la serie è attraversata da dei ruscelletti che la incidono. In senso orizzontale l'affioramento raibliano arriva fino a circa metà della base della parete S di Tofana di Rozes. Un altro piccolo affioramento si trova sotto il Castelletto, fatto saltare con mine durante la prima guerra mondiale.

Il S. Cassiano arriva circa fino alla Forcella Col di Bós, a quota 2.300, da dove, seguendo un limite curvo, sale sopra la Dolomia ladinico-carnica, costituente il Monte Falzárego, fino a quota 2.400, poi l'affioramento non è più visibile. Tutto il Monte Falzárego e Col di Bós sono formati da una lente di Dolomia ladinico-carnica al di sopra della quale, in cima a Col di Bós, compaiono affioramenti di Raibliano che si prolungano poi, sempre ben visibili, fino a Forcella Travenánzes e poi, salendo, fino alla base del Lagazuoi Grande.

Questi strati hanno direzione Nord 40 Ovest ed immergono verso NE arrivando circa fino a quota 2.600 dove si perdono nel detrito.

Al di sopra del Raibliano: propaggini di Tofana II, Tofana di Rozes, Lagazuoi Grande, compare la Dolomia Principale con evidenti stratificazioni. Gli spessori di questa roccia sono sempre notevoli sull'ordine del migliaio di metri. Il colore è ocraceo.

Al di sotto del Monte Falzárego compare detrito nel quale sono visibili affioramenti di S. Cassiano. La stessa disposizione si ha sotto la Dolomia ladinico-carnica del Lagazuoi Piccolo dove vi è un bell'affioramento di S. Cassiano

Tofana Prima vista da O. In basso Val Travenánzes, a destra il Castelletto, a sinistra Tofana Seconda. Si noti la regolarità della stratificazione e dell'immersione degli strati verso N. (Foto R. Zardini)

proprio sul costone sopra la strada che porta in Val Parola. Al limite tra il Lagazuoi Piccolo e quello Grande compare detrito con massi di varia grandezza.

Il blocco delle Tofane è alquanto ribassato rispetto a quello del Lagazuoi Piccolo. La Forcella Col di Bós e la Val Travenánzes dovrebbero quindi corrispondere ad una dislocazione sia pure di lieve entità.

Val Travenánzes

Sotto la Punta di Fanis, sempre di Dolomia Principale, leggermente staccato da questa da una fascia di detrito, compare un bell'affioramento di terreni raibliani che formano un dosso arrotondato che si prolunga fin poco oltre la malga che si trova a circa metà Val Travenánzes. Guardando questa zona dal ghiaione di Fontana Negra, proprio sopra la scaletta di Minighel, si può vedere l'andamento degli strati che per quasi tutto il tratto affiorano e sono circondati dal caratteristico detrito rosso.

Alla base della scaletta sopra detta, sotto l'enorme pila di Dolomia Principale di Tofana di Rozes, appare un altro piccolo affioramento di Raibliano circoscritto dal detrito di falda. La direzione di questi strati è EO, l'immersione a N.

Proseguendo per Val Travenánzes, che va sempre più stringendosi verso valle, troviamo i depositi alluvionali quaternari del Rio Travenánzes, delimitati dal detrito nel quale, in corrispondenza dei vari ruscelli che incidono la Dolomia Principale che delimita tutta la valle, vi sono delle conoidi detritiche. Notevole quella che sta alla base tra Monte Cristallo e Monte Casale.

Per avere un'idea del lavorio di erosione operato dalle acque basta andare a Ponte Alto: il Rio Travenánzes ha inciso nelle rocce dolomitiche uno stretto solco con pareti verticali sul fondo del quale, circa un centinaio di metri più sotto, scorrono le acque. Si possono notare anche delle marmitte.

Come abbiamo detto tutta la valle è delimitata da imponenti masse di Dolomia Principale, di cui è formato pure il blocco di Col Rosà.

Tofana Seconda

Con la Dolomia Principale terminano i materiali appartenenti al Triassico.

Tofana Prima vista da NO. Al centro in basso il salto con cui si passa da Val Travenánzes al Vallone di Fontana Negra che separa la Tofana Prima dalla Seconda. Sulla sinistra si vede il piano inclinato dovuto al passaggio della linea di Punta Marietta. (Foto Mariotti)

Al limite tra quest'ultimo ed il Lias sovrastante si dovrebbero trovare delle brecce di trasgressione (sull'Alpe di Fanes, poche su Tofana Seconda), che peraltro sono difficilmente individuabili in quanto il limite Trias Lias è quasi sempre coperto di detrito. Questa breccia grossolana è di colore giallo scuro e, procedendo verso l'alto, i suoi elementi diventano sempre più fini. Sopra si ha la pila di strati che un tempo venivano ascritti al Triassico.

Gli studi di R. von Klebelsberg (1927-1928) e del prof. G. Merla (1931) portarono ad assegnare al Lias tutta questa pila calcarea. Il prof. Merla non esclude che la parte più alta possa appartenere al Dogger o al Malm inferiore.

Dato interessante questo in quanto, se così fosse, vi sarebbe un passaggio diretto, senza lacune, col Rosso Ammonitico del Titonico che compare sulla Cengia di Tofana Terza. È questa una facies nodulare rossa, in parte selcifera, contenente molto fossili.

I materiali liassici, di colore grigiastro, hanno una potenza approssimativa di 500-600 metri. Tra strato e strato compaiono sottili letti di marne.

Tofana Terza

La maggior parte dei materiali liassici la possiamo trovare su Tofana Terza. Dalla parte di Val Travenánzes questi materiali arrivano circa fino a quota 2.600 dove si trova una valletta con un piccolo ghiacciaio. La valletta è sbarrata da morene. Al di sotto, fino a fondo valle, vi è la pila di Dolomia Principale ben stratificata e riconoscibile per il suo colore chiaro.

Sopra il Lias, in corrispondenza della cengia, si trova il Malm, poi una piccola zona detritica ed infine il Lias sovrascorso che forma la vetta. Dalla parte di Formenton troviamo la Dolomia che presenta caratteristici fenomeni di tipo carsico. Dal Formenton, fino alle Crepe di Cianderau, vi è una notevole estensione di Dolomia Principale nella quale, come abbiamo visto, passano varie linee di disturbo. Specialmente nella parte più orientale si presenta fratturata ed i banchi rocciosi sono intercalati a detriti che ricoprono tutti i terreni fino al letto del Torrente Boite.

Nella zona sotto le Crepe di Cianderau, in corrispondenza di zona Belvedere, vi è un affioramento di Raibliano

Tofana Seconda vista da SSE. A sinistra la sella che la separa da Tofana Prima. Alla base di Tofana Seconda si vede affiorare la serie carnica (vedi anche foto a pag. 15). In basso a destra gli spuntoni rocciosi appartenenti alla massa scivolata di Pomedes. Sulla sommità di Tofana Seconda si intravvedono strati fortemente ripiegati. (Foto R. Zardini)

che, per un piccolo tratto, è ricoperto da detriti, per ritornare poi alla luce in località Cadin. I due affioramenti longitudinali raibliani, segnati sulla carta, sono stati da me visti durante uno scavo fatto per la messa in posa delle tubazioni suppletive per l'acquedotto. Il Raibliano compare ad una profondità di circa 30-40 centimetri subito al di sotto dell'humus.

Scendendo verso S, dopo la coltre detritica costituente il Col Drusciè e le sue propaggini, si passa al detritico prevalentemente di S. Cassiano nelle zone: Ronco, Rumerlo, Val, Gilardon, Lacedel, Meleres, Mortisa, Col, Piana di son dei Prade.

In questa zona, di tanto in tanto, compaiono affioramenti in posto.

A S della linea di dislocazione del Falzárego compare la Dolomia dello Sciliar in località Pocol e la Crepa. Le Grotte di Volpera sottostanti alla Crepa sono dovute ad un frammento di Dolomia ladinico-carnica. Quest'ultima compare anche in località Pezziè de Palù e Campo di Tabià. In tutto il versante dove vi è il Bosco Saresin compare

detrito Raibliano che segue la linea di dislocazione del Falzárego fino al Passo omonimo.

Nella zona più a O, a N della linea, compare il S. Cassiano.

Morfologia

Nella zona gli strati sono generalmente inclinati verso N. Da ciò deriva la forma dei gruppi montuosi che hanno fianco ripido a S (corrispondente alla testata degli strati) e versante dolce a N (corrispondente ai piani di stratificazione). Risulta quindi che le forme del rilievo, in questa zona, sono strettamente legate alla struttura tettonica.

Bisogna però tener conto anche della diversità di materiali che costituiscono le rocce e, particolarmente, della loro resistenza all'erosione.

Le facies marnoso-arenacee degli strati di S. Cassiano e gli strati marnosi-argillosi di Raibl danno origine a forme dolci ed arrotondate ed a pendii poco ripidi. Queste formazioni quando sono intercalate ad altre più resistenti originano dei caratteristici piani allungati che prendono il

Tofana Seconda vista da S. Si noti sul fianco sinistro della montagna il ripido canalone ghiaioso lungo il quale si inerpica il sentiero della via normale. Qui passa la linea delle Tofane. Si noti anche l'intensa fratturazione della zona ed il dosso visibile a destra. (Foto G. Ghedina)

nome di «cengie», classica quella che attraversa il Raibliano sopra il Rifugio Dibona.

Le formazioni dolomitiche, ed in particolare la Dolomia Principale, si presentano con pareti verticali, torri, pinnacoli conferendo un aspetto aspro al paesaggio. Ne è esempio la Tofana di Rozes.

Da notare che i profondi valloni e le incisioni sono spesso impostate lungo linee di dislocazione o di frattura. Interessante è il grande piano, debolmente inclinato, che si osserva alla sommità della formazione dolomitica-cassiana del Piccolo Lagazuoi e del Col di Bós. Esso è dovuto alla presenza della sottile intercalazione raibliana, disposta a frapoggio, di cui si possono osservare numerosi lembi residui.

Dal punto di vista morfologico è interessante osservare la zona circostante alla linea di dislocazione del Falzárego. A S di tale linea tutte le formazioni sovrastanti alla Dolomia cassiana sono state asportate dall'erosione. Fanno eccezione qualche lembo di marne raibliane o resti isolati di Dolomia Principale come Cinque Torri e Nuvolao. A N della linea, invece, vi è Dolomia Principale e formazioni superiori che sono sfuggite all'erosione.

Quando si considera la morfologia di questa zona bisogna tenere in grande conto l'azione di modellamento dovuta alle fiumane glaciali durante il periodo Quaternario. All'azione dei ghiacci è dovuto il caratteristico profilo ad U di alcune vallate (Val Travenánzes) nelle quali si possono notare contropendenze e depositi morenici laterali. Altri fenomeni glaciali hanno portato alla formazione dei «circhi» che attorniano le più alte vette.

Tettonica

Prima Taramelli, poi G. Dal Piaz negli «Studi geotettonici sulle Alpi orientali» danno un'organica interpretazione della tettonica delle Prealpi Venete, scostandosi dalle considerazioni fatte dai geologi tedeschi. Spetta al professor Piero Leonardi l'aver applicato, per le Dolomiti, le stesse teorie di G. Dal Piaz valide per le Prealpi Venete.

La zona dolomitica è a pieghe longitudinali che generalmente sono inclinate verso S. Da questa inclinazione dipende la posizione degli strati che possono essere raddrizzati oppure in una giacitura quasi orizzontale. A questi

Tofana Seconda e Terza viste da SO. Sulla cima di Tofana Terza si può notare una massa liassica sovrascorsa e discordante. Lungo il versante si può intravvedere, specialmente evidente nella cresta O di Tofana Terza, il passaggio della Linea delle Tofane. (Foto R. Zardini)

fattori si ricollega l'interpretazione a «scalini» data da alcuni geologi.

Il tutto è complicato da linee di frattura che, nella maggioranza dei casi, non corrispondono a vere faglie con rigetto verticale, bensì a pieghe-faglie date dallo stiramento degli strati intermedi. L'andamento delle pieghe non è da considerarsi regolare da N a S in direzione OE o SO, NE. Ve ne sono in direzioni varie e talvolta vengono a trovarsi in posizione quasi ortogonale. Non si ha così un regolare parallelismo, ma una struttura a maglie ellissoidali allungate in senso longitudinale.

La Ogilvie Gordon crede invece che vi siano due sistemi di pieghe incrociantesi aventi gli assi in direzioni pressoché ortogonali, da cui una struttura reticolare a maglie quadrate in cui ai fili della rete corrisponderebbero delle strette anticlinali, ai buchi vaste sinclinali.

Ai fianchi intermedi corrispondono varie complicazioni, diverse nei diversi tipi litologici, e proprio qui dobbiamo localizzare le varie linee di dislocazione.

Si dimostra così giusto il concetto di tettonica selettiva per il quale ogni formazione rocciosa, sottoposta a forze

La Cima di Tofana Prima da NO. Sulla sinistra Punta Marietta separata dal corpo principale della montagna da un piano di movimento, a cui è dovuta anche probabilmente la regolarità del versante NE della Tofana Prima. (Foto Mariotti)

Vallone di Fontana Negra. Da notare l'accumulo di enormi massi caduti dalla Tofana Seconda. (Foto Mariotti)

La cresta N della Tofana Terza. Sulla sinistra si noti il forte ripiegamento degli strati liassici. (Foto Mariotti)

orogenetiche, si comporta secondo il suo grado di plasticità. Il Signorini non concorda col prof. Leonardi sulla continuità dello stile plicativo. Secondo lui la maggior parte di pieghe faglie sono vere faglie dovute a processi disgiuntivi.

Elementi tettonici principali della valle ampezzana

Sinclinale degli altipiani ampezzani: proveniente dalle Dolomiti occidentali (Siusi) con direzione all'incirca O E. Comprende tutta la zona degli Altipiani, ed è complicata da una serie di disturbi obliqui (diretti in prevalenza NO SE), o paralleli (es. Linea del Bandierac).

Anticlinale di Cortina: passa per Falzárego, attraversa la conca di Cortina e si continua, oltre il Passo Tre Croci, nella Valle dell'Ansiei.

La caratteristica della zona è il progressivo aumento della compressione tangenziale man mano che si va da O verso E; si rinserrano gli assi tettonici e le linee di dislocazione aumentano i loro rigetti. L'elemento tettonico principale della zona è la sinclinale delle Tofane che possiamo considerare come il prolungamento della sinclinale dell'Alpe di Siusi; entrambe possono considerarsi come depressioni assiali separate dalla culminazione corrispondente alla Val Badia. La sinclinale è attraversata da linee di dislocazione. Nonostante la suddivisione l'andamento della sinclinale ampezzana è riconoscibile dall'allineamento di una serie di nuclei di Malm e di Cretaceo che si trovano in Plan de Salines, alla Stua, ai laghi di Fosses, cui va aggiunto l'altro allineamento vicino e parallelo di Monte Varella, Monte Parei ed Antruilles, che corrisponde ad una sinclinale secondaria formatasi dal rinserrarsi di quella principale. Tra i due allineamenti corre la linea di dislocazione dei Monti Varella e Parei.

La linea di Falzárego, vergente a S verso Cortina, delimita qui a S l'anticlinale di Falzárego che si continua poi verso Passo Tre Croci. A E del Boite la linea non è riconoscibile per la forte copertura ma probabilmente va collegata con quella del Pomagagnon.

Da ricordare è la faglia che c'è tra Lagazuoi Grande e Punta Fanis circa parallela a quella più a N localizzata alla base di Monte Cavallo.

Tofana Terza da NE (vedi foto precedente). (Foto Mariotti)

Tofana Terza e Seconda viste da N. Si noti il ripiegamento delle due cime. (Foto Mariotti)

Consideriamo la linea di Bandiarac che interessa il lato settentrionale dell'anticlinale di Plan-Falzárego.

La Ogilvie Gordon (1934) l'attribuì alla presenza di un piano di scorrimento che passa presso l'Armentarola (rigetto riconoscibile nel Raibliano e Norico); recentemente E. Semenza ha stabilito che essa continua verso E lungo la Val Campestrin, passa per la Forcella a S di Monte Cavallo; nel corso delle ricerche per la mia tesi ho potuto osservare, assieme al dott. Semenza, che a E della Val Travenánzes essa continua nella linea che separa Tofana Seconda dalla Prima aggirando però a SO la Punta Marietta sul fianco NE della Tofana di Rozes.

La linea diagonale di Limo nasce presso il Rifugio Miele, scende in Val di Fanes e poi passa tra Vallon Bianco e Furcia Rossa. L'immersione del piano di movimento è verso NNE. Dalla Val di Fanes in poi, la linea sembra sdoppiarsi dando origine a due linee entrambe già cartografate dalla Gordon: la prima è la linea della Val Travenánzes, che si dirige verso S passando per la più occidentale delle due forcellette che si trovano tra il Monte del Vallon Bianco e i Pizzi di Furcia Rossa, e segue poi, per un certo tratto, la Val Travenánzes, con rigetto via via minore fino a zero.

Si tratta di una faglia diretta, ossia la parte orientale è abbassata; fatto singolare questo in quanto i ripiegamenti che affiancano questa linea, alla predetta forcella, denotano una forte compressione in direzione E NE, O SO. Si deve quindi pensare che la faglia è susseguente al ripiegamento.

L'altra faglia, cioè la Linea delle Tofane, passa per la più orientale delle due forcellette ad O della Croda del Vallon Bianco, dove si ha la sovrapposizione del Lias al Neocomiano continua poi, attraversando Val Travenánzes, e sale per il più occidentale dei due valloni che scendono a N della Tofana Terza, proseguendo poi lungo il versante occidentale di Tofana Terza e Seconda fino nei pressi del Rifugio Cantore. Questa linea è di compressione benché il segno del rigetto sia evidente solo nella forcelletta a O del Vallon Bianco.

Nei versanti orientali di Tofana Seconda e Terza si possono riconoscere ben quattro linee di disturbo, più o meno parallele a quelle del Limo e delle Tofane. Le faglie interessano la Dolomia Principale compresa tra Formenton e le Crepe di Cianderau. Il piano di movimento, che immerge ad E, si può individuare facilmente specie se l'osservazione è fatta da un aereo. Il rigetto è diretto.

Si viene così ad avere un graduale abbassamento di tutta la massa rocciosa che, nella parte più bassa, si frattura e si frammischia al detrito di falda nel quale si perdono le linee di faglia. Più a valle, dove scorre il Boite, vi dovrebbe essere inoltre un'altra linea di disturbo, con rigetto contrario alle precedenti, in quanto innalza il Raibliano sotto Punta Fiames sopra la Dolomia Principale delle Crepe di Cianderau. Questa linea andrebbe da Cortina a Modestagno lungo la valle del Boite.

Altra zona disturbata è quella che comprende la serie stratigrafica posta sopra il Rifugio Dibona. Vi sono tre faglie di distensione con direzione N NO; il rigetto è messo in ottima evidenza in quanto le linee attraversano il Raibliano ed il S. Cassiano entrambi ben stratificati e delimitabili. Queste tre linee si perdono poi nel detrito del ghiaione che porta al Rifugio Cantore.

Delle tre faglie quella più ad E si potrebbe ricollegare con la linea di disturbo che attraversa Formenton e termina nel Canalone de ra Ola.

Scorrimento di vetta di Tofana Terza

Su Tofana Terza gli strati di Lias, sotto la calotta terminale, sono regolari ed hanno direzione N 30 O, immersione NE. Tra la cengia e la vetta vi è lo scorrimento. Risalendo il piccolo ghiacciaio, bordato frontalmente da una piccola morena, si vede che verso S, cioè verso Tofana Seconda, la pila di Lias perde la sua uniformità, dopo aver subito un'inflessione verso il basso si rialza e prosegue sempre più ondulata. Sulla cengia si trovano i calcari marnosi fogliettati del rosso ammonitico del Malm, manca il Dogger. Questi materiali, aventi forma di cuneo, scompaiono fra il Lias sottostante ed il Lias sovrascorso. Sul piano di scorrimento compaiono le striature che indicano la direzione del moto. L'angolo delle striature verso N, la scagliatura del Malm, la posizione della massa sovrascorsa, fissano la direttrice di marcia da S 20 E a N 20 O.

Poiché però le grandi pieghe esistenti nella parte alta di Tofana Terza e Seconda indicano una compressione in direzione E O, identica a quella subita dal substrato, è opinione del dott. Semenza che esse siano formate prima dello scollamento.

Tofana Terza e Seconda da E. Si noti che il ripiegamento interessa soltanto la parte superiore della serie. (Foto Mariotti)

Tofana Seconda vista dalla Terza. Si noti il forte ripiegamento. (Foto Mariotti)

Particolarità della vetta di Tofana Seconda

Consideriamo ora le particolarità della vetta di Tofana di Mezzo: gli strati di Lias sulla cima di questa montagna hanno direzione circa E O e la loro disposizione si potrebbe definire a «barchetta». Verso la parte orientale della cima questi strati vanno a formare una piega i cui lati sono dati da strati verticali che si ritrovano nel versante N di Tofana Seconda ed in quello S di Tofana Terza. Il tutto è complicato dalla presenza di piccole pieghe ed arricciamenti. Questo aspetto è in relazione a fenomeni di compressione che si sono avuti nella zona circostante alla linea di disturbo delle Tofane. I materiali, in questo caso, hanno dimostrato un alto grado di plasticità.

Smottamenti

Piccoli smottamenti interessano il detrito prevalentemente di S. Cassiano in località di Son dei Prade, Rio Roncatto e Rutorgo. Altro piccolo smottamento, sempre nello stesso terreno, si ha sopra Cianzopè.

Scivolamenti

Il più importante è lo scivolamento che coinvolge la Dolomia Principale ed i terreni raibliani in località Pomedes e Duca d'Aosta. Le rocce sono fratturate ed hanno percorso una distanza di circa 200 metri. Infatti il limite Dolomia Principale-Raibliano, che normalmente dovrebbe essere a quota 1.900 circa, si trova qui attualmente a quota 1.700. Vi è inoltre lo scivolamento contiguo, di proporzioni assai più modeste, sopra le Malghe di Fedarola in località Casonvecchio.

Importante scivolamento è quello che interessa la parte sottostante al Dosso della Tofana. Si è avuto lo staccamento di rocce fratturate, appartenenti alla Dolomia Principale sovrastante, ed inoltre il movimento di una massa detritica, inglobante masse di diverse dimensioni, che ha portato alla formazione del Col Druscè; la coltre detritica, facilmente delimitabile, si estende a valle tra Cadelverzo e Ronco arrivando fino al Boite e deviandolo in qualche punto (Maderla).

In questa zona, sotto il detrito, ci dovrebbe essere il limite tra S. Cassiano e Raibliano.

Conclusione tettonica

Come si può vedere dall'analisi degli elementi tettonici, ora compiuta, si sono susseguite, nella zona, varie fasi tettoniche.

Si è avuta dapprima una fase di compressione in direzione N S, che ha prodotto la sinclinale degli altipiani ampezzani, e l'anticlinale di Cortina. Un aumento di questa spinta ha determinato il formarsi delle linee del Falzàrego e del Pomagagnon e, più a N, di quella del Bandiarac e della Punta Marietta, nonché di quella dei Monti Varella e Parei.

Successivamente le spinte hanno assunto una direzione NE SO o ENE OSO, dando origine alla linea del Lago di Limo, e quella della Val Travenánzes, delle Tofane e di Fiames. Alla stessa fase compressiva vanno riferiti i ripiegamenti della zona tra Vallon Bianco e Furcia Rossa e delle Tofane Seconda e Terza. A questa fase, probabilmente, hanno fatto seguito gli scivolamenti della Tofana Terza e del Vallon Bianco. È seguito poi un periodo di distensione in direzione E O che ha prodotto le faglie dirette ad E delle Tofane e l'inversione del movimento della linea di Val Travenánzes.

Molto recenti sono i relativamente piccoli scivolamenti gravitativi della Conca di Cortina, che sono certamente posteriori allo scavo delle valli, e sono quindi nient'altro che episodi, sia pur vistosi, del graduale smantellamento delle nostre montagne.

Geologia e fossili attorno a Cortina d'Ampezzo [1]

RINALDO ZARDINI

Iniziai nel 1922 l'esplorazione floristica della conca di Cortina d'Ampezzo. Durante le tante peregrinazioni trovai casualmente, dopo alcuni anni di ricerche botaniche, una interessantissima pietra nel greto del torrente Boite che attraversa la valle, pietra che non riuscivo assolutamente a capire che potesse rappresentare. L'avevo messa bene in vista accanto all'erbario e, a tutti coloro che venivano a consultarlo chiedevo informazioni su quel sasso.

Finalmente un botanico inglese mi disse che poteva trattarsi di un corallo fossile, cosa che m'incuriosì molto e mi indusse a cercare il luogo di provenienza del reperto. Camminai per mesi e mesi, risalendo la valle, osservando con cura tutti gli affioramenti di rocce non coperti da vegetazione, con la speranza di arrivare a scoprire il luogo dal quale poteva provenire.

Dopo aver percorso su e giù alcune centinaia di chilometri, sempre in frenetiche ricerche sui pendii della valle, arrivai, durante l'autunno del 1935, ai piedi del Monte Faloria che è in gran parte privo di vegetazione, causa il continuo smottamento del materiale che poggia sopra strati marnosi. Mi sedetti per riposarmi e mi guardai attorno: dappertutto c'erano conchiglie di bivalvi e di gasteropodi ammoniti e tanti altri organismi pietrificati. Mi sembrava di essere su di una spiaggia attuale della costa adriatica. Erano dappertutto fossili piccoli, tutti perfettamente conservati, come se qualcuno si fosse divertito a spargerli in quell'ambiente isolato. Raccolsi in quel pomeriggio più di 3000 esemplari di almeno 70 specie diverse.

Ritornai sul posto moltissime altre volte, raccogliendo sempre nuovi campioni di nuove specie. Avevo così finalmente individuato il luogo dove affioravano i fossili, però mi rimaneva ancora sconosciuta la località da dove proveniva il corallo, che aveva dato il via alle mie ricerche. Proseguii le escursioni con maggior lena, curiosità e soddisfazione, perché scoprivo di continuo nuovi affioramenti e nuovi fossili.

Rinaldo Zardini nel 1935 in Val Travenánzes. (Foto R. Zardini)

Rinaldo Zardini nel 1970 a Formenton. (Foto R. Zardini)

[1] Estratto da «Alpi Venete», 1980, N. 1, rielaborato dall'autore.

1. Cfr. Colospongia. Ingr. 5 v. - 2. Esacorallo. Ingr. 5,5 v. - 3. *Rhynchonella subacuta* Münster var. corraliophila (Tamarin). Ingr. 8,5 v. - 4. *Terebratula neglecta* Bittner (Rumerlo). Ingr. 6,5 v. - 5. *Retzia lyrata* Münster. Ingr. 6. v. (Foto R. Zardini)

1. *Spondylus* n.sp. zardinii (Rumerlo). Ingr. 4,5 v. - 2. (Turitella). Ingr. 1,5 v. - 3. *Ptychostoma pleurotomoides Wissmann* n. var. *supernodosum* (Rumerlo). Ingr. 5 v. - 4. *Cardita crenata* (S. Cassiano Valparola). Ingr. 2,5 v. - 5. *Stuorella subconcava* Münster (Tamarin). Ingr. 4 v. - 6. *Wortenia* cfr. canalifera Münster. Ingr. 4,5 v. (Foto R. Zardini)

1. *Loxonema canaliferum n.v. rectelineatum* (Milieres). Ingr. 4,5 v. - 2. *Scalaria binodosa* Münster. Ingr. 5 v. - 3. *Umbonium* sp. (Rumerlo). Ingr. 4 v. - 4. *Carnites floridus Wulfen* (Tamarin). Ingr. 6 v. - 5. *Gasteropode* n. cl. (Tamarin). Ingr. 5 v. - 6. *Cidaris alata Agassis* (Tamarin). Ingr. 6 v. - 7. *Cidaris* n. sp. zardinii (Tamarin). Ingr. 7 v. - 8. *Cidaris* n. sp. *magna* (Rumerlo). Ingr. 5,5 v. (Foto R. Zardini).

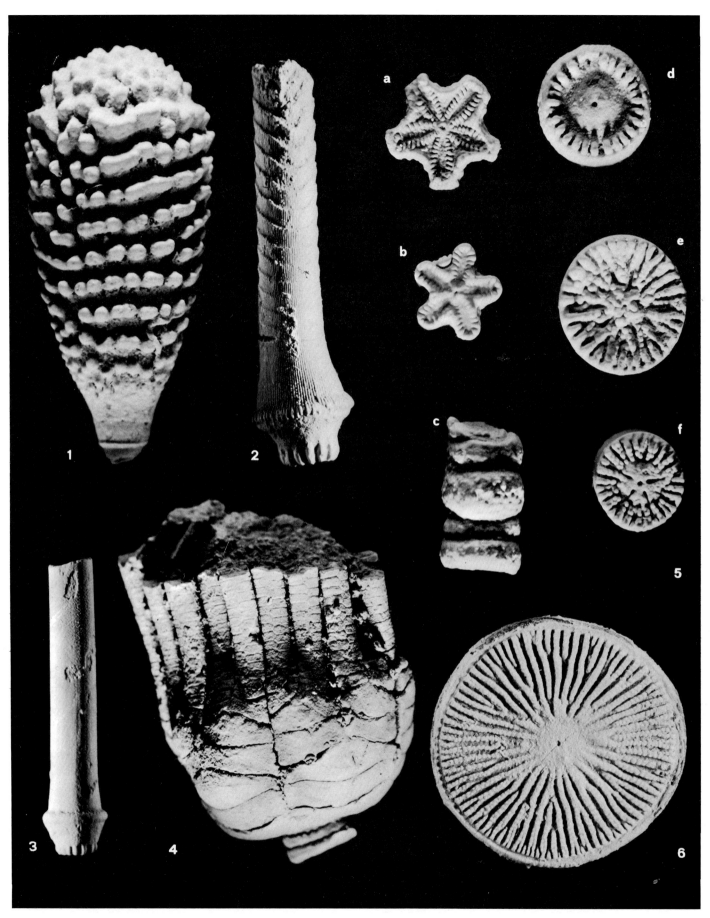

1. *Cidaris dorsata* Braun. Ingr. 6 v. - 2. *Cidaris lineola* Bather. Ingr. 5,5. - 3. *Cidaris lineola* Bather. Ingr. 5,5 v. - 4. *Encrinus cassianus* Laube. Ingr. 3 v. - 5. a) *Isocrinus propinquus* Münster; b) *Isocrinus n.sp. dolomiticus*; c) *Encrinus*; d) *Encrinus cassianus* Laube; e) *Encrinus cancellistratus* (Laube) Bather; f) *Encrinus granulosus* Münster. Ingr. 5 v. - 6) *Encrinus granulosus* Münster. Ingr. 6 v. (Foto R. Zardini)

1. *Ammonite*. Ingr. 3 v. - 2. *Ammonite*. Ingr. 2 v. - 3. *Diceras*. Ingr. nat. - 4. *Megalodonte*. Ingr. nat. (Foto R. Zardini)

Dovetti girovagare per altre centinaia di chilometri, prima di arrivare sul luogo di origine del famoso corallo: era posto su una scarpata della strada a circa 9 km da Cortina, in direzione del Passo Falzárego, a quota 1650 m. Raccolsi in breve tempo una trentina di esemplari che affioravano dal terreno, esposti bene in mostra come in una vetrina di un museo. Assieme ai bellissimi coralli c'erano molte altre specie fossili: spugne, brachiopodi ed altri invertebrati.

La mia raccolta aumentava di giorno in giorno: non avevo però dati bibliografici né geologici, né paleontologici. Si presentò da me un giorno il prof. Piero Leonardi, allora assistente dell'Università di Padova, che aveva avuto notizia della mia collezione.

La trovò molto interessante e mi chiese di poter studiare l'abbondante materiale da me raccolto; naturalmente accettai con gioia. Mi regalò subito dei libri di geologia che parlavano delle nostre Alpi e fu così che incominciai a prendere familiarità con questa scienza tanto affascinante. In seguito anche altri studiosi si interessarono ai miei campioni e così, dopo alcuni anni, furono pubblicati vari lavori sul mio materiale.

Nel frattempo continuai le ricerche scoprendo molte altre località fossilifere del tutto ignote. Tra esemplari grandi e piccoli, la mia collezione superava ormai i 150.000 pezzi. Esaurita parzialmente la raccolta dei fossili negli orizzonti più bassi, mi dedicai per qualche tempo alla ricerca sulle cime dolomitiche più alte, dove i fossili sono molto diversi dai primi. Tutti gli esemplari da me raccolti sono esposti al Museo de Ra Regoles di Cortina, ed io li ho ordinati con cura mettendo il cartellino ad ogni esemplare, che risulta così numerato, classificato con la sigla della località e con quella del raccoglitore. L'interesse per questa collezione di oltre mille specie diverse è molto vivo. È stata visitata da professori di Università italiane, austriache e tedesche, come pure dal Direttore del Museo Nazionale di Storia Naturale della Smithsonian Institution di Washington.

Alcuni paleontologi dell'Università di Modena stanno determinando e studiando le molte specie di coralli, le spugne ancora costituite da aragonite ed i brachiopodi. Altri specialisti dell'Università di Ferrara stanno facendo una revisione critica dei bivalvi e dei gasteropodi. Personalmente ho fatto un lavoro sui gigli di mare e sui ricci di mare.

Tutti questi fossili provengono dai cosiddetti strati di S. Cassiano presenti in tutta la conca ampezzana. Invece il lavoro di ricerche sugli esemplari raccolti nelle rocce delle cime più alte costituiti da grossi bivalvi chiamati Neomegalodonti e Dicerocardi, è stato ultimato e pubblicato da paleontologi dell'Università di Milano. Tutta la fauna fossile dei monti di Cortina viveva in un mare caldo di tipo tropicale, ossia in un clima simile a quello che è tutt'ora in varie zone dell'Oceano Pacifico centrale.

La sua perfetta conservazione, anche delle delicate strutture scheletriche esterne, dipende dal fatto che i fossili non si sono modificati nel lungo periodo di circa 200 milioni di anni, durante i quali sono rimasti in una matrice calcarea molto compatta, a grana finissima; alcuni di questi hanno perfino conservato la loro struttura sia chimica, sia mineralogica, come è stato accertato dagli studiosi dell'Università di Modena.

In generale gli orizzonti più belli sono coperti di vegetazione. Gli acidi umici del terreno e gli agenti atmosferici dissolvono lentissimamente la matrice senza intaccare i fossili, per cui, alla fine, si liberano e si trovano isolati sul terreno ogni volta che piccoli smottamenti li scoprono.

Questa semplice guida non ha la pretesa di trattare scientificamente la geologia locale, ma bensì di incuriosire il turista e stimolarlo a meglio conoscere le nostre rocce, accrescendo in tal modo il piacere della gita.

Le montagne intorno a Cortina (e tra queste, naturalmente, le Tofane) sono di origine sedimentaria marina ed hanno incominciato a formarsi all'inizio dell'Era Mesozoica, più precisamente nel Trias Medio Superiore, periodo che, secondo i geologi dista da noi poco più di 200 milioni di anni.

In quel periodo si sviluppava la cosiddetta geosinclinale mesozoica, cioè una vasta e lunghissima fossa sedimentaria subsidente, che partendo da Gibilterra raggiungeva l'isola di Timor. I geologi chiamano oggi questo mare poco profondo, Mare della Tetide; era una struttura della crosta terrestre tra il continente Eurasiatico e quello dell'Africa-India-Australia che lentamente si allargava per la deriva dei continenti. Interessate a questo grandioso fenomeno erano anche le Alpi e di conseguenza pure le nostre Dolomiti. In quel bacino di tipo tropicale si sedimentavano in continuazione grandi quantità di materiali costituiti da fanghi calcarei, da ceneri vulcaniche, ma soprattutto da foramini-

SCHEMA GEOLOGICO DELL'AMPEZZANO

ERA	PERIODI	EPOCHE	ETÀ	SEDIMENTAZIONE E OROGENESI		DATA DI INIZIO IN MILIONI DI ANNI
				OROGENESI		
MESOZOICO	CRETACEO	SUPERIORE		EMERSIONE		
		INFERIORE		MARNE GRIGIE (NEOCOMIANO)		135
	GIURASSICO	SUPERIORE	MALM	ROSSO AMMONITICO		150
		MEDIO		LACUNA		
		INFERIORE	LIAS MEDIO	CALCARI BIANCHI, GRIGI, ROSATI		180
	TRIASSICO	SUPERIORE	RETICO NORICO	DOLOMIA PRINCIPALE		190
			CARNICO	DOLOMIA CASSIANA	RAIBLIANO	195
					FORMAZIONE CASSIANA	200
		MEDIO	LADINICO		STRATI DI LA VALLE	210

feri, alghe calcaree, scheletri di coralli e di spugne, di gusci di invertebrati, ecc. Questo processo continuò per circa 200 milioni di anni senza che il mare subisse variazioni nella sua profondità, perché parallelamente ai depositi il fondo marino si infossava per i motivi sopra esposti.

Alla fine del Mesozoico, quando gli ultimi sedimenti, quelli corrispondenti alle nostre cime più alte si erano depositati nel mare, l'orogenesi, nell'arco di circa 60 milioni di anni, li sollevò alle quote che vediamo oggi.

Inizio dunque a descrivere, dal basso all'alto, la stratigrafia delle Dolomiti Ampezzane, aggiungendo alcune considerazioni sulle rocce che le costituiscono, e sulla conservazione dei fossili.

Strati di La Valle

Il livello più antico, che non affiora in nessuna parte del territorio ampezzano, ma che è ben visibile al Corvo Alto, ai pascoli di Mondeval, al Monte Pore ed al Col di Lana situati ai margini sud-occidentali del Comune di Cortina, è costituito da una successione di strati calcarei, marnosi, arenacei e tufacei di tinta grigio brunastra scura. Questi strati sono di età ladinica superiore e contengono moltissimi lamellibranchi chiamati *Daonella lommelli*, ammoniti e resti di piante fossili.

Al di sopra di questi strati, giace in molte località, la Formazione Cassiana di cui parleremo fra poco, mentre in altre località incominciavano a formarsi le barriere coralline che costruirono le rocce che costituiscono molte delle montagne che circondano Cortina. Anzi in alcune parti delle Dolomiti queste scogliere si sviluppavano già contemporaneamente alla deposizione degli strati di La Valle ed in qualche luogo esistevano già prima di essi.

Formazione Cassiana

Un buon punto di osservazione per vedere alcuni dei livelli più caratteristici della stratigrafia ampezzana sono le frane che contornano il Lago di Costalaresc, dalle quali si può comodamente osservare il Monte Faloria che sta di fronte, dove i livelli in questione si susseguono sovrapposti uno all'altro.

Noi ci troviamo in questo punto di osservazione sulla *Formazione Cassiana*, di età Carnica inferiore, così chiamata dall'omonima località della Val Badia, dove sono state originariamente raccolte e studiate le famose faune. Questo livello è coperto quasi ovunque dal manto erboso oppure dal bosco; le zone fossilifere possono essere quindi individuate solamente dove si sono verificati degli smottamenti, abbastanza frequenti su tutto il territorio, ma che si ricoprono entro pochi anni di nuova vegetazione. Lo strato è costituito da marne grigie, ocracee e di color mattone, intercalate da calcari più duri e da arenarie che racchiudono una grande quantità di fossili. Lo stesso livello si estende su tutta la valle ampezzana ed ha i suoi limiti superiori a Rumerlo, Son di Prade, Vervei, Cianzopè, alla Boa Staolin, a Tamarin e Bosco Milières, località queste tutte fossilifere e da me scoperte. Sconfinando dai limiti del Comune, segnalo due importanti zone, l'Alpe di Specie e Misurina, trovate verso la fine del secolo scorso da Hoernes; il Giau invece, caratterizzato per una fauna ad echinodermi, è stato da me scoperto nel 1941. Una fauna così ricca di specie (ne ho trovate più di 950) non poteva che vivere in un mare poco profondo, probabilmente una piattaforma profonda alcune decine di metri, costeggiata da barriere coralline, con l'acqua mossa e trasparente, intorbidita solo saltuariamente da repentini apporti di argille e ceneri vulcaniche, con una temperatura di tipo tropicale, qualcosa di simile a quanto avviene in varie località dell'Oceano Pacifico. Il ciclo vitale degli organismi veniva accelerato dalle favorevoli condizioni ambientali e dall'intensa luce solare che, filtrando attraverso le acque limpide, richiamava verso la superficie l'abbondante plancton, necessario alla vita di tanti esseri. Si saranno inoltre verificate certamente delle frane che scaricavano gusci di organismi dalle scarpate delle barriere coralline circostanti. Esistono infatti, in sottili strati marnoso-arenacei cassiani, molto porosi, dello spessore di circa 15 cm. chiusi sopra e sotto fra strati marnosi, ammassi di piccoli fossili, molto ben conservati e molto ricchi di specie. Solo setacciando il terriccio grossolano che l'alterazione produce agendo su questi strati, è possibile, con l'ausilio della lente, scoprire la fauna che è composta prevalentemente da spugne, coralli, radioli di ricci di mare, branchiopodi, gasteropodi e lamellibranchi.

Sia gli organismi viventi in posto sia quelli che franavano, depositavano continuamente gusci, in prevalenza aragonitici, di organismi sul fondo marino, che contemporaneamente era soggetto ad un lento ma continuo abbassamento che permetteva la deposizione di enormi spessori di sedimenti senza variare sensibilmente la profondità del mare per lunghissimi periodi.

La notorietà della Formazione Cassiana sta però nel fatto che qui, oltre a particolari condizioni di vita per gli organismi, si verificavano particolari condizioni per la loro conservazione nel sedimento. I blocchi calcarei inglobanti i fossili che ora rimangono per lungo tempo sotto il manto erboso, come già detto, vengono dissolti dall'acido dell'Humus ed i gusci degli invertebrati, gli scheletri dei coralli e delle spugne che hanno conservato la loro natura aragonitica originaria, si isolano completamente cadendo nella terra. Le loro strutture anche le più delicate sono talmente perfette da poter essere paragonate a quelle di esemplari raccolti sulla spiaggia corallina di un mare tropicale attuale. Penso che tutti i musei del mondo conservino piccole collezioni della nostra fauna.

Dai reperti fossili in mio possesso suppongo che nell'area circostante Cortina, si avessero zone con caratteristiche ambientali distinte, perché nei tre principali comprensori fossiliferi attuali, cioè l'Alpe di Specie e Misurina - la conca di Cortina fino al Falzàrego ed a Giau - dal Sasso di Stria a Pralongià, le associazioni fossilifere presentano caratteristiche diverse, specialmente per quanto riguarda i coralli e le spugne aragonitiche.

Lo studio dei fossili cassiani iniziò con il barone von Münster nel 1841 il quale ebbe in regalo dal geologo Buch una collezione di esemplari da lui raccolti nelle sue peregrinazioni attraverso le Dolomiti già dal 1824. Lo seguirono: Laube (1864-1868), La fauna Cassiana; Steinmann (1882), Studio delle spugne calcaree; Bittner (1890), I brachiopodi; Kittl (1891-1894), I gasteropodi; Bittner (1895), I lamellibranchi; Volz (1894), Coralli; Ogilvie Gordon (1900), Fauna del San Cassiano Superiore. Tutti questi autori studiarono soprattutto la fauna dei dintorni di S. Cassiano. Studi più approfonditi sulla fauna cortinese, forse più numerosa di quella classica cassiana, sono stati fatti in tempi più recenti dai seguenti studiosi: Leonardi (1948), Lamellibranchi; Leonardi relatore, Maria Lovo laureanda (1947-1948), Echinodermi; Leonardi relatore, Carla Polo laureanda (1949-1950),

Brachiopodi; Leonardi e Carla Polo (1952), Cefalopodi; Leonardi e Flavia Fiscon (1959), I gasteropodi; Dieci, Antonacci, Zardini (1968), Le spugne calcaree cassiane, I parte (Ott. 1967) alcune spugne; Ada Lucchi Garavello relatore, Vittoria Spaetti laureanda (1971), nuovo contributo alla conoscenza dei gasteropodi. Altri gruppi sono tuttora allo studio ed il più importante è senz'altro quello sui coralli su cui sta lavorando la prof. Gallitelli dell'Università di Modena. Ho messo a disposizione tutta la mia collezione per questi studi più recenti e molti esemplari sono custoditi nelle Università di Padova e Modena.

Dall'elenco bibliografico si può arguire quanto grande sia stato l'interesse dimostrato dalla scienza in quasi un secolo e mezzo per studiare a fondo questa eccezionale fauna.

Dolomia Cassiana

Sopra il tetto del livello testé descritto notiamo nel Monte Faloria una parete verticale di roccia compatta di colore grigio-roseo, mai ben stratificata. È la Dolomia Cassiana, qui di età carnica.

Questa roccia infatti è stata costruita da innumerevoli generazioni di coralli, di alghe ed altri organismi che vivevano a debole profondità. Per raggiungere in qualche caso la potenza di 500-600 metri deve essa pure aver subito lo stesso sprofondamento graduale del livello precedente. È generalmente ricca di fossili, ma sempre allo stato di impronta e quasi sempre incompleta perché la dolomitizzazione, cioè lo scambio di sali di magnesio con sali di calcio, trasformò le strutture originarie calcaree della roccia in dolomia, cioè in doppio carbonato di calcio e magnesio. Questa trasformazione disciolse tutti i gusci degli invertebrati, gli scheletri delle spugne e dei coralli, per cui possono essere presenti solamente modelli interni di bivalvi e di gasteropodi, ma mai fossili nelle loro strutture originarie come quelli presenti nella formazione cassiana. Questa barriera, oppure le varie barriere allora presenti, esposte nella loro parte esterna al mare aperto, erano battute in continuazione dalle onde che frantumavano e polverizzavano le costruzioni coralline, cementandole con i loro stessi detriti.

Riferibili alla Dolomia Cassiana sono i Tonde de Cianderou, le pareti della Cima Col dei Bós, della Cima Falzárego e del Piccolo Lagazuoi, della parte basale dell'Averau, del Nuvolau, delle pareti dei Lastoni del Formin, di Crepa di Pocol e del Becco d'Aial. I fossili più ricorrenti sono impronte di coralli e di gasteropodi.

Nel Monte Faloria la dolomia cassiana è intercalata fra gli strati della Formazione Cassiana ed il Raibliano; però in altre località, oltre ad essere contemporanea degli strati di La Valle e di San Cassiano, può essere contemporanea del Raibliano e venire a contatto direttamente con la Dolomia Principale.

Raibliano

Sopra la Dolomia Cassiana, una fascia di straterelli vivacemente colorati, con prevalenza del rosso-mattone, percorre la parete del Monte Faloria da Nord a Sud, assottigliandosi ai due lati. È il Raibliano molto erodibile, per cui si presenta in gran parte come una vasta cengia. I fossili contenuti in questo specifico ambiente del Faloria sono rari e quasi sempre rappresentati da grossi bivalvi chiamati Megalodonti. Vedremo però, in seguito, che lo stesso livello, spesso facilmente riconoscibile nelle Dolomiti ampezzane per il suo colore e per la sua stratificazione così caratteristica, non si è formato ovunque nelle stesse condizioni ambientali, perché altrove contiene più fossili e di tipo diverso. Il brusco cambiamento sedimentologico fa pensare che l'attività vulcanica, allora piuttosto attiva, abbia intorbidito ripetutamente l'acqua, colmando ad intervalli le depressioni del fondo marino, provocando in alcune zone l'improvvisa scomparsa della ricca fauna prima esistente. Voglio qui ripetere che i coralli, molte spugne aragonitiche ed altri invertebrati, possono vivere solamente in acque limpide e mosse, a profondità non superiori ad alcune decine di metri. Per vedere da vicino e senza pericolo un caratteristico complesso Raibliano bisogna percorrere il sentiero Astaldi sopra il Rifugio Dibona che è attrezzato con corde metalliche. Il sentiero attraversa la ripida cengia sul tetto del Raibliano, a contatto con la sovrastante Dolomia Principale. I colori degli straterelli sono rossi, mattone, grigi, verdi e viola con molte altre sfumature e sono più vivi e differenziati in giornate grigie ed umide anziché di tempo asciutto. Qui, a differenza del livello del Faloria, lo stesso è alternato con pareti a picco di Dolomia e le cengie, ricoperte in parte da vegetazione, ne evidenziano il distacco.

La fauna fossile è piuttosto ricca, ma solamente sopra il tetto del primo scalino morfologico, nelle immediate vicinanze del rifugio Dibona. Vi si possono scoprire molti Megalodonti di media grandezza, altri bivalvi, grossi gasteropodi, tracce di piante fossili ed io stesso ho raccolto addirittura un dente palatale di squalo, l'*Asteracanthus magnus*, determinato dal prof. Leonardi dell'Università di Ferrara nel 1945. Altra località interessante è quella sopra Rumerlo, quasi a contatto con la Formazione Cassiana. Qui sono presenti in arenarie grigio-scure molto compatte, banchi di *Trigonodus Rablensis* e Megalodonti, molti resti di piante, piccole cavità con la presenza di resine fossili e radioli di ricci di mare. Sotto la Tofana di Rozes, il Raibliano è quasi ovunque coperto da detriti di falda, ma s'intuisce la sua presenza in corrispondenza di larghe cengie sotto le quali ci sono piccole pareti di Dolomie. Alla Forcella Col dei Bós lo strato formato da calcari piuttosto compatti ed arenarie con impronte anche di ammoniti, piega in corrispondenza di una larghissima cengia verso SO. Scavalcati i grossi detriti di falda caduti dal sovrastante lembo di scogliera si notano delle arenarie con molti resti di radioli di ricci di mare e più in su verso la Cima Col dei Bós, gasteropodi e lamellibranchi spatizzati, simili a quelli di Rumerlo. Il Raibliano percorre tutto l'orizzonte sopra le pareti del Col dei Bós, della Cima Falzárego, attraversa la Forcella Travenánzes per arrestarsi addirittura all'altezza del Rifugio Lagazuoi. È inclinato verso Val Travenánzes e si presenta spesso con macchie estese di terra rossa, simili a quelle di un campo da tennis.

Altre località in cui la presenza del Raibliano è molto evidente sono le seguenti: ad E del Passo Falzárego, in corrispondenza dei pascoli del Col Gallina, l'Alpe di Federa fino al Col Giariniei a SE del Rifugio Lago da Lago, dove ho trovato il *Trigonodus Rablensis*, un piccolo lembo alla Forcella Rossa alla base della Cima Ambrizora ed in cima alla Punta Ovest della Rocchetta. Gli Strati raibliani inoltre sono importanti sotto il Piz Popena sopra Rudaoi, alla base del Cristallo fra Tre Croci e Son Forca, dove sono intercalati sottili strati di gesso ed attorno ai pascoli del Rifugio Scoiattoli e quelli delle Cinque Torri, dove pure esistono intercalazioni di gesso. L'aspetto di queste ultime, quanto mai caratteristico e singolare, divaricate, spezzate e piegate, è dovuto alla relativa plasticità del gesso che incassato in rocce fittamente stratificate si è intensamente deformato e piegato per effetto degli sforzi tettonici.

Siccome il gesso è un tipico minerale che si deposita in acque marine fortemente concentrate dall'evaporazione, si può affermare che nel Carnico Superiore si avessero qua e là specchi d'acqua poco profondi sottoposti a forte evaporazione. La presenza abbastanza frequente di resti fossili di grosse piante, non classificabili perché schiacciate dal peso dei depositi sovrastanti, dimostra l'esistenza di piccoli isolotti poco lontani. Da tutto ciò si può desumere che la sedimentazione nel Carnico Superiore sia avvenuta in bacini poco profondi con topografia varia, interposti a lembi di terre emerse.

Dolomia Principale

Dal nostro punto di osservazione presso il Lago di Costalaresc notiamo che sopra l'orizzonte Raibliano si ergono delle pareti a picco dello stesso colore della Dolomia Cassiana ma, a differenza di questa, regolarmente stratificate. È la Dolomia Principale di età norico-retica: la roccia che ha fatto assumere alle Dolomiti quella loro invidiabile bellezza di pareti, guglie e torri. Il passaggio dagli strati raibliani è brusco, il primo bancone dolomitico poggia direttamente sulle marne sottostanti che erodendosi più facilmente provocano il progressivo cedimento e sfaldamento, lungo superfici di frattura preesistenti della soprastante parete dolomitica che arretra mantenendosi più o meno parallela a se stessa. Questo fenomeno è frequente nelle Dolomiti ed avviene sia alla base delle pareti sia in corrispondenza delle cengie, costituite da sedimenti calcareo-marnosi, più erodibili, che attraversano spesso le pareti dolomitiche ad intervalli regolari. Sopra le cengie notiamo sporadicamente e mai più di quattro volte su una parete della potenza di 800 m, strati dello spessore massimo di due metri, formati da ammassi di modelli interni di bivalvi e gasteropodi frammisti ad impronte di alghe.

I fossili sono rappresentati per la loro quasi totalità da bivalvi chiamati Megalodonti e Dicerocardi che hanno grandezze che vanno da un centimetro negli esemplari più piccoli a 58 cm nelle forme giganti. Come ho specificato sopra, sono solamente modelli interni perché i gusci veri e propri si disciolsero durante la trasformazione dell'originale fango calcareo in roccia dura e compatta come la vediamo oggi. Controllando le cavità frapposte tra il modello interno dei fossili e la roccia circostante, si nota che lo spessore della parte conchigliare, specialmente in corrispondenza degli umboni, doveva essere notevole. Questa particolare struttura fa supporre che la profondità del mare nel quale vissero questi organismi fosse molto debole, dell'ordine di pochi metri.

Studi recenti hanno messo in evidenza che queste dolomie stratificate si formano in parte in ambiente compreso fra i livelli di alta e di bassa marea e che si ebbero transitorie fasi di emersione testimoniate da formazioni poligonali da essiccamento alla sommità di certi strati e tracce di erosione.

Naturalmente nell'intera regione continuò il generale abbassamento che permise l'accumulo di spessori grandissimi di calcare e dolomia pur rimanendo minima la profondità del mare.

Le cime più note formate da Dolomia Principale sono le seguenti: il Piz Popena, il Monte Cristallo, il Pomagagnon, il Col Rosà, le Tofane ad eccezione delle loro sommità, le Torri di Fanes, il Lagazuoi Grande, le 5 Torri, la Croda da Lago, il Becco di Mezzodì ed il Sorapis.

La colorazione rosso-ruggine di molte pareti dolomitiche è senz'altro prodotta da ossidi di ferro.

Giurassico

Ho escluso pocanzi le parti sommitali delle Tofane dal Norico. Queste infatti sono riferibili al Periodo Giurassico che aggiungeva altri depositi alla pila di strati precedentemente descritta.

Il Giurassico inferiore è qui rappresentato da calcari compatti bianchi, grigi o rosati con sottili intercalazioni marnoso-rossicce che formano la cima della Tofana di Mezzo. La cima della Terza Tofana porta sopra i calcari descritti un cappuccio di calcari nodulari rossi, di età giurassica medio-superiore, chiamati Rosso Ammonitico. Questi calcari contengono Ammoniti mal conservati, fratturati e quasi sempre schiacciati. Lo stesso livello si ritrova a quota molto più bassa a causa di dislocazioni tettoniche, presso la Malga Ra Stua ove contiene, oltre ad ammoniti ben conservati, il grosso brachiopode *Antinomia Catulloi*, resti di ricci di mare e denti mascellari e palatali di squali.

Tra i calcari del Giurassico inferiore ed il Rosso Ammonitico sono presenti sui fianchi delle Lavinores, poco oltre Ra Stua, alcuni strati calcarei riferibili al Lias medio, contenenti grandi quantità di Brachiopodi e steli di gigli di mare, tutti spatizzati, ma molto ben conservati nelle loro strutture esteriori. L'Ammonitico Rosso si ritrova poi anche a Lerosa, a Ra Valbones, sulla Rémeda Rossa, al Lago di Limo ed alla Varella.

Cretaceo

Non ci rimane da segnalare che l'ultima formazione depositatasi nell'area delle Dolomiti ampezzane: le marne friabili grigie ricche di ammoniti, talvolta ben conservati, ricci di mare e belemniti di età cretacea inferiore (Neocomiano). Questo strato affiora tra Ra Stua e Cianpo de Crose, sulla destra orografica del Boite, inoltre vicino ad Antruiles e nei pressi di Lerosa. Le marne e le faune in esse presenti ci parlano di un sensibile approfondimento del mare nel quale si depositarono.

Erano passati circa 140 milioni di anni da quando aveva cominciato a sedimentarsi il primo livello descritto e tutto era ancora sommerso dall'acqua, o appena appena emerso qua e là. Lo strato iniziale, a questo punto, si era infossato di un buon paio di chilometri.

Fino al Cretaceo inferiore almeno, la nostra regione fu, come abbiamo visto, soggetta ad un continuo anche se non uniforme movimento di abbassamento. Appena dopo la fine dell'Era mesozoica però iniziò, sotto la spinta delle immani forze orogenetiche che formarono la catena alpina, un lento sollevamento che portò quegli antichi fanghi marini, ben litificati e trasformati in durissima roccia, alle altezze delle attuali montagne.

L'attività vulcanica, lo sprofondamento enorme, la lenta emersione il grande peso dei ghiacciai durante le ultime glaciazioni, i torrenti, le variazioni climatiche hanno spaccato, inclinato ed eroso le rocce dando a queste nostre Dolomiti l'aspetto che vediamo oggi che è certamente uno dei più suggestivi e caratteristici del mondo.

La vegetazione

RINALDO ZARDINI

Le Dolomiti ampezzane si possono paragonare ad un grande giardino botanico spontaneo dove Iddio ha voluto ornare non soltanto prati e boschi di centinaia e centinaia di piante diverse, ma anche le più ardite pareti e fessure delle guglie che sovrastano la meravigliosa valle.

La primavera è tardiva, compare appena in maggio nel fondo valle e si sposta pian piano verso le vette più elevate dove vive una vita assai breve.

È una mattina di maggio, la giornata è limpida, qualche nuvola incapuccia la cima della Tofana di Rozes, tutte le altre cime che circondano la valle come una cortina di torri aguzze, si staccano in un cielo di un azzurro così intenso da sembrare irreale; è l'azzurro delle belle giornate di Cortina.

Vi accompagnamo a fare la prima escursione botanica. Andiamo ad Acquabona e di lì raggiungiamo, in breve tempo, attraversando un piccolo bosco, la località suddetta. Siamo arrivati sul letto del Boite e tra i ciotoli e le pietre, vediamo spuntare sparse un po' ovunque, moltissime piante la maggior parte venute dai monti circostanti adagiate a cuscinetto ed isolate. Predominano i colori giallo, arancione e bianco, sono: *Alsine verna, Aethionema saxatile, Cerastium latifolium, Euphorbia Barrelierii, Linaria alpina, Moehringia ciliata, Papaver alpinum* ssp. *Kerneri, Thlaspi rotundifolium*.

Continuiamo la nostra gita risalendo la sponda sinistra del fiume verso Cortina e, all'altezza di Zuel, nel boschetto rado, ci rimane impressa la *Daphne cneorum*, di colore rosso vivo, che emana un profumo delizioso. Questa pianta è diffusissima in tutta la valle tra i mughi ed ai margini dei boschi, ma specialmente a Fiames e ad Ospitale. L'*Erica carnea*, che prima di tutte aveva aperto le sue corolle ovunque, ora è già quasi sfiorita. Passando per Campo, sul greto del Boite, dove incontriamo con meno frequenza le stesse piante di Socol, ritorniamo a Cortina. Nel pomeriggio riprendiamo l'auto che questa volta ci porta in direzione opposta fino a Fiames. C'incamminiamo verso il Boite, dieci chilometri più a nord della località visitata in mattinata. Sulla destra s'innalza la parete della Punta Fiames, imponente e spaventosamente a picco. Anche qui troviamo le stesse piante viste a Socol, ma con molta più abbondanza. Vi figurano inoltre: *Achillea oxyloba, Alsine austriaca, Arabis alpina, Hutchinsia alpina*.

Questa località sembra una copia in miniatura del giardino che vediamo in luglio ed agosto sui ghiaioni di montagna sopra i duemila metri, con la differenza che gli abeti ed i larici sono troppo grandi e vicini per incorniciare queste piantine, che amano la solitudine delle altitudini e lo spazio libero.

La neve si è già sciolta da un mese sui fianchi della valle. Saliamo verso Pocol ed oltre, sul versante sud. I margini di tutti i ruscelli sono ricoperti di *Caltha palustris*, da lontano ci sembra di vedere lunghi serpenti giallo-dorati che solcano i prati verdi. In qualche punto più esposto al sole fiorisce il *Trollius europaeus*, diffusissimo in tutta la zona e che più tardi, farà mostra di sè, assieme al Rododendro, nelle caratteristiche «Stue» ampezzane. Più in su, in qualche valletta ombrosa e fredda, non è ancora del tutto sfiorito il *Crocus albiflorus*, all'ombra di cespugli crescono ancora la *Pulmonaria officinalis* di un celeste violaceo con sfumature rosa, la *Daphne mezereum*, che emana un profumo forte e simile a quello della *Daphne cneorum*, e l'*Anemone hepatica* di colore celeste pervinca. I terreni umidi sono leggermente rosati dalla *Primula farinosa*. Nelle insenature e sui pendii meno esposti al sole, vediamo la *Soldanella alpina*, piantina esile con campanelline viola e frangiate, l'*Anemone vernalis*, con la corolla pelosa ed enormemente grande su un fusto brevissimo, le *Anemone alpina* e *sulphurea*, di forme più eleganti, la *Orchis sambucina* rossa e gialla, la *Primula elatior*, di un giallo zolfino, ed a milioni la *Gentiana latifolia*, che forma tappeti blu-scuri sul verde chiaro del prato che si risveglia. A gruppetti più sparsi rileviamo che fa mostra di sè la *Gentiana verna* dello stesso colore precedente ma molto più esile ed a fusto più allungato.

Aspettiamo un mese e ritorniamo in giugno a fare una gita sui prati a Nord della valle per vedere la trasformazione avvenuta in così breve tempo. L'erba è già alta, milioni di insetti solcano l'aria in un ronzio continuo, ognuno alla ricerca del fiore che più gli conviene per succhiare il nettare e con ciò essere l'involontario trasportatore del polline per la fecondazione delle diverse piante. I prati sembrano stati decorati di fresco da un pittore divino; predominano rispettivamente i colori giallo, rosso e blu della *Hippocrepis comosa*, della *Onobrychis viciaefolia* e del *Phyteuma orbiculare*, e su qualche pendio ripido compaiono il rosa pallido dell'*Aster alpinus* var. *dolomiticus* ed il celeste grigio della *Globularia nudicaulis*. Non è ancora sfiorita del tutto la *Paradisia liliastrum*, il giglio bianco che dieci giorni prima ricopriva interi pendii visibili da grande distanza come chiazze bianche e luminose paragonabili ad una distesa di neve. Qua e là fioriscono delle piccole stelle alpine disambientate perché la loro vita è più in alto.

Nelle giornate calde il bosco invita ad una passeggiata all'ombra degli abeti, larici, cirmoli e mughi. Occorre costanza per esplorarli tutti questi boschi e bisognerà che voi ci seguiate in parecchie gite da giugno ad agosto.

Comuni a tutti sono l'*Erica carnea*, la *Daphne cneorum*, che più tardi verrà sostituita dalla *Daphne striata*, il *Rhododendron ferrugineum*, che purtroppo sfiorisce in breve tempo e toglie in parte ai ritardatari la visione delle pennellate rosse negli spazi radi tra gli alberi ed i mughi. Abbiamo detto in parte soltanto, perché incomincia a fiorire e dura fino a settembre il *Rhododendron hirsutum* che è più pallido e più debole. Comuni pure sono a tutti i boschi il *Rhodo-*

thamnus chamaecistus, che con la sua corolla grande ed aperta tappezza tanti massi, la *Convallaria majalis*, o mughetto, che si è rifugiata nei boschi meno accessibili e caldi, perché l'uomo l'ha quasi distrutta nelle vicinanze dell'abitato per la sua bellezza ed il suo delicato profumo, il *Cypripedium calceolus*, bellissima orchidea gialla con il labello foggiato a scarpetta, anche questa sfortunata perché tutti la raccolgono a fasci; la *Orchis maculata* con le foglie macchiate, la bianca *Anemone trifolia*, la *Pirola uniflora* che spicca solitaria negli angoli più ombrosi e la cui corolla carnosa, color avorio, sembra sia stata modellata con la cera; le *Pirola rotundifolia* e *minor*, la *Gentiana asclepiadea*, la più vistosa fra tutte le Genziane.

Nel bosco di Mandres, tra i mughi sovrastanti cresce in copia il profumatissimo *Dianthus sternbergii* coi petali frangiati color rosa; alla base del bosco di Federa, qua e là quasi invisibili, le piccole orchidee: *Listera ovata* e *cordata* e la *Goodyera repens*; raramente le *Corallorhiza trifida* e *Neottia nidus-avis*. Ad Antruiles, Fraina e alla base della Punta Fiames la *Viola pinnata* e vicino alle fontane della Stua, di Antruiles ed alla base di Potor fiorisce la *Tozzia alpina*.

Dopo queste lunghe peregrinazioni faticose nei boschi vi accompagnamo alle Cinque Torri ed al Falzarego attraverso i pascoli alpini ai piedi delle guglie. L'erba cresce dappertutto bassa quasi volesse lasciare emergere le piantine ed i mazzolini variopinti. La neve ammucchiatasi d'inverno per la caduta di qualche valanga, non si è ancora tutta sciolta benché siamo alla fine di giugno od ai primi di luglio.

Dal rifugio Cinque Torri cerchiamo dunque di individuare una di queste località dove la neve persiste ancora e da lì incominceremo le nostre osservazioni. Questo frigorifero naturale ha ritardato la primavera di almeno un mese ed ha fatto fiorire insieme tutte le piante alpine primaverili della zona, con la differenza che le più precoci le vedremo a contatto o addirittura emergenti attraverso la neve, alcune invece crescono più discoste da essa, fino a trovare a qualche distanza quelle che hanno la loro normale fioritura in questa epoca. Fra le primaverili noteremo la *Soldanella minima*, bianca lucente, meno profondamente incisa della *Soldanella alpina*, amante di località fredde; la *Draba aizoides*, i *Ranunculus pyrenaeus* e *hybridus*, la *Primula minima*, rosso carminio, col fiore sproporzionatamente grande in confronto del fusto cortissimo, la rossa e piccolissima *Silene acaulis* sullo sfondo verde chiaro dei fusti sterili, l'*Anemone baldensis*, più rara e più isolata dell'*Anemone alpina* e tutte le altre piante che avevamo incontrate in maggio sui prati di Pocol.

Al Falzarego figurano parecchie *Pedicularis*:
Pedicularis rhaetica; P. rostrato-spicata; P. tuberosa; P. tuberosa var. *leptostachya; P. verticillata; P. affinis; P. ampiciana; P. bohatschi; P. zardini.*

Sono i più comuni sul versante sud il *Phyteuma hemisphaericum* e la *Gentiana nivalis*, simile alla *Gentiana utriculosa* ma più slanciata; verso «Tra i Sassi», sugli strati superiori del S. Cassiano, il *Doronicum cordatum* ed il *Senecio doronicum*. Da qui passeremo sui vicini ghiaioni dei Lagazuoi dove si alternano, a fitti gruppi, le *Alsine verna* ed *austriaca*, la *Moehringia ciliata*, il *Papaver alpinum* ssp. *Kerneri*, la *Achillea clavenae* var. *intercedens*, le *Campanula scheuchzeri*, *caespitosa* e *cochleariifolia*, il *Myosotis alpestris*, la *Linaria alpina* ed il *Senecio abrotanifolius*.

Non ci rimane che l'ultima e più ardita gita per vedere quali sono le piante che crescono esclusivamente sulla roccia.

Questa volta partiremo dopo la metà di luglio da Rozes, località a metà strada tra il Pocol ed il Falzarego. Su tutti i massi sparsi sul pascolo vediamo ancora le foglie basali, verdi glauche, della bellissima *Primula auricula*, frammiste alle *Arabis incana* e *pumila*, anch'esse già sfiorite, la *Saxifraga incrustata* con le foglie basali disposte a rosetta ed i margini punteggiati di bianche fossette calcaree. Poco più in alto, sulle grandi «cenge» basali della Tofana di Rozes, la *Artemisia nitida* con i capolini gialli tutti rivolti verso le rocce strapiombanti sotto di essa, nelle fessure quasi inaccessibili il re dei *Phyteuma*, il *Ph. comosum*, azzurro come il cielo, con le punte delle corolle nerastre e gli stili molto sporgenti divaricati e terminanti ad uncino a guisa di gentili artigli.

Qua e là delle stelle alpine; aggrappato alla parete il *Rhamnus pumila*; in altre fessure, a grandi ciuffi, la *Campanula scheuchzeri*.

Saliamo ancora ed alla base della Tofana vedremo le piantine del *Ranunculus seguieri* ormai sfiorite; ed un po' ovunque la *Potentilla nitida* coi fiori simili a quelli del pesco, la *Dryas octopetala* e la *Potentilla caulescens*. Sotto qualche roccia strapiombante è molto raro l'*Asplenium seelosii*, vicino ad esso la *Moehringia glaucovirens*, nelle fessure umide la *Valeriana elongata*. Costeggiamo la parete e proseguiamo verso il rifugio Cantore. Qui troveremo più spesso adagiata su qualche gradino di roccia, la *Androsace hausmanni*. Incomincia il regno del *Cerastium uniflorum*, che, più in alto si sale, maggiormente è diffuso. Dal rifugio continuiamo la salita per arrivare al limite superiore della vegetazione. Passiamo il ghiacciaio occidentale delle Tofane e ci dirigiamo verso la cima dello Tofana Terza. La vegetazione continua, tutto il versante sovrastante è ricoperto di *Saxifraga oppositifolia*, a fusto strisciante, foglie minutissime e con la corolla grande di color rosso-viola intenso. Arrivati sulla cima ci meravigliamo della ricca flora. Vicino alla pianta or ora ammirata vediamo: *Cerastium uniflorum*, *Draba aizoides*, *Draba tomentosa*, *Linaria alpina*.

Lo spettacolo che godiamo da questa cima è superbo e strano: nel fondo valle i contadini hanno già falciata l'erba e con essa sono spariti tutti gli innumerevoli fiori, cosicché l'aspetto ha quasi un colore autunnale. I prati ritorneranno a formare un basso tappeto verde, ma spoglio della vivacità primaverile. Ovunque si guardi si vedono cime vicine e lontane coi ghiacciai eterni, soltanto noi godiamo un angolo di primavera che ci rincresce di lasciare.

Molte altre sono le piante che crescono nelle località che abbiamo visitate, ma per non affaticarvi a guidarvi su per le erte ci limitiamo a darvi un elenco delle più importanti.

* * *

Piante caratteristiche dei prati:

Achillea millefolium
Alectorolophus freynii
Aquilegia vulgaris
Buphthalmum salicifolium
Campanula glomerata
Campanula rapunculoides
Campanula rotundifolia
Carlina acaulis
Carum carvi
Centaurea dubia
Centaurea scabiosa
Chaerophyllum aureum
Chrysanthemum leucanthemum
Cirsium acaule
Cirsium erisithales
Crepis alpestris
Crepis incarnata
Euphrasia rostkoviana
Galium Mollugo
Gentiana ciliata
Gentiana solstitialis
Gentiana utriculosa
Geranium phaeum
Gymnadenia albida
Gymnadenia conopea
Heracleum sphondylium
Knautia arvensis
Laserpitium latifolium
Lathyrus luteus
Lilium bulbiferum
Lotus corniculatus
Medicago lupulina
Menyanthes trifoliata
Orchis globosa
Orchis latifolia
Orchis ustulata
Ophrys muscifera
Petasites hybridus
Pimpinella saxifraga
Pinguicula vulgaris
Platanthera bifolia
Potentilla aurea
Primula officinalis
Ranunculus acer
Ranunculus bulbosus
Salvia pratensis
Salvia verticillata
Scorzonera humilis
Silene angustifolia
Taraxacum officinale
Tragopogon pratensis
Trifolium pratense
Tussilago farfara
Veratrum album var. *Lobelianum*
Vicia sepium

Piante caratteristiche dei boschi:

Aconitum lycoctonum
Adenostyles alliariae
Anthericum ramosum
Aposeris foetida
Astrantia major
Clematis alpina
Coeloglossum viride
Epilobium angustifolium
Epipactis atrorubens
Euphrasia cuspidata
Fragaria vesca
Galium silvaticum
Galium verum
Gentiana vulgaris
Geranium silvaticum
Gymnademia odoratissima
Linum viscosum
Majanthemum bifolium
Malaxis monophyla
Melampyrum silvaticum
Mulgedium alpinum
Oxalis acetosella
Paris quadrifolia
Petasites albus
Polygala chamaebuxus
Polygala vulgaris
Polygonatum officinale
Potentilla erecta
Prenanthes purpurea
Ranunculus lanuginosus
Rosa canina
Rubus saxatilis
Saxifraga rotundifolia
Sorbus chamaemespilus
Teucrium montanum
Valeriana montana
Valeriana tripteris
Vicia cracca
Vicia silvatica
Viola rupestris

Piante caratteristiche dei pascoli:

Aconitum napellus
Allium schoenoprasum var. *sibiricum*
Antennaria carpathica
Antennaria dioica
Anthyllis vulneraria
Arabis corymbiflora
Armeria alpina
Arnica montana
Astragalus campestris
Astragalus montanus
Bartschia alpina
Biscutella levigata
Campanula barbata
Carduus defloratus
Cerastium carinthiacum
Chamaeorchis alpina
Cirsium eriophorum
Cirsium heterophyllum
Cirsium spinosissimum
Crepis aurea
Crepis jacquinii
Dianthus silvester
Epilobium alpinum
Erigeron alpinus
Erigeron uniflorus
Galium austriacum
Gentiana anisodonta
Gentiana antecedens
Gentiana bavarica
Gentiana punctata
Gentiana tenella
Geum montanum
Globularia cordifolia
Gnaphalium hoppeanum
Hedysarum obscurum
Helianthemum alpestre
Helianthemum grandiflorum
Homogyne discolor
Horminum pyrenaicum
Hypochaeris uniflora
Knautia longifolia
Leontodon hispidus
Ligusticum mutellina
Lilium martagon
Nigritella nigra

Parnassia palustris
Peucedanum ostruthium
Pinguicula alpina
Polygala alpestris
Polygonum viviparum
Primula longiflora
Ranunculus montanus
Rosa pendulina

Satureja alpina
Saxifraga androsacea
Saxifraga moschata
Scabiosa lucida
Scorzonera aristata
Soldanella pusilla
Solidago virga-aurea
Thesium alpinum

Thymus trachselianus
Tofieldia calcyculata
Trifolium badium
Veronica alpina
Veronica aphylla
Viola biflora
Willemetia stipitata

Piante caratteristiche delle rocce:

Alsine sedoides
Aquilegia einseleana
Arabis caerulea
Athamanta cretensis
Bellidiastrum michelii
Campanula morettiana
Draba carinthiaca
Gentiana terglouensis
Gypsophila repens

Heliosperma quadrifidum
Kernera saxatilis
Oxyria digyna
Phyteuma sieberi
Primula tyrolensis
Rumex scutatus
Saxifraga aizoides
Saxifraga caesia
Saxifraga sedoides

Saxifraga stellaris
Sedum album
Sedum atratum
Silene saxifraga
Valeriana saxatilis
Veronica bonarota
Veronica fruticulosa

Viola biflora

Toponomastica delle Tofane

CARLO BATTISTI

Per gentile concessione dell'Istituto di Studi per l'Alto Adige riproduciamo una selezione di toponimi riguardanti il gruppo delle Tofane ed i suoi immediati dintorni, ricavata dall'opera del prof. Carlo Battisti: I Nomi Locali dell'Ampezzano (vol. II/3 del DTA) pubblicata nell'Archivio per l'Alto Adige L (1956).

Abbiamo ritenuto opportuno per qualche toponimo aggiungere in calce (con l'indicazione: Aggiornamento) i risultati di alcune mie sommarie indagini in proposito, e le dotte e chiare interpretazioni del prof. Vito Pallabazzer, direttore dell'Istituto di Studi per l'Alto Adige, che ancora ringrazio per la sua amichevole e preziosa collaborazione.

Ho aggiunto inoltre pochi altri toponimi, riguardanti principalmente denominazioni di carattere alpinistico-militare, non prese in considerazione dal prof. Battisti. Queste voci aggiunte risultano evidenti, oltre a tutto, anche per la mancanza della numerazione d'ordine originaria, che abbiamo racchiuso tra parentesi per evidenti esigenze d'ordine pratico.

Prefazione

La raccolta toponomastica ampezzana che qui si studia deriva da due sopralluoghi fatti nel 1932 e nel 1943 e si appoggia alle fonti seguenti:

1) alle mappe catastali; 2) al libro fondiario; 3) alle tavolette 1:25.000 dell'Istituto Geografico militare; 4) alla carta 1:50.000 delle zone turistiche d'Italia «Cortina d'Ampezzo e le Dolomiti Cadorine»; 5) alla carta 1:100.000 di G. Freytag «Übersichtskarte der Dolomiten» (pubblicata come allegato della «Zeitschrift d. D. u. Österr. Alpenvereius», 1892); 6) alla vecchia carta militare austriaca 1:75.000 del «Militärgeographisches Institut» di Vienna e 7) alla carta murale del Tirolo di Peter Anich. Si è invece creduto opportuno, data la sufficiente documentazione archivistica, di prescindere dalle carte anteriori dell'Anich, che portano un materiale molto ridotto e in gran parte deformato. Il signor Illuminato de Zanna ebbe la gentilezza di mettere a mia disposizione la sua raccolta personale di 275 nomi di luogo moderni d'Ampezzo e il comm. Angelo Apollonio mi usò la cortesia di risolvere alcuni dubbi sulla forma usuale di qualche toponimo e sul carattere dell'oggetto geografico designato. Ai due amici ampezzani il mio vivo ringraziamento.

Le fonti archivistiche cui potei attingere non sono molto numerose: gli «Archivberichte aus Tirol», II di Redlich-Ottenthal e le pergamene ed i libri di censo della Canonica e delle Regole. Altre raccolte non furono a mia disposizione.

Le medesime fonti avevano compulsato, in parte, Don Francesco Alverà nella sua preziosa *Cronaca di Cortina d'Ampezzo* (dattiloscritto che potei consultare a raccolta ultimata per cortesia di Angelo Apollonio) e, per intero Rodolfo Girardi, che mi favorì i suoi spogli durante la correzione delle bozze di stampa. I dati qui riferiti hanno dunque potuto essere collaudati non solo rispetto alla trascrizione, ma anche al riferimento topografico. Molta messe diede, come al solito, il Catasto Teresiano; siccome però i nomi locali che mi riuscì di identificare combinano esattamente coi moderni, mi sono limitato alla segnalazione dei nomi in cui esisteva un divario fra le forme raccolte dalla tradizione orale e quelle lì portate. In molti casi però il toponimo del Catasto Teresiano, anche quando la sua ubicazione è indubbia, è scomparso dall'uso moderno; si tratta per lo più di denominazioni occasionali che ebbero una vita effimera e quindi interessano piuttosto il linguista che il geografo. Questi nomi costituiscono il secondo elenco; pure in questo caso gli spogli molto diligenti dell'amico Rodolfo Girardi, che ringrazio vivamente, resero possibile una revisione del mio materiale. Avverto il lettore che nella trascrizione del Catasto Teresiano la scrittura *chi* avanti vocale ha il valore di c^e, ^{i} («cenere», «ciglio»), mentre quella c^e, ^{i} indica il nostro *z* sordo, da me trascritto nel primo elenco col segno ç.

Mi fu pure possibile di effettuare lo spoglio del *Libro dei livelli attivi comunali* dell'anno 1546 dell'Archivio comunale, mentre dovetti rinunciare a quelli della *Scuola del SS. Sacramento* (sec. XVI-XVIII) e quello della *Fratellanza della B. Vergine delle Grazie* (sec. XVII e XVIII) che furono invece studiati dalla dott.ssa Ghedina e figurano nella seconda edizione colla sigla L.A.C.

Deploro di non aver potuto aggiungere ai nomi locali la trascrizione fonetica; i tempi non consentono aumenti di spese. I toponimi sono però muniti delle indicazioni più indispensabili per la pronuncia: l'accento grave indica le vocali aperte, mentre l'acuto indica le chiuse; la *z* sorda è trascritta con ç; la *s* schiacciata con *sh*, la sua corrispondente sonora con *zh*. Il segno *dh* indica la pronuncia affricata delle interdentali. Sono evidentemente ripieghi suggeriti dalla necessità; *sh*, *th*, *zh*, *dh*, ad onta della trascrizione con due lettere, rappresentano articolazioni semplici, unitarie.

Questa trascrizione fonetica elementare fu usata per vocaboli dialettali; nei lemmi che portano i toponimi, non ho saputo decidermi ad introdurre dei segni che ripugnano alla nostra tradizione grafica: invece di *sh* ho adottato il solito simbolo *sc* in casi quali *Cioscè*, *Scènte*, al posto di *Cioshè*, *Shente*, ma ho cercato di adeguarmi all'uso linguistico, sopprimendo le doppie. Ricordo poi che i toponimi sono riferiti nella forma che a me parve quella usuale, non in veste specificatamente dialettale. Un confronto fra la mia trascrizione e quella del Libro fondiario, portata nel terzo elenco, potrà informare il lettore sul metodo da me seguito.

Il numero dei nomi avrebbe potuto essere anche notevolmente aumentato, segnalando i termini geografici specifici che si aggiungono ai toponimi veri e propri. Mi sono limitato ad indicare quelli passati nelle mappe o nella cartografia moderna.

Il sistema di pertrattazione qui seguito è quello usato nel «Dizionario topononomastico atesino». È però necessario che il lettore tenga presenti i seguenti avvertimenti:

1) I nomi dell'uso moderno sono trattati in capitoletti che cominciano normalmente col toponimo preceduto dal numero d'ordine. Dopo il toponimo può trovarsi la sigla (Z); essa indica che il nome di luogo fu rinvenuto dal sig. Illuminato De Zanna e che esso mi risultò confermato nel mio accertamento del 1943 (es.: i numeri 1, 28, 36, 42 ecc.). Oppure segue in parentesi la fonte scritta (LF = «libro fondiario»; M = «mappa catastale»; CIGM = tavoletta 1:25.000 dell'Istituto Geografico Militare», n.: i n. 4, 26).

2) Alcuni capitoletti che sono stati inscritti nella numerazione progressiva con una lettera in seguito al numero d'ordine (p. e. 29ª, 102ª, 204ª, 207ª), cominciano con una sigla *Z: il toponimo lì pertrattato fu rintracciato dal sig. Illuminato De Zanna e venne a mia conoscenza dopo il mio secondo rilievo toponomastico, di modo che non ho potuto identificarlo personalmente. Si è invece assunto questo incarico il comm. Angelo Apollonio, purtroppo in questo frattempo deceduto.

GRAFICO DELLA REGIONE AMPEZZANA

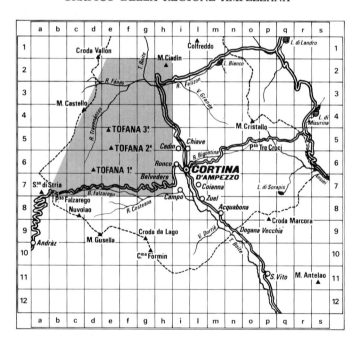

3) Subito dopo il toponimo, eventualmente dopo il richiamo alle fonti, è frequente una sigla composta di due o più elementi, di cui il primo è espresso con una cifra. Si tratta dei parallelogrammi in cui si scompone la carta topografica di Cortina d'Ampezzo e dintorni dell'Azienda Soggiorno e Turismo di Cortina 1:40.000, riduzione della CIGM. I numeri *1-12 indicano la successione verticale* dall'alto in basso, le lettere *a-s quella orizzontale*, da sinistra a destra. La sigla da il riferimento alla posizione geografica dell'oggetto toponomastico. Le ulteriori lettere maiuscole

N S E W indicano i quattro quadranti del parallelogrammo (p. e. NW indica «settore nord-ovest»).

4) Nell'interno dei capitoletti, «Z», seguito da un numerale romano, indica la zona del Libro fondiario in cui si trova la rispettiva località es.: i n. 2, 15, 56 ecc.). Quando invece il toponimo indichi l'intera zona, questo dato precede il toponimo e segue immediatamente al numero progressivo (es.: il n. 17).

5) Nella trattazione lessicale si è sempre tenuto conto del *Vocabolario Ampezzano* di Angelo Maioni, Forlì, 1929. Il riferimento avviene mediante la sigla «M». Le altre abbreviazioni bibliografiche corrispondono alle solite del «Dizionario toponomastico atesino»; per le nuove e anche per le più frequenti, vedasi la tabella finale.

1 - (7) A l' a l b é o, bosco rado e pr. di monte a Cian Zopéi. M. 2: *albéo* 'ant. per abete bianco, ora *avedìn*'. Sull'isolamento di *albéo*, cfr. Battisti in M., XII sg. La *l* probabilmente da contaminazione da ALBUS, cfr. nel Sinnacher, I, 506 *Rinalbus* per l'attuale *Rimbianco*, sopra Misurina. * ABETE, REW, 24, II, DEI, I, 9, 'abete', cfr. VD, 158. V. Pedrotti-Bertoldi, «Nomi di piante indigene», 458. Il tipo * a b i e t i n u s, REW, 24 sembra secondario anche nel Comelico, dove sorprende la caduta della *-n* in *udì*, Tagliavini, NC, 236; Olivieri, DEI, 20.

2 - (15) A l p e   R ò c e s, 7g, SG, bosco sotto la camionabile per Falzàrego a Ovest di Sapada, sotto Stuoires. Corrisponde al nostro *Rocca*. * ROCCA, REW, 7357; Battisti, *St.*, 222 sg.; Tagliavini, NC, 199; Olivieri, DEI, 595.

3 - (20) A m p e z z o (*ampéç*). Il nome è identico a quello del comune friulano di Ampezzo Carnico ed è documentato dal secolo XII come *Ampitium* (a. 1156 terram in *Ampicio*). Per quale motivo M. S. von Wolkenstein abbia germanizzato 'Ampezzo' in *Annholz* che non ricorre in nessun documento, non si sa. Forse *holz* è stato tradotto da 'pézzo'. La base è omofona con quella che troviamo in molti toponimi con formanti prelatine, tipo *Àmpola*, burrone in Val di Ledro (Trentino ocidentale), *Ampolla, Ampugnano, Ampugnanello* in Corsica, *Ampolino* fiume della Calabria, *Làmparo* a Vercelli; quattro scogliere a Creta, Samo, Calcidide e in Tessaglia portano il nome di *Àmpelos*, identico a quello d'un promontorio roccioso con abitato nella Liguria, il cui aggettivo etnico è *Ampelinus*, RE, I, col. 1881, 2, che corrisponderà a *Ampelós*, città della Liguria (Ecateo), l'attuale Sant'Ampeglio. Può darsi che stia in relazione con questa base anche il personale *Ampelius* [*Ampullius*], donde possono derivare i francesi *Ampouilly, Ampilly*, e *Amponuis*, donde *Ampinat* (Corrèze), *Hampeigny* (Aube), *Ampoigny* (Loiret). Comune a tutti è una radice preindoeuropea AMP- che denota piante selvatiche da cui si estraeva un liquido atto alla fermentazione [*àmp(u)a*]; nella zona alpina, *àmpola, ampone; lampone* in quella toscana) da cfr. col nome preellenico della vite, *àmpelos*: v. Bertoldi, «Questioni di metodo nella ling. stor.», 214-17; Battisti, «Alle fonti del latino», 158 e 'Riv. St. Lig.', IX, 87; Lamboglia, «Toponomastica Intermelia, 29-31. Cfr. però anche * a m p- ontano, vedi AAA, XLII, 45; ZrPh, LXVI, 15-17. La voce è perfettamente adatta ad indicare una brughiera pascolativa, quale fu l'alta valle del Boite prima del secolo XII ed è sullo stesso piano ideologico del ted. *Heiden*, v. n. 365, 'alla landa'. Etimologie sorpassate: Alton 'in

pézzo'; Lorenzi, 'campeccio', da 'campo', con aferesi; v. Ettmayer, ZOLF, I, 37 (in relazione con 'Àmpola') «corrispondenza gallo-italica di *anculus 'servo'*». Cfr. prec. e vedi Pellegrini, AAA, 1946, II, p. 191, 'Ambladei'; P, 5.

4 - (22) A n t r ù i l e s, 2f N, 2g, croda, alpe, avvallamento a NE di Col Bechei. Secondo l'Anton diminutivo in *-eolu* da *a n t r u m*. Ma dal lato fonetico -e o l a non può dare -u i l e s; a n t r u m finora non è documentato né nella zona ladina centrale, né in quella cadorina, dove, come ad Ampezzo, c'è invece *l-andro*, cfr. DTA, III, II, nro 13. La posizione suggerirebbe l'interpretazione 'fra le guglie'; Lorenzi, DT, 21. Cfr. i n. 255 e 279. Il P, 9 interpreta la voce come corruzione di *Antruibes* che è la denominazione locale a S. Vito, cioè da *ruoiba* frana, il che è improbabile.

5 - (27) B a i g n d e d ò n e s, 7d SO, sulla destra del rio di Falzarego. Notisi la forma recente ed italiana *baign* di fronte alla più antica, ma neppur essa indigena, *bàin*, Majoni, 11. Sull'italianismo *baign* nel fassano, v. Elwert, «Fassa», 63, n. 3. Dal lat. volg. * BALNEUM, REW, 916, II.

6 - (33) R a b a r è g o l e s, 3e NE, nel bosco di Fanes, vicino alla cascata di Fanes. M. 9: 'aghi o sottili rametti di larice che si raccolgono nel bosco col rastrello'. La voce, che non può esser congiunta col fass. *barúgola*, gard. e livin. *baruja* 'porro' da VERRUCA, non andrà staccata da *barancia* (v.), dal veneto alpino *berdúscole* ramoscello di larice (Po, 32), e dal friulano *baràz* 'spineto'. Non direttamente dal gallico * BARROS, REW, 964, ma dal sostrato, fr. Pedrotti-Bertoldi, «Nomi di piante indigene», 474; Jud, BDR, III, 13, 6; Battisti, «Studi», 42, 1; Elwert, «Fassa», 205, n. 651; Pellegrini, AAA, XLI, 1946, sub 'Forancia'.

7 - (44) B e l v e d e r e, 5h SE, il terrazzo da cui parte la funivia sulla collina boscosa sopra Ronco rosso e Cadelverzo. Ma il popolo usa chiamarla *Crepa*, di modo che B. sarà una denominazione turistica recente. Invece il *Belveder(e)* di Livinallongo è documentato dal 1480, cfr. Lorenzi, DT, 48. Altro composto coll'agg. 'bello', ma questa volta in forma genuina, è *Bèla pàla* n. 1706. - DEI, I, 482.

8 - (46) B e u t e l s t e i n, P e u t e l s t e i n, italianizzato in *Bottestagno, Podestagno*, v.; castello alla confluenza dell'alto Boite e del Rufreddo, 3h N. Nella carta dell'Anich: *Pottestagno, Peitelstein*. Nella 'Topographia provinc. Austriae' del 1649: *Beutelstein* oder *Putestagno*. Il nome tedesco è documentato dal secolo XV; così Felix Faber nel 1484 lo chiama *Buetelstein* o *Patastén* (in italiano). Il castello esisteva nella prima metà del sec. XIV: qui nel 1341 il Savorgnano sconfisse gli imperiali; a. 1341 de *Botestagno*, AB, III; a. 1415 castrum *Potestagn* (Hormair). Il nome, la cui seconda componente è il mat. STEIN, 'rocca', è nella prima un adattamento del nome del fiume *Boite*: esso significa dunque 'rocca sul fiume Boite'. Assieme a *Buchenstein* nel Livinallongo e *Wolkenstein* in Gardena, rappresenta una delle tre guardie ai valichi ladini di Dobbiaco, Falzàrego e di Gardena. Secondo la 'Guida d'Ampezzo' sarebbe stato costruito nell'820 – il che sembra inverosimile – ed abitato fino al 1780; cfr. Lorenzi, DT, 600.

Vedi n. 613. La forma locale è *Ciastèl* castello; P. 117. Cfr. invece al confine del principato vescovile di Bressanone *Rocca Piétore*.

9 - (49) R a B i z ò g n o r e s, 5h NE, cespuglietto nel bosco di Lomerlo. M. 12: *bizògnora* 'pero corvino' (Aronia rotundifolia). Cfr. il bellunese *bisognolèr*, Pedrotti-Bertoldi, NP, 461, contro *ducesínes, ciucesines* di Gardena, *cisponàr* di Fassa e *spigùndures* di Badia. Forse dall'uso medicinale della pianta; diminutivo di 'bisogni', REW, 8089 a.

10 - (55) B o i t e, fiume, ora masch., ma in una satira dialettale ottocentesca *ra Boite*, cfr. Lorenzi, DTT, 59. Documentato dal 1333. M. 13: 'usato da qualche vecchiarella per fiume in genere'. Anche nome di famiglia: i *de Buoyte* vivevano a S. Vito di Cadore, donde un ramo si trasferì a Ponte nelle Alpi, patria di Arrigo Boito. Cfr. l'introduzione 'il nome del Po e del Boite' nella prima edizione, ristampata nell'Archivio per l'Alto Adige', 1947, pp. 46-47.

11 - (56) B o n a g a, 7g S, nella Z. XV, Socrepa, sotto il bosco di Pomedes, presso Redoncié; cfr. *Aga bona*. - CT. *Bona aga*.

12 - (58) B o r t o r i n a, 7e NO, radura umida, di forma tondeggiante sotto Rèces, nel bosco sotto la Tofana I. Diminutivo di *borta*, M. 14: 'pezzo di formaggio; si adopera la stessa voce anche per altre sostanze che, normalmente liquide, si solidificano'. Derivazione da *Bórtolo*, trattandosi di località non abitata, è improbabile.

13 - (59) B o s c a t o: 1) 7d S, 7e N, il bosco sul pendio meridionale del M. Falzàrego e della Tofana I, sopra la camionabile. È nel LF. la zona LXXI che comprende i nomi volgari di *Pian de ra morese, Monte rozes, Stuoires, Cianzopié, Col dei bois*; 2) 7m SE, sopra Coiana-Fraina, sotto il Monte Casa di Dio nella zona LXVI. 'Boschetto', da BUSK, REW, 1419b, DEI, I, 571 'bosco'. Il suffisso diminutivo *-atto, -atta*, parallelo a *-ittu*. Rom. Gramm. II, par. 505, 506, è comunissimo, qui, come nel livinallese e nel fassano.

14 - (62) B o s c o d e B i a, 3g, sul Col Rosà. M. 11: *bia* 'castagna di legna'. Da BIGA, REW, 1095; cfr. DEI, I, 516 'biga'.

15 - (63) B o s c o d e C i a s t é l, 2hi S; il nome, in relazione col castello di Podestagno; non da *ciastél* 'catasta di legna', M. 14.

16 - (64) B o s c o d e i C a d o r ì s, 3f SE, non lontano dal Monte dei Cadorìs sul rivo di Travenanzes; 'Cadorini'.

17 - (67) B o s c o d e P o c ò l, 7h S, vicino all'albergo omonimo, Z. LXIX del LF.

18 - (68) B o s c o S a r e s ì n, 7d S, 7f SW, 8d N, 8e N, 8f W; il bosco sulla costa destra del rio di Falzàrego, di fronte a Gian Zopèl; v. *Sarasìn*, n. 741. P. 316.

Il Castello di Podestagno in una incisione di Merian (1650).

19 - (76) B r i t e d e s o r a, 5h SO, vicino ai laghi di Ghedina; è la zona L 'Britte di Sopra', del LF.

20 - (78) B r u g i a d e, 1h N, alle sorgenti del Boite; è la zona LVII che comprende il monte di Valbones, la fontana del Zìrmolo, Stua e Ronco de Ciastèl; nel LF e nelle Mappe *Bruciati*. Part. pass. di * BRUSIARE, cfr. REW, 9097, DEI, I, 614. - Su *Brusà, Brusade-i* nella toponomastica trentina v. Lorenzi, DT, 83. Sul rapporto ARDERE-*bruciare* nel veneto alpino Elwert, «Fassa», 224; esso non può essere esatto, perché 'bruciato' è elemento comune della toponomastica della Ladinia dolomita, cfr. DTA, III, 2, 47; Bosshar, Gl., 110-112; Crepaz, 7; Pellegrini, AAA, XLI, 190. Cfr. n. 1721, 1722.

21 - (79) B r u g i a d e d e C i a n d e r ò u, 4h, centro, b. sulla costa orientale del dosso della Tofana, a S di Val Fiorenza. La dott. Ghedina scrive invece *Brujà*, n. 1721, 1722.

22 - (80) B r u g i a d e d e p o u s e s, 2h SE, bosco presso Son pouses ad Ovest del bosco di Castello.

23 - (81) B r u g i a d e d e T r a v e n a n z e s, 6c S, nell'alta valle di Tr., sotto la Banca di Lagazuoi.

24 - (85) B u s c' d e l c a p ó n, 7h E, fra Cegiuretes e Ciou del Conte. *Capón* è italianissimo, * CAPPO, 'cappone', REW, 1641, II; DEI, I, 743.

Inizio del canalone che porta al Camino degli Alpini. (Foto Ten. Pegreffi, maggio 1916)

25 - (92) C a a d e l m a r m o (Z), presso i laghi di Ghedina. *Càa* è 'cava' deverbale di 'cavare'.

26 - C a m i n o d e g l i A l p i n i. Profondo intaglio lungo lo sperone Sud-Ovest della Tofana di Rozes. Esso venne salito ed attrezzato con scalette di corda dal tenente Ugo di Vallepiana e dalla guida valdostana Giuseppe Gaspard nel maggio del 1916, per allestire una postazione di mitragliatrici dominante le posizioni austriache del Castelletto. Esso è denominato anche «Camino Vallepiana».

27 - (100) C a s ó n d e v e d i é i (Z) in Giamberta. M. 25: 'capanna in montagna'. Voce recente, che sostituisce i più antichi *taméi, tamarìn* e *scofa*. Aument. di CASA, REW, 1728, DEI, I, 793; cfr. DTA, III, p. 2, n. 65; la mancata palatalizzazione è indice d'importazione veneta; v. anche Pellegrini, AAA, 1947, XLI, p. 190. Cfr. anche Mar. 22. Il tipo toponomastico ricorre anche nell'alta Venosta.

28 - (105) C a s o n a t e d e F u z a r g o (Fouzargo), 7c S, vicino alle rovine del vecchio ospizio di Falzarego.

29 - C a s t e l l e t t o. Appendice rocciosa ai piedi della Tofana di Rozes (parete Ovest) e separata da questa mediante l'omonima forcella. Ha la caratteristica forma di un torrione pressoché a ferro di cavallo, contornato da numerose guglie. La vetta ha un'altitudine di m 2656. Nel periodo antedecente la guerra 1915-18 veniva indicato col nome di *Punta Col de Bos*. Gli Austriaci lo ribattezzarono «Schreckenstein» (Roccia del terrore) sia per la straordinaria somiglianza con l'omonima roccia presso Aussig in Boemia e sia per gli aspri combattimenti che li attorno vi si svolsero. Gli Italiani lo denominarono, molto efficacemente, con il toponimo «Castelletto», divenuto famoso per le vicende di guerra. Vedi anche il nro 70.

30 - (111) C e g i u r a d e l d o g e, 7h S, campagna di Pocòl nella zona XV Socrepa.

31 - C e n g i a P a o l i n a. Interessante itinerario naturale contornante, per facili cengie e terrazze, il versante Nord-Ovest della Tofana di Dentro. Esso era già stato utilizzato dagli Austriaci durante la guerra 1915-18, e nuovamente riconosciuto e segnato, nel 1966, da un gruppo di giovani alpinisti cortinesi: C. Gandini, B. Menardi, L. Bernardini e G. Biz, i quali lo intitolarono al nome della loro maestra elementare. Esso collega, lungo il versante di Val Travenánzes, il Masarè di Fontana Negra agli Orte de Tofana.

32 - (135) C i a n d'a s c o, 4d NE, psc. nelle Palerte di Furcia rossa in Travenánzes. *Cian* da 'campo'; *asco*, M. 5: 'ariete, montone'; è voce completamente isolata nell'ampezzano, usandosi nelle valli ladine *bagòt*, nell'alta Carnia *róc* e nel veneto *moltón*. Sulla terminologia del montone nei dialetti dolomitici, cfr. VD, 150, 187. Forse deriva da MASCULUS, REW, 5392, ma non conosco l'incrocio che avrebbe fatto deviare la voce.

33 - (138) C i a n d e f e d a r ò r a nella zona detta Varvéi, a 1756 m.s.m., antico complesso di rustici: 'campo della piccola fedaia'. Cfr. n. 62.

34 - (139) C i a n d e r ò u (e meglio *Cianderòu*), 5h, centro (Z. LXXII Cianderau e bosco di Rumerlo), sperone boscoso orientale di ra Cestes, con un 'casone' a 1763 m.s.m. di pertinenza della vicinia di Ciandìn. Evidentemente da escludere l'etimologia dell'Alton, B, 32, che vedeva in -*òu* il tedesco *Au* in una composizione neolatina. Non regge nemmeno quella del Lorenzi, DTT, 159, che parte da un 'campo di rova' e vede in 'rova' il nostro 'rovo'. Essendo questo sperone, che non supera i 1750 m.s.m., boscoso, 'campo' non può avere il significato ammesso nei casi precedenti. Probabilmente la denominazione è venuta dalla sottostante zona coltivata e si riferisce ad un 'campo di rape': RAPUM, REW, 7056, DEI, dolomitici, friulani e, in parte, veneti. Cfr. VD, 285 e Elwert, «Fassa», 110, par. 241. Cfr. Schneller III, 29 sg., su presunti continuatori di 'rapa'. P, 30.

Aggiornamento

Considerate le caratteristiche geografiche, è difficile accettare la spiegazione del Battisti: «campo di rape», pur ammettendo che il toponimo sia migrato verso l'alto. L'asserzione è del prof. Vito Pallabazzer, il quale precisa ancora: Le coltivazioni in genere hanno prodotto pochi toponimi, a causa dell'alternarsi delle colture a rotazione agraria, praticata ovviamente anche nei secoli passati.

Pure G. B. Pellegrini, in commento al Foglio XII, «*Cortina d'Ampezzo*», propende per questa soluzione, però, come mi disse anche a voce, si attenne sostanzialmente a interpretazioni già date, senza impostare nuove soluzioni. Poiché nel 1660 la località è denominata *Cianderave*, non è escluso che nella seconda parte del composto (poiché di composto ovviamente si tratta) si celi il prel. *rava*, frana di sassi, variante del più comune *rova*. *Cian*, dal lat. *campus*, designa quasi sempre aree pascolive, perciò cfr. anche *Ciampo*, malga nell'Ampezzano.

35 - (145) C i a n ç o p é(i), 7e E, Ef O, bosco sopra la camionabile di Falzarego, sotto la Tofana di mezzo. A. 1648: in fon de *Cianzopei*; c. 1777 da *Chianzopei*. M. 143: 'zopa piota, zolla erbosa'; AIS, VII, c. 1428, secondo il RDEW, 8731, II, sarebbe una contaminazione di *TIPPA e *zolla*; ven. e trent. *zopa*, cfr. Elwert, «Fassa», § 116 e Tagliavini, NC, 134. *Zopé* come elemento toponomastico ricorre in Val di Fiemme e a Larzonei di Livinallongo; cfr. Lorenzi, DT, 1117 e Crepaz, 21; Prati, Ric., 47; P, 355.

36 - (154) C i a s t è l e C a s t è l: 1) 3h N, denominazione popolare del Castel Bottestagno; 2) 6i E, sulla sinistra del Boite; frazione con sette case attorno al castello di S. Uberto. Il nome si riferisce al castello di Bottestagno e venne usato specialmente per il vecchio fienile ridotto ad abitazione dello stradino. CASTELLUM, REW, 1745. Come termine geografico *ciastèl* e *ciastelato* indicano cima rocciosa con spianata culminante, Marinelli, 11, Pellegrini, AAA, XLI, 1946, p. 190. - P, 22-24.

37 - (175) C o g n o r i è, 7e N, nel bosco di Fanes. Da *cògnora* 'bacca della rosa canina' M. 27. La voce è isolata da Ampezzo e Marebbe (*còrgnaras*), secondo l'AIS'. V. Pian da *cògnores*, n. 556.

38 - (180) C o l B e c h è i, 2f (Alto, Basso), Lorenzi, DT, 172. Le carte dell'IGM, del TCI e del DOeAV non concordano nell'ubicazione. Secondo le mappe, M. Parei

Il Castelletto con la Croda da Lago nello sfondo. Sulla sinistra in basso, dove confluiscono tre sentieri il «Sasso Piramidale». Più in alto, sulla destra, il «Sasso Misterioso».

Attendamento del C.A.I. in località Cian Zoppè. (Foto G. Ghedina)

della carta dell'IGM corrisponde a Col Bechéi di sopra e l'alpeggio di Col Bechéi è collocato a 2aS a O di «2332». Al nostro *Croda del Becco* a NE di M. Parei dovrebbe corrispondere Col Bechéi di sotto. A. 1531 *Colbechey*. - Essendo da escludere ETUM, -ei non può essere che il plurale di -ARIUS, cioè le due cime furono denominate con un solo nome al plurale. In ampezzano *bechèr* è 'beccaio', ma probabilmente si tratterà di 'becco' nel significato di 'corno di monte'. Cfr. DTA, III, 2, 161 e v. n. 39; Pellegrini, AAA, XXI, 1946, p. 194. P, 13.

39 - (185) C o l d a r ì e s, 5h SE, la collina 1591 a NO del Belvedere, presso i laghi di Ghedina. M. 98: *ria* 'strada ripida, salita'. Da RIPA, REM, 7328; DTA, III, 2, 541.

40 - (191) C o l d e B ò i s (1), rocce a N dell'albergo Falzàrego. *Bos* nella CIGM è erroneo. Identico toponimo ritorna sulla Marmolada nella pronunzia di Roccapietore, mentre nell'alta Fassa vi corrisponde *Bous*. Po, 47. M. 13: *bòiso* 'tronco d'albero forato per lungo per usarlo come acquedotto'. La voce ampezzana è isolata; non è probabile la derivazione da VOLSUS, REW, 9645, II. Nell'introduzione al Majoni, XXV, avevo pensato a BUXIDA, riferendomi al comel. *bòisal* 'vaso di latta'. Il nome ricorda solo per caso un affluente sulla destra del Cordevole in Val Canale, il Bìois. P, 172.

Aggiornamento

Secondo la tradizione ampezzana l'esatta dizione del toponimo è *Col de Bos*, che stà ad indicare il «Colle dei Buoi», nel significato più lineare della parola. Analogamente il sottostante valico è detto «Forcella Col de Bos», appunto per il ricorrente passaggio delle mandrie di buoi appartenenti ad alcune Regole ampezzane, che venivano condotte stagionalmente in Val Travenánzes.

Il toponimo è certamente posteriore al XIII secolo in quanto, in un documento del 1238 relativo ai diritti di passaggio attraverso questo valico, esso è denominato «forca de Rocis de Lavaredo», sul quale dovremo ancora soffermarci (vedi nr 65).

Il prof. Vito Pallabazzer non crede che la composizione *Col de Bos* sia da mettere in relazione col passaggio delle mandrie e da questa interpretazione: La composizione «Colle dei Buoi» è frequentissima nella regione dolomitica dove designa generalmente poggi scoscesi e dirupati. Nei miei «*Nomi di luogo dell'Alto Cordevole*», n. 37 (DTA III/5), per *Col dei Buoi* pensai a un adattamento di *bovale* (da *boa*, frana); infatti il trent. *boal*, associato a zone franose, è tutt'ora trasparente, cfr. ad es. Cima di *Boai*, m 2684, a cavaliere della Val di Vermiglio, di quella di Peio e di quella del Monte (Trentino), G. Mastrelli Anzilotti, *Commento al Foglio XI*, «*I nomi locali della Val di Sole*, n. 9 (Atlante Toponomastico della Venezia Tridentina).

Con *boàl* è connesso anche il Passo *Buole*, A. Giammarinaro. *Commento al Foglio XIII*, «*I nomi locali del Roveretano*», n. 315 (Atlante Toponomastico della Venezia Tridentina).

41 - (199) C o l d r u s c i é, 6h O, collina boscosa sopra Ronco in Rumerlo, Z. LXXII. A. 1731 *Drussié* (G.). Seguendo lo Steub, *Rhät. Ethnol.*, 211, l'Alton, B, 38, credeva ancora ad una retica (VALLIS) TRUSIANA. Cfr. *druxiare* logorare, nel DEI, II, 1397. L'etimologia popolare parte appunto dal part. pass. di *druscié* 'scivolare' (cfr. gard. *stroza* 'treggia per il trasporto di pietre'), in relazione ad una enorme frana che seppellì la vicinia Villalonga. Cfr. n. 1845 e 1968. P, 58.

42 (205) C o l R o s à in Ampezzo, Lorenzi, DT, 179; cfr. Camporosato nel basso Trentino, documentato dal 1261. P, 130.

Aggiornamento

Bella cima isolata (m 2166) all'estremità settentrionale del massiccio. Anteriormente al XIX secolo era anche denominata *Crepo del Cetrosa*. Sul fianco Est della montagna si nota una sottile guglia alta all'incirca un centinaio di metri, denominata dagli alpinisti *Campanile Rosà*. In proposito il prof. Vito Pallabazzer annota: Si potrebbe anche sospettare che Rosà racchiuda il noto radicale *ros*, erosione della roccia, presente anche in *Rosen*garten, denominazione tedesca del Catinaccio. Inoltre si può richiamare anche il *Rosa* (monte), che trae origine da *ros* e non da una colorazione della roccia o altro. Alla stessa base è possibile che risalga anche *Rozès* (Tofana de) per quanto sussistano difficoltà fonetiche. Non è neppure da escludere l'interferenza di *ròzes*, cavalli; d'altra parte il *de Rocis* del 1238 sembra senz'altro far propendere per il prelat. *rocca*, roccia, mentre in Sott i *Ross* si può di nuovo vedere il radicale *ros*, con eventuale avvicinamento a «rosso».

Personalmente preferisco l'interpretazione dal prelat. *rocca*, roccia, anche in considerazione della forma *de Rocis* del 1238, e ciò anche per queste considerazioni. In *Rosà*, *Rosen*garten, Monte *rosa* (su citati), noi abbiamo una *s* sonora, mentre in *Ròzes* compare una *z* sorda, proveniente chiaramente da *c* (*Rocis*) per un comune fenomeno di assibilazione, ma nel sec. XIII l'assibilazione non era ancora subentrata; è vero d'altra parte che si potrebbe anche supporre una latinizzazione di una forma popolare, cioè di *ròzes*, però io sono incline a vedere nella forma del 1238 un riflesso popolare; in sostanza allora si diceva *ròces*. C'è da aggiungere poi che nelle forme provenienti da *ros* prelat., cioè *Rosà*, *Rosen*garten, *Rosa*, la *o* è chiusa, mentre in *Ròzes* noi abbiamo una *o* aperta, come nei derivati di prelat. *rocca*, cfr. ad es. *Sas de Ròcia* a Laste di Rocca Pietore (masso roccioso), o le *Ròche Alte*, dirupi a Colle S. Lucia.

In *Sott Ross*, come ho detto sopra, è più evidente *ros*, ma può trattarsi anche di accostamento a «rosso». Con ciò non si può escludere definitivamente che in *Ròzes* non c'entri anche *ros* o i *ròzes*, cioè i cavalli (nel senso che il pascolo sottostante del Falzarego era riservato ai *ròzes*); io ho voluto solo esporre delle considerazioni fonetiche, delle quali si deve sempre tenere conto nella spiegazione dei nomi. Vedi anche n. 65, 148.

43 - (206) C o l t a r ó n, nelle mappe e nel LF nella Z. XVI, Rumerlo, fra Ravaleto e Fornavàres, forse la quota 1770 ad O della sorgente Maioresa, 7g NE. È l'unico esempio, anche nella toponomastica, di sopravvivenza della metatesi ladino-centrale ed orientale in ROTUNDUS, REW, 7400, che riscontriamo ancora nel livin. *torón* e nel comelicese *torónd*, cfr. Tagliavini, L, 329. P, 339.

44 - (209) C o n v e n t o, 7h, maso sotto Mortisa-Revìs sulla destra del Boite; anche la campagna vicina, zona XIII. A. 1322, 1415 e 1631 *Convento*. Da CONVENTUS, REW, 2194.

45 - (215) C o r t i n a, a. 1317 *Curtina Ampitii* è ricordata come villaggio; cfr. Pellegrini, AAA, XLI, 1946, p. 191. Il valore di 'cimitero' deriva anche dall'uso cadorino, dove *Cortina S. Martini* de Vito (a. 1176) o *Cortina S. Viti* (a. 1363) designa chiaramente il campo santo; lat. COHORS col suffisso diminutivo -INA, REW, 2032. P, 40. Il nostro toponimo non apparterrà ai nomi locali in cui *cortina* indica un'opera di fortificazione, su cui cfr. l'Olivieri, DEI, 209.

46 - (217) C o s t a b r o g i o r a d a, 4g NO, ripido pendio del Dosso della Tofana verso Valles di sotto. M. 17: *brogiorada* 'erica' (*brosorada* nel Pedrotti-Bertoldi, NP, 143). Isolato; solo a Claut ritroviamo nell'ASI *bargiòn* 'erica', mentre il ladino centrale ha il tipo *leshüra, lezura*. La voce si connette però col ladino centr. *broscia*. di solito plur., 'resto di fieno nella mangiatoia', sui cui v. Gartner, LW, 19, 188 n. 9, probabilmente da *BRUSCA, REW, 1340a, von Wartburg, FEW, I, 572, DTA, V, II, 2205 e Stampa, 74 contro Gamillscheg, RG, II, 289 che risale ad un germanico BRUSCA 'rimasuglio di fieno'; cfr. Tagliavini, L, 89 e v. il toponimo livinall. *Brosciognei* a S. Giovanni. Il tipo *brügini* 'rododendro' e 'erica scoparia' ricorre isolatamente nel corso del Noce, Trentino; cfr. anche il n. 47.

47 - (219) C o s t a d e b r u s c i é i, 7d S, tratto nel bosco Saresìn. M. 17: *brusciei* 'mirtilli rossi' (vaccinium vitis Idaea). La voce è anche di Pieve di Cadore; pure a Padola *burscì*, mentre il gruppo ladino centr. usa il diminutivo di GRANUM, tipo 'granetta', cfr. Tagliavini, L, 145. Da *BRUSCIA, REW, 1340a; cfr. *Costa brogiorada* e vedi a Livinallongo *Brogioniei* e *La Brussa* in Crepaz, 7; cfr. anche Alton, «Beitr.», 19 (secondo quest'autore la voce sarebbe sorta dalla sovrapposizione di BRUCUS e RUSCUM).

48 - (223) C o s t a d e m a n g i a r i é, 6g cento, psc. magro sopra il bosco di Rumerlo a O del Coldruscié: continua il Magiarié de ronco. M. 64: *magièra* 'maceria, pietraia', Comunissimo anche nella toponomastica ladino-dolomitica (Gartner, LW, 52, 183; Olivieri, TV, 274; DTA, III, 2, 239), da MACERIA, REW, 5204, cfr. 'macia' nel

DEI, III, 23d. Come termine geografico v. Cesare Battisti, «Scr. geogr.», 564 e O. Marinelli, 165. Sull'estensione della voce cfr. AIS, carta 427a; Elwert, «Fassa», 220. Il derivato in -etum ricorre nella toponomastica di Fassa (*Masarè*), Lorenzi, DT, 412 e di Livinallongo, Crepaz, 13. Cfr. n. 85.

49 - (224) C o s t a d e r a f o t a d u o i r a, 2f NE, sotto Lavinores nella bassa Valle di Mezzo. M. 45: fotaduoira 'luogo stretto, umido, sudicio,' derivazione in -ORIUS da FUTUERE, REW, 3628.

50 - (227) C o s t a d e s i é, 2g SE, la costa E del Taburlo fra Pian de loa e Antruiles. Non è esclusa SAEPES 'siepe', REW, 7496, cfr. livinall. *sié*, ma è più probabile 'costa dei segatori' (falciatori), da SEGARE, REW, 7764, II, III, amp. *sep* 'falciare', Majoni, 109; v. Gartner, «Rr. Gr.», 186-7. Anche *costa dei sié*, secondo Z., il che toglie ogni dubbio sulla opportunità della seconda interpretazione.

51 - (233) C o s t e a n a, influente destro del Boite di fronte a Zuèl, formato dalla confluenza del rivo Falzàrego e del rivo di Formìn. A. 1333 *Costeana*, a. 1631 flumen *Costeane*. Nello Staffler, 531, *Costeana*. Il Lorenzi, DTT, 197 cerca di spiegare la forma da *costeda*, il che è inverosimile. Probabilmente si dovrà partire da un ampliamento aggettivale di COSTA, cioè *COSTEUS; cfr. *Costiazza* nell'alto Cordevole (S. Tommaso); P, 42, Po, 48.

52 - (235) C r e p a, 7h E, la roccia sotto cui passa la camionabile per Falzàrego col Belvedere, cogli alberghi e col cimitero di guerra; si raggiunge con teleferica. A. 1369 *Crepa*. Lo Staffler, 538, scrive *ai Crepa*. Prelat. *CRAPP/*CREPP 'sasso', 'greppo', REW, 4759, DEI, III, 1869, Jud, BDR, III, 70; Battisti, «Studi», 39; Alessio, St. Etr., XVI, 362 Tagliavini, L, 177 e NC, 47; Crepaz, 11; Elwert, «Fassa», 204; DTA, III, 2, n. 95; Pellegrini, AAA, XLI, p. 189. N. Jokl, V. Rom., VIII, 200. Comunissimo anche nel Catasto Teresiano. Cfr. *Soracrepa* prati di monte fra le Cinque Torri ed il Nuvolao, 8d. Vedi il n. 2073. Nel 1582 (Stolz, p. 720) *ad Crepam* si riferisce a *Crepe de Formìn*, cfr. n. 310.

53 - (258) C r o d a d e l v a l ó n b i a n c o, 3d SE, 3 e SO, le balze settentrionali del monte omonimo. P, 5.

54 - (259) C r o d a d e l v a l ó n g r a n d e, nel gruppo di Col Bechèi.

55 - (278) D o s d e l' a n d r o, 6g NO, prolungamento verso S della cima La Cestes a E della Tofana di mezzo, sopra i Tonde de Cianderòu. Questo e il seguente sono i due unici esempi di *dosso* nella toponomastica ampezzana e formano un'unità geografica. Mar. 12: *dos(so)*, 'schiena montuosa, in generale arrotondata ed erbosa o boschiva' (nel caso nostro rocce e magri pascoli). *Andro* e *landro*, 'riparo sotto roccia' è d'area bellunese, cadorina, ladino-centrale; bibl. in DTA, III, 2, n. 13. M. 37: *landro* 'rupe sporgente, sotto cui si può rifugiarsi'; cfr. n. 22 e 402; cfr. Pellegrini, AAA, XLI, 190. Vedi 'antro' nel DEI, I, 234.

56 - (279) D o s s o d e l l a T o f a n a, 4g SO, prolungamento verso NO della costa ad E delle Tofane.

57 - (280) A. 1804: E n t r a g h e s, campagna. A. 1631 *Intraghes*, pr. la Costeana; INTER AQUAS, 'fra i rivi'.

58 - (281) Il F a l é, 2f SE, nella CIGM, corrisponde a Taburlo. Probabilmente da FABULA, (REW, 3124, III; DEI, II, 1609 'fàvola"), donde l'ampezzano *foula* 'regola'; M. 45: 'deliberazione dei vicini', 'bandita' nel cadorino-bellunese; Andrich in Studi giurid. per Fr. Schupfer, 1898 e N. Arch. Veneto, NS, XXXIII, I, 27; Rezasco, «Diz. stor. e amm.» a 'fola'; Gualzata, «Nomi Bellinz.», 12; Salvioni, Boll. Svizz. Ital., XIX, s. v.; Olivieri, TV, 323; Serra, «Com. rur.», 40; Prati, RLR, XII, 72, n. 100. A. 1363 *Falonie, Falorie, Tovo Faloniae* (?!) g. - P. 60.

59 - (283) F a l z à r e g o, in dialetto *F(o)uçargo*. Vedi n. 69.

60 - (285) F a r n a v à r e s, 6h SO, pr. a Rumerlo, vicino a ra Pales. Composizione con *vara*, v. *R-averes* 'terreno arativo coltivato a fieno'. Nella prima parte forse 'forno', oppure 'frana'.

61 - (287) F e d è r a: 1) 9h SE, malga con grande costruzione uso recinto, a tettoia, nell'alto corso del rivo omonimo, sotto l'Alpe di Federa, a. 1798 m.s.m., a. 1365 *Fedara*; 2) 5n NE, pascolo sopra il bosco di Spesses; v. n. 468. Cfr. su *fedara, fodara* 'pascolo delle pecore', DTA, III, 2, p. 291; su *fodà* bad. 'staccionata per il pernottamento delle pecore', Videsott, 733. - M. 41: 'casolare con stalla contornata da un prato in mezzo al bosco nell'alta montagna; serve per raccogliere il gregge di pecore, confezionare e conservare i prodotti del latte'. L'area di (OVIS) FETA per 'pecora', REW, 3269, DEI, III, 1611 'feda', una volta estesa anche a Verona e alla Liguria, comincia ora a Laste di Livinallongo, Tagliavini, L, 80; Pellegrini, AAA, XLI, 194; Battisti ap. Majoni, XXVII, AIS, carta 1068; cfr. Elwert, «Fassa», 228. * FETARIA, DTA, III, 38; Prati, RDR, III, 107; Salvioni, Arch. Glott. It., XVI, 301; Alton, B, 39; Mar., RGIt, VIII, 170; Videsott, 733; Crepaz, 8; Battisti, VD, 187. Cfr. n. 1744 e 1755. *Feda* esisteva anche come toponimo; la Ghedina riporta (a. 1364) *in flumine de Bigontina ubi dicitur ad* PONTEM DE FEDA.

62 - (288) F e d a r o r a, sede estiva; fotografie in 'Ann. Ist. Geogr.', I, 156, tav. III; diminutivo del precedente.

63 - (295) Z. LIV, F i à m e s, 3i S, 4i, la costa Ovest del Pomagagnón dal Testón alla *Ponta Fiames*; pasc., pr., cp. e abitato con quattro case a Chiave; il piano sottostante (col cimitero di guerra) fino al Boite, porta il nome di *Pian de Fiames*. A. 1379 *inze a Fiames* (g.). Il nome, secondo la guida d'Ampezzo, sarebbe dovuto ad un grande incendio qui avvenuto nel 1685; cfr. Lorenzi, DTT, 240. Ma nel Trentino e nel Veronese esistono alcuni *Fiàmine* che non si spiegano da questa base, cfr. Olivieri, TV, 363. P, 63. Cfr. n. 111.

64 - (297) F o l ò g n m., 5h, nome di due località boschive a Cianderòu e Giamberta; REW, 3562, FULLO -onis, DEI, III, 1679 'follone'.

65 - F o r c a d e R o c i s d e L a v a r e d o. Forma arcaica e non più in uso da tempo, con la quale nel XIII

secolo si indicava l'attuale *Forcella Col de Bos*. Il toponimo appare in un documento del 1238 con il quale i marighi (capi) delle regole di Falzarego e di Vinigo: Trivisio di Domenico Mauronto di Ampezzo e Bartolomeo fu Trivisio Bonello di Vinigo, si accordarono fra loro in via amichevole per i diritti di passaggio degli armenti e delle mandrie attraverso questo valico. Il quarto e penultimo comma dell'accordo dice, nella traduzione dal latino: «In casi eccezionali, a causa della neve o di una fuga, cioè per il pericolo di una guerra o per cause di forza maggiore, se le bestie di Vinigo devono fuggire senza perdere tempo e si presentano alla «*forca de Rocis de Lavaredo*», la Regola di Falzarego non può impedire loro il passaggio».

Il toponimo è assai importante per le possibilità che ci offre di risalire alla prima denominazione del gruppo. Afferma in proposito il prof. Vito Pallabazzer: «La dizione «*forca de Rocis de Lavaredo*» a mio parere va riportata tutta intera sia sotto il toponimo *Ròzes* (n. 148) sia sotto quello *Tofana* (n. 170). Essa infatti è di primaria importanza, sia per la sua antichità (1238), sia perché lascia intravedere un altro nome per la *Tofana*, cioè *Lavaredo*, come quello delle famose tre cime. Nel sec. XIII tuttavia l'espressione *Rocis de Lavaredo* era probabilmente generica, perché sia *ròca*, o *ròcia*, sia *lavaredo* erano probabilmente ancora trasparenti nel loro senso, perché ancora vitali come appellativi. L'espressione ha anche carattere tautologico, nel senso che entrambi i termini vogliono dire più o meno la stessa cosa; *rocis* specifica *lavaredo* e viceversa. Ma la designazione, come dicevo sopra, mi pare nell'insieme generica, perché è come se oggi si dicesse i *sassi delle rocce* o sim. L'espressione infatti lo lascia intravvedere. *Lavaredo* ha poi il suo corrispondente nel friul. *lavaréit*, zona rocciosa dove si ha la caratteristica disposizione degli strati in lastroni (Pirona, 508), dal prelat. *lavara*. Il radicale è presente anche in *Averau*, come credo di aver intuito nella mia toponomastica citata, n. 19, e in *Lavarella* verso la Val Badia. Insomma si potrebbe anche dedurre, dal documento del 1238, che *Tofana* ancora non esisteva, non essendo ancora pervenuto agli Ampezzani.

Se fosse stato nome noto come ai nostri giorni, è da supporre che non mancherebbe la sua citazione in vecchi documenti. Il fatto è che i grandi massicci dolomitici, hanno avuto nomi piuttosto generici, come *roccia*, *sasso*, e sim. Vedi anche i n. 40 e 42.

A proposito del toponimo *Lavaredo*, usato anticamente per indicare il gruppo delle Tofane, riteniamo utile ancora aggiungere una nota del prof. Giovanni Battista Pellegrini ([1]).

Non v'è dubbio che con la denominazione *Lavaredo* («Tre Cime di Lavaredo») s'intendesse in origine la grande massa di pietrame che copre lo zoccolo di dolomia infraraibliana sopra il quale si ergono i tre enormi blocchi rocciosi, «empirico delle Dolomiti». Come riferisce A. Berti (*Dolomiti orientali*, vol. I, 3ª ed., 1950, p. 491), nella grande carta dell'Anich (a. 1774) che ci offre le prime denominazioni delle vette alpine (denominazioni, com'è noto, piuttosto tarde), il nostro gruppo è indicato: *Drei Zinnen Spitze* per il versante austriaco e *Montebello* sul versante italiano. Di *Lavaredo* non conosco forme d'archivio, ma tale toponimo può essere antico (più antico della denominazione delle *tre cime*); si tratta di certo di un nome locale derivato da un appellativo con significato sentito forse anche in Cadore, fino al secolo passato.

Nel mio *Commento al foglio XII* «Cortina d'Ampezzo» (in «Atlante Toponomastico della Venezia Tridentina», diretto da C. Battisti, Firenze, 1952) p. 17, n. 84, ho pensato per *Lavaredo* ad una derivazione da *labes* («caduta» «frana» da *labi* «sdrucciolare», REW 4806) in una forma derivata con *ariv* e col suffisso collettivo -*ètum* bene evidente; ad un *labaria* (con -*aria*) pensava dubitativamente anche J. Pult (*Die Bezeichnungen für Gletscher und Lawine in den Alpen*, Samaden, St. Moritz, 1947, p. 117, n. 1) per spiegare il n. 1 *Val Laver* ed a *labariu* ricorreva il Prati (*Nomi locali del Trentino*, in «Rivista Tridentina», IX, 1909, p. 169) per *Lavarone* nell'Altipiano dei Sette Comuni. Quest'ultimo toponimo definisce in origine l'altipiano o una parte sassosa di esso, v. C. Battisti, *Guida dell'altipiano di Folgaria e Lavarone*, Rovereto, 1909, p. 60 (ove si citano precedenti spiegazioni etimologiche, per lo più di dilettanti). *Lavarone* trova un riscontro nell'ital. *lavarone* (XVIII sec., Zendrini) «rifiuti gettati sulla riva dal fiume o dal mare», napol. *lavarone* «pozza, torrente», tarant. *lavarone* «spaglio (delle acque)» derivati di *lava* (napol.) «rigagnolo (v. A. Prati, *Voce Etim. Italiano*, p. 571 e C. Battisti, in 'DEI', III, p. 2186) che è il latino *labes*; ma può esserne anche indipendente e collegarsi con *Lavarello* per il quale non è certo verosimile la spiegazione da me precedentemente accolta. Si dovrà confrontare invece l'appellativo friulano *lavareit* «zona rocciosa ove si ha la caratteristica disposizione degli strati in lastroni cioè piani rocciosi assai inclinati...», a Portis presso Venzone *lavaret* «pendio cosparso di massi che rendono difficile il cammino i quali diconsi *lávaris*... più generalmente *lávare, slávare* è ciottolo torrenziale, v. G. B. De Gasperi, *Scritti vari di geografia e geologia* (pubblicazione postuma a cura di G. Dainelli), Firenze, 1932, p. 351; friul. *lávare*... dovette anche esistere il significato più generale e più vivo di *lávare, slávare* è di ciottolo torrentizio appiattito, come quelli che adoperano i ragazzi in certi giochi. Questo senso, del resto, è antico, si trova in una *lavra* piastrellata del sec. XIV a Trieste; *lavarón, lavaróne* e *slavaróne* accrescitivo di *lavare*, v. Nuovo Pirona, p. 507-508 e p. 1051. Derivano da *Lávare* in Friuli alcuni nomi locali, ad es. il Monte *Lávera* «le cui liscie pareti pietrose sono visibili da Resiutta» ecc. v. G. Francescato in «Sot la Nape», V, n. 5, 1953, p. 19 (il quale crede erroneamente alla derivazione da *lapis* pietra ed interpreta male le indicazioni del Meyer-Lübke, REW 4901). Come è noto, la voce è documentata anche nell'istroromanzo *lávera* «piastrella da giocare» (Ive, *I dialetti ladino-veneti*, p. 105) che non si potrà separarsi da *lávera* «lastrone di roccia» di Omignano (Salerno) e da altri nomi locali segnalati da J. Hubschmid («Romanica Helvetica», XX, p. 264); di quest'ultimo sono da vedere anche gli spogli di documenti medievali in cui figura *lapera* «Steinplatte» (con latinizzazione errata di -*v*-), v. *Zur Erforschung des mittellateinischen Wortschatzes*, in «Archivium Latinitatis Medii Aevi», XX, pp. 255-272 (specie p. 261).

Pare ora più probabile la derivazione da *lavara* di altri nomi locali dolomitici, ad es. di *La Varella* (Val Badia) che il Battisti («DTA' III, 2, 727 e III, 3, 24) trae da *vara* «maggese», mentre l'oggetto geografico (montagna rocciosa)

([1]) Dall'«Archivio Storico di Belluno, Feltre e Cadore», 1954, pag. 97 e segg.

fa preferire la precedente spiegazione (nonostante la mia dichiarazione nel citato *Commento* p. 22, n. 158) cioè *lavarella*. Spetta al medesimo tipo *Lavarétta* (*Forcella di L.*) nell'Agordino Meridionale (Monte Talvena) ove si nota il suffisso dimin. *-étta* da *-itta* (non *-étum*); potrebbe rientrare qui *Lavarigo* ('CTI', 13 bis, Istria, E 3), ma non lo si può decidere con sicurezza (*-igo* è più frequente in toponimi derivati da onomastica).

Quanto all'etimo si tratta di una voce prelatina (forse preindeuropea) **lavara*, che trova riscontri in molte lingue del Mediterraneo (con varianti), cfr. ad es. sardo logud. (Bosa) *laéra* (da precedente **làvara, làvara*) a «piastrella» gr. *laúra* gola tra monti «accesso ad una caverna», *láas* «pietra» ecc.; mi basti rinviare al citato lavoro di Hubschmid, in «Romanica Helvetica», XX, specie pp. 261-264 e soprattutto al recente volume del medesimo autore: *Sardische Studien* («Romanica Helvetica» XLI, Bern, 1953) pp. 62-63; lo studioso svizzero pensa ad un'origine indeuropea della voce, ad un tipo illirico, dalla variante **lawara* che si alterna con **lawira* (di qui l'albanese *lere* «frana, piano coperto di sassi», cfr. pure il tedesco-svizzero *lore* «mucchio di pietre»). Per giustificare la presenza della medesima base nel sardo – ove, com'è noto, non ci attenderemo elementi prelatini di origine indeuropea – J. Hubschmid ritiene che la voce sia stata introdotta in Sardegna da popolazioni mediterranee, ma che la sua etimologia sia indeuropea (fenomeno lessicale non ignoto all'etrusco); tale ipotesi è peraltro poco verosimile.

66 - (316) F o r ç è l a d e F o n t a n a n e g r a, 6e NO, sopra il rifugio Cantore. P, 232.

Aggiornamento

Il toponimo Fontana negra proviene dalla Val Travenánzes e sta ad indicare una bellissima cascata che scende dal «Salto del Masarè» con uno strano effetto di zampillo. La roccia sottostante forma una immensa macchia nera che spicca con grande evidenza. Da queste due componenti è nato il suggestivo toponimo che i mandriani ed i pastori delle Regole di Cortina, che avevano i loro pascoli in Val Travenánzes, portarono lungo il loro itinerario-scorciatoia sino alla Forcella che prese appunto il nome di Fontana negra.

67 - (318) F o r ç è l a d e T r a v e n a n z e s, 7c NO, fra il Falzarego e il Lagazuòi; 'Travenanzes'.

68 - F o r m e n t o n. Il toponimo in questione è riferito sia ad una Cima (m 2830) che ad una Sella (m 2900): la prima è una elevazione rocciosa sulla dorsale Nord-Est della Tofana di Dentro, la seconda un alto valico tra la Tofana di Dentro e la dorsale Nord-Est di Cima Formenton. Sull'origine del toponimo il prof. Pallabazzer così si esprime: Come ipotesi penserei ad un *foramentón*, dal lat. *foramen*, che nell'Ampezzano ha il senso di spaccatura della roccia o sim., cfr. Punta del *Forame* e *Formin* (da *foraminus*), sempre in questa stessa zona. Se si deve partire da un originario *foramentón*, il toponimo è strutturato come segue: *foramen* + suff. *-ens, -entis* + suff. accr. *-on*.

69 - (322) F o u ç a r g o (= Falzarego), 7c: monte e zona del passo; la strada e l'albergo furono aperti nel 1868-69. L'intera denominazione della regola alta di Ambrizzola era Comunitas Chiostegi, Falzaregi et Ambrizzollae. A. 1318 com. de *Falzarigo* (AB, III, 2427), a. 1445 *Falzarigo* (AB, III, 2456), a. 1410 *ain albe haist V a l t z ö r e* R. S., a. 1601 (M. S. von Wolkenstein) *Falssarego*; Lorenzi, DT, 234; Pellegrini, AAA, XLI, 1946. Lo Staffler, 530 usa la forma *Valzargo*. Forse in relazione coll'ampezzano *fouçe* 'falce'. Letteralmente FALCIATICUM. La forma livinallonghese corrispondente è *Fauzáre*, Crepaz, 7. La derivazione da FALDA proposta dal Crepaz è erronea. P. 61.

69 - (323) F u r c i a r o s s a, in origine una forcella scoscesa ad occidente del Monte del Vallon Bianco, per cui dalla Grava di Travenánzes si discende in Val di Fanes; poi la regione a Nord della Forcella; di qui *Cime di Furcia rossa* le rocce che congiungono il Monte Ciastél col Monte del Vallon bianco. Da FURCA, REW, 3593.

70 - G a l l e r i e d e l C a s t e l l e t t o. Con questa definizione, forse impropria, si definiscono in modo generico, due distinte gallerie risalenti al periodo della guerra 1915-18. Una, detta *Galleria di mina* con la deviazione denominata *Galleria elicoidale*, venne scavata nella primavera del 1916 dagli Italiani per distruggere ed occupare le posizioni austriache del Castelletto. L'ingresso di questa doppia galleria è situato in un anfratto roccioso sul versante Sud-Ovest della Tofana di Rozes. Essa, ad un certo punto, si biforca in due rami: uno dei quali (Galleria di mina) completamente intasato, e l'altro (Galleria elicoidale) percorribile sino alle due aperture superiori, che portano sopra il cratere della mina.

L'altro scavo, anch'esso effettuato dagli Italiani nel medesimo periodo, è costituito da un vasto ed armonioso complesso sotterraneo che si estende in senso orizzontale per gran parte del versante Sud-Ovest del Castelletto, ed è comunemente denominato *Galleria dei cannoni*. I numerosi ed ampi finestroni, simmetricamente disposti uno accanto all'altro, ben visibili dall'esterno anche a notevole distanza, fungevano da feritoie-cannoniere per alcuni pezzi di artiglieria. L'ingresso è situato sul bordo inferiore della montagna, all'altezza del canalone che porta alla Forcella di Rozes, a breve distanza dal cunicolo d'entrata della *Galleria di Mina*. Nella parte terminale della galleria si trova una vasta caverna con tre aperture concentriche che formano una specie di cripta luminosa, dove è stato recentemente innalzato un rustico altare e reintrodotto un pezzo d'artiglieria dell'epoca. Vedi n. 29.

71 - (339) G h e d i n a, cfr. Laghi di Ghedina, 5h SE. A. 1633 de *Ghidina*. L'etimologia dell'Alton da CATINU è assurda. Dal personale che, come cognome, è documentato dal 1334 (AB, III, 2471); a. 1515 de *gidina* (g.), a. 1601 (M. S. von Wolkenstein) intedescato in *Githin*. Long. GAIDO, Gamillscheg, RG, II, 92. P, 246.

72 - (350) G i o u d e i c o m a t e, 4h, bosco a Sud di Val Fiorenza. M. 28: *comato* 'collare del cavallo, comacchio', dal m. a. t. KOMAT, VD, 188. Cfr. n. 2135.

73 - (351) G i o u d e l C o n t e, 7h SE, il bosco sopra il ponte omonimo sul rio di Costeana, cfr. *Pian del Conte* nella stessa zona.

74 - (365) H a i d e n, è la denominazione tedesca di Ampezzo, usato per la prima volta dalla cancelleria di

Castel Badia nel 1410 (e 1433), cfr. Santifaller, Tir. Heimat, 1932, pp. 80, 87; cfr. *Haiten* in M. S. von Wolkenstein (a. 1601). È la forma del locativo del mat. HEIDE 'brughiera', Gl. 488. La porta il recente vocabolario di A. Prati; ma la voce non fu mai usata in Italia.

75 - G r o t t a   d e l l a   T o f a n a. Ampia e caratteristica cavità naturale sul bordo inferiore della parete Sud della Tofana di Rozes. La si raggiunge per un facile canalone, dopo aver percorso una breve cengia.

76 - (367) I n   p o   c o l. Una delle undici «regole» ampezzane. Cfr. *Pocòl*. Lo Staffler, 539, scrive: *Impocoll*.

77 - (368) I n   p o   r a   o l a, 4g, presso il passo di Pospòrcora, vicino al Bosco dei Cadoris. Per *ola*, cfr. il n. 98.

78 - (378) L a g a t o, 7g NO, piccolo stagno vicino a Miliera in Formìn; nei LAC *Lagato*. Col diminutivo indigeno *-atto* da 536X7, REW, 4836. *Lago* nell'uso dialettale indica anche uno specchio d'acqua di proporzioni minime.

79 - (379) L a g a ç u ó [i], 6b e, o 7b, montagna a Nord del Passo di Falzàrego, separata dalle Tofane dalla Val Travenánzes e congiunta colle cime di Fanes a Monte Cavallo; Lorenzi, DT, 324. La forcella omonima separa il piccolo L. dal L. grande; cfr. n. 1848. Nella carta dell'Anich *Lagatscho*, che è la forma livinallonghese, cfr. Alton, B, 45 e Crepaz, 12. Il nome, dai due laghetti sul declivio occidentale. Esso continua nella forma livinallonghese *Lagaciò* a Nord fino alle Conturines e al Passo Tàdega, cfr. Crepaz, 12; Alton, B, 45. Cfr. *lagòsc* 'stagno' e vedi *Lagazzei* a Roccapietore. Da LACUS, col doppio suffisso *-aceus* e *-orius*, esteso analogicamente dai deverbali, Rom. Gramm., II, par. 490 e Kovács, par. 37, 41. Derivazione da LAPATHIUM, REW, 4897 pare qui esclusa, cfr. Tagliavini, NC, 59. Eguale nome *Lagazoi* si ripete nel Trentino occidentale presso Condino e nel Veronese, Olivieri, TV, 270. P, 72.

80 - (381) L a g h e   G h e d i n a, 5h Sud-Est, a Nord del Belvedere. Cfr. *Ghedina*, n. 339. Il plur., *Laghes*, è documentato nei LAC, (Ghedina).

81 - (383) L a g o   b a n d i ó n, 6g S, in Pomédes nel bosco di Rumerlo, Z. LXXII, 'bosco di Rumerlo'. Sformato da *bagn di on* e questo contrapposto a *bain di dones*, v. voce?

82 - (385) L a g o   d ' a i à l, 7h SE, in fondo al pendio settentrionale del Becco d'aiàl.

83 - (401) L a g u s c i é i, 3f E, appezzamenti fra il Ponte outo e il Ponte dei Cadorìs, cfr. Crepaz, 12. Nei LAC: *Lagussiei* (Ghedina). Doppio dimin. plur. di *lago*; cfr. n. 399 e v. il tipo *Lagusèllo* nell'Olivieri, TV, 270. Il toponimo, pure al plurale, ritorna come *Lagosci* a S. Cassiano di Badia, DTA, III, 2, n. 2426; al sing. è comunissimo in tutta la zona ladino-centrale, v. Alton, M, 45; per l'a. bellun. v. Pellegrini, AAA, 1946. Qui pure nella confinazione veneto-tirolese, a. 1471: fons sive locustulum *Lacusel* (nello Stolz, Schlern-Schriften, XL, 521 erroneamente *Lacubel*, sul confine marebbano, 'versus montem de Fanes'); a. 1552 ad fontem *Lagusel*.

84 - (417) L e r o s a, 1h NS, sede a 2038 m.s.m. e alpeggio doppio, psc. e bosco rado sul pendio SO della Croda rossa, a SA di Valbones, sopra il cimitero di guerra; la forcella di L. immette in Val Gotres (in dialetto: *Porteleto de gotres*), figura nell'Anich. Ora si dice anche N e r o s a. Pascoli e bosco venduti nel 1915 dai vicin di Vinigo e Praio alla regola di Larieto: a. 1228 e 1318 mons (cioè pascolo d'una vicinia) *Lerosa* (AB, III, 2422), a. 1415 vicinia de *Lerosa* (AB, III, 2397), a. 1418 *Roxa* (AB, III, 2449), a. 1420 *Lerosa*, a. 1415 in monte *Larosa*, a. 1427 *Lerosa*, a. 1432 *Larosa*, a. 1448 *de Lerosa*. - Con un *GLAREOSUS 'ghiaioso' da GLAREA, REW, 3779, cfr. Lorenzi, DTT, 355, s'opera poco bene. Forse da AREA coll'articolo concresciuto. *Era* nell'ampezzano significa tanto 'aia', quanto 'aiola'. Esempi di *Lera* per 'aia' nella toponomastica veneta nell'Olivieri, TV, 307. Secondo P, 262, da cfr. più probabilmente con *Valerosa* (Rocca Pietore) in connessione col noto tipo prelatino *ROSA 'ghiacciaio'.

85 - (437) M a g i a r i é: 1) 6e NW; ghiaioni sotto la Forcella di Fontana negra, sotto la Tofana: 2) 6i centro, campagna nella Z. XIX, Ronco, fra Soppiazzes e Socòl; 3) 7l centro, a Coiana. Nel 1381 (Stolz): Croda de *Magiaredo*, sul Soràpìs, presso 'Acque rosse'. Nei LAC *Maxaredo*. - M. 64: *magiera* 'mucchio irregolare di sassi'. Da MACERIA, REW, 5204, DEI, IV, 2300, 'macia'; Crepaz, 13; VD, 260; Elwert, «Fassa», 235; Tagliavini, NC, 62 e DC, 206; 4) la carta dell'Anich porta *Masareda* per 'Croda del Banco' nel gruppo di Soràpìsc', v. n. 452. Cfr. anche Lorenzi, DT, 412. - Il derivato in *etum* ritorna tanto nella toponomastica ladina, DTA, III, II, n. 1828, quanto nel bacino del Piave; v. Prati, RLR, VII, 90. - Altro nome di questo tipo sul confine aurontino sotto il lago di Misurina è, ca. 1728, Croda de *Magereedo* (presso le radici del Soràpìsc'). - A. 1325: de *Maxiredo*, frazione.

86 - (438) M a g i r i é   d e   r o n c o, 6g centro, sotto i Tonde de Cianderóu, fra Rumerlo e Lago Bandión. Mar., 18: 'cumulo di materiali prodotti da frana o che si ritengono tali'. Cfr. il seguente e vedi DEI, III, 2299 e 2300 'macia'.

87 - (440) R a   M a g i é r a, 6h NO, luogo nel bosco sulla costa NE del Coldruscié. M. 64: 'mucchio irregolare di sassi', REW, 5204, MACERA. Cfr. n. 85.

88 - (442) M a i o r è r a, 7g N, b e sorgente del Rutorgo; Lorenzi, DT, 383. V. il precedente; ted. *Meierei*. Ma cfr. *maioriaria* nel Du Cange. P, 268. È però preferibile il bellunese *maiolèra* 'casina di montagna in muratura.

89 - (443) R a   M a l g a, 5d S, pasc. con cascina sulla sinistra del rio di Travenánzes. M. 65: *malga* 'cascina di montagna che serve di alloggio agli animali che pascolano ed al personale'. Da *MALICA, REW, 526a, DEI, III, 2331; voce d'importazione, Battisti, ap. Majoni, XVIII; Tagliavini, 198; Elwert, «Fassa», 218; N. Jokl nella Vox Romanica, VIII, 162.

90 - (449) M a r à n, 4d SE, scoscendimento acquitrinoso della Tofana di dentro. La voce vive nell'ampezzano solo nel fitònimo *le (v)azo de maràn* 'farfaraccio' (petasites niveus) e ritorna nel toponimo *Fernamarano*, n. 292, cfr. Majoni, 59. Dal prel. *MARRA, AAA, XXXVIII, 484, segg.

con bibliografia; DEI, III, 2372, 'marra'; Oliveri, DEI, 430. V. n. 292 e 873. Il suffisso sarà -AMEN, Po, 49.

91 - (457) M i l i e r a: 1) 7g NO, psc. in Giamberta, fra 'Taméi de res ores' e 'Pomédes'; nei LAC, a. 1623 (Ghedina) *Miriera* o *Col de la Chizza* (*chizza* è nel veneto 'cagna', Boerio). 2) (Z) a Zuèl, sulla sinistra del Boite fra Rampognéi e Viza, dunque 81 N. Forse con dissimilazione da *miniera*. Ma nel Catasto Teresiano *Miriera*.

92 - (466) M o n t e c a s a l e, 4c S, nella CIGM e del TCI a Nord del Monte Cavallo e a Sud di Monte Castello, sul fianco sinistro di Val Travenánzes. Non trovo nel dialetto *ciasà* da CASALIS 'appartenente alla casa', REW, 1729. Il significato di 'casale' è qui da escludere; probabilmente il valore del nome è 'pascolo alpino di Casale' con riferimento a una località abitata di questo nome nel comune o fuori. Cfr. Serra, «Cont.», 64, 69; DTA, III, 2, 124.

93 - 467) M o n t e c i a d ì n, 2h NO, la cima sopra il castello di Podestagno. CATINUS, REW, 1769.

94 - (469) M o n t e c i a s t è l, 4c NE sul confine livinallonghese a Nord del Monte Casale. Da CASTELLUM, REW, 1745, in significato orografico, cfr. il cadorino *castelato* 'cima con ripide pareti rocciose ed una spianata culminante', Mar. 11; DTA, III, 2, n. 128. Non essendoci che piccole particelle fondiarie di bosco è improbabile *ciastèl* nel significato di 'pila di legna'; DTA, III, 2, 3136, 3143 e p. 307.

95 - (475) M o n t e R ò ç e s, 7d N, psc. ai piedi della Tofana I che si chiama anche *Tofana di Rozes*; nella carta del TCI è la quota 2101 alle serpentine della strada che sale alla forcella di Col dei Bois. Nella mappa la località sottostante si chiama *Sott i Ross*. Forse da *ROS, 'erosione del ghiacciaio', DTA, I, 420; bibliografia in AAA, XXXI, 572; ma non è escluso il plurale di *ROCCA, cfr. n. 684 e 699. Per entrambi le etimologie ci sono difficoltà fonetiche.

Aggiornamento

Se teniamo presente che il termine dialettale ampezzano «rozes» indica i cavalli; il toponimo in questione dovrebbe essere inteso più propriamente come il «pascolo dei cavalli». Questa interpretazione, fornitami dalla guida ampezzana Luigi Ghedina, mi sembra abbastanza convincente, anche se non del tutto esatta. È vero che la zona cui si riferisce il toponimo era uno dei più ambiti e contesi pascoli delle Regole di Cortina, ma non si possono del tutto ignorare le ben documentate obiezioni del prof. Vito Pallabazzer, che abbiamo riportate al n. 42. Vedi anche i n. 65 e 148.

96 - N è m e s i s, elegante torrione sui contrafforti occidentali della Tofana di Mezzo di m 2755 di quota, IGM (ed. 1963), detto anche Piccola Tofana o Punta Carugati. Questa posizione venne così denominata, il 10 maggio 1916, dal capitano dell'esercito austriaco Emanuel Baborka, che l'aveva occupata con un reparto di Kaiserjäger, per costituire un caposaldo elevato a difesa del sottostante Masarè di Fontana Negra attaccato dagli Alpini. Secondo la mitologia greca, la Nèmesi era la dea della giusta e fatale vendetta. Tre mesi dopo, però una pattuglia di alpini rocciatori agli ordini del tenente Carugati, s'impadronì – con una brillante e ardita azione – del caposaldo austriaco, che venne ribattezzato con il nome del suo conquistatore. Tale denominazione non durò oltre il periodo di guerra; mentre maggior fortuna ebbe il toponimo di derivazione mitologica, ormai entrato nell'uso corrente della terminologia alpinistica.

97 - (481) N i g h e l o n t e, 4h SE, psc. nella zona LIII, 'Brite de Val', sotto il Testón del Pomagnón.

98 - (489) A.: O l a. Corrisponde all'attuale *La Cestes*; da OLLA, REW, 6059. Il significato orografico è di 'canalone roccioso', cfr. *óla* in questo senso nel comelicese e v. AIS, III, c. 428. Il Tagliavini, NC, 167 propone la derivazione da VALLIS che è da escludere. Su *olla* cfr. Elwert. «Fassa», 223.

Aggiornamento

Attualmente il toponimo, che già nel periodo antecedente il XVIII secolo, contraddistingueva il complesso delle due Tofane (II e III) con particolare riferimento all'invaso con i contrafforti orientali, che rendevano il massiccio simile ad una immensa ola (secchia di metallo a pareti convergenti), è rimasto ad indicare la forcella ed il caratteristico canalone ghiaioso all'estremità del gruppo.

99 - O r t e. Terreno scosceso e verdeggiante alle estreme pendici settentrionali della Tofana di Dentro, attorno alla quota 2200 m, denominato più propriamente «I *Orte de Tofana*» e designato in alcune vecchie carte topografiche in modo inesatto con il nome di «*Lorto*». Durante la guerra 1915-18 gli Austriaci lo indicavano come «Grüne Kuppe» (Cima Verde) per evidenziare il suo caratteristico aspetto esteriore, che la fa risaltare in mezzo alla desolazione calcarea del terreno circostante. Anche se non è da escludere che il toponimo possa in qualche modo derivare dal termine tedesco «Ort» con il significato di orlo o estremità, molto ben appropriato in questo caso, occorre tener presente, come ben rileva il prof. V. Pallabazzer, che nell'orografia dolomitica il termine designa degli spiazzi verdeggianti racchiusi da rocce. Il prof. Carlo Battisti ne indica diversi nel territorio ampezzano: uno ad indicare un vivaio sopra la dogana vecchia, poi un «*Orte de ra Federà*» e un «*Orte de ra Stua*», quest'ultimo costituito da scarso pascolo e poco bosco sul pendio ad oriente delle Lavinòres.

100 - (511) P a l e r t e, 4d NE, rocce sul fianco Est del Monte Castello (nella mappa e nelle carte). Dovrebbe andar corretto in *Palerta* o *Palertes*. P, 279.

101 - (512) R a P a l e s, 6g SO, pr. di monte a Rumerlo, vicino a Piamerlo.

102 - (529) P a r ù v e n i ù (o v e g n ù), 7h SE, fra 'Sas de ra creda' e la 'Cegiura del doge'. Parrebbe il p. p. di *vegne* 'vendere' con -nd- assimilata a -nn- come nel badiotto e livinallonghese; ma la forma attuale è *vénde*; cfr. Alton, LI, 369 e AIS, IV, n. 825, 832-*b*.

103 - (530) P e c i é s, 6e NE, sotto il piano della Bigontina; b. di picei. Un *Pecié* è doc. nel 1545. Plur. di *pecié* da PICEETUM, da PICEA, REW, 6779. Cfr. Crepaz, 15.

Canalone «Ra Ola» e sullo sfondo il «Pian de Loa».

104 - (532) Ai p e d a l ì s, 7e NE, nella parte superiore del bosco di Cianzopé. M. 84: *pedalìn* 'ogni conifera senza valore commerciale, perché troppo piccola'. Dim. di PEDALE, REW, 6341.

105 - (533) Ra P é g n a, 7g centro, il bosco vicino a Lago de ra maiorera. M. 84: *pegna* 'zangola'. Forse da PINEUS, 'di legno di pino', REW, 6511; il tentativo etimologico del Tagliavini, L, 245, lascia perplessi; cfr. Lardschneider, GWb, n. 3739. Il Pellegrini, AAA, XLI, 1947, p. 192, riporta lo stesso traslato orografico delle Laste (Cordevole), derivando *pegna* 'zangola' da PINCUS. L'etimologia non è nuova, ma è poco convincente. L'Alton e il Lardschneider conoscono un bad. e gard. *pégna* pozzanghera e lad. dolom. è *impignè*, rimanere preso coi piedi nel fango; cfr. Salvioni in «Tesaur», II, (1950) p. 18; cfr. VR, XI (a. 1550) p. 363. Cfr. *Pignazzo* in P, 290.

106 (538) Al P e r ó n, 5h NEN, sperone rocicoso del Cianderou in riva al Boite. M. 86: *perón* 'sasso grande'. Altro *Perón* a Bigontina al n. 1929.

107 - (549) Ra P e ç o l è r a, 2g SE nel bosco di Pian de Loa. M. 87: *p e ç o r è l a* 'albero conifero morto, in piedi'; cfr. *Pezoriés*, n. 545.

108 - (552) P i a m e r l o, 6h SO, pr. vicino a Pales, nella zona di Rumerlo, XVI nel LF. Nella prima parte probabilmente *piei* 'declivio'; altrimenti composizione imperativa 'piglia merlo'. Cfr. n. 715. - *Z.: prato sopra Rumerlo; secondo l'etimologia popolare sarebbe un 'pian merlo', trovandosi proprio sopra la località Rumerlo; è detto anche *Piemerlo*.

109 - (563) P i a n d e g a r l i é, 7h SE nella Z. XV, 'Sotecrepa', fra Pocrepa e Pian de Pocòl. Probabilmente *coryletum* da CORYLUS, comune nelle valli dolomitiche, cfr. DTA, III, v. II, n. 781, nell'Alto Adige, Schneller, III, 76 e nel Veneto, Olivieri, TV, 159. Nel Cat. Teresiano: *Pian de garlei*.

110 - (564) P i a n d e s a a r ó n, 4h centro, sul Boite, vicino al Cimitero di guerra, all'Osteria di Fiammes. M. 100: *saarón*, 'sabbione' continua il tipo dolomitico *saorón* che, attraverso *savalón* (Forni, Claut) arriva al friulano e si oppone al veneziano *sabión*. Da SABULO, REW, 7484; Tagliavini, L, 280. Sulla mancata sincope, cfr. Elwert, «Fassa», 226n.

111 1 (565) P i a n d e F i a m e s, 4h E, fondovalle sulla sinistra del Boite, dall'osteria alla stazione di Fiames, v. n. 63.

112 - (566) P i a n d e i S t r a è r t e s, 3e N, psc. in Val di Fanes. M. 122: *straèrto* 'albero atterrato da bufera o da valanga, albero cresciuto storto'. *Erto* 'ripido', M. 40, cfr. *Nèrt*; da *ERCTUS, REW, 2899.

113 - (568) P i a n d e l c o n t e, 7g SE, ripiano a Sud dell'albergo Tofana. Il ponte sottostante ripete il nome Giou del conte. Nella zona LXIX 'Bosco di Pocòl e Creppa'.

114 - (571) P i a n d e l o a, 2g SE, bosco pianeggiante a 1375 m.s.m. e alpeggio a 1400 m.s.m., a Est del Taburlo, alla confluenza del rivo di Travenánzes nel Boite; base per il tramuto verso sedi estive molto elevate. A. 1612 *pian de lova* (g.). M. 61: *Pian de loa* 'piano della lupa' da LUPA, REW, 5173. Secondo la «Cronaca» dell'Alverà, p. 16 sarebbe identico con *Bulpiglaia* del documento del 1004. La scrittura *Pian de l'Ova* ad indicare un'erba parassita nei campi di lino, la cuscuta. La prima interpretazione è preferibile; *Z.: qui nei tempi passati si costruivano le fosse mascherate con frasche per pigliare i lupi.

115 - (573) P i a n d e P o c ò l, 7h S, pianoro arborato all'albergo Pocòl, v. n. 120.

116 - (582) P i a n d e r a m o r e s: 7g SE, bosco a Est della strada a serpentine che sale da Pezzié de parù alla camionabile di Falzárego (nella mappa: Pian delle Mole). Manca nel Majoni; MOLA, REW, 5641; cfr. Lorenzi, DTT, 445. - Ma *Z: radura nel bosco, dove crescono cespugli di more.

117 1 (583) P i a n d e r a p o i a t a, 6g nel bosco di Pomédes. M. 90: *poiata* 'gran fumo, specialmente delle pile dei carbonai', da PODIUM, REW, 6627, II; VD, 271 seg.

118 - P i l a s t r o d i R o z e s. Imponente struttura rocciosa (m 2820) a forma di monolite, situata sul versante Sud-Est (lato destro per chi guarda) della Tofana di Rozes. IGM ed 1963. Su di esso, sia in parete che sullo spigolo, sono state tracciate diverse importanti vie alpinistiche di 6° grado.

119 - (602) P i v i d à, 7h centro, pr. nella parte settentrionale di Socrepa, verso Riva di Sacco. CT ed a. 1808 *Pividà*. Probabilmente da *pe Vidà*; per *pe* 'a piedi', v. *Pecol*. *Vidà* può essere il personale VITALIS, Olivieri, TV, 125.

120 - (609) P o c ò l, 7h S, vicinia con 13 case, una delle «regole». 'Dopo il colle', come *Pecòl* è 'ai piedi del colle'. Alverà, «Cronaca», 298: «i briti di questa regola erano prima in Pocòl e nella seconda metà del secolo XIX furono fatte le mandrie di Pezzié di Palù».

121 - (612) P o c r e p a, 7h SE, bosco rado a SO di Crepa 'Dietro Crepa'.

122 - (613) P o d e s t a g n o, il castello alla confluenza nell'alto Boite del Rufreddo. Volgarmente è detto *Ciastèl*. È il *Beutelstein* dei Tedeschi. A. 1325 *Bothastagno*, a. 1327 *Botistagno*, a. 1342 *Batestagnum*, a. 1428 *Bottistagnum*, a. 1461 *Butestagno*, a. 1523 *castrum Bottestain*. A. 1601 M. S. v. Wolkenstein: *Peidelstein*. Nel Verci, V, p. 119, *Botenstain* (a. 1420). V. n. 8.

123 - (617) P o m é d e s, 7f NE, 7g NO, b. rado e pr. di monte sopra le malghe di Fedarola e la sorgente Maiorera; Lorenzi, DT, 607. Un *Pomédes* è documentato a Staolìn nei LAC (Ghedina). Un *Médes*, che dovremmo ricercare nei prati ad occidente, non è documentato; esso è il plur. di META 'mucchio (di fieno)', REW, 5548, che non è segnalato nel Majoni, ma che ritorna nel fassano, livinallonghese, zoldano e comelicese e nel veneto e trentino significa 'mucchio', 'pagliaio'; cfr. Miethlich, «Bezeichnungen von Getreide und Heuhaufen», 1930, pp. 80-86; Taglia-

vini, L, 194; VD, 163 n. 1; DTA, III, 2, n. 334. La voce ricorre anche nella toponomastica veneta, Olivieri, TV, 352 e trentina, Lorenzi, DTT, 422.

Aggiornamento

Più esattamente le «médes» sono rappresentate da una serie di grossi roccioni di forma tondeggiante, che sono disseminati ai limiti superiori del bosco, tra i Casonvecchi di Fedarola e la pista di Stratofana. Due, in particolare, attirano l'attenzione perché assomigliano proprio a due covoni e fra essi passa l'impianto della seggiovia. Premettendo – come di regola – la particella «po» (da latino POST, cioè dietro, dopo) nacque il nuovo toponimo: Pomédes, cioè località dietro la médes. La costruzione di un rifugio portante questo nome, a quota 2280 m, ai piedi dello sperone meridionale della Punta Anna, ha innalzato di alcune centinaia di metri l'estensione di questa località, dando anche il nome ad alcuni torrioni rocciosi che la sovrastano. Abbiamo quindi (da sinistra a destra) il Torrione III (m 2850), il Torrione II (m 2750) e il Torrione I, tutti con l'ulteriore denominazione di Pomédes.

124 - (619) P o n t e d e i C a d o r ì s (Z), 80 SE, valico a occidente del Sorapisc', presso la Fòpa de Matìa (ubicazione incerta). 'Ponte dei Cadorini'.

125 - (622) P o n t e ò u t o, 3g O, alla confluenza del rivo di Fànes e di Travenánzes: 'Ponte alto'.

126 - (629) P o s p ò r c o r a, 4g NE, il passo fra il Dosso della Tofana e il Col Rosà, che congiunge la Valfiorenza con Val di Travenánzes (nella mappa *Prosporpora* con immissione di 'prato'; per la -o- cfr. *Promagagnón, Progoito*). La forma *Posporcora* è anche nello Staffler, 531; il semplice * *Spòrcora*, che dovrebbe ricercarsi nella Valfiorenza o nelle vicinanze, non è documentabile. La terminazione corrisponde al diminutivo in -ULUS-, -ULA, Rom. Gramm., II, par. 430; Kovács, par. 47; Elwert, «Fassa», par. 333, colla vocale postonica conservata, sintomo di voce seriore. Nel tema vedrei SPORTA, REW, 8179, donde la voce amministrativa SPORTULA, dove, data l'origine impopolare, il mantenimento del postonica e l'evoluzione di *t* non sorprendono. Cfr. n. 127. Ma vedi, a. 1448, de *Posporchollo*.

127 - (659) P r o s p ò r p o r a, v. n. 126.

128 - P o t o f a n a. Versante NO della Tofana de Inze, tra la Nemesi e la Cima Formenton. Il toponimo, che presenta il «po(st)» iniziale (come tanti altri della conca ampezzana) ha il significato di località dietro la Tofana. IGM (ed. 1963).

129 - (641) P r a d' a g a g i ó n, in Pian de Fiames, 4h E, sotto la camionabile, AQUATIO, REW, 578, nel significato di 'inondazione', fu da me studiato come esempio di conservativismo nel lessico ampezzano (apud Majoni, XII). Sull'estensione della voce cfr. AIS, II, c. 369. L'Elwert, *Fassa*, 221, par. 444, documenta *agagión* anche per il fassano. Alla mia bibliografia si aggiungano 'Kuen', ZrPh, LVII, 516 e Tagliavini, NC, 11.

130 - (644) P r a d a b o r s e s, 4h SE, prato nel Pian de Fiames; *Borsa da pra* è la denominazione ampezzana della capsula del colchico: BYRSA, REW, 1432; Pedrotti-Bertoldi, NP, 465. M. 14.

131 - (646) P r a d a n d é s c', 7e NO in Cianzoppé verso Pomédes. M. 2: *andèi* 'l'erba sotto forma di striscia che viene ammucchiata dalla falce e il pezzo di terra raso in una di queste andate'. Il tipo * AMBITANEA, 'falciata' da AMBITUS, REW, 410; Tagliavini, L, 185; VD, 206, comprende anche l'ampezzano *andéi* con scambio di suffisso, - * Z. nega l'esistenza di questo toponimo.

132 - (647) P r a d a l a r ì n, 4h E, sulla sinistra della camionabile per Ampezzo. M. 57: *larìn* 'focolare aperto', cfr. *lares* (f. pl.) 'lastre di pietra del focolare aperto' da LAR 'focolare', REW, 4910. Il dimin. in -inus è d'area cadorina, comel., bellun. e trevisana; è assente invece dall'Alto Adige, cfr. Battisti, apud Majoni, XV.

133 - (649) P r a d a r ò s c o, 6g SE, sotto Pomédes. M. 99: *ròsco*, 'mala erba dei prati montani'; è il 'veratrum album'; cfr. Pedrotti-Bertoldi, NP, 426. Ma RUSCUM 'pungitopo' è escluso per la vocale. Il garden. *ròst*, e bad. *aròsh*, plur., il *goròsh*, plur. di Fassa, il *golòstro* di Fiemme appartengono alla famiglia dle mediterraneo * GOROST.

134 - (657) P r i n z è r a, 7h S, campagna nella Z. XV, Socrèpa, in Su in som de prade; anche *Pranzèra*. M. 92: *prenzèra* 'parte del pascolo vaccino d'una delle regole basse, sfruttato il quale, il pastore passa nel tratto vicino'. Da * PRANDIARIUS, REW, 6729; v. il trevisano antico *prenzèra* 'pranzo'. Da cfr. con *meridiare, cenare*, anch'essi termini di pastorizia.

135 (658) P r o g o i t o, 3f SO, prato di monte sopra il Ponte dei Cadorìs, alla confluenza del rivo di Fànes e di Travenánzes, con rovine; sede estiva a 1618 m.s.m. A. 1415 *Prigoito* (g.). 'Prato gotico'; Lorenzi, DT, 648; Gamillscheg, RG, II, 5, dal plur. GOTHI con desinenza secondaria; probabilmente GOTHICUS, v. Olivieri, TV, 34, dove il tipo *gothicus* è più volte documentato. Evidentemente non si tratterà di sedi gotiche abitate all'inizio delle trasmigrazioni, ma di un toponimo dipendente dal cognome, importato dalle Prealpi. Il LF. scrive *Proboito*, ma il prato non sta sul Boite; deve essere un errore, ma cfr. a. 1545 e 1546 *Prabuoyto, Prebuoito*. P. 299.

136 - P u n t a A n n a, contrafforte meridionale della Tofana di Mezzo (m 2731), IGM ed. 1963. La cima venne così battezzata, il 7 ottobre 1943 dalle cordate Costantini-Ghedina e Menardi-Apollonio-Illing, che ne avevano effettuato la prima ascensione per la parete E. La denominazione venne decisa all'unanimità, in omaggio ad una ragazza ch'era venuta a vederli in azione, ed era la simpatia di tutti. Il toponimo entrò nell'uso corrente, soprattutto per la realizzazione di una ferrata lungo la cresta e di un sentiero attrezzato (denominato «Astaldi») che ne taglia la base; entrambi molto frequentati. Poco più sotto, sul medesimo spallone, a quota 2625, svetta l'agile «*Torrione Angelo Dibona*», che citiamo per completezza d'informazione.

137 - P u n t a G i o v a n n i n a. Antemurale roccioso della Tofana di Mezzo, avente l'altitudine di m 2936 e delimitante il lato NE della Forcella di Fontana Negra. Per la sua forma di colossale pulpito gli Austriaci, durante

Punta Giovannina. (Foto G. Ghedina)

la guerra 1915-18, l'avevano denominata «Kanzelgeschütz». L'attuale denominazione, di tono scherzoso, venne coniata dagli Alpini, in «pendant» con quella di Punta Marietta, ed è entrata – a buon diritto – nella cartografia ufficiale. IGM (ed. 1963).

138 - Punta Marietta. Tozza ed imponente protuberanza rocciosa (m 2973) elevantesi sul crinale S della Tofana di Rozes nel punto di saldatura con la Forcella di Fontana Negra. Toponimo scherzoso nato fra gli Alpini durante il periodo della guerra 1915-18. IGM (ed. 1963).

139 - (633) Raaleto, 6h SE, pr. sopra Roncato nela zona Rumerlo; nelle mappe *Ravaletto*. O dal prelat. * RAVA, cfr. Devoto, AIV, XCIII, p. II, 1934 e VD, 260, o assimilato dal più comune e più sicuro * ROVA 'scoscendimento'; bibliogr. in AAA, XXXI, 572; l'Elwert, *Fassa*, 205, n. 650, vi vede, a torto, un incrocio di ARRUGIA e di BOVA.

140 - (667) Redoncié, 7g S, nella Z. XV, Socrèpa, fra Stradate e Pocrepa; nella mappa *Redoncei*. A. 1631: meridie il *Redoncie*. Derivato in -*etum*.

141 - (669) - A. 1820: Regolato (di Zuèl, Campo, Impocòl, Romerlo, Chiave, Lareto), psc. di pertinenza regoliera. Il «Regolato promiscuo di Lareto» è il territorio a pascolo delle due «regole» di Lareto basso e Chiave, presso Castello, Pian dell'uovo e, al di là del Boite, verso Pian de ra spines in Valfiorenza. «Piccola régola». Nei LAC (Ghedina) appezzamento prativo a Larieto. Nel M. 96: *régola* 'consorzio pastorizio'.

È il latino medievale REGULA nel significato di 'vicinia', 'suddivisione d'un antica comunità rurale', v. d'area trentina, basso bolzanina, feltrina e cadorina. Le «regole» sono documentate dal sec. XII e caratterizzate da possesso comune indiviso e consortile. Per l'uso toponomastico, ormai limitato alle parti superiori dalle valli del Chiese e di Non, col significato di 'prati di monte consorziali'.

142 - (670) Rémedes, 6h SO, palude in pendio in Socrèpa, Z. XV, fra Garlante e Riva di Sacco. A. 1631: *Le Rémedes* sopra Riva. M. 97: *rémeda* 'nell'Oltrepiave rincalzo, scarpata di campo. In Ampezzo soltanto nome di luogo'. Il confronto più vicino è l'agordino *réma* 'fianco del campo' che richiama il friul. *rémis* 'striscia di terreno destinata al passaggio'. Cfr. il berg. *rémeda '(terra)* con spaccature'. La derivazione del Savioni, ID, III, 221, ripresa dal REW, 4869, I, da LAMINA non è convincente. La voce manca nei dialetti dolomitici. - Lorenzi, DT, 683. Anche il semplice LIMES 'confine', REW, 5048 è escluso, mentre è ammissibile un incrocio con RIMA, REW, 7319. P, 125.

143 - (676) Ria de saco, 6h S, campagna nella Z. XXIII, sopra Lacedèl, vicino ad Ougnés. Altra *Riva di sacco* (CT) a Salieto. Il valore topografico di 'sacco' è quello badiotto-marebbano-livinallese di «dolina» profonda. Bibliogr. in DTA, III, 2, 910. Da SACCUS, REW, 7489.

144 - (687) Roncato, 6h SE, campagna nella zona XVII. Su in Riva, presso Raaleto. Dimin. in -*attus* del deverbale di RUNCARE, REW, 7444; Crepaz, 17.

Tofana di Rozes con la Punta Marietta.

145 - (696) Ronzuós, 6g SE, pr. a Rumerlo (Crìgnesgnes). Dai LAC la Ghedina riporta *Ronzos* e *Via Ronza*. Da RUMEX, v. s., plur., col suff. -*orius*. - Ronzos anche nel Cat. Teresiano.

146 - (697) La Rosa, Staffler, 530, la valle superiore del Boite fino al castello di Podestagno sotto Fosses. - A. 1226 e 1228 mons *Lerosa* (AB, 2419, 2421).

147 - (698) I Rósc', (Z), nel distretto di Azzòn, probabilmente verso Falzàrego, fra *Sote cordes* e *Taméi de res ores*, quest'ultimo in 6g SO. Plurale di *rós* 'rosso'. Dal colore della terra, che, ai piedi della Tofana di Mezzo, ha un rosso caratteristico. Cfr. il n. 163.

148 - (699) Ròçes, 7d NO, corrisponde a Roces della carta del TCI; sede a 1900 m.s.m. - A. 1444 *Roces*, AB, III, 2456; cfr. n. 475 e 684. P, 131; vedi anche n. 42, 65 e 95.

149 - (712) Rufiédo, 1n, 3h NE, influente orientale del Boite a Podestagno, il Rufreddo delle carte. M. 42 *fiédo* 'freddo' da FRIGIDUS, REW, 3512, II, II; le forme ladine in Gartner Rr. Gr, pr. 42. Notisi lo strano *fi* da fl- per *fr*-.

150 - (715) Rumerlo, Romerlo, 6h-i S, rivo e Z. XVI a S del Col Druscié. Come 'regola' (appartiene alle regole 'basse') e località abitata è documentato già dal 1415. È anche alpeggio a 1600 m.s.m. Un *Aceto* (dimin. di *Azzo*) di *Laromerla* è ricordato nel 1396; il *rivo de Rumerlo* nel 1415 è il torrente che passa per *Rumerlo*. Per la composizione cfr. nella stessa zona *Piamerlo*, n. 548,

Sasso Cubico al Masarè di Fontana Negra. Sullo sfondo le pendici orientali delle Cime di Fanis.

e v. Olivieri, TV, 201; Lorenzi, DT, 740. Secondo la «Cronaca» dell'Alverà, p. 298: 'tutti i britti di questa regola erano prima di Rumerlo; le mandre di Campo di Fedarola furono fabbricate nella seconda metà del secolo XIX'. V. il n. 108.

151 - (718) R u ð i b e s d e f o r a, d e i n z e, 2f N, smottamenti nella valle di mezzo fra Antrùiles e Lavinòres. A. 1631 *Ruoibes*. M. 100: '*ruòiba* per ròa (franamento) è frequente nome locale'.

152 - (719) R u t ó r g o, 7h N, rivo che passa fra Meleres (Lacedèl) e Col, anche la zona contigua (LF.: XXV *Ruttorgo*) sopra Lacedèl con bosco, dichiarata bandita comunale nel 1472; cfr. Alverà, «Cronaca», 71. A. 1545 *rivus turbidus*, a. 1799 *Rio torno* (g.). Non può essere che 'rio torbido', Olivieri, TV, 240; Lorenzi, DT, 740; t u r b i d u s o meglio *t u r b u l u s, REW, 8998; per il -*g*-, che è d'area veneta, confronta Battisti, 'ZrPh', suppl. XXVIII, 212. V. forse *Stórgie*, idronimo, in Olivieri, TV, 370. P, 309.

153 - (740) S a p a d a, 7g SE, pr. nel distretto di Azzón, dietro l'albergo di Pocòl. 'Terra zappata', cioè lavorata con la zappa; cfr. ZAPP- nel REW, 9599? Ma il verbo è *çapá*, e cfr. pure nel M., 139: *çaparòto* 'pista fresca nella neve', *çápora* 'orma'. Identico col nome del villaggio 'Sappada'?

154 - S a s s o C u b i c o. Gigantesco roccione a forma di cubo, sul lato settentrionale del Masarè di Fontana Negra. Gli Austriaci, nella primavera del 1916, avevano scavato al suo interno una vasta caverna, per adibirla a caposaldo fortificato denominandola Kavernenfels (Roccia delle Caverne).

155 - S a s s o M i s t e r i o s o. Grosso macigno intersecato trasversalmente da una profonda spaccatura, situato tra la Forcella Col de Bos e la parete Est del Castelletto. Gli Austriaci, durante la guerra 1915-18, vi costituirono, con il nome di Gespaltenfels (Sasso spaccato), un importante caposaldo avanzato del loro sistema difensivo in Val Travenánzes. La posizione venne più volte attaccata dagli Alpini, ma sempre senza esito. Le pattuglie inviate in avanscoperta in quel groviglio di massi, sparivano come se fossero state inghiottite dal terreno. Nessuno era mai riuscito a ritornare da quella specie di trappola; così gli Alpini, con felice intuizione, battezzarono il roccione in modo appropriato. La denominazione rimase, anche quando la posizione venne conquistata e ribattezzata come Sasso della Vittoria. Ancora oggi, i numerosi turisti ed alpinisti che salgono alla Forcella Col de Bos, non mancano di rendere visita, sia pure per semplice curiosità, al mitico Sasso del Mistero.

156 - S c a l a M e n e g h e l. Via di salita artificiale per superare la ripida parete del cosiddetto «*Salto del Masarè*», alto, in quel punto, una settantina di metri. La «scala», realizzata nel 1905 dal valligiano Luigi Gillarduzzi detto Meneghel, serviva per agevolare l'accesso da Forcella di Fontana Negra al rifugio Wolff von Glanvell, situato in Val Travenánzes, ed era formata da 274 sbarrette di ferro infisse e cementate nella roccia. Queste sbarre, dello spessore di un pollice, erano disposte una accanto all'altra, in modo da potervisi arrampicare come su di una scala a pioli. Si saliva (e si sale tutt'ora) avendo la parete

sul fianco destro e rimanendo esposti nel vuoto, con uno strano senso d'insicurezza. Una cengia spezza in due lo strapiombo, oltre il quale la «scala» prosegue, sempre con andamento che delimita ad O il Masarè di Fontana Negra.

Durante la prima guerra mondiale sia il rifugio von Glanvell che la «scala» vennero distrutti. Lo stesso Meneghel, piegò, ad una ad una, le sbarre di ferro in modo che nessun altro potesse più utilizzarle. Sul finire degli anni Cinquanta, per iniziativa della guida cortinese Simone Lacedelli, venne riattivata la «scala», rimettendo in funzione i vecchi «pioli» per quanto fu possibile, ed inserendone di nuovi (di forma diversa, ad «U») dove questi mancavano.

157 - (754 a) R a S è l a, 3e SO, corrispondente a Furcia rossa, fra Cime di Furcia rossa e il monte di Vallon bianco nella carta del TCI Lorenzi, DT, 791 Mar., 11: 'questa voce è raramente impiegata (nel Cadore) nel senso di varco' SELLA, REW, 7795, II; cfr. Pellegrini, AAA, XLI, p. 192. P, 321. - * Z.: Verso Valle si presenta a triangolo e va a finire in punta come una piramide adagiata. I due fianchi erbosi sono fatti a schiena d'asino.

158 - (764) S o c r é p a, 7h SE, 7i SO; la Z. XIV Sottocrepa del LF. Nella stessa zona una località ad E di Crepa si chiama Socrepes.

159 - (765) S o c r ò d a ed anche *Sote ra croda*: 1) 3g SE, a S del Col rosà; 2) fra Ciastèl de Fosses e Tiçoi storte, 1g M. 32: *cròda* 'montagna rocciosa'. Il rivo che vi passa è detto *Ru de S.*

160 - (773) S o n p ò u s e s, 2h SO, sopra le rovine di S. Uberto a N del Torniché di Podestagno; sede estiva con 'casone'; cfr. Scarin, 'Annali Ist. Geogr.', I, 158, n. V. n. 634. P, 327.

161 - (786) S o r ò ç e s, 7d SO, i prati di monte arborati sotto lo sperone di Roces (Ròzes), presso la strada per Col dei Bois. Cfr. n. 148.

162 - (788) S o t e C ò r d e s, 7e NO, Ciancopé, sopra il bosco. CHORDA, REW, 1881; nel marebbano «è sinonimo di 'cresta', ma indica più propriamente un crinale lineare», Videsott, 725; bibl. in DTA, III, 2, n. 173. Collegamento con CHORDUS, REW, 1883, 'fieno tardivo', proposto dal Prati in Olivieri, TV, 260, n. 2.

Aggiornamento

Il basamento della Tofana di Rozes è costituito da lunghe ed evidenti bancate di roccia calcarea, in diverse stratificazioni (Piano di Raibl) che, viste in lontananza, assomigliano a grossi cordoni: da qui l'origine del toponimo «*cordes*», che appare anche in altro settore del massiccio, presso Cianderou.

163 - (791) S o t i r o s c', 7d NE, nel LF. e mappa, bosco rado sul pendio meridionale della Tofana di Mezzo cfr. n. 698. Essendo sotto la forcella di Col dei Bois, scritto erroneamente Bos, non è improbabile un errore di scrittura per *Sot i Bois*. Sul posto non ho sentito che *Soròçes*, v. n. 147.

Il Sasso Misterioso in alta Val Travenánzes. Sulla destra la parete O del Castelletto. (Foto C. Trevisan)

164 (802) S ò u t o d e l R i s c ' i a, 4h O, bosco fra Valfiorenza e Pospòrcora. Da SALTUS, REW, 7554 probabilmente non nel significato di 'bosco', Olivieri, TV, 292 o in quello di 'burrone', Schneller, III, 62; DTA, III, 2, n. 593 e p. 293, ma in quello ampezzano attuale di 'gradino di roccia'. *Risc'ia* dev'essere un soprannome «chi rischia»: gr. RHIZIKON, 'rischio', REW, 7289.

165 - (806) S p ò n e s d e C o l r o s à, 3h O, costa orientale del Col Rosà a N di Valfiorenza. M. 118: *spòna* 'declivio di terreno', da SPONDA, REW, 8170, DTA, III, 2, n. 642 e p. 294; Crepaz, 19. Cfr. i n. 593, 596 e v. J. Coromines, Rom. Helv., XX, 571. Il singolare come toponimo a Mortisa, cfr. n. 2036 *a* e nei LAC (Ghedina) come appezzamento a Campo.

166 - (819) S t u ó i r e s, 7d centro; psc. e bosco rado sul pendio merid. della Tofana I, a O di Cianzopé; Lorenzi, DT, 868. A. 1672 *in son stuires*. Da STOREA, REW, 8279. Il nome si ripete tre volte per nomi di boschi in Badia, DTA, III, 2, n. 2057, 2807, 2810; l'appellativo indica i ramoscelli dell'abete bianco con cui si fanno le scope per le strade, stalle e rustico; v. anche Lorenzi, DTT, 868. P, 333.

167 - (823) S u i n r i a, 6h SE, campagna sopra Gilardón. 'Su nella salita'.

168 - (824) S u i n s o m d i P r a d e, 7h NE, NO, pr. nella conca del Rutorgo a N dell'albergo Pocòl.

169 - (828) T a m é i d a r e s ò r e s, 6g SO, bosco rado e psc. a E di Pomédes. M. 75: *òra* 'opera, giornata di lavoro; *res òres* le ali del fuso del filatoio'; OPERA, REW, 6070. La vocale aperta esclude ORA 'margine', Olivieri, TV, 280, ma non AURA 'venticello', REW, 788 e quindi nemmeno il prelat. * AUR- vitale nella toponomastica atesina, bibli. in AAA, XXXI, 566. Nei LAC (Ghedina) *Su a Dasores* sopra Ronco.

170 - (835) T o f a n a, 5e, 6d-e, i tre monti rocciosi, il cui complesso forma le Tofanes; Lorenzi, DT, 917. - A. 1333 *Val de Toffana*. È possibile un collegamento col nome seguente, col suff. -*anus*, che, oltre ad esprimere relazioni di pertinenza, indica relazioni locali. Rom. Gramm., II, § 449, Kovács § 9; Elwert, «Fassa», 178; Olivieri, TV, 298. Meno bene si spiegherebbe dal prelatino * TOB- 'burrone', il cui derivato è * *tovale* non *tofale*. Un'altra spiegazione è additata dalla vecchia carta dell'Anich che, mentre indica la Tofana Roçes come *Tofana*, denota le altre due Tofane come *Ola Mons*. O quest'ultima denominazione è direttamente l'ampezzano *óla* 'marmitta di metallo', M. 75 o è la sua traduzione in latino, OLLA, cfr. REW, 6059. Vi corrisponde esattamente il ladino centrale *fana*, che conosciamo come oronimo dal DTA, III, p. II, 228 e 1734 vecchio imprestito dall'a.a.t. PHANNA. Il concetto orografico di 'conca' è dunque reso con continuatori di quella voce o di *olla, caldiera, pigna*. In questo caso «Tofane» va inteso come intus = *to*, cfr. anaun. *en ta chiasa* 'entro (la) casa', REW, 4520. Quanto al possibile conguaglio con *ad petram Vannam* del noto documento del 1002 con Fanes, notisi che lo stesore del documento è un notaio tedesco che scrive anche *Veltrensem* per *Feltrensem*. Secondo il Lorenzi, DTT, 917 a S. Cassiano di Badia le Tofane sarebbero chiamate *Taibona*. P, 149.

Le tre Tofane in una stampa ottocentesca.

Aggiornamento

L'esatta etimologia di questo toponimo mi è stata spiegata dalla guida cortinese Luigi Ghedina detto Bibi, il quale a sua volta l'aveva appresa da altri più anziani colleghi. Il nome Tofana, secondo questa versione abbastanza convincente, deriva dal termine dialettale ampezzano «*tófo*» cioè buco, con evidente derivazione da «*tufo*» che è un particolare tipo di terreno molto friabile e quindi naturalmente bucherellato. Questo termine (El Tofo) stava ad indicare, diversi anni fa, il grande e caratteristico finestrone situato sul crinale inferiore della Tofana di Mezzo, che oggi è denominato «*Bus de Tofana*». Si può quindi ragionevolmente supporre che la montagna avesse, fra le sue varie denominazioni, anche quella di «*Croda del Tofo*» o qualcosa di simile, appunto per le numerose grotte, nicchie e aperture che in essa si possono ancora notare.

Il massiccio, o perlomeno le due vette che oggi sono indicate come Tofana II e III, venivano anticamente denominate «*Mons Ola*» come ricorda anche il prof. C. Battisti, e quindi il termine Tofana rimase esclusivamente ad indicare la Tofana I; ma – a poco a poco – nel corso del XIX secolo il termine al plurale «*Tofanes*» passò ad indicare l'intero gruppo, con le sue tre cime distinte. Questa denominazione, per un insolito complesso di circostanze, si venne formando in modo identico, anche sull'opposto versante del massiccio: in Val Badia, o meglio lungo la convalle di Marebbe.

Il toponimo, in questo caso, ha la sua origine da una matrice totalmente differente: deriva cioè dal nome della Val di Fanes, territorio confinante con l'estremità N del gruppo montuoso in questione. Le genti della Val Badia, che in questa valle avevano i loro migliori pascoli, indicavano i monti ampezzani che si trovano alle loro spalle, con il termine to-Fanes. Nel linguaggio ladino della Val Badia, la particella «*to*» (analogamente al «*po-st*» degli ampezzani) messa davanti ad un nome di località, assume il significato degli avverbi: dietro/dopo, venendo così a costituire un nuovo toponimo, che sta ad indicare «monte dopo il Fanes».

Il prof. Vitto Pallabazzer ritiene convincente questa nostra interpretazione, in quanto egli dice, occorre ammettere che il termine derivante da «*tofo*» si sia confuso col tipo badiotto «*To-fanes*», altrimenti non si spiega la terminazione -na in Tofana.

Evidentemente inesatta l'indicazione del Lorenzi che le Tofane, a S. Cassiano di Badia, venissero denominate «Taibonà». Con tale nome, o meglio con il termine di «Piz Taibun» essi indicavano una montagna assai più vicina nel gruppo delle Counturines, sopra il Pian Grande in Val di Fanes. Ci sembra ancora opportuno segnalare come le tre cime (I, II, III) delle Tofane venissero indicate (da sinistra verso destra) rispettivamente come: Tofana di Fuori o di Rozes, Tofana di Mezzo e Tofana di Dentro (de Inze la forma dialettale). Si è fatto, a tale proposito, una certa confusione fra i termini: di dentro e di fuori, che non sarà inutile precisare come i cortinesi, volgendo lo sguardo alle Tofane, indicassero col termine «di dentro» la direzione N verso Dobbiaco, e col termine «di fuori» quella O verso Livinallongo.

171 - (837) T ó n d e   d e   C i a n d e r ò u, 5g SE, 6g NO. V. *Cianderou*. M. 129: *tónde* 'nome di luogo di montagne colla superficie rotondeggiante'. ROTUNDUS, REW, 7400 e Olivieri, TV, 234. P, 193.

Aggiornamento

Lunga dorsale di forma arrotondata ma rocciosa in alto, che si estende tra Forcella Ra Válles e Passo Pospórcora, costituente il settore centrale dell'avancorpo delle due Tofane (di Mezzo e di Dentro) verso la conca di Cortina. La maggiore elevazione di questa dorsale è data dalla Cima Ra Zéstes (m 2420). Data la forma arrotondata (Tonde) simile ad una specie di caldaia rovesciata, è possibile che il toponimo derivi dalla voce dialettale «*ciaudiera*» di cui nella zona esiste un altro esempio: «*Monte Ciaudierona*» (a NE dell'Antelao) cioè «*monte della grande caldaia*».

172 - (839) T o r n i c h é, 2h SE, la grande svolta della camionabile a N di Podestagno. M. 129: *torniché* 'svolta acuta di strada'. Dal frc. *tourniqué*, moderno francesismo dovuto all'industria stradale.

173 - (846) T r a (v) e n a n ç e s, 6d, 4d, valle a pascolo con un «casone» e rovine a 1990 m.s.m. e doppio alpeggio a 2000 m.s.m., tra le Tofane e il Lagazuói, Monte Cavallo, Monte Vallón Bianco. I pascoli erano consorziali. Il ruscello è detto *Ru de T.* Vi si faceva carbone, che veniva poi portato a Forni di Zoldo. Qui i vicini di Vinigo e Peaio avevano possessi che passarono nel 1415 a Lareto Alta. A. 1415 vicini de *Entrevenancia, mons Entrevenantia* (AB, 2448), a. 1420 *Entrauenancia*, a. 1427 *Intervenantiis*, a. 1448 declinat versus *Travenantiam*, Stolz, 'Schlern-Schriften', XL, 1939, p. 722, a. 1602 *Trabenänz* (AB, III, 2418a). In M. S. von Wolkenstein, a. 1601, vi corrisponde *bach Honvieta* (nella trascrizione di J. Oberforcher) (?). Vi avevano diritto di pascolo i marebbani. Il Lorenzi, DTT, 95, vi vede un composto con un impossibile * *venanza* 'caccia', DTT, 951; l'Alton, B, l'interpretava come *intra arenas. -antia*, Rom. Gramm., II, § 518; Kovács, § 10; Elwert, «Fassa», 337, è un suffisso raro e limitato a italianismi; cfr. però *sconanza* 'nascondiglio' da *scóner* 'nascondere' e nel trentino *menanza, lavanza, larganza*; nella toponomastica *Maranza* 'dimora'. Intendo il nome come composto da INTER, REW, 4485a o INTRA, REW, 4508 e un 'rovinanza' da *rovinare*: il concetto di RUINA s'adatta particolarmente bene a questa valle particolarmente selvaggia ed alpina. Molto improbabile l'etimologia del Finsterwalder, 'Schlern', 1951, p. 232 da IN e TRIVIUM, dato il suffisso. Secondo il P, 150, non si potrebbe escludere nemmeno VENARE 'cacciare', REW, 9186.

174 (848) T r e   d e d i, 6d centro; rupe della Tofana I a N della cima principale. 'Tre dita'. La forma ampezzana è qui *diedi*, contro il collettivo *dieda*, cfr. n. 767: 'Somadieda'.

175 - (849) T r è m u i, 6h S, nel LF. località nella Z. XV. Sotto Crepa, fra Riva di Sacco e Pividà. M. 131: *trèmol*, m. 'pioppo tremola', da TREMULUS, REW, 8880, II.

176 - T r i d e n t e   V i e n n e s e. Elegante trittico di guglie che si stacca dal crestone S della Tofana di Mezzo e forma il bordo superiore del Vallon Tofana. Le tre punte (in ordine decrescente) sono così denominate: Torrione Cantore, Torrione Centrale e Torre O. L'inconsueta denominazione (Wiener Türme) venne data dalle guide Giovanni e Bortolo Barbaria, in onore dei loro clienti (alpinisti viennesi) che ne avevano effettuato la prima ascensione.

La Val Travenánzes dalla vetta della Tofana di Mezzo. Sullo sfondo il Gruppo Fanis-Lagazuoi.

Vallon Tofana: al centro la Torre O del «Tridente Viennese» e dietro la Punta Giovannina.

177 - (868) V a l F i o r è n z a, 4h NE, vallecola che discende dal passo di Pospòrcora, di fronte all'osteria di Fiames. Il suff. *-enza* è anche qui vitale per la formazione di astratti deverbali; cfr. Rom. Gramm., II § 518; Kovács § 10; Elwert, «Fassa», § 376. Da * FLORIRE, REW, 3380. Secondo P, 229, probabilmente da un pers. *Fiorenza*. Il nome si ripete in 'Val Fiorentina'.

178 - V a l l o n T o f a n a. Vasto anfiteatro sassoso, in leggero pendio, che separa il versante SE della Tofana di Rozes dai contrafforti meridionali della Tofana di Mezzo.

179 - (876) V a l ó n b i a n c o, 3c S, sulle pendici settentrionali di Monte Castello. Nell'ampezzano *valón* indica 'canaloni molto lunghi a fondo poco inclinato ed a pareti ripide', Mar., 91. Il termine orografico ricorre anche nella toponomastica fassana e trentina, Lorenzi, DT, 1010. P. 346.

180 - (885) Z. VI V a r v é i e D o n e à, 71 SO, cs., pr., cp. attorno a Salieto; nel LF. *Vervei*; a. 1756 m.s.m. antico complesso di rustici. Faceva parte del sestiere di Zuèl dal principio del secolo XVI. A. 1447 in *Verveje*, a. 1631 de *Varveio*, CT. *Varvei*. Derivato in *-ariu* di *verve*, che ad Ampezzo indicava la 'felce', cfr. Schneller, RVM, 1405; oggi *fèlesc'*, M. 112. La ricostruzione dell'Alton da un * *aequaliv-etum* è inammissibile. P, 160.

181 - (898) V ò l t e d e l' a g a, 3g NO, bosco sulla sinistra del rio di Fanes alla cascata sotto il Taburlo. È il punto dove il torrente, congiungendosi col rio di Travenánzes, «svolta» a N. Deverbale da * VOLTARE, REW, 9446, II.

182 - (911) Z u ì s, 7h centro, pr. in Socrepa, Z. XV, contigui a Socrepes. A. 1808 *Zuís*. È il plur. di * *zuin* 'piccolo giogo'.

(912) Z u m è l, 5m NE monte fra Spiolto e le Zumèles colla Sella del Comandadói. V. la voce seguente. Esistono due *Zumèl de inze* e *Zumèl de fora* che sono due ripidi pendii divisi da un avvallamento.

Leontopodium alpinum

I tabià d'Ampezzo

Il versante meridionale e orientale delle Tofane costituisce, come abbiamo già visto, il tratto più importante (orientamento NO) dell'ampia e soleggiata conca di Ampezzo. Lungo il suo bordo inferiore sono dislocati a corona, in forma sparsa e discontinua, diversi nuclei abitati (ra viles) che costituiscono – insieme a quelli dell'opposta sponda del Boite – la comunità ampezzana. La loro disposizione sul terreno si spiega con l'esigenza di vita silvo-pastorale dei primitivi insediamenti, i quali trovarono la naturale collocazione in prossimità delle rispettive zone di pascolo e di lavoro nel bosco.

All'origine quindi (XII-XIII secolo) vediamo che questi agglomerati non erano altro che fattorie abitate da gruppi familiari, dai quali presero il nome. Ne elenchiamo alcuni, limitatamente al settore da noi preso in esame e indicando tra parentesi l'anno in cui, per la prima volta, il toponimo viene citato in un documento scritto.

Lacedel (1243 - Colpaulo); Meleres (1253 - Melairis); Gilardon (1277 - Fernamarano, ove abitavano i Gilarduzzi); Cadelverzo (1362 - Summa costa de Cadino).

L'aspetto di queste «ra viles», in particolare di quelle più lontane dal centro della valle, e che hanno risentito più tardivamente delle trasformazioni e degli ammodernamenti delle costruzioni rurali, presenta un carattere assai omogeneo, con le case piuttosto ravvicinate e orientate con parte della facciata principale verso SE. Sull'altro versante della valle, ai piedi del Pomagagnon e del Cristallo, le facciate delle case sono invece rivolte in direzione SO. Questo per sfruttare al massimo l'irradiazione solare. I caratteri fondamentali di queste costruzioni sono evidentemente comuni in tutta l'area alpina: vi prevalgono materiali lignei e vi dominano larghi sporti, ed è molto diffuso l'abbinamento della parte abitativa con quella adibita ad uso rurale, balconi in legno e, in qualche caso, scale esterne. In complesso quindi tipica costruzione alpina, adattata perfettamente al clima di una conca, in cui l'insediamento originario e fisso (in ogni stagione) varia dai 1200 ai 1400 metri di altitudine.

La parte anteriore, costruita in muratura, è adibita ad abitazione; nel mentre la parte posteriore, costruita intera-

Caratteristico tabià ampezzano.

mente in legno è (od era) adibita a fienile. Le strutture piuttosto ampie di questo genere di case, permettono il loro utilizzo a diverse famiglie derivanti dallo stesso ceppo. Naturalmente oggi, il discorso su questi insediamenti rurali, è più che mai retrospettivo, in quanto lo sviluppo turistico della zona ha trasformato notevolmente l'aspetto paesaggistico della conca ampezzana. Noi cercheremo quindi, per quanto ci sarà possibile, di fornire ai nostri lettori un quadro d'insieme degli ambienti e delle strutture di questa particolare forma d'insediamento rurale e silvo-pastorale in ambiente montano.

Inizieremo col parlare della struttura più elementare: il cosiddetto «tabià» (tabulatum), costruito interamente o prevalentemente in legname per essere adibito a ricovero di pastori o fienile d'alta quota. La sua funzione è identica a quella delle malghe e delle baite in altre regioni alpine, anche se poi – con il passare del tempo – tale nome venne usato per designare i tipici casolari ampezzani.

Le pareti del tabià sono formate da tronchi appena squadrati, messi uno sull'altro e incastrati fra loro con un particolare sistema d'intagli. In questo edificio rudimentale trovavano posto i rozzi giacigli dei pastori, il piccolo deposito per la conservazione del latte, il focolare, la caldaia e gli attrezzi necessari per la cottura e le successive lavorazioni dei prodotti caseari. Essenziale era la vicinanza dell'acqua. Accanto al tabià sorgevano i recinti per il ricovero del gregge e degli armenti. Tutto questo complesso, atto a funzionare come fattoria a livello di pascolo alpino estivo, viene genericamente denominato con il nome di malga.

In passato però, il suo nome era più specificatamente quello di «federa», con evidente derivazione dal termine ladino «feda = pecora» e «fedara = gregge di pecore». La località poi, ove venne installato – a cura della Regola di Valmao (ed in seguito di Falzarego) – il primo di questi ricoveri stagionali fissi, è ancor oggi denominata Fedarola. Un'altra malga, destinata in particolare alle mandrie di buoi o branchi di cavalli, venne in seguito costruita lungo la strada per la forcella Col di Bos, in località ancora oggi denominata «Cason de Rozes». Buon ultima sorse la malga Travenánzes nel bel mezzo della valle omonima, all'incrocio del Cadin di Fanis con il Masarè di Fontana Negra. Questi furono i tre maggiori insediamenti stagionali riguardanti l'at-

1882 - Esterno di casa ampezzana. (Foto R. Zardini)

Interno di casa ampezzana, sul finire del secolo scorso. (Foto R. Zardini)

tività pastorale nella zona Tofane. Ad essi dobbiamo aggiungere altri ricoveri di fortuna (muriccioli, a secco, ripari sotto roccia ecc.) scaglionati un po' dovunque al limite dei pascoli alti.

Di contro, abbiamo gli agglomerati abitativi permanenti, disposti – come già detto – a corona e facenti capo ad un nucleo centrale più antico: nel nostro caso il villaggio di Cortina. In questo caso gli edifici avevano prevalentemente il piano terreno in muratura, intonacato rusticamente a calcina, il cui biancore ben si accordava col colore bruno delle pareti in legno stagionato del piano superiore.

Di questi due tipi di tabià, l'uno completamente in legno e localizzato in radure fra i boschi o in buona posizione al centro dei pascoli, l'altro in legname e muratura, tipico dei villaggi, si hanno diverse forme che traggono, ciascuna, la propria particolarità estetica dalle irregolarità di costruzione, dovute generalmente alle variazioni ed agli adattamenti apportati dalla famiglia che vi abita, per sue esigenze di comodità o di lavoro. Entrambi hanno però in comune la forma del tetto, con sporti a due sole falde assai larghe ma non eccessivamente inclinate. Questo caratteristico taglio, molto sporgente in gronda, protegge le pareti dalle intemperie e fornisce anche un magnifico effetto architettonico rustico.

Si riscontrano – sebbene in misura molto minore – anche tetti a gronda tronca, con piccolo spiovente triangolare; ma sono eccezioni di derivazione tirolese e slava (provenienti dalla Val Pusteria) che non snaturano il carattere schiettamente italico di questa architettura montana. La copertura dei tetti era – originariamente – in scandole di larice, tagliate secondo la vena con la scure. In seguito, le scandole vennero sostituite con tavole di legno, tagliate in segheria. Attualmente la copertura viene quasi sempre fatta con lastre di lamiera scura, anche sulla parte rustica della casa.

I muri perimetrali sono rafforzati alla base, con fondamenta allargate a bastione, e soffitti a volta, secondo antichissime tradizioni.

Con tali caratteristiche, l'aspetto esterno della costruzione ampezzana, risulta massiccio ed imponente come una fortificazione, pur nella leggiadria ed armonia delle sue varie componenti. Queste sono date soprattutto dalla parte superiore in legno, sostenuta da una intelaiatura di travi portanti, che comprende ballatoi protetti da pareti completamente chiuse sul versante N e con ampie finestre nella

Valligiani ampezzani al lavoro. Sullo sfondo le caratteristiche «arfe» per l'essiccatura delle fave e di altri cereali. (Foto R. Zardini)

parte più soleggiata. Balconi o logge lignee corrono spesso attorno ai tre fianchi della casa in muratura. Se all'altezza del primo piano acconsentono l'accesso diretto ai ballatoi del fienile. La costruzione per usi rustici è solitamente addossata a quella per abitazione, ma quasi sempre ben divisa. Le stalle per il bestiame sono a piano terra nel lato a monte, talora anche seminterrate. Amplissimo invece il fienile, in legno, a semplice parete non incastrata. Data l'inclinazione del terreno, si accede in questi fienili tramite una specie di pontile, che permette di far entrare i carri interi e scaricarli con tutto comodo al coperto. La parte superiore del fienile ha diversi essiccatoi, che integrano l'alta e caratteristica «arfa».

In origine il fienile occupava talora la parte superiore delle abitazioni, ma in epoca più recente esso è stato, quasi dappertutto eliminato e sostituito con soffitte più o meno abitabili.

La casa ampezzana, generalmente costituita da due o tre piani, presenta degli interni assai interessanti, specialmente nelle costruzioni di più antica data. L'altezza delle camere era assai scarsa: dai due, ai due metri e mezzo in origine; poi si è notevolmente alzata per adeguarsi alle più recenti disposizioni di legge. Caratteristica notevole della casa ampezzana è l'inserimento della scala interna di accesso ai piani superiori di abitazione. Il pianterreno è attraversato in tutta la sua lunghezza da un corridoio o loggiato, ai cui lati si aprono diverse camere: cucina, stua, laboratori e ripostigli. Spesso al piano terra abitano due famiglie che si spartiscono variamente la casa; allora hanno rispettivamente una cucina ed una stua per parte. Scala in fondo al loggiato solitamente a due rampe.

Val la pena di soffermarci nella caratteristica e grande «stua», soggiorno tipico di molte regioni alpine: dalla Valtellina al Tirolo e zone limitrofe. Questa stanza è interamente foderata in legno ed è riscaldata da un gigantesco «fornel» costruito in pietra arenaria, il quale viene alimentato dall'attigua cucina o dal corridoio. Il corpo della stufa, di forma pressoché quadrata, è racchiuso da una specie d'impalcatura di legno, in basso, lungo i due lati rivolti a squadra verso l'interno della stanza, è circondato da una panca, mentre in alto sorregge un ampio tavolato, sul quale ci si può sdraiare per potersi scaldare più comodamente.

In cucina una volta c'erano i «larin», focolari aperti, racchiusi talvolta in un corpo di muratura che fuoriesce all'esterno della casa, e costituisce uno dei motivi più originali di questa architettura rustica. Dal corridoio del piano terra, per una scala interna, si accedeva alle camere da letto del primo o del secondo piano, tutte molto ampie, con più finestre, e fornite di stufe a muro, caricabili dall'esterno.

Interessanti sono anche i mobili tradizionali, quali gli sgabelli a spalliera e le tavole, lavorate ad incastro senza l'uso né di chiodi né di colla. Scrive in proposito (¹) Giulio Guicciardini - Corsi Salviati: «Meglio che sedia diremmo questa uno sgabello a spalliera, con le gambe infilate, come ha, nel piano del sedile ed allargate verso terra; anzi le due posteriori sono leggermente più inclinate delle anteriori per permettere a chi siede di appoggiarsi meglio alla spalliera, senza che la sedia corra il rischio di cadere all'indietro. Le quattro gambe di larice, affusolate e spesso in sezione ottagonale, sono rotonde nella parte che entra nei fori praticati a sghembo nel sedile: ai quali restano fortemente fissate, ciascuna con una bietta messa a forza in uno spacco fatto nella testata. Anche per un foro, o meglio per una fessura rettangolare e allungata, la spalliera traversa, col suo prolungamento a coda, il sedile, cui resta assicurata da due piccoli cunei passanti in appositi fori appena al di sotto di questo».

«Quanto alla tavola essa rappresenta una trovata assai geniale, dati specialmente gli ambienti ristretti e spesso ingombranti di arnesi e di attrezzi. Il piano che è rettangolare, di circa m 1,30 per 0,80, è imperniato dalla parte di uno dei lati corti alla parete, mentre presso il lato corto opposto è sostenuto da una unica gamba fissata, anch'essa con perni girevoli, al piano. La tavola insomma è mobile cosicché quando non serve può essere rialzata e fissata alla parete con un legaccio di spago o di cuoio; la gamba ripiegandosi allora, anch'essa sui suoi perni, viene a ribattere contro la faccia inferiore del piano. Riabbassando la tavola, la gamba che è alta quanto è la distanza tra l'attacco della tavola alla parete e il pavimento, torna a poggiare in terra e a sostenere orizzontalmente il piano.

Per mezzo di mensole vagamente intagliate la tavola è imperniata alla parete, e la gamba al piano: con accorgimento semplice e ingegnoso la stessa traversa che, incastrata nella parte inferiore del piano, porta, pure incastrate, le mensoline cui sono affidati i perni della gamba, fa anche da fermo alla gamba affinché non si apra oltre il punto che è giusto a mantenere orizzontalmente il piano.

Un'originalità è questa: il lato per il quale la tavola è imperniata alle mensole fisse alla parete è assai ridotto rispetto al suo opposto, avendo gli angoli smussati ciascuno una eguale linea curva che non solo aggiunge grazia e sveltezza al contorno, ma permette anche a chi siede sulla panca disposta lungo la parete di appoggiarsi più comodamente alla tavola».

Le mensole di sostegno di queste tavole, le spalliere degli sgabelli, le balaustre dei loggiati ed altre parti in legno della casa ampezzana sono caratterizzate da una serie ricorrente di motivi traforati o decorazioni da intaglio che ne abbelliscono e ne rendono meno pesanti i contorni. Si tratta di motivi ornamentali assai semplici, il cui prototipo è dato generalmente dalla sagoma stilizzata dell'apertura per il ricambio d'aria dei fienili: linee che si richiamano alla figura di vasi di fiori o di frutta, delineati in una vasta gamma di forme perfettamente simmetriche. Queste aperture, alte generalmente dai quaranta agli ottanta centimetri, vengono intagliate sui bordi opposti e combacianti di due assi verticali, in modo da formare l'immagine desiderata.

Questi motivi, elaborati convenientemente, si possono unire in opposizione del contorno concavo al convesso e viceversa, e disporre alternativamente in alto e in basso, in modo da formare linee di traforo assai armoniose che danno uno splendido risalto ai poggioli ed ai loggiati esterni. Con il passar degli anni e con l'usura del tempo (sole ed intemperie) le sovrastrutture in legno assumono un bel colore brunito che valorizza l'aspetto di queste costruzioni rustiche. Tutto questo appartiene ormai al passato: negli ultimi trent'anni la casa ampezzana si è molto modificata per adeguarsi alle esigenze, sempre maggiori, del turismo. Ora le case rustiche sono spesso assai curate e riammodernate con l'impianto dell'acqua corrente e il riscaldamento centralizzato.

Questo è potuto avvenire, senza traumi ne difficoltà, in quanto la casa rustica ampezzana – solida e razionale costruzione d'ambiente alpino – ha saputo evolversi nel tempo senza perdere le sue caratteristiche classiche. Oggi – grazie anche ad un ben studiato piano regolatore, che tiene nel massimo conto i modelli costruttivi del passato (almeno nelle loro forme esteriori) – la conca di Cortina d'Ampezzo presenta il gradevole aspetto di una vera metropoli alpina, moderna, ma pur sempre legata alle forme tradizionali del suo passato.

(¹) Guicciardini Giulio - Corsi Salviati, Il Tabià e le sue decorazioni ad intaglio.

L'esplorazione dei valichi

I più antichi riferimenti al gruppo montuoso delle Tofane, o meglio ai territori ad esse circostanti, li troviamo nei codici (Laudi) delle Regole Ampezzane. Sarà quindi opportuno, ai fini della nostra storia, ricercare in questi documenti, le tracce dei primi insediamenti sugli alti pascoli e quelle dei passaggi delle varie greggi e mandrie lungo gli itinerari per la Val Travenánzes. In base a queste carte si potrà far risalire perlomeno al XIII secolo le prime esplorazioni e traversate dei tre principali valichi (Col dei Bos, Fontana Negra e Posporcora) del gruppo montuoso in questione. Ma vediamo, innanzitutto, cosa fossero queste Regole. Esse erano (e in parte sono tutt'ora) consociazioni di famiglie possidenti e dimoranti in Ampezzo, le quali vantano – da tempo immemorabile – diritti di pascolo (compascua pro indiviso) su terreni di proprietà collettiva (loca communia), che utilizzano secondo le proprie necessità e consuetudini. L'origine di questa istituzione deriva principalmente dal concetto di proprietà terriera tipico dei popoli germanici, ed in particolare dei Longobardi che ne avevano imposto l'applicazione nel periodo del loro predominio in Italia (569-774) naturalmente sui territori di cui nessuno poteva rivendicare la diretta proprietà.

Questi terreni, situati generalmente in zone paludose o poco salubri, lontano da luoghi abitati, nel mezzo di folte boscaglie, in vallate sperdute o lungo i ripidi pendii delle montagne, erano di assoluta proprietà del sovrano, il quale li concedeva in uso ai propri vassalli e sudditi, nell'ambito dei suoi poteri feudali. Questi appezzamenti di terra, alle volte assai estesi, non potevano essere venduti ne ceduti ad altri; ma, in qualche caso – col tempo – come avvenne per le Regole ampezzane (ma non solo per quelle) l'uso si tramutò in un vero diritto di proprietà. A questo punto s'impone una domanda: Chi furono i primi colonizzatori del territorio ampezzano? Noi riteniamo, sulla base di approfonditi studi in proposito, che essi fossero «arimanni», cioè guerrieri longobardi inviati lassù con le loro famiglie, per costituire una prima difesa del territorio cadorino da probabili invasioni di Slavi e Baiuvari. Essi prestavano servizio (a proprie spese) in tempo di guerra, vigilavano sulle popolazioni locali sottomesse e mantenevano scolte di guardia ai confini. In cambio veniva loro concessa la proprietà di terreni, liberi da ogni imposizione fiscale, che essi facevano lavorare da servi della gleba o da nativi sottomessi.

«In seguito – come conferma il Richebuono in un suo interessante studio ([1]) – il possesso condizionato si trasforma in proprietà liberamente trasferibile ed il carico del servizio militare verrà sostituito da un tributo che prenderà appunto il nome di «arimannia». L'esistenza di arimannie anche in Ampezzo è provata da un documento del 1308 in cui si mette all'asta un podere «salva racione Domini Rizardi de Camino super heremaniam». Questa ratio era certamente ormai ridotta ad una tassa.

Ad arimannie in Ampezzo accennano anche i documenti del 1334 dei quali uno dichiara che un fondo è libero dall'aggravio dell'arimannia e l'altro invece che un fondo è grato, tra l'altro, anche da 10 soldi «per heremaniam».

L'origine longobarda della comunità di Ampezzo è rilevabile anche dallo stesso toponimo di Cortina, che significa «piccola corte», ossia un insieme di masserie con case di abitazione, terreni coltivati e loro pertinenze, di proprietà del pubblico erario ([2]). In qualche caso la «Corte», che rappresenta la più piccola suddivisione della «Judicaria» o «finis longobardica» e poi del «Comitatus» franco, aveva pure una chiesa ed un castello, come appare storicamente accertato anche in Ampezzo. Senza perderci in altre congetture sull'origine della comunità ampezzana, cosa che svierebbe troppo il nostro discorso dal suo tema principale che sono le Tofane; riteniamo però indispensabile rilevare come, tra l'XI ed il XII secolo, esistessero nella conca di Ampezzo (de Ampicio, come risulta da un documento del 1156) almeno una quarantina di masi (fattorie) sparsi per l'intero fondovalle. Questo era tutto diviso, cioè frazionato in unità poderali, formate da campi e prati coltivabili appartenenti alle varie famiglie proprietarie dei masi; le quali vantavano pure diritti sulle cosiddette «pertinenze», tra cui c'era l'indiviso diritto di pascolo in montagna (pertinentes montis).

Si costituirono così, con l'andar del tempo, fra diversi gruppi di famiglie consociate in «Comune», le cosiddette «Regole» per lo sfruttamento razionale dei pascoli indivisi. Questo territorio, la cui estensione è data dalla linea displuviale, che segna inoltre il confine naturale della «centena» di Ampezzo, venne a sua volta suddiviso in diverse circoscrizioni. Un gruppo di famiglie (*commune montis Falzarii*) occupò i pascoli ed i boschi sulla destra idrografica del Boite e sulla sinistra del Rio Costeana, cioè lungo tutte le pendici orientali e meridionali delle Tofane. In questa Regola confluirono anche i «consortes» che occupavano

---

([1]) Giuseppe Richebuono: «Ampezzo di Cadore dal 1156 al 1335». Tipografia Vescovile, Belluno, 1962.

([2]) La «Curtis» nel secolo IX era così designata: «Peramplas rusticas domus et integros quadoque villas cum adnexis latifundis». V. Lupo, Cod. Long., 347.

1924: Fienagione nei dintorni di Cortina d'Ampezzo. Sullo sfondo la cappelletta del castello De Zanna. (Foto R. Zardini)

l'ampio avallamento tra il Pian de Loa e Progoite, all'estremità NO delle Tofane.

Con questa acquisizione la Regola di Falzarego rinserrava i due blocchi della Val Travenánzes nei suoi territori, ma i suoi diritti di pascolo in questa valle erano saltuari e non esclusivi. Essi infatti appartenevano in misura preponderante alla Regola di Lerosa, la quale ne aveva fatto una specie di «enclave» con relativi diritti di passaggio.

I confini della Regola di Falzarego, la più importante ai fini della nostra storia, sono così delineati in un documento del 1333: «Cominciando dalla roccia grande di Posporcolla sopra il pian de Boite, in direzione verso mattina al di sopra del piano in fuori; cioè tutto il piano è pascolo comune e dal piano in su è proprietà del pascolo di Falzarego; e così il limite è fra il piano e il monte fino al crepo di Treto (Sass de peron); e dal detto crepo in su fino alla forcella di Val Tofana (Ra Valles) dalla forcella si giunge ai campi Zanzanissos e da quei campi andando in su si giunge al crepo sopra la roa (frana) dei pendii maggiori; e da quel crepo alla sorgente del rio Zaliverte da lì seguendo il rio in giú fino al ponte Plauzado; dal ponte alla cima della roccia Rodean dalla parte verso il sorgere del sole e di là in linea al rio Costeana: e questa delimitazione e confinazione spetta e appartiene al pascolo di Falzarego».

Questa delimitazione è confermata anche in un documento del 1336 che – fra l'altro – dice: «Dal crepo di Trento e dalle rocce di Candellau in dentro verso sera, dal fiume Boite in su per tutto il Candellau fino alla roccia grande di Posporcora sia pascolo comune di ambedue le parti...», ben s'intende: Falzarego e Ambrizzola!

Un altro gruppo occupò i pascoli verso il Passo Tre Croci e si denominò «*commune montis Lareti*», estendendo in seguito i suoi possessi in Padeon, Valgrande e attorno al Faloria, cioè lungo tutta la sinistra orografica del Boite, dai confini di Misurina a quelli di S. Vito in Cadore.

Altri si spinsero verso la forcella d'Ambrizzola, assumendo il nome di «*commune montis Ambrizole*», con possedimenti sul lato orografico destro della valle, a Sud del Rio Costeana. Questo gruppo si fuse poi, nel periodo antecedente al 1318, con la Regola di Falzarego, divenendo «*commune montis Falzarego et Ambrizole*».

A queste regole, costituite esclusivamente da famiglie ampezzane, se ne aggiunse un'altra, formata da 17 famiglie di Vinigo (un paesino del Cadore a circa 16 km da Cortina), che s'impadronì della Valle di Ospitale, da Bodestagno fino al Passo di Cimabanche (Rio Felizòn), senza che nessuno vi si opponesse, in quanto tale territorio non era stato sfruttato, sino allora. Questa regola assunse i nomi di *Comunità del pascolo di Lerosa (montem Lerose)* ed è nominata per la prima volta in un documento del 1225. Essa possedeva anche «Intravenanzes», una valle assai impervia e quasi inaccessibile, posta dietro le Tofane. Su questa, come abbiamo visto, vantava diritti di pascolo saltuario anche la Regola di Falzarego.

I termini: «mons, montem, montis», che ricorrono sovente nella nostra trattazione si devono intendere sempre come pascoli di montagna (come del resto anche l'indicazione «alpe») e non come rilievi montuosi, come noi oggi li intendiamo.

L'agricoltura, nel territorio di Ampezzo (limitata a poche colture: segala, orzo e legumi) non aveva modo di svilupparsi su vasta scala, sia per la natura del terreno che per le sfavorevoli condizioni climatiche, ed è quindi comprensibile che le maggiori cure della popolazione fossero riservate all'allevamento del bestiame che costituiva la maggior fonte di reddito.

Il sistema delle Regole divenne così il cardine basilare dell'economia e della vita ampezzana. Esso fissava le norme per il razionale sfruttamento di vasti pascoli montani e ne gestiva anche la particolare organizzazione per l'allevamento in comune del bestiame (cavalli, buoi, mucche, pecore e capre) e la suddivisione dei prodotti (latticini e formaggi) derivanti.

Non è nostro compito addentrarci in una particolareggiata analisi di questa istituzione; ci basti conoscere la definizione dei suoi compiti che ne diede il Bolla: «La Regola, sovrapponendosi alla volontà dei singoli attraverso il voto della maggioranza, tutela la perpetuità e socialità degli scopi comuni e insieme la distribuzione del lavoro, la divisione degli oneri e degli utili; fissa le modalità di godimento, delibere e sanzioni contro chi danneggia gli interessi della comunanza, interviene con i suoi arbitri a comporre le vertenze, con i suoi rappresentanti difende il patrimonio collettivo e ne garantisce la conservazione, il progresso, l'autonomia».

Il preambolo al nostro discorso, che verte essenzialmente sulla lunga e costosa controversia che oppose la Regola di Falzarego-Ambrizzola a quella di Lareto per le vie di accesso ai pascoli di Val Travenánzes, si è fatto piuttosto lungo, ma per meglio capire i termini della questione non sarà inutile dare ancora qualche spiegazione sulle varie cariche elettive in seno alle regole.

All'inizio di ogni primavera si riunivano i «consortes» in assemblea (fabula) per «confabulare» e decidere le «regole» che dovevano presiedere all'attività di questa singolare associazione di pastori ed allevatori. Si eleggevano inoltre i nuovi incaricati per la durata di un anno: nessuno dei quali poteva rifiutarsi di accettare la carica. I pieni poteri nell'ambito della Regola spettavano al «mairicus» (marigo), il quale era assistito da alcuni «laudatores» (consiglieri) e dal «colector» (cuietro) che svolgeva la funzione di tesoriere-amministratore. Il controllo del territorio, la sorveglianza sui pastori, il sequestro del bestiame illegalmente pascolante, l'arresto e l'espulsione degli estranei ecc. erano di competenza dei «saltari» (soutéi). Il «precone» (messaggero) manteneva i collegamenti fra il marigo ed i vari regolieri, chiamava i consortes all'assemblea, notificava gli ordini ai pastori ed eseguiva i pignoramenti.

Il capo di tutti gli addetti al bestiame era denominato «cavedagnus» (capitano), colui che guidava le greggi e gli armenti era detto «vida» (guida), «dugarius» il capo di un gruppo di pastori, «bubulcus» il bifolco addetto ai buoi, «pastores» coloro che badavano al gregge, «magister» (mistro = maestro) l'esperto nella preparazione dei formaggi. Tutti costoro, all'atto dell'investitura, dovevano giurare solennemente sul Vangelo di svolgere le loro funzioni in modo coscienzioso; ed al termine del loro incarico dovevano render conto all'assemblea di come avevano operato. Codice di comportamento erano le cosiddette «Laudi», cioè norme giurisdizionali interne alla Regola, valide soltanto per gli appartenenti ad essa.

Prima del XIII secolo esse venivano tramandate a voce di padre in figlio, poi cominciarono ad essere fissate per iscritto con la dizione «Laudamus quod...» cioè approviamo, stabiliamo che... quindi la raccolta di queste disposizioni prese il nome di Laude. Alcune disposizioni, specialmente quelle più ovvie, che nessuno avrebbe mai contestato, non venivano neppure trascritte. Ogni Regola aveva una propria raccolta di Laudi (in genere abbastanza simili fra loro) che di tanto in tanto veniva aggiornata.

Tra i vari paragrafi di queste Laudi ve ne sono alcuni, riguardanti in particolare il divieto di pascolo, e di transito sul territorio di una data Regola, per il bestiame appartenente a consorti di altre Regole. Le contrastanti interpretazioni di queste clausole sono all'origine della vertenza di Travenánzes, di cui ci stiamo interessando.

Nel primo Laudo di Lareto (1363) è detto espressamente: «Se si trovasse sul monte una grande quantità di bestiame non appartenente alla Regola, il saltario del monte deve sequestrare nove capi della suddetta monticazione abusiva per ogni giorno di contravvenzione constatato». Una clausola analoga si trova nel terzo Laudo di Falzarego, Ambrizzola e Val Mavò (1444), con un preciso riferimento alle antiche consuetudini, quasi per ricordare che – sino allora – non si era sentito il bisogno di metterla per iscritto. La vertenza di Travenánzes aveva però dimostrato il contrario. Il paragrafo in questione dice: «Per una gran quantità di pecore di non consorti, si devono sequestrare in pegno nove pecore e un montone, secondo l'antica consuetudine dei monti».

Nel primo Laudo di Falzarego-Ambrizzola (1331-1333) si dice ancora, ma senza alcun riferimento ai diritti di passaggio per Travenánzes: «I consorti ed anche i forestieri che vorranno transitare per le vie di quei monti, per andar fuori dalla terra di Cadore o delle pertinenze di Ampezzo, abbiano tempo – per passare – un giorno ed una notte, se non fanno a tempo in un solo giorno, purché danneggino il meno che sia possibile i campi ed i pascoli».

Questa clausola, che favorisce ed estende i diritti di passaggio di terzi sui territori della Regola, non figura più nelle posteriori edizioni delle Laudi di Falzarego-Ambrizzola, probabilmente a causa della vertenza di Travenánzes. Non deve sembrar strana o sospetta questa omissione, in quanto lo stesso secondo Laudo del 1356 prevedeva il diritto dei consorti della Regola di Falzarego-Ambrizzola di «togliere, mutare, modificare, correggere e fare altri Laudi nuovi, in conformità alle loro consuetudini».

I termini esatti della questione di Travenánzes appaiono, in tutta la loro evidenza, in un documento del 1238, che sanziona un accordo amichevole intervenuto fra la Regola di Falzarego-Ambrizzola e quella di Lerosa-Vinigo a proposito di una vertenza sorta l'anno prima per il passaggio

Dèdui (sullo sfondo le Tofane): steccato improvvisato di assi per la cernita delle pecore quando vengono dai pascoli montani; si erige già da molti secoli nel medesimo posto: uno per Larieto vicino ad Alverà, l'altro per Ambrizòla nei pressi di Gilardón, alla vigilia di S. Francesco (4 ottobre). Consta d'un reparto grande centrale (èra) fatto a spesa della Regola, al quale vengono addossati reparti minori, destinati ad accogliere le pecore delle singole frazioni. Tutto questo lavoro, fare il dèdui, scegliere le pecore (alle volte quasi 2000) e disfarlo è finito in men di 4 ore e vi si scorge facilmente l'abitudine disciplinata da secoli (ant. ayduli = piccole costruzioni, da aedes). (Nota ricavata dal vocabolario ampezzano «Cortina d'Ampezzo nella sua parlata» del dr. Angelo Majoni)

di un gregge dalla Forcella Col dei Bos. Il testo dell'accordo, che qui si trascrive integralmente nella traduzione fattane dal prof. Richebuono, è molto chiaro ed esplicito sui diritti di passaggio della Val Travenánzes:

1) Travenánzes appartiene per tre parti a Vinigo e per una parte a Falzarego; che quindi vi ha diritto di pascolo Vinigo per tre anni e Falzarego ogni quarto anno.

2) Per recarsi in Travenánzes le bestie di Vinigo devono passare per Progoite e così pure, normalmente, nel ritorno.

3) Se le bestie non riescono a passare in un giorno solo senza farlo apposta, hanno diritto ad avere un «ospizio» cioè a passare una notte sul terreno di Ambrizzola.

4) In casi eccezionali, a causa della neve o di una «fuga» cioè per pericolo di guerra o di forza maggiore, se le bestie di Vinigo devono fuggire senza perdere tempo e si presentano alla forcella Col dei Bos (forca de Rocis de Lavaredo), Falzarego non può impedire loro il passaggio.

5) Vinigo però non ha nessun diritto di pascolo in Rozes e Cocinguolis.

Per un lungo periodo (180 anni all'incirca), cioè sino a quando il possesso della Val Travenánzes rimase ai consorti di Vinigo, non si ebbero altre controversie sui diritti di passaggio. Le cose cambiarono nel 1415, quando i diritti di pascolo in Val Travenánzes vennero ceduti alla Regola di Lareto, insieme ai territori di Lerosa (valle del Rio Felizon) per la somma di lire duemilaseicento. I consorti di Vinigo dovettero vendere questo territorio (inalienabile secondo le norme cadorine) per raccogliere il denaro necessario a pagare il riscatto di alcuni regolieri, catturati nel 1413, nei pressi di Botestagno – durante uno scontro di guerra – dagli armati del Capitano di Brunico Giovanni di Villanders.

La Regola di Falzarego, anch'essa interessata all'acquisizione della valle, di cui deteneva già un quarto dei diritti di pascolo ed il cui territorio era inglobato nelle sue proprietà, cercò inutilmente di opporsi alla transazione.

Così la Regola di Lareto entrò anche in possesso di «tutti i diritti del monte di Intravenanzes, compresi quelli pertinenti e connessi indivisibilmente con i due monti di Rozes e Cucigolis ... col diritto di passaggio nell'andare e tornare al detto monte di Travenánzes per la valle e la forcella di Prigoto ...». Quest'ultima clausola (com'è facile constatare dando una semplice occhiata ad una carta geografica) risultava assai scomoda per i consorti di Lareto, i quali – avendo le loro case in Ampezzo – dovevano percorrere, sia nell'andata che nel ritorno, un lungo giro per Botestagno e Fiammes. La via più breve per loro era certamente quella passante per la forcella Col dei Bos; e per tale itinerario, nell'estate del 1417, avviarono (senza chiedere alcun permesso di transito) una parte dei loro greggi. I «saltari» di Falzarego si opposero a «mano armata» e sequestrarono nove pecore ed un montone a titolo di risarcimento per la violazione del loro territorio. Lareto reagì immediatamente, denunciando questo atto di forza (exforcio) alla giurisdizione del Vicario di Cadore, affermando che la strada collegante Ampezzo ad Andraz (Livinallongo) era una «via pubblica» sulla quale tutti potevano passare.

C'era molta malafede in questa asserzione, dato che la strada per Livinallongo non attraversava i pascoli di Rozes e la forcella Col dei Bos, ma passava molto più in basso e si dirigeva verso il valico oggi denominato di Falzarego. Di questo avviso fu anche il Consiglio del Cadore, il quale emise una sentenza di condanna nei confronti della Regola di Lareto, la quale però non si diede per vinta ed intraprese appello alla superiore giurisdizione del Patriarcato di Udine. Dopo varie traversie, la causa – approdata al Tribunale Superiore di Venezia – si concluse in modo del tutto differente, con l'intimazione alla Regola di Falzarego di restituire le dieci pecore o pagarne il controvalore. Questa delibera non divenne però esecutiva, e Lareto (per circa una ventina d'anni) non osò più transitare per Rozes. Quando lo fece, nel settembre del 1443, con una mandria di buoi, trovò nuovamente la via sbarrata dai guardiani di Falzarego, i quali a titolo di «pegno» s'impadronirono di un bue. Altra denuncia di Lareto al Vicario del Cadore, in cui si afferma che il «passaggio di Rozes è la loro via consueta e che i bifolchi di Falzarego-Ambrizzola hanno agito indebitamente con l'intenzione di turbare...».

Questa volta, il Vicario Ludovico Bertone di Treviso volle rendersi conto di persona di come stavano le cose, e si recò – probabilmente a cavallo – alla forcella Col dei Bos insieme al Capitano del Cadore Tomaso Cantareno. Vennero poi esaminati gli accordi intercorsi nel 1238 fra Vinigo e Falzarego-Ambrizzola (di cui Lareto non era forse a conoscenza), e da questi apparve chiaro che la «via consueta» per Travenánzes passava da Progoite-Botestagno.

Allora i consorti di Lareto, assai maldestramente modificarono la precedente versione, dicendo che la mandria di buoi, sulla via del ritorno, non aveva potuto passare da Progoite a causa della neve; fatto abbastanza strano in settembre. Anche un autorevole testimone, di nome Nicolò Ghidino, espresse i suoi dubbi sul fatto che in tale epoca ci fosse neve in Progoite. Ma la mossa più incauta per la Regola di Lareto, fu quella di aver presentato come teste a proprio favore, un certo Giacomuzzo il quale sostenne d'aver sempre potuto mandare il suo bestiame in Travenánzes «passando per dove si voleva» e in modo particolare per la strada che dal «ponte de cesa» saliva a Pocol e Rozes.

Il suo era però un caso particolare, in quanto egli era consorte d'entrambe le Regole ed il suo diritto di passaggio derivava naturalmente dalla Regola di Falzarego-Ambrizzola. Si rilevò poi, esaminando il contratto d'affitto per il pascolo di Travenánzes che in esso figurava la clausola: «con diritto di passaggio nell'andare e nel tornare per la valle e la forcella di Prigoto», come appunto la Regola di Falzarego-Ambrizzola sosteneva.

Il verdetto fu quindi, ancora una volta, sfavorevole a Lareto. Ma questa ricorse ancora in appello ed il Luogotenente del Friuli modificò nuovamente la sentenza. Non è nostro compito esaminare il lato giuridico di questa vertenza: a noi interessa soltanto rilevare lo studio esplorativo che ne è derivato. Importante, ai nostri fini, ci sembra la missione del Cancelliere Giovanni di Almiregotti, inviato sul posto in tale occasione per disegnare una mappa (o forse una veduta prospettica) della località incriminata. Purtroppo questo disegno, che certo dovrebbe essere la più antica

1890. Pastori ampezzani intenti a mungere capre. L'alpinista sulla destra che osserva la scena è l'olandese Jeanne Immink, compagna di cordata di Theodor Wundt, autore della fotografia.

raffigurazione delle Tofane (o parte di esse), non ci è stato tramandato e forse si trova ancora sepolto in qualche polveroso archivio friulano.

La litigiosità fra le parti e l'evidente ingiustizia della sentenza del Luogotenente del Friuli, che dava facoltà ai consorti della Regola di Lareto «di andare e tornare dai monti di Intravenanzes passando per la strada che da Ampezzo per la Valle Cuzignol e Campo di Rozes e Falzarego porta ai monti di Intravenanzes verso il castello di Andraz...», portò ad un nuovo ricorso al Tribunale Superiore di Venezia. Questo, con molto buon senso, deliberò di affidare la soluzione definitiva della vertenza ad un collegio di arbitri pratici dei luoghi ed accettati da entrambe le parti. Costoro certo effettuarono diversi sopralluoghi in tutta la zona riuscendo a rintracciare due nuovi passaggi attraverso il massiccio delle Tofane. Forse entrambi erano già conosciuti e percorsi dai pastori o dai mandriani ma, sino allora, non erano mai apparsi in documenti scritti. Si tratta del Passo di Posporcora e della Forcella di Fontana Negra.

La soluzione proposta dal consenso dei saggi stabilì che la Regola di Lareto doveva rinunciare ai diritti di passaggio sia per il Col dei Bos (forca de Rocis) e sia per Progoite. Inoltre vietò pure il passaggio per la Costa di Masariè (Forcella Fontana Negra) di cui sino allora non si era mai sentito parlare. Probabilmente i consorti di Lareto, impediti nei due accessi laterali, ne avevano trovato un terzo ancora più breve degli altri, seppure molto più difficoltoso. Questo itinerario però passava pur sempre sui terreni della Regola di Falzarego-Ambrizzola (Pomedes-Fedarola-Vervei-Col Drusciè, pascoli già appartenenti ai consorti di Val Mavò) e quindi c'era sempre il pericolo di nuovi conflitti.

Per eliminare, una volta per tutte, ogni possibilità di attrito si stabilì che: «I consorti di Lareto, Lerosa e Intravenanzes possono disporre, d'ora in poi, della via per la forcella di Posporcholla (Posporcora) e non da altra parte sui luoghi e possedimenti dei consorti di Falzarego-Ambrizzola. E siccome questi hanno il diritto di pascolo in Val Travenanzes ogni quattro anni, stabilirono di comune accordo con le parti, che tale diritto si estingua... (omiss.) Stabiliamo inoltre che la clausola dell'atto di vendita fatta da quelli di Vinigo al Comune di Lareto, dove si dice che questi possano avere un «ospizio nel tornare...» sia invalida e di nessun valore... e che gli uomini di Lareto, per nessun motivo o pretesto possano né osino andare a montegare con gli animali per la via del ponte del Piano di Boite che va verso il Crepo di Trieto (ponte de ra sìa, prima di Fiammes e la via per Cianderau) né per la via della «muda» (di Falzarego) né per qualunque altra via che transiti per i pascoli dei consorti di Ambrizzola e Falzarego».

Tale soluzione si dimostrò valida per entrambe le parti, le quali – da allora – non ebbero più motivi di contrasto. Oltre a tutto, per gli eventuali trasgressori era prevista una pesante multa di duecento ducati d'oro, che riuscì a tenere a bada anche i malintenzionati più riottosi. La conclusione che possiamo trarre da queste vicende è abbastanza semplice: i primi abitanti di Ampezzo – in antagonismo fra loro – salirono ed esplorarono le Tofane alla ricerca di nuovi pascoli e delle vie di accesso per raggiungerli. Tali esplorazioni, svoltesi nel periodo tra il XII ed il XV secolo, culminarono nella scoperta del difficile passaggio (per quei tempi) attraverso la forcella di Fontana Negra; che rappresenta certamente il punto più alto allora raggiunto dall'uomo nel gruppo delle Tofane.

Le vie di comunicazione attorno alle Tofane

La conca di Ampezzo, nel periodo iniziale della sua storia, ebbe il suo primo e principale collegamento con il mondo circostante, attraverso la Valle del Boite. A quel tempo (probabilmente tra l'VIII ed il IX secolo) tale via era poco più di una pista carrareccia, specialmente nel suo ultimo tratto che giungeva sino a Botestagno ([1]), estremo baluardo difensivo del Cadore. Da qui si diparte la Valle del Rio Felizón (uno dei tre rami sorgentiferi del Boite), i cui territori adibiti a pascolo – sino al Passo di Cimabanche e forse anche oltre – erano di pertinenza della Regola di Lerosa e Intravenanzes. Lungo questa valle secondaria e sulle tracce lasciate dal passaggio stagionale del bestiame, si andò col tempo consolidando una specie di trattùro, che trovò poi il suo naturale collegamento con analoghe linee di transito in Val di Landro. Con questo si realizzò una importante via di collegamento tra la conca di Ampezzo e la Val Pusteria, che raccorciava di molto il percorso di coloro (pellegrini o mercanti) che, dalla Germania, intendevano raggiungere il porto adriatico di Altinum (nel periodo alto-medioevale) e di Venezia in seguito. Per questo la strada venne poi detta d'Alemagna o «via del sale», e la sua importanza (per una ragione o per l'altra) non venne mai meno.

In località Blobace (Dobbiaco = Toblach) questa stradella montuosa si raccordava con la grande strada romana d'epoca augustea che univa la Valle dell'Adige a quella della Drava, passando per Sebatum (S. Lorenzo di Pusteria) e Littamum (S. Candido = Innichen) per giungere ad Aguntum (Lienz).

Nel XII secolo, a pochi chilometri dal castello di Botestagno, nel tradizionale luogo di sosta dei pastori e mandriani vinighesi, che salivano con i loro armenti verso i pascoli di Lerosa, sorse – per iniziativa e a spese della Regola stessa – un ospizio (ospitale) per dare ricovero ai numerosi viandanti che transitavano di là. Essi ricevevano – per amor di Dio (e cioè gratuitamente) – un tetto sotto cui ripararsi, del fuoco per stare caldi, acqua per dissetarsi e paglia per dormire. Non avevano molte esigenze i pellegrini di quel tempo; e d'altronde, un ricovero in mezzo a quelle montagne rappresentava già un conforto non indifferente.

Nel 1226, di fronte all'ospizio, venne eretta una chiesa dedicata a S. Nicolò, protettore dei viandanti; ma l'istituzione rimase sempre – com'era nelle intenzioni dei suoi fondatori – a conduzione laica e di proprietà della comunità di Ampezzo.

Nel XIV secolo, con l'intensificarsi dei traffici mercantili, l'ospizio divenne anche stazione di transito e deposito per le merci, che i carrettieri ampezzani e tirolesi col sistema del «rodolo» (cioè a rotazione fra loro) trasportavano nei tratti di loro rispettiva competenza.

Accanto ai due principali edifici, sorse un porticato detto «porto delle balle», dove veniva scaricata ed ammucchiata la merce, ed inoltre si costruirono delle stalle ove trovavano riparo gli animali da soma o da tiro. Durante l'inverno il trasporto delle merci avveniva a mezzo di grandi slitte. Il complesso ospitaliero, costruito interamente in legname, venne più volte distrutto e rimaneggiato, sino a che, verso la metà del XV secolo, fu interamente rifatto in muratura (Domum lapideam).

La strada, attorno alla metà del XVII secolo, venne allargata sino a raggiungere i due metri e mezzo di carreggiata. Un altro miglioramento venne compiuto nel 1792, con l'eliminazione della ripida e difficile salita al castello di Botestagno. Sino a quel momento, la strada – dopo aver superato con un ponte di legno il Rio Felizón, nel punto in cui questo scorre incassato tra due alte muraglie di roccia – s'inerpicava con strettissime curve sino alla sommità dello sperone roccioso sul quale era sistemato il castello, e ne discendeva poi, con notevole pendenza, sull'altro versante. Come si può ben capire, il percorso su questo tratto di strada, strapiombante sul precipizio, era assai pericoloso, specialmente con il gelo della stagione invernale o quando vi transitavano i grossi e pesanti carri trainati da buoi. Il comune di Ampezzo, tenuto conto che non si doveva più pagare il pedaggio alla dogana del castello, ormai semiabbandonato, decise di aggirare l'ostacolo, facendo costruire una deviazione più abbordabile, che venne realizzata in breve tempo, utilizzando un tracciato alternativo già esistente.

Il traffico delle merci si attenuò di molto verso la metà del XVIII secolo, con la fine del «rodolo», e questo mise in crisi l'Ospitale di Ampezzo che perdette i benefici avuti per tanto tempo. La strada d'Alemagna ebbe il suo rilancio nella prima metà del XIX secolo, per iniziativa dell'Arciduca Ranieri, Viceré del Lombardo-Veneto. Essa venne interamente ricostruita ed ampliata, apportando notevoli rettifiche al precedente tracciato. La larghezza della carreggiata raggiunse i sette metri di media: un bel record per quei tempi!

Per quanto riguarda il tratto Dobbiaco-Ampezzo, il progetto definitivo venne ultimato nell'autunno del 1825, ad

---

([1]) Il toponimo, formato dalle due parole: Bote = Boite e Stein che in tedesco significa roccia-pietra, assume il significato di roccia (rocca) sul fiume Boite. Analoga interpretazione si ha nell'adiacente territorio di Livinallongo per il toponimo Buchen-stein.

opera degli ingegneri Giuseppe Malvotti ed Ermenegildo Francesconi. Nell'autunno del 1828 venne smantellato il castello di Botestagno e contemporaneamente ebbero inizio i lavori di ricostruzione della strada, che si conclusero nel 1830. La spesa per realizzare quest'ultimo tratto fu di 275.000 fiorini oro, corrispondenti a circa sei miliardi di lire attuali.

Non è nostro compito fare la storia delle due grandi vie di comunicazione passanti per Cortina (una è questa di cui stiamo parlando e l'altra è invece rappresentata dalla Strada delle Dolomiti, che verrà costruita più tardi), ma, ai fini della nostra indagine sulle Tofane, ci è sembrato in qualche modo utile darne qualche cenno, specialmente per metterne in rilievo i punti di contatto territoriali (Falzarego e Botestagno) e le linee di avvicinamento turistico ed alpinistico, che queste due vie rappresentarono nel tempo. Infatti – come vedremo in seguito – fu proprio per tali vie che i primi viaggiatori giunsero ad ammirare le Tofane ed i primi alpinisti a concepire l'idea di salirle.

Nel maggio del 1832, la grande via di comunicazione, divenne «Strada Imperiale», e lungo il suo percorso venne istituita una linea giornaliera di diligenze postali. Nel tratto di strada che più ci interessa, troviamo due stazioni di posta per il cambio dei cavalli: una a Landro e l'altra a Cortina. Il tempo di percorrenza era abbastanza buono: il tragitto da Dobbiaco ad Ampezzo non richiedeva più di quattro ore di viaggio. Un buon sviluppo ebbe anche il traffico delle merci: nel primo anno di esercizio furono trasportati circa seicentomila quintali di merce e più di ottantamila «taglie» (tronchi) di legname.

Nel 1859, il traffico delle merci – a causa dell'apertura della nuova linea ferroviaria Bolzano-Verona – subì una brusca contrazione. Ed altrettanto successe una decina d'anni dopo, con il trasporto del legname, quando entrò in esercizio la linea ferroviaria della Pusteria, che collegava Fortezza a Lienz e Villach. Ma non tutto il male doveva venire per nuocere; in quanto, se la nuova linea ferroviaria tagliava fuori la Strada d'Alemagna dal traffico mercantile, apriva – in compenso – per la Valle di Ampezzo, un nuovo e ben più remunerativo flusso turistico. Questa linea rendeva più veloci e comodi i lunghi viaggi da Vienna o dalla Germania e Inghilterra. In tal modo i primi «touristes» potevano raggiungere, in brevissimo tempo, il cuore delle Dolomiti. Per tale via giunse a Cortina d'Ampezzo, nell'estate del 1862, anche l'alpinista Paul Grohmann, il quale così descrisse il traffico dell'epoca: «Quando giunsi per la prima volta nelle Dolomiti, vi trovai condizioni ben diverse da quelle odierne (N.d.R. E si riferiva soltanto ad una quindicina d'anni dopo). Non c'era traccia di turismo ed i carrettieri che conducevano i pesanti carri da trasporto, erano gli unici viaggiatori che s'incontrassero sulla strada di Ampezzo. La vita era molto intensa anche allora, in quella zona, ma di genere del tutto diverso. Oggi, le eleganti carrozze hanno del tutto soppiantato i carri da lavoro, ed il grembiule blu dei conducenti ha ceduto il posto all'abito dei turisti...».

Nel 1871, per interessamento delle autorità locali ampezzane, venne istituita anche a Dobbiaco una stazione, che in origine non era prevista. Inoltre nelle sue vicinanze, venne aperta l'Osteria Ampezzo, dalla quale partivano giornalmente (ed in seguito anche due volte al giorno) le diligenze per Cortina. Le comodità di accesso, i servizi effi-

Stampa ottocentesca raffigurante il castello di Botestagno con un tratto della strada d'Alemagna.

L'antica cartografia

Ampezzano nella *Karte von Tyrol* di Warmund Ygl.

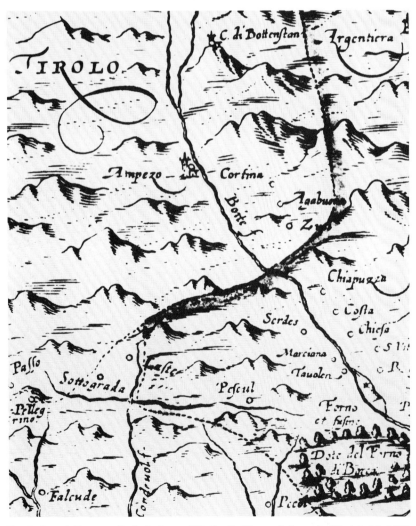

Particolare della carta *Il Cadorino nell'Italia* di Giovanni Antonio Magini del 1620.

Abbiamo visto che fra i precursori dell'alpinismo in Tofana, come del resto anche in altre zone delle Alpi, un posto di rilievo hanno avuto i cartografi.

Esamineremo quindi, brevemente, lo svolgersi della rappresentazione cartografica della conca ampezzana, ad iniziare dal XVII secolo, per delinearne gli aspetti più caratteristici ed il progressivo perfezionamento delle varie tecniche. In questo periodo, le montagne sono raffigurate sulla carta come dei piccoli «coni» in rilievo, senza alcuna verosimiglianza con la realtà. In questa produzione piuttosto sommaria spicca una carta stampata a Praga nel 1604, in più fogli, dal titolo «Karte von Tyrol» ad opera di Warmund Ygl. In essa, al foglio VI, si può notare l'ampia conca ampezzana con al centro un raggruppamento di case indicato con il toponimo di «Haiden» ed il castello di «Peutelstain» al sommo di un monticello insolitamente grande al confronto delle montagne circostanti.

Più efficace ed artisticamente rilevante la carta «Tirolische Landtafeln» di Mathias Burgklehner, realizzata nel 1611; di cui riproduciamo un particolare del territorio di cui ci stiamo interessando. Sono indicate, naturalmente, le due località più importanti: Haydn e Schl: Peitlstain, con dettagli assai realistici. Anche le Tofane sono chiaramente individuabili, seppure non esattamente delineate.

Fra le carte italiane dell'epoca merita un cenno particolare quella raffigurante «Il Cadorino» di Giovanni Antonio Magini, inserita nel grande atlante dedicato all'Italia e pubblicato postumo dal figlio Fabio a Bologna nel 1620. Il territorio ampezzano è, naturalmente, indicato ai margini della carta, oltre il confine del Cadore con diversi toponimi.

Come tutte le carte dell'epoca non troviamo l'indicazione di particolari gruppi montuosi, anche se (con un po' di buona volontà e fantasia) possiamo rintracciare il massiccio delle Tofane esattamente al di sopra della dicitura «Tirolo». Il toponimo «M. Tofana» compare per la prima volta nel 1774 sulla grande carta «Tyrolis sub felici regimine Mariae Theresiae» di Peter Anich e Blasio Hueber. Si tratta di una carta assai importante, realizzata dopo anni di lavoro e di rilevazioni sul terreno.

La raffigurazione del massiccio è ancora assai distante dalla realtà ma è già possibile intravvederne i contorni e in particolare la Val Travenánzes. È inoltre chiaramente indicato, più o meno all'altezza della Tofana II, il «M. Ola» con l'omonimo e caratteristico canalone. Interessante, anche per delimitare il perimetro del massiccio, l'indicazione del «M. Sasso di Stria».

delle Tofane

Peter Anich - Blasius Hueber, Atlas Tyrolensis, 1774.

La carta dell'Anich rappresentò un modello insuperato – per la regione presa in esame – sino ai primi dell'Ottocento. Essa servì anche come base al cartografo francese Bacler d'Albe per la «Carte Générale du Théatre de la guerre en Italie et dans les Alpes» pubblicata nel 1799 in previsione dell'invasione francese in Italia. Essa, pur ricalcando precedenti rilevazioni e malgrado alcune grossolane imprecisioni, rappresenta una svolta importante nella cartografia alpina e dolomitica. Per la prima volta ci troviamo in presenza di una carta per la quale è stata adottata la rappresentazione dall'alto dei rilievi a luce zenitale, con morbide ombreggiature che danno una reale raffigurazione dell'andamento vallivo. Per quanto riguarda il massiccio delle Tofane il rilievo ha una struttura abbastanza schematica ma sostanzialmente esatta. C'è inoltre una più elaborata illustrazione dell'idrografia, anche per quel che riguarda le convalli interne, come ad es. la Val Travenánzes.

L'intero gruppo è indicato con il toponimo di «Ola M.». Di pari passo con l'esplorazione alpinistica del gruppo si svolge anche la rilevazione cartografica effettuata dal Militär geographisches Institut, che sino al 1839 ebbe sede a Milano. Venne così pubblicata, nel 1833, la grande «Carta del Regno Lombardo-Veneto» in 42 fogli alla scala di 1:864.000. Essa è basata, per la parte geodetica, sui lavori precedentemente eseguiti, ad iniziare dal 1796 dai cartografi dell'Accademia di Brera e proseguiti poi dall'Ufficio topografico della Repubblica Cisalpina e dal Deposito di Guerra del Regno Italico.

Il territorio di Ampezzo, che non faceva parte del Regno Lombardo-Veneto, è però inserito ugualmente ai margini della carta al foglio N. 31 raffigurante il Cadore. Come si può facilmente constatare dalla riproduzione il rilievo del massiccio è molto ben delineato, anche se non del tutto perfetto. È interessante rilevare i toponimi, tra cui l'abbastanza generico «Croda della Valle» ed il «Crepo del Cetrosa», di cui si è persa attualmente ogni traccia.

Il «Docco della Cesta» (Ra Cestes) è lo sperone roccioso ad Est dei Tonde de Cianderou. L'indicazione di «M. Tofana» è segnata in carattere piuttosto piccolo (se confrontato con gli altri due toponimi vicini) tanto da far sospettare che tale nome sia quasi esclusivamente riferito alla maggior vetta del gruppo: la Tofana di Mezzo. Osserviamo attentamente i dettagli di questa carta, confrontandoli con le cognizioni odierne e pensiamo che, solo in base ad essa, Paul Grohmann e gli altri pionieri dell'alpinismo ampezzano studiarono i loro piani di scalata alle massime vette.

Carta del Regno Lombardo Veneto.

cienti, l'innato senso di ospitalità e soprattutto la bellezza del paesaggio e la salubrità del clima, fecero di Cortina d'Ampezzo – già nel secolo scorso – uno dei più rinomati centri di villeggiatura delle Dolomiti. Il numero dei visitatori aumentò sensibilmente, passando dalle 35 persone del 1870 alle 9.642 del 1876 ([2]). Per completare lo sguardo d'insieme sulle vie di comunicazione attorno alle Tofane, non ci resta che passare sul versante della Val Costeana per descrivere l'altra grande strada dolomitica: quella attraversante il Passo del Falzarego.

A questo proposito, abbiamo già visto – nel capitolo precedente – le vicissitudini ed i contrasti originati dal primitivo sentiero collegante il territorio di Ampezzo con quello di Livinallongo. Il suo tracciato seguiva – grosso modo – l'attuale strada nazionale, passando forse un poco più a monte di quanto non sia ora.

Il tratto iniziale di questo importante itinerario, andava dal centro di Cortina alle frazioni di Col e di Impocol (detto attualmente Pocol), ed era largo non più di un passo e mezzo, ed anche oltre il centro abitato, la misura non doveva variare di molto. Le autorità comunali vigilavano affinché i proprietari dei fondi attraversati dalla strada non la restringessero a loro vantaggio. Anche le Regole proibivano ai propri associati di spostare a loro favore le siepi che delimitavano le vie alle malghe. Nel terzo Laudo di Falzarego (1444) esisteva anche una clausola per impedire i blocchi stradali, che dovevano quindi essere stati abbastanza frequenti. Nessun uomo – era detto nel testo – osi ostruire con rami le vie per le quali si passa per andare con il bestiame sul monte.

I contrasti probabilmente derivavano dal fatto che il sentiero (forse sarebbe meglio dire mulattiera, se vi poteva passare comodamente il bestiame) attraversava un territorio assai ricco di pascoli. Esso aveva inizio da Pocol e saliva in direzione delle attuali Malghe Fedarola, dove la Regola di Falzarego aveva costruito le sue prime «magión» (recinti per le pecore). Si snodava poi verso Cian Zoppè ed il cosiddetto Cason de Rozes, dove c'era il bivio per la Forcella Bos. Esisteva probabilmente anche una diramazione più alta per l'Alpe di Sotecordes; una specie di scorciatoia per raggiungere più in fretta la Val Travenánzes, ma il sentiero per il Passo di Falzarego si manteneva più basso e con andamento rettilineo. La comunità d'Ampezzo provvedeva alla manutenzione di tutte le vie di comunicazione comprese nel perimetro del suo territorio, facendo ricorso al sistema del cosiddetto «piodego o piovego», che consisteva nel tradizionale obbligo da parte di ogni famiglia residente, di fornire una persona per eseguire i lavori stradali che si rendevano, di volta in volta, necessari.

La manutenzione della strada di Val Costeana era particolarmente difficile nel tratto iniziale, in quanto il terreno – sino a Pocol – era franoso e soggetto a continue cadute di massi. Anche il tratto finale, sotto il Passo di Falzarego, lasciava molto a desiderare, in quanto le maggiori cure erano, naturalmente, rivolte al tratto intermedio sino alla Forcella Bos, sul quale si svolgeva l'intensa trasumanza del bestiame. Tale situazione rimase sostanzialmente invariata sino alla fine del XVII secolo, quando gli Ampezzani sentirono la necessità di migliorare le comunicazioni con Livinallongo, in modo da poter più facilmente raggiungere la Valle dell'Adige, perché la Repubblica Veneta aveva frapposto ostacoli al traffico lungo la Strada d'Alemagna.

Nel 1697, una delegazione ampezzana si recò in Andraz per «consultar quei popoli su inclinazione a porgere aiuto per aprire una strada in Falzarego» ma la proposta non trovò un'accoglienza favorevole. L'impresa parve eccessivamente costosa, tale da non ripagare i vantaggi che ne sarebbero derivati. Dovevano ancora passare almeno un paio di secoli prima che si potesse realizzare quest'opera. Nel frattempo, tale itinerario, pur con le limitazioni dovute al fatto che non vi potevano transitare né carri né carrozze, assunse un'importanza sempre maggiore. La percorreva ormai, non soltanto la gente del posto, ma anche viaggiatori provenienti da altre zone dolomitiche.

Nel 1837 era stata pubblicata (in tre volumi) a cura di Beda Weber la prima guida della regione dolomitica «Das Land Tirol», e, sempre in quell'anno, per l'editore Murray di Londra «A Handbook for Travellers in Southern Germany» (Guida per viaggiatori nella Germania meridionale). Qualche anno dopo, nel 1843, apparve anche la prima edizione della Guida Baedeker per la Germania e l'Austria. Viaggiatori sempre più numerosi, seguendo le indicazioni di questi volumi, presero a visitare, in lungo e in largo, le vallate dolomitiche, attirati in modo particolare dal caratteristico e suggestivo paesaggio montano. I primi che lasciarono una traccia del loro passaggio nella conca di Ampezzo furono gli Inglesi Josiah Gilbert e Churchill, i quali per tre anni, ad iniziare dall'estate del 1861, effettuarono lunghe traversate di esplorazione naturalistica in tutta la cerchia delle Dolomiti. Nel 1864, pubblicarono a Londra il resoconto dei loro viaggi in un libro che riscosse subito un grande successo: «The Dolomite Mountains: Excursions througt Tyrol, Carinthia, Carniola and Friuli in 1861, 1862 and 1863». L'anno dopo, a cura di un editore di Klagenfurt, ne venne stampata anche una edizione tedesca.

Stralciamo dal volume una scelta di brani relativi alla descrizione del viaggio da Caprile a Cortina d'Ampezzo, per la parte finale che maggiormente interessa il nostro studio.

«Giunti nei pressi del Passo Falzarego, si aprì davanti a noi, in tutta la sua estensione, il panorama della valle, e potemmo ammirare delle magnifiche montagne, dalle forme strane e fantastiche, come mai ci era capitato di vedere in altre zone delle Dolomiti: sulla sinistra la Tofana, di fronte la Croda Marcora e più a S la piramide innevata dell'Antelao. Il signor Ruskin ha scritto che non esistono in natura rocce perfettamente verticali, anche se spesso così vengono raffigurate, ma qui dovemmo proprio constatare come ve ne fossero in grande quantità. Davanti a noi si apriva una valle solitaria coperta da fitti boschi e lo sguardo spaziava lontano, anche se Cortina rimaneva ancora nascosta al nostro sguardo. Come un filo sottile nella nebbia si snodava all'orizzonte la strada d'Alemagna, che avevamo percorso tre anni addietro da Venezia a Innsbruck. Più alto degli altri monti la Gusella con la cima

---

([2]) Le statistiche di questo periodo sono abbastanza imprecise, infatti il calcolo delle presenze veniva fatto senza tener conto se la persona si era fermata una sola notte oppure rimaneva in Cortina per diverso tempo. Solo dal 1877 si tenne conto di queste basilari differenze, ed infatti per quell'anno si calcolarono 3500 pernottamenti e 8900 passaggi giornalieri.

orientale simile ad un castello turrito, altero e inespugnabile. A questo punto, i nostri portatori si diressero verso alcune malghe lunghe e basse, circondate da terreno fangoso e da numerosi letamai. Non sembravano molto accoglienti ma noi vi entrammo con la speranza di ottenere qualche ciotola di latte. Nel locale, annerito dal fumo ed ingombro di pentoloni e mastelli, ci accolsero due montanari d'aspetto piuttosto malandato, che esaudirono il nostro desiderio. «Lasciata la malga, ci inoltrammo in un bosco fitto d'alberi enormi e scuri. L'ambiente era opprimente ma aveva una sua particolare maestosità. Scendemmo rapidamente e in poco più di un'ora ci trovammo in una radura erbosa, dalla quale si dominava la valle di Ampezzo. In lontananza, Cortina si presentava come una sfilata di fattorie e gruppi di case, sparse in un ampio pianoro, risplendente di luce ed attorniato da magnifiche montagne: una vista incantevole!»

In questo loro volume Churchill e Gilbert rilevano come la città di Bolzano ed il villaggio di Cortina costituiscano i due punti estremi di una strada ideale che avrebbe permesso di conoscere meglio le Dolomiti, dando il modo di accedere anche alle valli laterali. L'idea, nella sua concezione originaria, dovette attendere ancora parecchio prima di trovare esecuzione, ma – a breve scadenza – se ne poté realizzare una parte: il tratto Cortina-Livinallongo, già da tempo progettato. L'occasione per dar inizio ai lavori, venne fornita, nel 1866, dal fatto che si ritenne di poter costituire – nell'ambito del nuovo assetto amministrativo dell'Impero Austro-Ungarico – una speciale circoscrizione provinciale denominata «Capitanato di Ampezzo e Livinallongo», purché queste due località fossero collegate fra loro da una strada carrozzabile.

Scrisse in proposito il governatore del Tirolo principe Lobkowitz: «L'istituzione di un capitanato separato a Cortina è raccomandabile a causa della sua posizione geografica, al confine fra l'elemento tedesco ed italiano, per la continua fedeltà dimostrata verso l'Austria, anche nel 1848 e 1866, per la lontananza da Brunico e per la sua speciale importanza politica e militare della zona. Ampezzo ha promesso di fare una buona strada di comunicazione con Livinallongo».

Ma, per sopravvenute esigenze militari l'iniziativa di un collegamento diretto fra Bolzano e Cortina, non venne del tutto accantonato. La III guerra d'indipendenza nazionale, che si era da poco conclusa con la cessione del Veneto all'Italia, aveva determinato un maggior interesse strategico per la zona dolomitica. A ridosso della nuova linea di confine, doveva infatti passare la progettata rotabile, che, in caso di emergenza, avrebbe permesso rapidi spostamenti di truppe. Si era già cominciato, fin dal 1860, a studiare il modo di rendere transitabile la strada della Val d'Ega, nel tratto da Cardano a Nova Levante (18 chilometri circa), allargandola per il passaggio delle carrozze. Si trattò di un lavoro lungo e costosissimo, tutto eseguito a colpi di mina nel duro basalto, che durò sino al 1912. Sino a tale data, il collegamento con la Val d'Adige avveniva esclusivamente da Ora per la Val di Fiemme. Nel 1895 venne aperto il tronco da Nova Levante a Vigo di Fassa, superando il valico di Costalunga. Nello stesso anno si era progettata la strada da Moena a Canazei ed Arabba, ma i lavori subirono un notevole ritardo per le difficoltà a superare il Passo Pordoi (m 2239). Si riuscì, in ogni modo, ad aggirare l'ostacolo,

Sosta lungo la strada per il Falzarego.

attraverso il Passo Gardena. Nel 1900 avvenne il collegamento da Corvara in Val Badia – per il Passo di Campolongo (m 1875) – con Arabba alla testata della Val Cordevole. Nel 1902 la strada raggiunse Pieve di Livinallongo e, due anni dopo, riuscì finalmente a superare il Pordoi. Il collegamento con Falzarego avvenne nel 1906, risistemando la strada già esistente.

Nel luglio del 1909, venne portato a termine, sotto lo sguardo attento delle Tofane, anche il tratto finale: Falzarego-Cortina. La più bella strada delle Alpi, dal punto di vista paesaggistico, poteva dirsi ultimata! Aperto il transito, furono istituiti pedaggi per le carrozze e le automobili: queste ultime pagavano tre corone nel percorso da Vigo di Fassa a Cortina. Nel 1914 entrò in funzione un autobus giornaliero da Bolzano a Cortina, per il periodo da giugno a settembre. Esso impiegava dieci ore in tutto (compresa la sosta di un'ora a Canazei per il pranzo) a compiere l'intero percorso. Da allora, salvo la parentesi della guerra, la strada non ha mai cessato di entusiasmare milioni di turisti ed alpinisti, provenienti da ogni parte del mondo.

Traffico di carrozze lungo la Strada delle Dolomiti.

Traffico automobilistico agli inizi del secolo lungo la Strada delle Dolomiti. Sullo sfondo la conca di Cortina. (Foto R. Zardini)

L'ALPINISMO
IN
TOFANA

La conquista delle cime: Paul Grohmann e le sue guide

In Ampezzo, come d'altronde in altre località della cerchia alpina, le prime persone che osarono affrontare l'alta montagna furono, senza dubbio, i cacciatori di camosci ([1]). Essi erano gente ardita, rotta ad ogni fatica, sensibile alle bellezze della propria terra e, soprattutto, animata da un inesauribile spirito di avventura. Questi valligiani praticavano la caccia non soltanto come una prova di forza, astuzia ed intelligenza nei confronti della selvaggina, ma come un istintivo bisogno di affermazione sul territorio inesplorato dell'alta montagna. Naturalmente, di tali imprese – ristrette in un ambito esclusivamente locale – mancano notizie precise, ma è abbastanza probabile che nei primi decenni del XIX secolo (in particolare tra il 1824 ed il 1850) venissero salite – durante battute di caccia – alcune montagne della conca ampezzana: Pelmo, Antelao, Sorapiss, Cristallo e – naturalmente – anche le Tofane; se non proprio fino alle vette, certo fin dove potevano giungere i camosci. Malgrado l'asprezza del terreno e l'incredibile agilità di questi animali, i cacciatori riuscivano a seguirne le tracce sino in prossimità delle vette. La particolare struttura a cengie del massiccio (qui ci riferiamo in particolare alle Tofane) favoriva i movimenti sia dei camosci che dei loro antagonisti: i cacciatori.

Così, sulla scia degli spostamenti abitudinari dei camosci (a scopo di alimentazione, di amoreggiamento o di riproduzione) venivano a formarsi delle vie (in dialetto: viàz) prestabilite, che, senza essere le più brevi né le più facili erano da considerarsi (anche dal punto di vista alpinistico come le più logiche. Tali itinerari, colleganti fra loro varie zone di una catena montuosa, si svolgevano generalmente su terreno asperrimo ed infido: pietraie, ghiaioni, cengie e scoscese pareti, alle volte assai ripide e impraticabili a prima vista. Su tale terreno il camoscio si muove con agilità sorprendente, spiccando salti da un appiglio all'altro, con estrema decisione e coraggio senza pari. L'abilità di un cacciatore di camosci consiste anche nel saper indovinare e percorrere questi itinerari, mediante una rudimentale ed innata tecnica alpinistica. Bisogna saper trovare labili orme sparse e collegarle assieme in modo da tracciare degli itinerari che, solitamente, mettono in comunicazione fra loro i valichi e le forcelle di un gruppo montuoso. Fu quindi esclusivamente la passione per la caccia ad invogliare i più animosi fra i valligiani a tracciare anche sulle Tofane, delle vere e proprie vie di scalata, certamente prima e al di fuori di ogni iniziativa alpinistica.

Anche Paul Grohmann, il primo salitore delle Tofane, si era fatto le ossa – in gioventù – alla scuola dei cacciatori di camosci e bracconieri, e gli era toccato di portare in montagna il pesante fucile (Purschstutzen), la cui poca conoscenza, per un pelo, una volta non gli costò la vita.

Paul Grohmann: il primo salitore delle Tofane.

([1]) La caccia al camoscio in Ampezzo, libera sino agli inizi del XIX secolo, si diffuse a tal punto, da dover essere regolamentata, costituendo delle riserve aperte soltanto ai cacciatori locali. Già in quell'epoca, dal territorio di Ampezzo erano scomparsi i cervi, ed i caprioli erano in via di estinzione. Soltanto i camosci, per il fatto di vivere in zone inospitali di montagna, resistevano ancora in buon numero. Nel 1852 il comune di Ampezzo cominciò a fissare dei periodi in cui l'attività venatoria era vietata per tutti ed altri in cui era permessa. Gendarmi e guardie boschive sorvegliavano le zone di caccia affinché venissero osservate queste disposizioni.

Durante la salita del Pelmo, avvenuta il 6 settembre 1863, ebbe un incontro, in prossimità della vetta, con un branco di camosci. Egli così ricordò il fatto: «Ci avvicinavamo alla cima, allorché sopra di noi si stacca una pietra e ci cade proprio ai piedi; nello stesso istante balza dall'alto di una piccola parete, forse tre metri sopra di me, un camoscio rapido come una freccia, a meno di due metri da me, sul terreno e corre in fuga pazza verso il grande campo di neve a sinistra; sbalordito mi volgo verso i miei compagni, poiché rapido come il pensiero esso salta già ancora una volta sul medesimo posto e ancora quattro volte. Sei camosci di là fuggirono rapidi come frecce! Sulle pareti si era unito a noi il fratello della nostra guida, che era andato alla caccia. Quando ci incontrò, egli pose da parte il suo fucile. Ora egli restava a bocca asciutta e gli ampezzani ridevano di lui bravamente. Alle una e dieci minuti noi avevamo raggiunto la vetta».

Sempre all'inizio dell'Ottocento, altre persone oltre ai cacciatori, ebbero interesse a salire le montagne. Si trattava di cartografi e loro aiutanti, i quali non dovevano stabilire record d'altitudine, ma semplicemente scegliere dei punti elevati, in vista l'un l'altro, in modo da poter eseguire delle triangolazioni topografiche. Le carte geografiche dell'epoca erano assai imprecise per quanto riguardava i rilievi montani e le quote altimetriche. L'attività esplorativa e topografica, si svolse quindi per quasi tutto il XIX secolo di pari passo con lo sviluppo del nascente alpinismo. Questo accadde anche per la Tofana di dentro, che venne salita già in epoca anteriore al 1831, in occasione delle misurazioni trigonometriche per la realizzazione della nuova carta del Tirolo (Tyrol's special Karte) in scala 1:144.000. Una pertica era stata innalzata da valligiani a breve distanza dalla vetta.

Anche il primo alpinista che affrontò le Tofane: il Grohmann, portava con sé (o meglio sulle spalle delle sue guide) alcuni strumenti di precisione per osservazioni scientifiche, tra cui un grosso barometro. Scopo delle sue escursioni era, nella maggioranza dei casi, l'esplorazione e la descrizione di singoli gruppi montuosi. Ormai da tempo le Alpi non facevano più paura, ed anche in Ampezzo, già dai primi decenni del secolo, aveva preso piede in alcuni, il desiderio o perlomeno la curiosità di conoscere un poco più a fondo le montagne di casa.

Scrisse in quel tempo nella sua «Cronaca di Ampezzo» don Pietro Alverà: «L'ascendere alti monti per cagione di studio ed anche di diletto è usanza antica; e così, per esempio, don Giuseppe Manaigo, morto a Cortina il 12 giugno 1858 nell'età di anni 37, era a suo tempo un rinomato alpinista. Pietro Alverà Dipol, morto nel 1861, ed un cacciatore Lacedelli da Melères, salirono nella loro gioventù sia sul Cristallo che sul Sorapis. Matteo Ossi di S. Vito ascese nel 1850 l'Antelao, e non era sicuro il primo che lo facesse».

Il più famoso di questi fu, senza dubbio – come vedremo in seguito – Francesco Lacedelli detto «Checo de Melères», la personalità più rilevante del nascente alpinismo ampezzano. Con lui, il viennese Paul Grohman, partì alla conquista delle tre Tofane, aprendo definitivamente lo scrigno meraviglioso delle Dolomiti. Prima di giungere nell'estate del 1862 a Cortina d'Ampezzo, Grohmann aveva già svolto una discreta attività alpinistica, che sarà opportuno riassumere brevemente.

Figlio di un medico ricco e di grande rinomanza, nacque a Vienna il 12 giugno 1838. Sin da ragazzo (ad iniziare dal 1855) egli fece le sue prime esperienze in mon-

Francesco Lacedelli detto Checo de Meleres nella sua tenuta di guida. Si notino i ramponi e la caratteristica fune con l'uncino di legno, che si usava nell'Ampezzano per legare i covoni di fieno.

tagna insieme ai genitori o con un amico più anziano di lui di qualche anno, ma sempre accompagnato da guide alpine. Nel 1856 lo troviamo sull'Hochschwab nelle Alpi calcaree del nord e poi a Grimming nel massiccio del Dachstein. L'anno dopo giunse nella catena degli Alti Tauri, compiendo la prima ascensione del Kitzsteinhorn. Nel 1858, all'età di vent'anni, compì l'ascensione del Grossglockner, progettando una nuova via di ascensione direttamente da Pasterze, per il «canalone Pallavicini», che fu poi scalato una trentina d'anni dopo. Un anno più tardi ritornò negli Alti Tauri, salendo l'Ankogel, l'Haufner e il Sonnblick. In seguito effettuò la prima ascensione dell'Hochalmspitze, già tentata, inutilmente, qualche giorno prima, da un altro famoso alpinista austriaco: Alfred v. Ruthner. Dopo il successo di questa impresa, egli riuscì ancora a vincere una serie di cime oltre i tremila metri nelle regioni di Gastein e Heiligenblut, e alcune di queste in solitaria.

Per valutare le difficoltà di queste imprese, dobbiamo rammentare che non esistevano nella zona, né strade né rifugi alpini e, in molti casi, non si conoscevano neppure i nomi delle vette da scalare. Per giorni e settimane, Grohmann dovette vivere e muoversi da solo o con improvvisati compagni di viaggio, dormire in misere capanne di pastori e portarsi sulle spalle tutto ciò che era necessario alla sua spedizione. Di tanto in tanto, riusciva a convincere qualche pastore ad accompagnarlo, almeno fin dove iniziavano le prime difficoltà, perché in questa regione non erano frequenti i visitatori e non esistevano ancora le guide. Nel corso di queste sue peregrinazioni negli Alti Tauri, egli scorse – per la prima volta – il mondo meraviglioso delle Dolomiti. Queste suscitarono su di lui un'attrazione irresistibile, e – ad iniziare dal 1862 – furono il suo unico campo d'azione per almeno dieci anni. Fu là che egli compì le sue maggiori imprese e ottenne le più brillanti vittorie, esplorando sistematicamente tutta la regione, sino allora pochissimo conosciuta. Nel volume «Wanderungen in den Dolomiten» egli così descrive il nascere di questa sua inesauribile passione: «Il sesto decennio del secolo e l'inizio del settimo, li dedicai quasi interamente alla montagna. In quel periodo percorsi le Dolomiti con instancabile energia e scalai un numero considerevole di vette impervie; la fama che fossero inaccessibili non faceva che acuire il mio desiderio di raggiungerle. Quando dalla sommità degli Alti Tauri, che avevo perlustrato fin allora, scorsi verso Sud nuove montagne dalle sagome fantastiche, delle quali si sapeva ben poco, un mondo di rocce sulle quali si stendeva ancora il velo del mistero, decisi di recarmi nelle Dolomiti e di mettermi all'opera per esplorarle. Penso che di rado qualcuno abbia affrontato un impegno con maggior entusiasmo».

Nell'estate del 1862 dette inizio al suo programma, visitando per la prima volta la conca ampezzana, ma senza soffermarsi troppo: il suo primo obiettivo era infatti la Marmolada. In luglio si recò a Caprile e poi a Rocca Pietore dove ingaggiò la guida Pellegrino Pellegrini, con il quale effettuò la prima salita (completa sino alle rocce estreme della vetta) di Punta Rocca, cercando inutilmente di compiere la traversata sino alla Punta di Penia.

Egli, così descrisse questo suo primo tentativo: «Raggiungemmo la seconda cima della Marmolada che si chiama di Rocca. Il ghiacciaio è pure assai ripido ed in circa due ore e mezzo si giunge alla base del picco terminale, dove vi è una piccola pozza d'acqua. Una cresta ripida e stretta, non percorribile da inesperti, conduce alla cima vera e propria. Questa difficoltà e la lieve differenza d'altezza spiegano il perché, dopo questa salita, quasi nessuno abbia più seguito il nostro esempio. Da quanto ho potuto rilevare, la cima principale (Punta Penia) è facile da salire».

Ed infatti, un paio d'anni dopo, egli riuscì nel suo intento, con l'aiuto delle due guide ampezzane Angelo e Fulgenzio Dimai.

Nel novembre del 1862, al suo rientro a Vienna, Grohmann, insieme ad un gruppo di amici, tra cui il geologo Edmund v. Mojsisovics, Alfred v. Ruthner e il barone Guido di Sommaruga, fondò l'Osterreichischer Alpenverein: la prima associazione alpinistica del continente europeo. Scopo principale di questo sodalizio, oltre – ben'inteso – quello di raggruppare fra loro tutti gli alpinisti dell'epoca, era quello di valorizzare alpinisticamente e turisticamente la regione dolomitica, che allora faceva parte del Tirolo austriaco. Grohman venne nominato segretario dell'associazione e redattore capo del Mitteilüngen: la prima rivista d'alpinismo in lingua tedesca. Divenne così, il maggior propagandista delle Dolomiti e, in particolare, di quelle ampezzane che già ben conosceva. La risonanza di questi suoi scritti, indusse un gran numero di stranieri a riversarsi, in seguito, in Ampezzo; che già allora stava diventando un centro turistico di fama internazionale. La comunità di Cortina, riconoscente per quanto egli aveva fatto in proposito, gli conferì, nel 1873, la cittadinanza onoraria.

Nel parlare dell'attività di Grohmann sulle montagne ampezzane, dobbiamo, innanzitutto, ricordare la figura di Francesco Lacedelli detto Checo de Melères che fu la sua prima guida. Egli era nato nel 1794 ([2]), ed era stato – in gioventù – oltre che buon cacciatore anche valoroso Schützen, distinguendosi già allora come guida di reparti militari tirolesi e austriaci. Nel 1809 e nel 1814 aveva combattuto con le formazioni di milizia ampezzana contro gli invasori francesi ed aveva partecipato all'occupazione della città di Belluno. Nel 1848, Lacedelli si arruolò nuovamente nella milizia di Ampezzo e si dovette «alla sua guida come indicatore della via» se le truppe austriache riuscirono mediante aggiramento a cacciare gli insorti cadorini agli ordini del Calvi, dalle fortificazioni della «Chiusa» nei pressi di S. Vito. Egli combatté ancora, con gli Schützen, nelle guerre del 1859 e 1866, poi – quasi settantenne – iniziò la sua carriera di guida alpina.

Grohmann così scrisse nel suo libro: «Iniziando nell'estate 1863 la mia campagna tra le alte vette d'Ampezzo mi servii quale guida anzitutto di Francesco Lacedelli. Non era la migliore guida che potessi avere, ma in quel momento mi sarebbe stato difficile trovarne un'altra. Scelsi lui per le sue qualità eccezionali: discreta forza fisica, resistenza alle fatiche, coraggio che non cedeva di fronte a nessun ostacolo, abilità e prontezza ad ambientarsi, senso di misura e soprattutto molta ambizione. Quest'uomo non andava in montagna solo per lo scarso guadagno che ne poteva trarre, essendo egli uno dei più ricchi contadini

«Checo» negli ultimi anni della sua vita.

([2]) Tale data di nascita appare nel necrologio pubblicato sul Mittheil. D.u.Oe.A. V. del 1886 (V. 12. N. 19, p. 231) mentre nei documenti cortinesi è indicata nel 29 gennaio 1796; la data della morte è 30 agosto 1886.

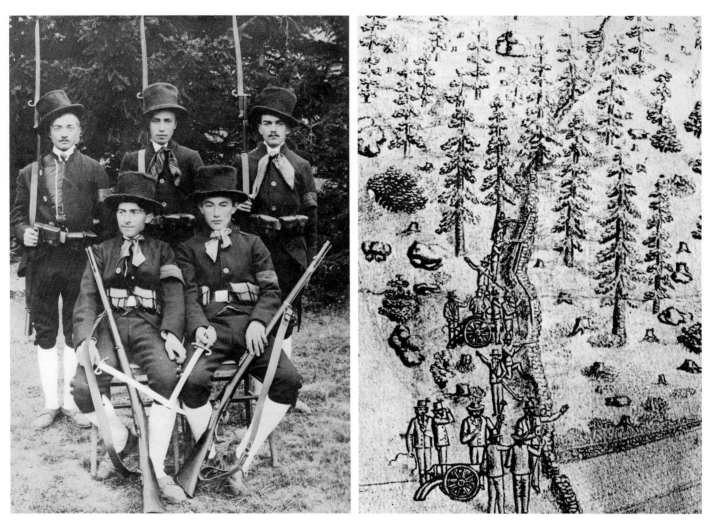

A sinistra. Bersaglieri Matricolati Ampezzani (Standschützen) nel loro caratteristico costume. (Foto R. Zardini). - *A destra.* Cannoncini dei Bersaglieri Matricolati Ampezzani durante il combattimento del 24 maggio 1848 contro gli insorti cadorini, da un disegno dell'epoca.

d'Ampezzo, ma arrampicava soprattutto per passione e spirito di emulazione. Egli aveva un solo difetto: la sua età. Quando lo conobbi aveva già superato di parecchio i sessant'anni, ma era ancora nel pieno vigore delle sue forze. L'età avanzata poteva avere influenza solo sulle sue doti di camminatore veloce, un inconveniente al quale non davo molto peso. Non si deve inoltre dimenticare che, io non conoscevo ancora né Fulgenzio Dimai, né Alessandro Lacedelli, né Angelo Dimai, né l'altro Dimai detto «Pizzo» e Santo Siorpaes. Essi erano allora guardiaboschi, cacciatori di camosci, contadini, ma non ancora guide alpine.

Tutti hanno fatto poi con me le loro prime ascensioni e posso assicurare che con passione e tenacia giunsero al traguardo e diventarono guide alpine sicure, brave e ottimi arrampicatori. Quello che dico non sminuisce assolutamente la mia ammirazione, stima e affetto per l'uomo, che primo fra tutti, mi ha compreso, aiutato e che fu sempre in ogni momento pronto a qualsiasi tentativo di nuova impresa.

Quando espressi a Lacedelli la mia intenzione di salire la Tofana, egli si dichiarò disposto ad accompagnarmi, anche subito. Così fissammo la nostra partenza per il mattino seguente: 29 agosto 1863. Poiché la mia guida non era mai salita in vetta alla Tofana, ci mettemmo d'accordo per seguire la direzione di attacco che, secondo me, ci avrebbe permesso di raggiungere la nostra meta. Lasciando a sinistra il Monte Crepa, attraverso Pocol arrivammo in una pietraia di nome «Ciamp Zoppè». Confesso che fui felicissimo quando Checco mi presentò la Tofana e solo qui potei farmi un'idea della nostra scalata. Non richiamarono la mia attenzione le rosse grandi pareti, ma quello che era fra le stesse: un ripidissimo canalone del quale non vedevo la fine. Chi ha salito simili ghiaioni comprenderà la mia gioia nell'aver trovato nel massiccio una larga ferita che mi assicurava la possibilità di salita. La via fu lunga e faticosa. Finalmente arrivammo a un enorme sperone roccioso che divideva il ghiaione in due braccia. Qui Checo mi domandò quale delle due cime volevo salire: La Rozes a sinistra o quella di Mezzo a destra. Niente da ridire su questa domanda. Io avevo dichiarato in partenza di voler salire sulla cima più alta, ma nessuno di noi due sapeva quale fosse. I rilievi catastali del Tirolo erano in corso, ma non ne conoscevo ancora i risultati. Dato che alla partenza non era certo possibile sapere qualcosa in merito, avevamo sempre pro-

Tofana di Mezzo. La foto è stata scattata nel 1891 da Vittorio Sella, pioniere della fotografia alpina in Italia. La ripresa è stata effettuata dal colle fra la Tofana di Mezzo e la Tofana di Dentro. (Istituto di Fotografia Alpina «V. Sella» - Biella)

crastinato il problema: ma ora era il momento di risolverlo. Mi decisi per la cima di destra e per fortuna indovinai, puntando proprio sulla meta agognata.

La Tofana di Mezzo misura col barometro di Grohmann m 3269, la Rozes m 3215 e la Terza m 3253. Salimmo il braccio destro del ghiaione, la parte più ripida per arrivare alla Forcelletta Tofana. Una visione d'incanto sulle enormi pareti incombenti sulla Val Travenánzes; come proseguire? La rossastra parete che avevamo dinnanzi, sembrava precludere ogni via d'uscita, ma Checo, col fiuto del vecchio cacciatore di camosci, riuscì abilmente ad aggirare uno sperone roccioso, trovando il modo di proseguire. Per una grossa cengia che tagliava quasi orizzontalmente il versante Ovest della montagna raggiungemmo un piccolo salto, e da qui risalimmo per ripidi gradoni sino al ghiacciaio che si affaccia sulla Val Travenánzes, fra la seconda e la terza Tofana. Piegammo a destra per la cengia rocciosa ed arrivammo sullo spigolo, che ci portò senza difficoltà sino alla vetta. Non pensavo che la salita fosse così lunga, e per questo partimmo da Cortina un po' tardi, e Checo salì sempre con molta calma: erano le due e mezza del pomeriggio; avevamo impiegato un tempo enorme, ma questo non mi preoccupava: ero felice d'aver raggiunto la meta e scalato la più alta cima delle Dolomiti ampezzane. Dalla vetta, sulla quale c'è posto per diverse persone, si ammira un magnifico panorama, ma io ero così felice, che senza tanto studiare sulla carta i nomi di tutte le montagne che vedevo, lasciai che questo quadro imponente parlasse alla mia anima. A lungo restai su questo osservatorio, guadagnato con tanta fatica, ma poi Checo mi invitò a scendere. Compimmo una divertente discesa a grandi sbalzi sui magnifici ghiaioni, ma benché ci affrettassimo, arrivammo a Cortina che già da parecchio tempo la luna illuminava queste pallide dolomiti. All'Aquila Nera fummo accolti molto calorosamente».

L'anno dopo, Paul Grohmann ritornò ancora a Cortina, con la ferma intenzione di scalare anche la Tofana di Rozes. Questa volta, oltre all'inseparabile Checo de Melères, si unirono alla comitiva, di loro spontanea volontà per conoscere la via di salita ed imparare il mestiere di guida, due volonterosi valligiani: Angelo Dimai e Santo Siorpaes, due uomini nuovi, di cui – particolarmente il secondo – avrebbe fatto parlare di sé. Il Grohmann, che era fra i massimi dirigenti dell'Osterreichischer Alpenverein, organizzò in quell'anno un gruppo di guide alpine, professionalmente patentate. Il 16 settembre 1864, in vetta al Sorapis, consegnò a Francesco Lacedelli il primo libretto di guida alpina delle Dolomiti Ampezzane. Siorpaes lo ebbe qualche anno dopo, e fu – per oltre un ventennio, il protagonista di molte imprese alpinistiche di primissimo ordine.

Ma torniamo alla nostra Tofana: il 29 agosto 1864, la comitiva di Grohmann raggiunse la località di Cianzoppè,

A sinistra. Angelo Dimai e la sua famiglia. Il ragazzo seduto in mezzo è Antonio Dimai. - *A destra.* La guida Santo Siorpaés.

◁ ◁ *Tofana di Rozes* e *Marmolada* (sullo sfondo). La foto è stata scattata nel 1891 dalla vetta della Tofana di Mezzo. (Istituto di Fotografia Alpina «V. Sella» - Biella)

◁ *Tofana di Dentro - Zillerthal*. Foto scattata nel 1891 dalla vetta della Tofana di Mezzo. (Istituto di Fotografia Alpina «V. Sella» - Biella)

Il caratteristico «ometto» di vetta con il quale si segnalava che la cima non era più «vergine».

e da qui, prima fra i baranci e poi per il ripido ghiaione salì a Forcella di Fontana Negra. In seguito, piegarono a sinistra e su gradoni nevosi risalirono lo spigolo sino alla vetta. Grohmann giudicò questa salita come la più facile delle tre Tofane, e così ne parlò nelle sue memorie: «Oggi siamo una compagnia più numerosa e ciarliera di quella dello scorso anno, alla stessa data sulla Tofana di Mezzo. A noi, Checo ed io, si sono aggiunti Angelo Dimai e Santo Siorpaes per imparare la via di salita. Così, a testimoniare le maggiori energie, possiamo innalzare un ometto di sassi molto più grande di quello che ci sta di fronte su quella di Mezzo. Non sono l'alpinista che in vetta si guarda all'intorno per contare, ad una ad una, tutte le cime visibili; preferisco godere il complesso di questo panorama insuperabile. Ma un particolare restò nel mio ricordo. Le paurose strette cengie che tagliano le Tofane così vicine e, inquadrate da loro, lontana, la Croda Rossa d'Ampezzo, con la sua grande cupola rosso sangue, in netto contrasto col calcare grigio delle Tofane».

L'anno successivo – il 27 agosto 1865 – Grohmann, accompagnato da Angelo Dimai ([3]), salì in vetta alla Tofana di Dentro, completando la triade dei suoi successi. È questa,

La prima pagina del libretto sul quale la guida Angelo Dimai segnava le sue salite alpinistiche. Vi si legge: «1864-65. Servito il Sig. Paolo Gromman, I Salitor delle Montanie di Ampezzo. I Viagio in Toffana a destra. V Viagio in Toffana a sinistra.

([3]) La prima ripetizione di questa salita venne effettuata, il 10 agosto 1867, dall'inglese rev. T. G. Bonney accompagnato dalla guida A. Dimai.

la più bella ed ardita delle tre piramidi, con la cima ornata da una smagliante e bianca sciarpa di neve. Una vetta che, oggi, purtroppo, non è molto frequentata. La via di salita si svolge, prima sul versante orientale e poi su quello settentrionale.

Ripercorriamo l'itinerario secondo la descrizione che ne fece lo stesso Grohmann: «Attraverso i Tezzoni di Rumerlo, lasciando a destra il Sass de Peron, per un ghiaione non molto ripido, i due primi salitori arrivarono alla forcella della Cresta, e da questa a forcella Ra Valles. Sono ora nel cuore del gruppo Tofane: un fantastico mondo di rocce li circonda. Per un campo di neve, giungono nel Vallone centrale, e, attraverso questo, salgono sulla cresta N sino alla vetta. Nessuno si pentirà, dice Grohmann, di essere salito in un giorno di sole sulla Terza Tofana. Le fanno corona tutte le più alte vette delle Dolomiti. Da un lato immani pareti piombano sulla Val Travenánzes, a N si vede il nastro della strada d'Alemagna che si snoda fino a Cimabanche, a Sud la conca di Cortina con i suoi piccoli villaggi sparsi nel verde e più giù lontano il Cadore, dominato dal re delle Dolomiti: l'Antelao. È questo forse il punto più panoramico delle Tofane».

Le relazioni delle prime salite di Grohmann colpiscono per la serenità dei giudizi e la sobrietà descrittiva delle difficoltà incontrate. Eppure quelle vittorie richiesero a volte più tentativi e infusero allo straordinario pioniere – come traspare dalle sue pur misurate espressioni – soddisfazione profonda. Gli alpigiani stessi, le stesse guide dovevano vedere in quell'uomo, giunto solo da terre lontane, austero e risoluto, alcunché di fatale. Erano, quelle, vittorie veramente sue, vittorie di quella sua volontà indomabile che si traduceva in mirabile attuazione per la tecnica ed il fiuto degli alpigiani scelti sul sito ad accompagnatori.

Altre salite, vennero compiute dal Grohmann nella conca ampezzana; ma noi, fedeli al nostro assunto, ci limitiamo a descrivere solo quelle realizzate nel gruppo delle Tofane. Questa sua eccezionale attività venne troncata di botto nel 1869, da alcune sventure familiari, a cui si aggiunse nel 1873, la perdita di tutte le sue sostanze, dovuta ad un tracollo bancario. Costretto a rimanere lontano dalle sue montagne, che gli erano divenute ragione di vita, mantenne sempre rivolto ad esse il suo pensiero ed ogni residua energia. Nel 1875 compilò una carta topografica dell'intera regione dolomitica. Morì a settant'anni, in completa miseria, ma ricco di fulgidi ricordi. Una sua profezia sull'avvenire turistico della conca ampezzana ebbe, di lì a pochi anni, una clamorosa conferma:

«Il giorno che le selle e le valli che intersecano, come solchi segnati da un potente aratro, questo gruppo dolomitico avranno invece che ripidi e scoscesi sentieri, battuti da greggi che si mescolano ai camosci, larghe comode strade, in questo paradiso entrerà il benessere, la ricchezza. Verranno da tutto il mondo turisti di ogni razza e costume a cercare qui il verde fiorito dei prati, quello cupo delle abetaie, il placido mormorio degli uccelli, sotto le immense cascate del Rio Fanes che urlano giorno e notte un inno di forza e riflettono nei loro potenti spruzzi tutti i colori dell'iride».

Armeria alpina

L'attività delle guide (1880-1900)

Il periodo pionieristico, quello cioè delle prime ascensioni per le vie più facili e con intenti quasi esclusivamente esplorativi e scientifici, durò all'incirca sino al 1880. In questo periodo si mirava soprattutto al raggiungimento delle cime più alte, la cui conquista rappresentava l'unico scopo dell'ascensione. Al massimo si poteva concepire l'idea di effettuare la scalata di più vette in un giorno solo, come fece il dottor Rössler di Lipsia con le tre Tofane, il 28 luglio 1885, partendo da Cortina e ritornandovi. In seguito, con la costruzione del rifugio Tofana, la salita cosiddetta «cumulativa» delle tre vette in una sola giornata non fu più un avvenimento eccezionale. Ma questa elementare concezione dell'alpinismo, tendente alla conquista della massima vetta per la via più facile, si andò man mano evolvendo; per cui gli alpinisti della seconda generazione, ormai a corto di nuove vette da conquistare, si accorsero che le montagne erano formate da più pareti, ed ognuna di queste presentava problemi diversi ed interessanti.

Di pari passo, con il progressivo aumentare delle difficoltà di scalata, si andò sviluppando anche il concetto che l'arrampicata non era tanto un mezzo quanto il fine stesso dell'alpinismo. Un'evoluzione non facile, come ebbe a scrivere Federico Terschak: «Fino alla fine del suo primo ventennio, la tecnica alpinistica nelle Dolomiti, non si differenzia da quella in uso in altre parti delle Alpi, poiché le difficoltà fino allora vinte nelle Dolomiti sono press'a poco quelle che si superano in tutte le parti della cerchia alpina. Gli uomini del tempo paventavano ancora ciò che più tardi sarà vanto e particolare caratteristico dell'alpinismo dolomitico: l'esposizione assoluta, il "vuoto" e la verticalità delle pareti».

Occorre ancora rilevare come questo secondo periodo, che in pratica apre l'epoca del 3° grado in Dolomiti, sia caratterizzato, specie per quanto riguarda le Tofane, dalla preminente attività delle guide. Esse però, pur sostenendo il ruolo più rischioso e faticoso nelle ascensioni ed essendo

1887: Portatori con portantina per escursioni senza fatica. (Foto R. Zardini)

Guide Ampezzane nel 1893. (Foto R. Zardini)

il più delle volte anche le ideatrici degli itinerari,, non erano considerate nel loro giusto ruolo. Il loro apporto era svalutato e sminuito dal fatto che – essendo le varie spedizioni finanziate da clienti forestieri – a questi andava generalmente il merito di tali imprese. In questi casi sarà opportuno riconsiderare, per quanto possibile o almeno in linea di principio, gli effettivi rapporti tra il cliente e la sua guida. Risulta così evidente il merito dell'ampezzano Arcangelo Dimai detto Deo ([1]), il quale alla data del 4 settembre 1881, partendo dal Vallone di Ra Valles e risalendo il Canalone E sopra il Ghiacciaio Orientale, condusse l'alpinista H. Eissler in vetta alla Tofana di Mezzo. Tutta la prima parte dell'itinerario, cioè quella sino all'ampia sella tra la vetta centrale e quella settentrionale, era percorsa per la prima volta, mentre il restante tragitto lungo la facile cresta N seguiva la via di Grohmann. Tutto sommato una salita di non grande rilevanza (2° grado) ma interessante per le nuove prospettive che apriva all'attività alpinistica sulle Tofane.

Furono però delle guide straniere: i bavaresi J. Kederbacher e S. Kirchler, qualche anno più tardi (7 settembre 1883) ad approfittare dell'occasione. Essi accompagnavano gli alpinisti tedeschi Baptiste Minnigerode e Anna Voigt lungo la via normale alla Tofana di Dentro, ma giunti alla vetta, proseguirono nella traversata (in discesa) lungo la cresta S ed il versante O della montagna, sino a raggiungere il Masarè di Fontana Negra e la Val Travenánzes. Venne così tracciato, per la prima volta e in modo del tutto occasionale, un lungo e sinuoso itinerario relativamente facile ma di grande soddisfazione. Le guide ampezzane, in questi anni, non seppero però approfittare di queste vaste possibilità d'azione, paghe della normale routine lungo le vie già note ed ormai ben collaudate. Questo vale in linea generale, anche per l'attività svolta sulle Tofane. Qui, in particolare, dovettero passare ancora dieci anni prima che qualcuno effettuasse un'altra via nuova. Ai primi di luglio del 1894, giunse a Cortina d'Ampezzo l'alpinista tedesco J. Mueller, accompagnato dalla guida fassana Luis Bernard, con l'intenzione di compiere qualche prima salita in zona. I due si rivolsero alla guida cortinese Angelo Zangiacomo detto Picenin Zacheo ([2]) per avere qualche consiglio in proposito e fu certamente costui a suggerire la salita di quell'enorme spuntone che sovrasta la Forcella di Fontana Negra, e che in seguito sarebbe stato denominato Punta Marietta. Era consuetudine allora, che le guide, o perlomeno quelle dotate di maggior spirito d'iniziativa, tenessero in serbo dei percorsi nuovi per gli alpinisti di passaggio, desiderosi di lasciare l'impronta del loro nome sulle più famose montagne ampezzane. C'è da rilevare in proposito, che questa era la prima volta (almeno nel gruppo delle Tofane) che una cordata non puntava direttamente alla conquista della massima vetta della montagna ma saliva

---

([1]) Nato il 21.7.1853 e morto il 24.10.1941.
([2]) Nato il 15.8.1861 e morto il 2.3.1937.

uno spuntone secondario di questa, per il solo piacere di fare una bella arrampicata. Ed anche questo, è un tangibile segno dei tempi che cambiano, o meglio dell'alpinismo che pian piano modifica i suoi principi ideali.

Questo concetto dell'arrampicata come qualcosa di creativo e fine a se stesso, diventerà sempre più evidente con il passare del tempo e renderà possibile l'avvento di quella che sarà definita l'era del sesto grado.

Un tale accostamento è certamente sproporzionato in quanto le difficoltà di salita alla Punta Marietta sono piuttosto elementari (2° grado) ma, in questo periodo, sulle Tofane, non ci sono altri esempi più significativi. Qualche anno più tardi, il 24 agosto 1896, troviamo ancora Angelo Zangiacomo, assistito da un'altra guida alle sue prime armi: Giuseppe Menardi detto Berto (³), alla testa di una cordata di alpinisti stranieri: J. Stewart Mackintosh e N. Arthur Heywood, che tracciò (in discesa) una nuova via sulla cresta SE della Tofana di Mezzo.

Trascriviamo la relazione che apparve, a suo tempo sull'Alpine Journal: «Raggiunta la vetta della Tofana II per la solita via, le cordate si mossero pel ritorno alle 11,25 e seguirono la cresta SE per quasi cento metri, finché giunsero al di sopra di un profondo intaglio, per calarsi nel quale dovettero ritornare sui loro passi e abbandonare per un tratto la cresta. Continuarono poi a seguirne l'andamento generale, scendendo facilmente per ampi pendii fittamente cosparsi di schisti e massi. Circa venti minuti dopo lasciata la vetta, la cresta facendosi troppo ripida, essi volsero in direzione NE, lungo un risalto per circa cinquanta metri, discendendo in seguito giù da un facile camino volgente a SE per riguadagnare la cresta. Discendendo ancora per ampi risalti, giunsero ad un pendio quasi verticale di circa cinque metri, sul quale ogni appiglio si sbriciolava fra le mani. Dai suoi piedi seguirono per quasi cento metri un risalto corrente verso NE, e trovata una scanalatura verticale piena di ghiaccio, per essa discesero a raggiungere circa quattro metri più sotto un punto che presentava parecchi aspri appigli».

«Discesi altri dieci metri, trovarono un nuovo risalto, ma di difficile passaggio, specialmente per l'ultimo della comitiva, a causa del dirupo strapiombante; e immediatamente sotto questo risalto discesero per un camino profondo una trentina di metri, corrente in direzione SE, in più punti molto difficile. Sempre nella stessa direzione discesero ancora per un quarto d'ora attraverso ripidi canali sino ad un campo di neve per mezzo del quale raggiunsero la morena alle 15,45. In complesso la linea generale di questa discesa fu la cresta SE, con traversate sul versante E. I membri della comitiva ritennero quasi tutti che fosse impossibile seguire in salita la loro nuova via».

Si dovette infatti attendere sino al 10 agosto 1912 per risalire la cresta dal basso, e questo avvenne ad opera di alcuni intraprendenti alpinisti senza guide: Kurt ed Ernst Kiene, G. Haupt e K. Lömpel.

Negli anni seguenti furono ancora gli inglesi a riportare in auge le Tofane. La cordata J. S. Phillimore e A. G. S. Raynor effettuò, dal 1895 al 1899, e naturalmente servendosi dell'abilità tecnica delle guide ampezzane, una serie di

Guide ampezzane (da sinistra a destra): Tobia Menardi, Arcangelo Dibona, Antonio Dimai e un Ghedina di cui non si conosce il nome.

impegnative ascensioni sulle maggiori vette dolomitiche: Civetta, Pale di S. Martino, Catinaccio, Lavaredo, Pelmo, Antelao, Piz Popena, Cima Una, Pomagagnon e naturalmente Tofane; tracciando degli itinerari che vennero denominati «vie inglesi».

Il vero artefice di queste vie fu però la guida Antonio Dimai detto Tone Deo (⁴), che rappresentò per oltre un ventennio (1889-1910) la massima espressione dell'alpinismo ampezzano, collezionando – nel corso della sua lunga e fortunata carriera – una quarantina di prime ascensioni. «Egli – come scrisse Luis Trenker – possedeva coraggio ed abilità fisica, eccellente conoscenza dei pericoli della montagna, fulminea percezione delle necessità del momento, aristocratico modo di pensare e profonda distinzione. Andando con lui non si aveva mai l'impressione di avere a che fare con una guida pagata, ma piuttosto

---

(³) Nato il 20.3.1869 e morto il 24.11.1918.
(⁴) Nato il 9.11.1866 e morto il 3.10.1948.

di essere con un amico, un gentiluomo, nel migliore senso della parola. Quale arrampicatore Dimai era esemplare nei suoi movimenti leggeri, eleganti e naturali, che non rivelavano lo sforzo. Il suo andare in roccia era come un continuo leggero tastare, le sue mani afferravano la roccia con tenerezza, servivano a una saggia distribuzione del peso del corpo. Quando egli affrontava tratti verticali di parete, pareva ondeggiasse verso l'alto. Come tutte le grandi e buone guide che io ho visto in azione, era anch'esso di una calma senza pari».

Prima di parlare delle due vie «inglesi» sulle Tofane, sarà bene ricordare la prima invernale alla Tofana di Mezzo, che il Dimai effettuò il 5 gennaio 1893, insieme al colonnello Teodoro Wundt, e di cui avremo occasione di soffermarci più estesamente nel capitolo riguardante l'alpinismo invernale. Se l'idea di quest'ultima salita è certamente attribuibile al Wundt, specialista in questo genere di escursioni, l'ideazione della grande traversata delle due Tofane (di Rozes e di Mezzo) per il loro versante SO, è da ascrivere, con molta probabilità, all'istinto alpinistico della guida, che già aveva al suo attivo imprese di notevole impegno. Egli, in questa occasione (e in alcune altre, sempre con la cordata Phillimore-Raynor) si avvalse della collaborazione, quale seconda guida, di Giuseppe Colli detto Paor ([5]). Trascriviamo in proposito l'interessante relazione apparsa sull'Alpine Journal ([6]): «Prima traversata della Tofana di Rozes da Falzarego. Il 10 agosto 1897 la comitiva lasciava alle 4,40 l'Ospizio di Falzarego e raggiungeva alle 6,5 le rocce subito sotto il Col dei Bos. Un grosso contrafforte (il Castelletto) si protende dal massiccio della Tofana (verso il colle), e da essa è separato per via di due camini paralleli di roccia rossa friabile. Dapprima salì per quello di sinistra, poi, arrampicandosi attorno alla cresta divisoria, salì per quello di destra, quindi su per il fianco destro (E) di quest'ultimo, finché alle 7,20 raggiunse il punto di congiunzione del contrafforte col monte (Forcella Rozes)».

La cordata degli inglesi: seduto al centro J. S. Phillimore e sulla destra A. G. S. Rayner. In piedi, a destra, Antonio Dimai, a sinistra Giuseppe Colli, in ginocchio Arcangelo Dibona.

([5]) Nato il 5.1.1854 e morto il 16.9.1928.
([6]) Alpine Journal XVIII pag. 534 e XIX pag. 130.

«Per dieci minuti salì direttamente per la parete, ed in seguito girò una spalla sporgente (destra) per cui entrò in un camino; attraversatolo, vi rientrò più in alto. Qui bisogna spiegare come i limiti della cresta OSO della Tofana di Rozes veduta dalle Cinque Torri sono segnati da un immenso e perpendicolare camino nero e da un altro più piccolo di colore grigio che gli corre parallelo a sinistra (N.d.R. si tratta probabilmente del cosiddetto Camino Vallepiana e Camino dei Cappelli, come vennero poi denominati durante il periodo della guerra 1915-18), e superiormente a tutti e due da una alta torre rossastra. Alle 8,25 la comitiva trovavasi immediatamente sotto questa torre, avendo a sinistra un gran canalone scendente verso Travenánzes; rimaneva quindi la scelta o di scalare la torre o di attraversare la testata del canale. Si decise di attraversarlo verso SE, raggiungendo un punto dal quale si vede Falzarego; quindi per un camino ed un tratto di parete, la comitiva giunse in cima alla torre. Di là proseguì verso O, su per camini ghiacciati, rocce vetrate ed un lungo passaggio di lastroni, fino ad un punto sotto la più alta e praticabile costola rocciosa della parete principale. Piegando poi a destra, raggiunse alle 9,45 un punto dal quale per la prima volta si apriva la vista verso S-SE, e finalmente dopo un lungo tratto di ripide lastre coperte di detriti, giunse per la cresta sulla vetta alle ore 10,8».
Vennero superate difficoltà di 2° grado e, per la prima volta in Tofana, alcuni tratti di 3°. La comitiva discese poi per la via normale, trovando un provvidenziale riparo per la notte alla Capanna Tofana.

Il mattino dopo, alle cinque e dieci, la comitiva lasciava il rifugio e risaliva il canalone della Tofana di Mezzo, lungo la via normale, sino a giungere poco sotto la Forcella del Vallon. Da qui ha inizio il nuovo itinerario lungo la parete SO, che presenta – come è detto nella relazione dei primi salitori – una scalata molto attraente; nella quale (aggiungiamo noi) per la prima volta in Tofana, venivano superati passaggi di 4° grado. Non si tratta, evidentemente, di una novità per le Dolomiti, in quanto tale limite era già stato raggiunto nel 1890 dalla cordata Helversen-Innerkofler sulla N della Piccola Lavaredo; ma, nel piccolo mondo delle Tofane, tale impresa – pur in ritardo coi tempi – assunse una certa rilevanza. Trascriviamo a tale proposito, la relazione dell'epoca (⁷): «Alle 6,22 il gruppo degli alpinisti si arrampicò per ripidi ma ben saldi lastroni, piegando verso sinistra, sino a raggiungere, dopo venti minuti, la cornice di un gran pilastro che si protende dalla parete. Contornandola verso destra (circa SE) giunsero ad un camino che solca il pilastro, e con un zig-zag su per la parete arrivarono ad una seconda cornice alle 7,15, oltre la quale una difficile scalata li portò in cima al pilastro. Tratti di cresta difficilissimi, camini lisci e senza appigli li condussero alla vetta poco dopo le ore nove. Discesero poi per la vecchia strada».

Tale itinerario divenne subito molto richiesto, tanto è vero che lo stesso Dimai, poche settimane dopo (2 settembre 1897) vi accompagnava l'alpinista Giorgio Löwenbach della sezione di Torino del Club Alpino Italiano. L'anno dopo, le guide posero una corda metallica, nel punto più difficile e pericoloso di questa via, per facilitare l'ascensione ai loro clienti. Era questo uno dei primi esempi di attrezzatura artificiale in Dolomiti, dopo la sistemazione della Forcella al Grossglockner nel 1869: un vero primato quindi anche per la Tofana! Ma l'iniziativa non era stata apprezzata da tutti ed in proposito erano sorte delle polemiche che conservano, anche oggi, la loro attualità.

Scrive in proposito Evan Mackenzie: «Partimmo dal rifugio con le guide Costantini e Pompanin Zaccaria, prendendo in ascesa la «via inglese», che si dimostrò più ardua che non la salita alla Croda da Lago. Due passi di primaria difficoltà: nel primo un paletto di ferro è stato saldato la dove, se esso non vi fosse, la prima guida correrebbe serio pericolo: il secondo è una traversata pericolosa in diagonale ascendente, complicata da una malagevole girata intorno ad uno spuntone strapiombante, con zero di sostegno per i piedi. Un cavo di ferro dai sette agli otto metri di sviluppo, viene in buon punto per superare il mal passo a forza di polso. Leggo appunto in uno degli ultimi fascicoli dell'Alpine Journal, le lagnanze di un collega riguardo ai due artifizi or ora accennati. Egli conclude che l'ascensione della Tofana di Mezzo pel fatto loro ne è sciupata».

L'argomento delle corde fisse ha per l'alpinista importanza così vitale, che forse mi sarà concessa una breve digressione in proposito.

Vi è chi le vuole in ogni punto appena scabro: v'è chi non le vuole in nessun punto, per quanto pericoloso. Io mi schiero fra quelli che incoraggiano la collocazione di corde fisse limitatamente però ai soli punti considerati pericolosi e, con riconoscenza verso chi le ha in questi punti collocate, mi vi aggrappo modestamente si ma con tutta la forza dei miei muscoli adduttori – e credo ogni collega, per quanto valente, abbia il dovere di fare altrettanto e di ringraziare inoltre in cuor suo l'autorità che ha così alla sua incolumità provveduto –. Nei soli casi in cui le corde fisse siano state poste a facilitare le scalate di punti difficili ma non pericolosi le trovo inutili e condivido il parere che valeva meglio, pel suo divertimento, aver lasciato che l'alpinista pensi e sudi ma s'arrangi, e che il «filisteo» si debba lasciar tirar su come un salame. In questi casi, ma in questi casi soltanto, se corde vi sono sia lecito ad ognuno di fare il puro, non valendosi degli aiuti messi, forse con eccessiva generosità a sua disposizione, pur consigliandolo di tenerli a portata di mano nel caso avesse troppo presunto dei suoi mezzi. Resterebbe da stabilire il senso da darsi ai punti pericolosi ed a quelli semplicemente difficili, premesso che in una vera e propria ascensione da dovunque uno cada, la caduta è per lo più mortale. La distinzione non è così sottile quanto a prima vista appaia purché cada sotto l'apprezzamento di tutti quelli che hanno bazzicato parecchio per la montagna.

A questi vien fatto di dire: bella, l'arrampicata di lunghe ore, su per la parete spaventosa, che si chiami la Meije od il Petit Dru; mentre danno del brutto, ad un breve tratto senza nome, su montagne meno altosonanti, ad una svolta di couloir, dinanzi ad un paio di metri di lastrone o di cornice. L'ardua e lunga arrampicata, per quanto vertiginosa, è assolutamente scevra di pericolo per quegli che sia fisicamente e moralmente atto ad eseguirla, e delle corde fisse colà non costituirebbero se non un pericoloso inco-

---

(⁷) Alpine Journal XVII pag. 534 e XIX pag. 131.

Sopra. Tecnica alpinistica dei primordi: la guida sorregge il cliente nel superamento di un passaggio. - *Sotto a sinistra.* Tecnica alpinistica ai primordi (disegno di E.T. Compton). - *Sotto a destra.* Tecnica alpinistica attorno al 1910. (Foto R. Zardini)

raggiamento alle persone non atte a quelle imprese mentre la breve traversata «brutta» è imminentemente pericolosa qualunque sia la potenzialità dell'alpinista, giacché egli deve superarla sia in condizioni anormali di equilibrio, sia in condizioni precarie di stabilità nei punti di appoggio e spesso nelle condizioni riunite insieme. È qui che la corda fissa ha la sua ragione naturale di essere, ed a chi dia sui nervi, faccia come se non ci fosse, faccia come me, che quando vedo i gusci d'uovo e le scatolette sventrate di sardine, guardo dall'altra parte. Chiedo scusa e tiro innanzi.

Le difficoltà della nostra ascensione terminarono poco dopo il passo che ha dato luogo a questa digressione, sboccando sull'opposto versante, per una forcella, dalla quale si raggiunse facilmente la vetta seguendo la via solita. La discesa venne effettuata per lo spigolo SE, che guarda Cortina d'Ampezzo e lo trovai tutt'altro che banale. Ci calammo per vari salti di roccia, di cengia in cengia, finché venimmo da uno sul quale dovemmo far uso di ben 20 metri di corda e più giù un altro che ne richiese 30. Questo è, per l'ultimo tratto di dieci metri, con perfetto a piombo, tanto che si rimase completamente sospesi per la corda. Un provvido paletto di ferro rende possibile e sicura la discesa della seconda guida, mediante la corda addoppiata.

In quell'epoca Dimai prese ad interessarsi anche delle cime minori che si trovano lungo i contrafforti delle Tofane, e in particolare del Col Rosà (m 2166), che spiccava isolato e in bella vista all'estremità N del massiccio. Il 4 luglio 1899, con la guida Zaccaria Pompanin e con l'alpinista inglese Robert Corry, ne scalava la parete SE. Un'impresa insolita e di tutto rispetto per l'epoca (difficoltà di 3° grado con passaggi di 4°) e che tale rimase per molto tempo ancora.

La prima ripetizione di questa salita venne effettuata, a distanza di pochi giorni, dall'alpinista italiano barone Orazio De Falkner con le signorine Filder e Lamport ed un buon numero di guide.

Ad integrazione di quanto abbiamo già detto – per meglio delineare la figura della guida alpina – diamo ancora qualche cenno sulle questioni organizzative riguardanti questa particolare professione.

Vediamo, innanzitutto, che essa venne per la prima volta regolamentata con un'ordinanza del 4 settembre 1871, ed aggiornata nel dicembre del 1892. Tale regolamento, valevole per il Tirolo e il Vorarlberg, prescriveva, fra l'altro:

«L'istituzione delle guide di montagna sta sotto la sorveglianza e la direzione delle autorità politiche, che si servono a tale uopo della cooperazione delle esistenti società alpine. Per ottenere l'approvazione al servizio di guida di montagna si richiede:

a) buona reputazione e contegno politico incensurabile;

b) la prova della robustezza fisica e dell'abilità speciale.

Prima di approvare una guida di montagna l'autorità deve persuadersi dell'esistenza di queste qualifiche per mezzo d'un attestato della deputazione comunale, nonché col sentire il parere della società alpina che nel circondario rispettivo spiega preminente la sua attività. Ad ogni aspirante riconosciuto abile come guida si rilascerà dall'i.r. capitanato distrettuale un libretto di guida di montagna verso pagamento delle competenze di bollo e delle spese di acquisto, e nel prenderlo in consegna lo stesso dovrà promettere la fedele osservanza delle vigenti prescrizioni ed in ispecie degli ordini qui appresso:

Il libretto di guida deve essere annualmente vidimato dall'i.r. capitanato distrettuale e, se è già riempito o è andato perduto, si dovrà sostituirlo con un altro.

In tutte le gite in altre regioni, la guida deve essere munita, oltre che di una fune di corrispondente lunghezza e tenacità e d'una bussola, d'un piccone pel ghiaccio e di ferri per le scarpe.

La guida è responsabile della qualità e dell'uso corrispondente di questi oggetti.

A titolo di curiosità, segnaliamo uno stralcio delle varie tariffe riguardanti il massiccio delle Tofane, come appare da una tabella della sezione di Ampezzo del Deutscher und Osterreichischer Alpenverein del 26 aprile 1898, vidimata dall'i.r. Capitanato Distrettuale.

Genere dell'ascensione	Tempo da impiegarsi	Mercede per una guida
Tofana: una delle tre punte, con pernottamento al rifugio	un giorno e mezzo	18 Korone
Tofana: Punta Marietta	» »	28 Korone
Tofana di Rozes (traversata)	» »	30 Korone
Tofana di Mezzo (Via Inglese)	» »	50 Korone
Tofana (versante di Cortina)	un giorno	18 Korone
Tofana per Travenánzes con pernottamento al rifugio	un giorno e mezzo	21 Korone
Rifugio Tofana oppure Grotte Tofana	ore otto	8 Korone
Rifugio Tofana con pernottamento	un giorno	11 Korone
Rifugio Tofana con pernottamento e Val Travenánzes (Ponte Alto)	un giorno e mezzo	14 Korone

Gli obblighi delle guide ampezzane erano così determinati da un regolamento interno della Sezione di Ampezzo:

1) La guida è obbligata a portare un peso di kg. 8 senza compensi ulteriori; un eventuale soprapeso verrà compensato con cent. 10 per kg. e ora. Per ogni giornata non impiegata in salita acquista la guida 8 Korone.

2) La presente tariffa vale anche pei portatori. Il portatore non è obbligato di portare un peso maggiore di 15 kg.; per un eventuale soprapeso che si assume verrà compensato con cent. 20 per ogni kg. e ora.

3) Nella sopradescritta tariffa viene stabilito che la guida debba condurre uno o al più due turisti; per ogni turista in più di due può la guida pretendere 20 cent. per ogni ora. Ciò s'intende solo per vallate e passi.

4) Per quelle gite e salite che in queste tariffe non sono accennate, a riguardo del compenso vale l'accordo fra la guida e il turista.

5) Se il turista avesse accapparrato una guida o un portatore per una gita determinata e che per malattia o cattivo tempo subentrato avesse a trascurarla, la guida non ha diritto a veruna retribuzione e se la gita intrapresa non potesse compiersi appunto pel subentrato cattivo tempo, la guida o portatore avrà diritto ad un indennizzo sempre in ragione del tempo impiegato e del prezzo di tariffa della relativa gita.

6) La guida ed anche il portatore devono mantenersi da sé.

Come abbiamo avuto modo di constatare, la Società (di fatto) delle Guide Ampezzane, fu – sin dai primordi – una delle meglio organizzate ed efficienti. Fu anche la prima, grazie al munifico interessamento di un mecenate di nome Schmidt, a costituire nel 1897 una «Cassa infortuni» allo scopo di elargire sussidi alle guide alpine e portatori infortunati in servizio.

GUIDE AUTORIZZATE

Barbaria Giovanni, Barbaria Mansueto, Colli Giacomo, Colli Giuseppe, Constantini P. Antonio, Dibona Arcangelo, Dimai Antonio, Dimai Pietro, Gaspari Angelo, Ghedina Simone, Menardi Angelo, Menardi Giuseppe, Menardi Luigi, Menardi Tobia, Piccolrnaz Luigi, Pompanin Zaccaria, Siorpaes Arcangelo, Siorpaes Giovanni Cesare, Siorpaes Pietro, Zangiacomi Angelo.

PORTATORI AUTORIZZATI E GUIDE PER MONTAGNE BASSE

Dandrea Angelo, Lacedelli Antonio, Menardi Antonio, Rimoldi Giuseppe, Siorpaes Giuseppe.

GUIDE ASPIRANTI

Majoni Angelo, Menardi Sigismondo.

Sopra. Guide Ampezzane nel 1904. Ultima fila, in piedi (da sinistra): Giuseppe Menardi, Angelo Majoni, Colli Saverio. Seconda fila in piedi: Luigi Dandrea, Angelo Gaspari, Antonio Menardi, Antonio Costantini, Sigismondo Menardi. Seduti: Angelo Zangiacomi, Antonio Dimai, Agostino Verzi, Mansueto Barbaria, Simone Ghedina, Angelo Menardi, Giovanni Barbaria, Pietro Dimai, Zaccaria Pompanin, Arcangelo Dibona, Bortolo Barbaria. A terra: Tobia Menardi, Giuseppe Colli, Giovanni Siorpaes. (Foto R. Zardini). - *Sotto.* Guide alpine ampezzane nel 1913. Da sinistra a destra. Prima fila a terra: Menardi Sigismondo, Dibona Angelo, Barbaria Bortolo, Verzi Agostino. Seconda fila, seduti: Siorpaes Arcangelo, Pompanin Zaccaria, Colle Angelo, Dimai Antonio, Zangiacomi Angelo. Terza fila, in piedi: Pompanin Florindo, Colli Arcangelo, Menardi Giuseppe, Dibona Arcangelo, De Zanna Celestino, Verzi Baldassarre. Ultima fila, in alto: Apollonio Giuseppe, Lacedelli Simone, Lacedelli Serafino, Menardi Cesare. (Foto R. Zardini).

I primi alpinisti italiani sulle Tofane

Sarà opportuno a questo punto dire qualcosa sui pochi alpinisti italiani che, in quegli anni, frequentavano Cortina d'Ampezzo. Fra questi si possono contare sulle dita di una mano quelli che hanno compiuto qualche ascensione in Tofana. Per alpinisti italiani intendiamo, secondo i confini territoriali dell'epoca, quelli provenienti dal Regno d'Italia, che comprendeva il Cadore ma non l'Ampezzano. Si tratta, in un certo senso, di una interpretazione un po' arbitraria, in quanto i valligiani ampezzani divenuti guide e pionieri dell'alpinismo in Tofana, erano – indiscutibilmente – di stirpe italiana, anche se in maggioranza si consideravano (ed erano) fedeli sudditi dell'Imperatore d'Austria.

Il primo e più importante dei nostri alpinisti dolomitici che soggiornò a Cortina per diverso tempo e salì – fra l'altro – le Tofane, è certo il barone Orazio De Falkner della sezione di Roma del C.A.I., avviato dal padre Alberto, sin dalla più tenera età, alla pratica dell'alpinismo. Nel 1887, a sedici anni, salì con molta destrezza la Cima Piccola di Lavaredo e poi, con una certa autorevolezza ebbe modo di dichiarare: «Questa salita mi parve, per quanto concerne le difficoltà delle rocce, assai più difficile del Cervino, che avevo salito da Zermatt l'anno prima in pessime condizioni». Dal 1890 al 1893, effettuò nella conca ampezzana, in compagnia della guida Antonio Costantini detto Mostacia ([1]) diverse prime ascensioni: Pomagagnon, Croda di Longes, Piz Popena, Zurlon e Sorapis. Una malattia lo tenne poi lontano per cinque anni dalle montagne; e quando si riprese – nel 1899 – ritornò a Cortina dove compì diverse importanti ascensioni.

Scrisse in proposito Massimo Mila ([2]): «Sempre in quello scorcio di secolo, nel settembre 1899, riportò una difficile vittoria sulla Punta Adele, nelle Crode di Formin, che ha una vera e propria importanza storica per i compagni ch'egli vi si associò. La vittoria fu conseguita in due riprese, e nel primo tentativo del 9 settembre, a Orazio De Falkner fu compagno Giovanni Chiggiato, quello che Antonio Berti definirà: pioniere italiano nell'Agordino e in Cadore... nell'era dei nuovi ardimenti, quando domati i colossi, fu dato l'assalto alle cime minori, ma molto più ardue, e sui colossi già vinti vennero aperte più difficili vie. E tre giorni dopo, nella vittoria, gli fu compagno, diciannovenne, ancora timido e inesperto, proprio colui che un giorno avrebbe scritto quelle righe: Antonio Berti, futuro storico dell'alpinismo dolomitico ed estensore dell'ammirevole Guida delle Dolomiti orientali. Altro tipico esempio, dunque Orazio De Falkner di quella funzione preziosa di cerniera tra due epoche dell'alpinismo».

Egli, nei suoi anni giovanili, salì più volte e per diversi itinerari le Tofane, facendo in qualche caso da guida a conoscenti ed amici. Accompagnò, ad esempio, sulla Tofana III le signorine E. e M. Barlow insieme al signor E. Bayly: una facile passeggiata resa però difficile dal maltempo.

Orazio De Falkner. (Disegno di Fausto Cattaneo pubblicato su «I cento anni del Club Alpino Italiano»)

([1]) Nato il 27.2.1861 e morto il 5.7.1947, guida autorizzata dal 1889.
([2]) «Cento anni di alpinismo italiano» - CAI, Milano, 1964.

Così ne scrisse – a titolo di cronaca alpina –: «Il tempo che, come due anni fa allorché salii questa cima col Costantini era molto cattivo e fece soffrire un po' le brave alpiniste, le quali compirono l'ascensione in condizioni non troppo buone per la durezza della neve che richiese molti gradini per facilitarne la via».

Fra i suoi tanti meriti, gli va anche ascritto quello d'esser stato, per molto tempo, uno dei più accesi propagandisti delle montagne ampezzane. Le sue relazioni ed i suoi scritti pubblicati sulla Rivista Mensile del C.A.I. si concludevano invariabilmente con pressanti ed entusiastici inviti a visitare le zone dolomitiche. Eccone un esempio riguardante, in particolare, la conca di Ampezzo:

«Molti furono nel mese di agosto 1892 i giorni in cui non si poteva trovare un letto libero in tutto il paese! Innumerevoli le escursioni alpine compiute da alpinisti... stranieri. Sono disgraziatamente certo di non esagerare asserendo ch'io fui il solo alpinista italiano che si sia fermato qualche tempo in quei luoghi. Intesi allora parlare, e poscia ho anche letto, di qualche ascensione fatta da soci del nostro Club, ma quando si osservi che sulla vetta del Cristallo, nelle belle giornate, si riunirono per più volte da 15 a 20 persone si vedrà che v'è poco da consolarsi nel confronto fra la nostra attività e quella degli altri Club. Non voglio soffermarmi sulle cause di questo già citato lamentato abbandono delle Dolomiti da parte dei colleghi; constato solo il fatto una volta di più, sperando, come del resto faccio da più anni inutilmente, che i soci della Società nostra vorranno rivolgere i loro passi anche verso le Alpi Orientali che offrono pure tante e meravigliose attrattive».

Leone Sinigaglia di Torino, valente musicista e studioso di folklore musicale, fu uno dei primi a seguire le orme del De Falkner e a svolgere una discreta attività alpinistica «nella prediletta Cortina d'Ampezzo, alla quale – come egli disse – tornavo e tornerò ancora sovente con quel conscio e profondo amore che la montagna sa ispirare ai suoi fedeli, e che prende sovente, com'è qui il caso, la veste di una profonda passione».

A lui, come appassionato di roccia gli pareva che nessun gruppo alpino meglio delle Dolomiti, potesse fare al caso suo; e quando parlava di Dolomiti si riferiva in particolare a quelle ampezzane.

Scrisse ancora in proposito: «Altro stimolo a visitare le Dolomiti era per me la relativa imperdonabile scarsità di alpinisti italiani che abbiano rivolto la loro attenzione verso quelle splendide regioni, così straordinariamente visitate da alpinisti, e molti fra i migliori, tedeschi e inglesi: speravo quindi di trovare sotto questo rapporto più d'una interessante novità».

Ed infatti egli riuscì a realizzare (naturalmente con l'aiuto delle guide locali Pietro Dimai, Zaccaria Pompanin e Angelo Zangiacomi) alcune prime ascensioni sulle montagne attorno a Cortina: Cresta N della Croda del Lago, Parete O o di Formin sempre sulla Croda da Lago e Parete O del Monte Cristallo. Il Sinigaglia fu anche uno dei primi italiani a descrivere compiutamente e con una certa sistematicità la sua attività in Dolomiti [3] in un'opera redatta in inglese, dal titolo «*Climbing - Reminiscences of the Dolomites*» pubblicata a Londra nel 1896. Essa ebbe il pregio di essere la prima a portare le Dolomiti, in campo internazionale, ad opera di un alpinista-scrittore italiano. Un capitolo del volume è dedicato alle Tofane di Mezzo e di Fuori; trascurando inspiegabilmente la Tofana di Rozes, la cui salita per la parete NE sembrava al Sinigaglia, per quanto poté in vista giudicare «faticosa e poco interessante». Ai fini della nostra trattazione, ci sembra opportuno riprendere le pagine con le quali il Sinigaglia descrive la sua duplice ascensione in Tofana, per avere, anche da lui, motivi di confronto e di analisi sull'attività alpinistica «fin de siecle» lungo gli itinerari cosiddetti di «routine».

«Di ritorno a Cortina dopo dieci giorni di forzata assenza durante i quali mio cugino aveva approfittato del tempo splendido per salire il Becco di Mezzodì, l'Antelao e il Cristallo, verso le 15 del 25 agosto 1893 partivamo per la Capanna della Tofana colle guide T. Menardi e C. Gorret. Il sentieruolo che conduce alla Capanna si diparte dalla stradetta di Falzarego poco sotto il bivio di Averau, e sale, piegando alquanto a N, prima per pendii erbosi poi per detriti, evidenti avanzi di un'antica morena, su pel largo e solitario vallone limitato a O dalle pareti della Tofana di Rozes, a E dai contrafforti meridionali della Tofana di Mezzo. A misura che ci si innalza l'ambiente diventa sempre più selvaggio. Si giunge a un punto dove il vallone, restringendosi, pare sbarrato da una siepe di rocce multiformi e di varia altezza, fra cui predominano spuntoni acuti e bizzarri, specialmente quello maggiore, che porta un nome: la Torre di Cianderau. Vittorio Sella ha una bellissima fotografia di questo punto. La traccia di sentiero s'interna fra le rocce, ed esce presto sul deserto circo alpino, chiuso fra le alte pareti della Tofana di Rozes e della Tofana di Mezzo, ove sorge la Capanna in una posizione solitaria e selvaggia, tutta circondata dalle svariate guglie, dai massi enormi, dalle pareti aspre delle Tofane, come abbandonata nel gran silenzio grigio incombente.

La Capanna (m 2319), costruita nel 1886 per cura della Sezione Ampezzo del Club Alpino Tedesco-Austriaco, è bella, comoda, spaziosa, e assai ben tenuta per merito principale delle guide di Cortina che sono in questo, come in genere nel disimpegno della loro missione, coscienziosissime: non lasciano una capanna (anche fuori del loro distretto alpino) senza avervi fatto prima – imitabile esempio – una pulizia veramente completa.

Dopo un'ora dedicata ai preparativi e alla consumazione di un eccellente pranzo, uscimmo fuori, poco disposti alla poesia... ma dovemmo subire immediatamente il fascino di uno spettacolo stupendo. La luna piena proprio in quel momento si levava dal margine dorato di una delle grandi e festonate nuvole estive, che l'avevano sin allora nascosta, e illuminò d'un tratto e popolò di fantastiche luci ed ombre le mille guglie rocciose, i massi, le pareti della cupa caldaia ove sorge la Capanna. I due grandi speroni delle Tofane incorniciavano il quadro mirabilmente. Era una scena degna del Brocken Goöthiano, e rimanemmo a lungo estasiati ad ammirarla, dimentichi affatto della rigida brezza serale.

L'indomani mattina, 26, alle 4,05, lasciamo la Capanna,

---

[3] Sul Bollettino del C.A.I. (Vol. XXVII e XXIX) pubblicò due lunghe e interessanti relazioni: «*Ricordi alpini delle Dolomiti*» e «*Dolomiti di Ampezzo*», che certo servirono come base per la redazione della sua opera in lingua inglese.

con tempo incerto e piuttosto freddo. Salendo alquanto verso N, prima per un pendio di ghiaioni, poi per facili scaglioni di roccia e un largo canalone di detriti, raggiungiamo in breve una forcella (la Forcella del Vallon Negro di Grohmann) donde la vista è ristretta, ma caratteristica, sulla parete tutta sfasciumi e terrazze, qua e là listate di neve, della tricuspidata Tofana di Rozes, sulle erte pareti occidentali della Tofana di Mezzo, e, nello sfondo, sulle uniformi rossicce punte della Val di Fanes. Attraversiamo in tutta la sua larghezza, per una comoda traccia di sentiero, in linea quasi orizzontale, la base di questo lato della Tofana, e in breve siamo al ghiacciaio o nevato che costituisce il circo terminale delle due Tofane di Mezzo e di Fuori, da questo punto abbastanza attraenti. Saliamo il ghiacciaio in direzione E verso la forcella tra le due Tofane, poi piegando acutamente a S con brevissimo percorso per la facile cresta settentrionale raggiungiamo alle 6,35 la vetta della Tofana di Mezzo (alla cima si può anche salire direttamente, pel ghiaione, ma quest'anno ci sarebbe costato troppo lavoro di gradini).

Un buon sole, uscito proprio allora vittorioso dalle nubi, ci compensa del freddo pigliato su pel ghiacciaio, ove spirava una brezza tagliente, eccezionale per le Dolomiti in questa stagione e con tempo non cattivo: tuttavia la vista rimane assai limitata e rimpiangiamo di non avere un bel sereno come essa meriterebbe. Alle 7,50 si riparte: discendiamo fino alla Forcella tra le due Tofane, poi, variando alquanto la via solitamente seguita per la Tofana di Fuori, scendiamo per breve tratto verso N sul versante di Cortina: con una bella e diritta, ma punto difficile arrampicata, per la breve parete S della Tofana di Fuori, raggiungiamo la cresta che la collega alla Cima di Mezzo, e seguendola fedelmente in pochi minuti tocchiamo la vetta (ore 9,10).

Credo possibile la salita anche percorrendo tutta questa cresta, dalla Forcella alla cima, e dev'essere breve, ma divertente. In ogni caso queste due vie sono preferibili alla vecchia strada per la parete verso il ghiacciaio o per la cresta occidentale verso la Valle Travenánzes. Convien poi dire che la Tofana di Fuori, col suo simpatico cono ammantato di neve, è più attraente della punta centrale, e così vicina che merita la pena di una visita.

Alle 9,30 lasciamo la vetta coll'intenzione di ridiscendere alla Forcella e di qui per le rocce della faccia orientale calare direttamente sul ghiacciaio, donde raggiungeremo presto la forcella che porta nella Val di Falzarego, a Rumerlo, e in breve tempo a Cortina. Ma Menardi mi assicura che quest'anno non è quasi certamente possibile la discesa dall'estremità delle rocce sul ghiacciaio, e ci si deve rinunciare. Per non rifar la via della salita, si decide di scendere dall'altra parte sul largo altipiano verso la Valle del Boite. Scendiamo prima i nevai sotto la cima, poi, piegando alquanto a NE, costeggiamo sopra detriti e ghiaioni d'ogni grossezza e forma (interessante forse pel mineralogo, ma che l'alpinista percorre variamente imprecando) la cresta che si spinge verso NE sin quasi all'imboccatura del Vallon Bianco, sopra Peutelstein. Dopo ripieghiamo a E per calarci in uno dei selvaggi canaloni, non tutti praticabili, che solcano questo lato della Tofana di Fuori e finiscono nel sottoposto piano della Grava Longa. Quello da noi scelto è discretamente ripido e la roccia, in più d'un punto assai malfida, esige cautela: dopo mezz'ora di discesa divertente mettiamo piede in . . . terraferma, ma appunto allora principiano le note dolenti, perché dobbiamo sotto un caldo sole attraversare in tutta la sua lunghezza l'interminabile altipiano della Grava Longa che fascia da questo lato la base delle Tofane. Durante la traversata di questo altipiano si pestano tante pietre da disgradarne il Passo delle Sagnette e altre più celebri «vie crucis» di ben note ascensioni: fortunatamente il percorso è quasi orizzontale, e bene o mal volentieri se ne arriva alla fine, sulla piccola Forcella della Cesta, donde comincia una discesa piacevole verso Rumerlo, fra le idilliche ombre d'una foresta di larici e il soffice tappeto dei prati. All'Alpe di Rumerlo ci concediamo una sosta lunghissima, cosicché solo alle 16 siamo di ritorno a Cortina.

Riassumendo: la salita della Tofana di Mezzo non è alpinisticamente, per la via solita, interessante, ma neppure noiosa, né faticosa, come parecchi la descrissero: il panorama vuol essere di prim'ordine, sebbene forse inferiore a quello del Pelmo. La Tofana di Fuori è più simpatica, e la vista, credo, di poco più ristretta. La miglior combinazione sarebbe, partendo direttamente da Cortina, salire la Tofana di Mezzo pel ghiacciaio e la parete orientale; dalla Tofana di Mezzo passare alla Tofana di Fuori per una delle accennate vie (cresta S, parete e cresta S), di qui scendere alla Capanna per la via solita, e, se se ne ha ancor voglia, salire dalla Capanna la Tofana di Rozes, ritornando nella sera dello stesso giorno a Cortina».

Il medesimo itinerario venne percorso, nell'agosto del 1899, anche dall'alpinista veneziano Giovanni Chiggiato, in una delle sue prime scorribande ciclo-alpinistiche in Dolomiti. Pur trattandosi di un percorso veramente elementare e fatto con l'aiuto di una guida (lo stesso Chiggiato lo minimizza in un breve trafiletto sulla rivista mensile dei C.A.I. con la frase: «Queste facili salite sono tanto note che è inutile descriverle»), abbiamo voluto ugualmente citare la traversata, per avere un piccolo segno dell'interesse che le Tofane cominciavano a suscitare fra gli alpinisti italiani. Qualche anno prima, nel 1896, proveniente da Biella, si era avvicinato ad esse anche il più grande dei fotografi di montagna: Vittorio Sella. La sua figura primeggia fra quelle dei maggiori alpinisti-esploratori dell'epoca, oltre che per la sua abilità di scalatore e per l'innata resistenza alle fatiche della montagna, anche per l'eccezionale qualità delle sue riprese fotografiche, che rappresentano, ancor oggi, quanto di meglio sia stato realizzato a documentazione dell'ambiente alpino. Rendendosi conto dell'importanza che poteva assumere la fotografia in questo particolare campo, egli dette inizio (dal 1883 al 1896) ad un paziente e metodico lavoro di riproduzione in immagini di tutte le maggiori vette dell'arco alpino. Un lavoro immane e faticoso, se pensiamo soltanto all'ingombro della pesante macchina fotografica su cavalletto che doveva essere trasportata sino in vetta, e alle difficoltà per la confezione e lo sviluppo delle lastre di vetro al collodio nel clima rigido dell'alta montagna. Ma egli, con sicura padronanza tecnica dell'apparecchio e con notevole senso espressivo dell'immagine, portò a termine nel migliore dei modi, il grande compito che si era prefisso.

Scrive di lui lo storico della fotografia Piero Racanicchi: «Il suo obiettivo si spostava dai ghiacciai del Bianco e dell'Oberland sino alle guglie delle Dolomiti ed alle superfici magmatiche dell'Etna, spinto da un'ansia di conoscere che ancora stupisce. Non era un memorialista o un biografo di se stesso. Tutta la sua attenzione era rivolta ad annotare con occhio educato e attento le prospettive, le vette, i crinali, le creste e i panorami che pochi, o nessuno, prima di lui avevano percorso».

Le immagini che riguardano la Tofana sono state scattate nel corso di una delle sue ultime campagne alpinistiche in Europa, che lo aveva portato dalle Dolomiti di Brenta alle Pale di S. Martino, e dalla Marmolada alle Tre Cime di Lavaredo. Si tratta di sei bellissime foto, i cui negativi (su vetro nel formato 30x40 cm) sono tutt'ora conservati dal benemerito Istituto di Fotografia Alpina «Vittorio Sella» di Biella, che ci ha cortesemente permesso di esaminarle e di utilizzarle ([4]). Ne pubblichiamo tre: una per ogni vetta, in modo che il lettore le possa ammirare in tutta la loro bellezza ed inimitabile perfezione tecnica; sperando che la stampa ne conservi intatti i pregi.

A conclusione di questa nostra breve digressione, non sarà inutile citare il positivo giudizio di Leone Sinigaglia a proposito delle guide ampezzane: «Cortina possiede una ben organizzata compagnia di guide. Parecchie di esse sono eccellenti, anche perché uniscono alla perfetta conoscenza dell'arte loro, una serietà e prudenza esemplari. Nessuna disgrazia toccò finora ad alpinisti con guide di Ampezzo; esse sono fiere di tale prerogativa, ed a ragione perché ne hanno merito».

Nel corso della nostra trattazione avremo ancora occasione di soffermarci su altri alpinisti italiani e altre guide ampezzane, ma per intanto concludiamo il capitolo, e con esso un periodo storicamente ben definito.

Primula farinosa e *Ranunculus montanus*

([4]) Trascriviamo le didascalie originali delle foto nell'ordine con le quali le aveva presentate lo stesso Sella:
— Tofana di Rozes e Marmolada: dalla Tofana di Mezzo.
— Tofana di Fuori - Zillerthal: dalla Tofana di Mezzo.
— Tofana di Mezzo: dal colle tra la Tofana di Mezzo e la Tofana di Fuori.
— Rocce presso la Tofana-hütte: dal colle tra la Tofana di Mezzo e la Tofana di Fuori.
— Rocce sotto la Tofana-hütte: dal colle tra la Tofana di Mezzo e la Tofana di Fuori.
— Tofana di Rozes: sopra il campo di Fedarola.

Viktor Wolf von Glanvell: l'esploratore della Val Travenánzes

L'attività alpinistica in Tofana si era svolta sino al 1899 esclusivamente sotto l'egida delle guide alpine, le quali – anche per i vantaggi economici che ne derivavano – difendevano gelosamente queste loro prerogative. Ma in Dolomiti, già nel decennio precedente, diversi alpinisti, sulla scia di George Winkler, avevano infranto il predominio delle guide. Tra questi c'era anche l'alpinista austriaco Viktor von Glanvell, il quale, con l'inseparabile amico Karl Gunther Freiherr von Saar ed altri suoi abituali compagni di cordata rispondenti ai nomi di Karl Doménigg e Gottlieb Stopper, dette inizio, sul finire del secolo, ad una serie di campagne alpinistiche sui monti di Braiés e della Val di Fanes, sino a raggiungere la catena Lagazuoi-Vallon Bianco e marginalmente anche quella delle Tofane. Essi ed altri ancora, avevano costituito un gruppo denominato «squadra della scarpa grossa», la quale – oltre a svolgere la propria attività alpinistica senza l'aiuto delle guide – si proponeva anche l'esplorazione metodica di zone montuose minori, quasi del tutto ignorate perché ritenute di secondaria importanza. Per svolgere questa loro attività, essi passavano lunghi periodi attendati in valli remote ed inospitali, scalando montagne inviolate e vivendo in assoluta libertà ed autonomia. Nel mezzo di queste loro scorribande, von Glanvell e von Saar, raggiunsero – nell'agosto 1898 – da Forcella Bos la Val Travenánzes e salirono il versante NE del Grande Lagazuoi, ed il giorno dopo, in prima assoluta la bella e difficile Torre Fanis. L'anno dopo, ai primi di agosto, von Glanvell e i suoi due compagni di cordata Domenigg e Stopper, ripresero il loro solitario girovagare tra i monti di Fanes e Travenánzes. In tale occasione, oltre alla Tofana e la Castelletto, essi salirono anche il Piccolo Lagazuoi, le Cime di Campestrin, il Col Becchei, la Furcia Rossa, il Monte Cavallo e il Monte Casale. Accenniamo a queste ultime salite, anche se a rigor di logica, non rientrerebbero fra quelle di cui dobbiamo interessarci, perché esse rappresentano il naturale preambolo all'importante scalata del versante NO della Tofana di Rozes, che concluse questa seconda campagna alpinistica di von Glanvell sui monti attorno alla Val Travenánzes. Prima di affrontare la Tofana, il gruppo – che aveva la sua base alla Malga Travenánzes – compì una breve ricognizione al Castelletto. L'8 agosto 1899, essi raggiunsero la Forcella Rozes e risalirono il versante E del Castelletto, che allora si chiamava Punta Col de Bos, scendendo poi per l'omonima forcella sino al Passo Falzarego, dove trovarono ricovero nel vecchio ospizio. L'idea di salire la parete NO della Tofana di Rozes nacque in von Glanvell, durante le precedenti salite, che si erano svolte quasi tutte sull'opposto versante della valle, dove si aveva una magnifica vista di questa orrida (ma non per questo meno attraente) parete.

Lo sguardo di von Glanvell era rimasto probabilmente attratto dalla visione della profonda gola, ingombra di neve, che tagliava in senso obliquo, la cupa e fredda muraglia sino a sboccare nel vasto anfiteatro roccioso sotto l'Anticima di Rozes. Questo canalone, il cui andamento lineare e senza inutili deviazioni, puntava diritto verso la vetta, superando nel complesso un dislivello di quasi mille metri, rappresentava veramente la soluzione più logica e naturale del problema.

Scrisse in proposito Danilo Pianetti ([1]): «Attaccano alle 6,40 (dell'11 agosto 1899): superano il tratto innevato e si infilano in un tortuoso e stretto budello che sembra non aver fine. Strapiombi e strozzature, roccia bagnata e gelida, una teoria incessante di camini e altri gradoni. Salgono incontro al sole, che intravvedono alto, al sommo dell'eccelsa dorsale della Tofana. L'ultimo ostacolo è loro opposto da un liscio imbuto di rocce lastronate. Poi la lunga e docile cresta terminale. E la vetta. Alle spalle, circa mille metri di appicco. In poco più di quattro ore».

Ridiscesero poi per la via comune in direzione della Forcella di Fontana Negra, trovando riparo al Rifugio Tofana. Non si può dire che le difficoltà superate durante questa salita fossero rilevanti (2° grado con tratti di 3°) ma l'impegno dei tre alpinisti rappresentò un notevole passo avanti nell'esplorazione delle Tofane, per un versante infido e completamente sconosciuto. Il giorno dopo, von Glanvell ed i suoi amici risalirono, per la via normale, la Tofana di Mezzo e compirono la traversata sino alla Tofana di Dentro, ridiscendendo poi in Val Travenánzes per il Passo Posporcora. Da qui, raggiunsero il non troppo accogliente ricovero di Ospitale.

Glanvell tornò ancora in questa zona, l'anno dopo, per salire il versante E del Vallon Bianco ed effettuare la traversata per cresta sino alla punta orientale. Completò poi, con la salita del Grande Lagazuoi, per i versanti N ed E, e la traversata del Lagazuoi di Mezzo, la più completa esplorazione dei monti di Val Travenánzes che mai fosse stata fatta sino allora. Nel ricordo di queste imprese, alcuni anni dopo la sua morte, venne costruito, nelle vicinanze della Malga Travenánzes, un grazioso rifugio alpino che venne distrutto dall'artiglieria italiana il 17 luglio 1915, nel corso della grande guerra, e mai più ricostruito.

([1]) *L'avventura dolomitica di Viktor Wolf von Glanvell*, Edizioni Ghedina, Cortina d'Ampezzo, 1975.

Viktor Wolf v. Glanvell.

Alpinisti all'attacco del canalone nevoso lungo la parete NO della Tofana di Rozes. (Disegno di E. T. Compton)

Tofana di Rozes: versante di Val Travenánzes. Sullo sfondo a sinistra: le Tofane III e II. Sono indicate mediante tratteggio: a) Via V. Wolf v. Glanvell, K. Domenigg e G. Stopper (parete NO); b) Via Corsi-Crepaz (parete O); c) Via J. S. Phillimore e A. G. S. Raynor (parete SO). Lungo quest'ultima via, nel luglio del 1915, è salita la pattuglia bavarese guidata da M. Stark (vedere relazione a pag. 125).

Rifugio Viktor Wolf v. Glanvell in Val Travenánzes. Sullo sfondo la Tofana Terza.

Come si può ben capire, dati i limiti del nostro lavoro incentrato esclusivamente sulle Tofane, abbiamo dovuto accennare soltanto ad una parte infinitesimale dell'attività alpinistica di von Glanvell, che conta al suo attivo oltre millecinquecento ascensioni di vario impegno. Egli, che già nel 1891-1897 aveva dato alle stampe un'ottima monografia dal titolo: «*Führer durch die Pragser Dolomiten*» (Guida attraverso le Dolomiti di Bráies), raccolse i risultati delle sue ultime ricerche, con numerosi itinerari, corredati da schizzi, disegni e rilievi, in un interessante studio «*Aus der Fanis - Tofana Gruppe*» pubblicato nel 1904 sulla rivista «Zeitschrift des Deutschen und Osterreichische Alpenvereins». Questo fu il suo ultimo scritto di carattere alpinistico prima della tragica morte, avvenuta il 7 maggio 1905, durante una difficile ascensione lungo la parete SE del Fölzstein nelle Alpi Austriache. Sulla sua tomba, nel piccolo cimitero di Braies, vennero incisi i versi di una poesia di Gilm:

> «Oh, non lasciarmi morire nella valle
> con lo sguardo precluso all'orizzonte;
> in vetta a un monte io vorrei morire,
> quando tramonta il sole sfolgorante».

Chiaramente sulla scia di von Glanvell e del suo gruppo, sia nell'esplorazione dei versanti NO delle Tofane che nello svolgimento della propria attività alpinistica senza l'aiuto di guide, troviamo, il 2 agosto 1913 – in Val Travenánzes – la cordata Adolf Deye e Oskar Schuster intenta ad aprire una nuova via, di concezione classica, sulla parete nord-occidentale della Tofana di Dentro. Questa, fra le tre cime, è certo la più trascurata e meno conosciuta, specialmente dal versante NO, che si presenta contornato da tre circhi, in parte nevosi. Un ambiente tetro, selvaggio e repulsivo, impregnato di umidità, in ogni minima piega del terreno. Vale però la pena di percorrerlo lungo l'itinerario dei primi salitori (²): «L'attacco è in Val Travenánzes presso il punto più stretto del vallone, dove il sentiero corre un po' alto sopra il ruscello (che passa sotto ponti di neve) e raggiunge una località caratteristicamente tinta di rosso. Sovrasta un gradone roccioso che sostiene il circo mediano (di qui non ancora visibile). Poco prima una cascata taglia il gradone. Salendo tra cespugli si raggiunge dopo circa 50 metri la parete. Alquanto a destra vi sono rocce strapiombanti. Superata una paretina liscia, alta 15 metri, si arriva ad un piccolo canale, che si supera con bella arrampicata. Segue una terrazza che si sale obliquamente verso sinistra per tratturo di camosci; e per scaglioni ghiaiosi alquanto ripidi, dopo circa 70 metri si raggiunge il gran circo (ed appare la cima bianca della Tofana III). Si sale per il circo fino al campo di neve nel suo sfondo (Nevaio di Potofana). Dal

Tofana di Dentro: versante NE ————— via Grohmann; .... Via Deye-Schuster; —·—·—·— Cengia Paolina (Disegno di Alfonsi, tratto dalla guida di A. Berti «Dolomiti Orientali» Vol. I, Parte 1ª - Ed. C.A.I. - T.C.I., Milano)

campo di neve, a destra, un ripido canalone nevoso sale ad una forcella (con spuntone che la diparte) della cresta O. Su per il canalone (pericolo di pietre – in parte risalibile per rocce a destra). Difficile il primo gradino quasi verticale della cresta (lo si potrebbe aggirare per il campo di neve a sinistra, ma c'è pericolo di caduta di pietre). Superato il gradino si segue la cresta, tenendosi sulla sinistra di questa fino in cima».

Ci siamo eccezionalmente dilungati nel descrivere questo itinerario, perché – oltre a rappresentare l'ultima via di concezione classica ad una delle tre massime vette del gruppo – il suo tracciato presenta anche analogie con l'itinerario di von Glanvell sulla parete NE della Tofana di Rozes. Il dislivello è di poco superiore: 1300 metri contro i 1000 della Rozes. Identiche le difficoltà: 2° grado con passaggi di 3°. Di poco superiore il tempo impiegato: 7 ore per la Rozes ed 8 per la Tofana di Dentro. Inoltre, entrambi gli itinerari ebbero la particolarità di essere ripetuti per primi, da pattuglie militari austriache e bavaresi, all'inizio della grande guerra.

(²) A. Berti, *Dolomiti Orientali*, Vol. I, Parte I. *Guida dei Monti d'Italia*, CAI-TCI, IV ediz., Milano, 1971.

Col Rosà: palestra di arrampicamento

Il Col Rosà, estrema propaggine settentrionale delle Tofane, ha una storia tutta particolare, che, per motivi di chiarezza, riteniamo opportuno condensare in unico capitolo.

La sua altezza, relativamente modesta, il percorso assolutamente elementare e la vicinanza con i tradizionali itinerari per la Val Travenánzes, hanno certamente invogliato, sin dai più antichi tempi, i valligiani ampezzani a risalire il facile versante N della montagna, per raccogliere fascine di baranci, per costituire riserve di legna per l'inverno. Ancora oggi, la montagna è rivestita da questa intricata e tenace vegetazione, nella quale, a fatica, vengono mantenuti aperti i sentieri per la vetta. Molte volte anche gli alpinisti sono ostacolati nella loro arrampicata dalle frange di mugo, specialmente in fase di avvicinamento. L'inglese Phillimore ricordava che tale ambiente gli era piuttosto familiare perché assomigliava molto alle montagne del suo paese: l'Hill Climbing nel Cumberland.

La parete SE, quella che si vede distintamente da Cortina, è la più importante dal punto di vista alpinistico. Su di essa, il 4 luglio 1899, le guide Antonio Dimai e Zaccaria Pompanin con l'alpinista Robert Corry, tracciarono una elegante e difficile via di arrampicata (3° grado con passaggi di 4°).

Pompanin Radeschi detto Zacar (¹) – secondo il giudizio che ne diede Leone Sinigaglia – fu un'ottima guida ed un eccellente arrampicatore di roccia, sicuro e prudente nello stesso tempo, sempre attento e abile nel maneggiare la corda. Il gruppo, alle prime luci dell'alba, salì a Forcella Posporcora e si portò su di una stretta cengia alla base della parete. La salita è aspra, le traversate espostissime, l'assicurazione difficile, ma Dimai non ha esitazioni: il suo occhio esperto aveva individuato la via di salita già nelle ricognizioni preliminari. Pompanin si arrampica come un gatto su per i camini e Corry non è da meno delle sue guide. In otto ore raggiunsero la vetta. Lo stesso anno, il barone Orazio De Falkner, in cordata con gli alpinisti Filder e Lambert e con le guide Dimai, Pompanin, Costantini e Menardi, effettuò la prima ripetizione italiana. Qualche tempo dopo, il barone Orazio De Falkner, in cordata con le alpiniste Filder e Lamport e con le guide Dimai, Pompanin, Costantini e Menardi, effettuò la prima ripetizione assoluta. È veramente interessante leggere la relazione (²) che De Falkner scrisse dopo questa strana ed insolita ascensione, che apriva nuove prospettive all'alpinismo dolomitico.

Il Col Rosà: parete SO.

(¹) Nato il 26.8.1861 e morto il 22.3.1955, guida alpina dal 1892.
(²) Dal Bollettino C.A.I. 1901. «Nelle Dolomiti di Ampezzo».

Dov'è questo Col Rosà?

ORAZIO DE FALKNER

«Quando giunsi a Cortina nell'estate del 1899, trovai quel piccolo mondo alpino di guide e di turisti ancora tutto sorpreso ed ammirato per la prima salita del Col Rosà, che il sig. R. Corry aveva compiuto insieme alle guide Pompanin ed A. Dimai il 26 giugno dell'anno stesso. Sebbene io mi credessi di avere una discreta conoscenza della Val d'Ampezzo, confesso che al primo momento non seppi raccapezzarmi quando mi fu detto che era stata compiuta una difficile ed ardita ascensione nei dintorni di Cortina. "Dov'è questo Col Rosà?" chiesi stupito al mio interlocutore. "Ma come, non lo conosce? È quello là". Guardai nella direzione indicatami e vidi quel piccolo colle di forma piramidale che chiude a N la Val d'Ampezzo. "Ma se ci si va sopra a cavallo!" esclamai ancora incredulo. "Già, è vero, ma da questa parte, è tutt'altra cosa!".

Rinunciai per quel giorno a cercar di comprendere come mai potesse venire in capo ad un uomo sano di mente di salire per quella via sopra un monte, che sapevo essere di sì facile scalata dall'opposto versante. Il fatto si era che non avevo avuto ancora alcun sentore della nuova manìa, «pardon» della nuova maniera che era venuta di moda nella classica terra dell'alpinismo dolomitico. Quando la mia attività alpinistica aveva dovuto cessare, come ho detto, nel 1894, il Sinigaglia andava cercando, ed aveva in parte trovato con successo, nuove vie d'ascesa per le alte cime già note, permettendo così all'alpinista che ne seguisse i passi una piacevole varietà di strada per le ormai troppo note e vecchie ascensioni. Ma sembra che ciò non sia stato ancora sufficiente per appagare la crescente attività degli entusiasti. Infatti, con tutto ciò, il Sinigaglia non aveva fatto che uniformarsi ai dettami della bella e vecchia scuola alpinistica, la quale sembra non voglia ammettere all'onore d'essere chiamate ascensioni se non quelle compiute sopra monti che da ogni lato offrono una certa difficoltà di salita. Ora invece è sorta una nuova corrente alpinistica, che mi pare abbia tutti i requisiti necessari per appagare i bisogni di ciò che chiamerei "la grande nevrosi alpina di questo fine secolo". Si vuole poter partire da Londra o da Berlino, ed appena scesi dal treno o dalla diligenza poter dopo un'ora di cammino trovarsi ai piedi di qualche immane parete rocciosa la cui scalata offra tutte le esilaranti emozioni dell'alpinismo come condensate in poche centinaia di metri di vertiginosa arrampicata. Non siamo giunti forse proprio a questo punto, ma ci arriveremo fra poco. Intanto le salite che sto per descrivere segnano già un buon passo verso questo "desideratum".

Al nome del Col Rosà possono darsi varie interpretazioni, ma la più simpatica ed originale è quella che mi suggerì un signore ampezzano quando mi disse: "Veda, noi chiamiamo quello il colle 'della rugiada' perché per la sua posizione, quando il sole vi dardeggia sopra, la brina sembra avviluppare come in un manto d'argento l'intiera montagna". E infatti, in sul mattino spesse volte si scorge da Cortina il Col Rosà tutto scintillante al sole.

Se ne raggiunge facilmente il piede risalendo la via maestra sino alle seghe di Fiammes, ed attraversando il Boite, continuando ancora per circa un quarto d'ora per una via carreggiabile che termina in una folta selva di larici ed abeti. La mattina dell'11 agosto, verso le 6, le signorine Filder e Lamport ed io, dopo aver percorso in carrozzella la via ora accennata, partimmo pieni di curiosità per questa nuova specie di ascensione e s'incominciò a salire il ripido pendìo d'erba e di ghiaia che ricopre tutta la base del Col Rosà. Ci erano guide l'Antonio Dimai, il Pompanin, A. Costantini e G. Menardi. Dopo circa un'ora di noiosa salita c'inoltrammo per una cinquantina di metri nel lungo canalone di ghiaia che si scorge da Cortina verso il lato orientale della nostra montagna, poscia, traversando per pochi passi verso sinistra, sostammo onde preparare ogni cosa per la scalata della impressionante parete che ci sovrasta e che sembrava, a dire il vero, del tutto inaccessibile. Il povero portatore guardava un po' sgomento le sette paia di stivaloni chiodati che doveva portarci sulla vetta insieme alle provviste, risalendo per l'altro versante. Eppure, senza l'aiuto della speciale calzatura di corda sarebbe follia l'avventurarsi in simili imprese. Non dico che esse sarebbero impossibili, ma per certo diverrebbero inutilmente pericolose. La suola di corda aderisce completamente alla roccia e basta la più piccola sporgenza per potervi assicurare il piede senza tema di scivolare, o almeno di scivolare malamente, come invece accade sì spesso con le scarpe chiodate. Dieci anni fa io avevo adottato le scarpe colla suola di gomma; esse sono ancora più sicure di quelle di corda, ma hanno il grave inconveniente che si consumano prestissimo e sono del tutto inservibili, anzi pericolose, appena la roccia sia un po' bagnata. Le scarpe di corda invece sono sempre più utili di quelle chiodate, anche sulle rocce coperte di neve, come ho potuto esperimentare in una ascensione di cui parlerò fra breve.

Ma per tornare alla nostra montagna, io mi trovo, lo confesso, non poco imbarazzato a dare una minuta descrizione di questa vertiginosa arrampicata, poiché quasi ad ogni passo vi s'incontrano speciali e non licvi difficoltà. Primo della cordata era il Pompanin, secondo il Dimai, seguiva la signorina Filder, indi Costantini, la signorina Lamport, G. Menardi, ed ultimo ero io. Sin dall'inizio la scalata si presenta ripida ed interessante; dopo i primi 40 metri, peraltro, si giunge al primo passo allegro; esso consiste in una parete di due metri e mezzo un po' strapiombante, dove i piedi non hanno appiglio alcuno, le sole mani vi possono aiutare; il corpo ha una simpatica inclinazione verso il precipizio. Questi passi, dice un celebre alpinista inglese, si superano per la maggior parte degli arrampicatori in questo modo: tirati vigorosamente per la corda dinanzi e stimolati posteriormente dalla guida che sta di sotto. Come ultimo della cordata, a me mancava lo stimolo di cui sopra, e confesso che dovetti porre in opera tutte le mie forze per cavarmela bene.

Il guaio si è che appena superato questo mal passo ci si trova sopra una stretta cornice di roccia ove appena il piede può posarsi per intero. La traversata di questa cornice sopra un precipizio di più di cento metri è fra le più solleticanti che io abbia mai visto; è insomma uno di quei punti nei quali, come diceva il buon Maquignaz, «il ne faut pas glisser», se no, addio tutti.

Da questo punto la parete si presenta a prima vista impraticabile; eppure Dimai, che ha preso la testa, è già salito di altri cinquanta metri, quanti ne contano due corde legate insieme; Pompanin lo raggiunge ed aiutano insieme le signorine a salire. Questo primo a picco sarebbe per se stesso bellissimo ed emozionante, se subito dopo non ne venisse un altro di settantacinque metri di altezza. Poche guide osano salire per prime queste pareti. Io attendevo già da mezz'ora, in piedi sopra una strettissima cornice, che salissero i miei compagni, quando un piccolo grido mi fece volgere in alto la testa e vidi la signorina Filder che penzolava sul precipizio colle spalle rivolte alle rocce. Un sasso al quale s'era aggrappata le aveva ceduto sotto la mano. Quattro braccia d'acciaio tenevano fissa la corda quaranta metri più sopra e Costantini dal disotto, lentamente, ma sicuramente, salì di qualche passo e con la corda che discendeva dalla signorina la tenne contro la roccia e così le rese possibile di rivoltarsi da sè verso la parete.

Trovarsi sospesa sopra un abisso di dugento metri non deve essere cosa troppo gradevole; tuttavia la coraggiosa alpinista riprese la scalata e dopo poco più di un'ora eravamo radunati sulla cima della parete. Chi ama le forti emozioni salga senza corda questo camino di roccia, e garantisco che le avrà certamente. Ancora pochi metri di salita e possiamo tutti, bene o male, sederci per la prima volta in un cavo del monte. Da questo punto l'ascensione a chi osserva la montagna da Cortina sembra assolutamente improseguibile, ed invece una stretta ma facile cornice ci porta in un vasto canalone nascosto fino allora allo sguardo. Le difficoltà cessano come per incanto, e mezz'ora di facile scalata ci porta sulla cima. Questa è l'unica disillusione che offre il Col Rosà, che per altro resterà sempre nella prima parte una splendida arrampicata emozionante e, diciamolo pure, pericolosa per la traversata sovradescritta.

La specialità di questa salita si è il trovarsi frammischiate erbe e terra con le rocce, onde spesso l'appiglio riesce malsicuro, eppure è necessario cacciare le dita entro il terreno cedevole o malfermo e così sollevarsi con le sole braccia, poiché ancor meno è sicuro l'appoggio che le erbe disseccate offrono al piede. Questo, a dire il vero, è un fastidioso inconveniente al quale bisogna pure abituarsi, ma che toglie molto dell'interesse che si proverebbe nel salire certi passi. Sulla cima le guide sono prese da una insolita, ma spiegabilissima giovialità, e si abbandonano ai più svariati esercizi acrobatici, poggiando ad esempio la testa sovra un masso e sostenendosi ai lati con le mani, alzano le gambe per aria come se fossero monelli di città.

Una signora americana che si è fatta costruire un castello all'inizio della Val d'Ampezzo, onde poter soddisfare alla sentita bramosìa di cacciare la grande selvaggina anche in Europa, ha fatto pure tracciare un comodo sentiero per il versante settentrionale del Col Rosà, guadagnandosi così anche la riconoscenza degli alpinisti.

La vista di cui si gode sulla vetta è, se così posso esprimermi, il contrario di ciò che generalmente si vede dalla cima dei monti; poiché da tutti i lati montagne più alte e più splendide ne circondano, dandoci l'impressione di essere sovra un piccolo rialzo nel fondo di un immenso anfiteatro. Soltanto a S, verso Cortina, lo sguardo si può spingere libero e lontano sovra i monti di Val Zoldo.

Le valorose alpiniste trovano un piacevole sollievo per la ripida discesa nella morbidezza del terreno e nell'ombra che poco più in basso offrono enormi larici ed abeti che vanno man mano diventando più folti sino a formare una bella ed ombrosa selva. In meno di un'ora ci troviamo di nuovo tutti al piede del Col Rosà sulla carreggiabile che da Fiammes porta al Ponte Alto. Le signorine ed io prendiamo posto in due carrozzelle e le guide (nuovo segno di mutati tempi) salgono sopra un carretto e così trionfalmente rientriamo dopo tre quarti d'ora a Cortina».

* * *

A metà settembre del 1907, Dibona accompagnò su questa via ormai classica, il Re Alberto I del Belgio, avendo purtroppo la sgradita sorpresa d'incocciare in una improvvisa tempesta che rese viscida la temibile roccia, inzuppando da capo a piedi gli sfortunati scalatori. La via, divenuta di moda fra i rocciatori dolomitici, venne ancora affrontata dagli alpinisti veneziani Tarra e Cappellari, senza l'ausilio di guide. Non ebbero subito partita vinta e dovettero richiedere più precise informazioni sulla via da seguire alla guida Agostino Verzi. Il Tarra ci lasciò una colorita descrizione ([1]) di questa movimentata avventura, che trascriviamo qui di seguito, per far comprendere ai nostri lettori, le difficoltà e le circostanze che ancora incontravano i nostri alpinisti nell'ambiente dolomitico.

([1]) Dall'articolo «Nelle Dolomiti di Ampezzo» di Luigi Tarra, pubblicato sulla Rivista Mensile del C.A.I. 1914, pag. 210 e segg.

Un brutto scherzo

LUIGI TARRA

«Il compiere l'ascensione del Col Rosà (m 2161), che fu per la prima volta salito dal versante SE da R. Corry con le guide Z. Pompanin e A. Dimai, era la segreta e non confessata nostra aspirazione fin da quando giungemmo a Cortina. Troppo, Cappellari ed io, ne avevamo sentito discorrere da guide ed amici alpinisti, troppo esaltarne le difficoltà e magnificarne le asprezze, perché la bella piramide che si eleva a N di Cortina, fra la Val del Boite e la Val Fiorenza – dopo Wolf von Glanvell una sol volta salita senza guida, da Fritz Terschak e F. Groeger (29 giugno 1913) – non ci attraesse con profondo fascino. E quando furono ultimate le nostre ascensioni e le nostre esplorazioni nel Gruppo della Croda da Lago e in quello del Pomagagnon, prima di lasciare Cortina, quasi per tacita intesa cominciammo a prendere qualche informazione per prepararci all'ardua scalata. Ma per il primo giorno, il 22 agosto 1913, che ne tentammo la salita, il Col Rosà ci preparava un assai brutto scherzo. Avevamo assunto le informazioni un poco affrettatamente da un guida – della quale non faccio il nome – assai pronta a parole, ma poco seria a fatti, guida che si era preso l'incarico di farci trovare il giovane Verzi all'osteria Fiammes per darci gli ultimi schiarimenti e portarci poi gli scarponi sulla cima pel facile sentiero N, e che ci fornì anche tutte le notizie nella via di ascensione possibili e ... soprattutto immaginabili. Viceversa quando la mattina dopo con l'automobile di Cappellari giungemmo a Fiammes, non trovammo nessuno e dovemmo prenderci per accompagnatore un ragazzotto non certo ... figlio di guida.

Dall'osteria Fiammes si ritorna indietro circa un chilometro fino alla località detta Sia di Fiammes, dove un ponte permette di passare il Boite e donde si diparte il sentiero che conduce in Val Fiorenza. Lo si risale per un tratto, fin quando comincia ad apparire tra gli alberi il dritto ghiaione tra il Col Rosà e il Campanile Rosà; lo si abbandona allora e dapprima per il bosco, poi per mughi e da ultimo pel ghiaione si raggiunge in circa 2 ore (nel punto dove il ghiaione è pieno di grossi blocchi) il principio di quella larga cengia che in alto fascia tutta la parete E del monte.

Fin qui tutto andò bene e, sfido! Non era possibile andare fuori di strada! Ma subito dopo cominciarono i guai: percorremmo, secondo le informazioni avute, tutta la cengia fino a quel pulpito verde che si vede da Cortina quasi nel bel mezzo della parete, e ci mettemmo su per una parete diritta e difficile, dalla base della quale non era visibile l'eventuale via ulteriore. Ma quando fummo alla sommità, la vedemmo la via: eravamo su uno spuntone separato da un profondo salto della vera parete, dritta, rossa inaccessibile! Effettuammo il ritorno calandoci a destra tra l'incombente muraglia e lo spuntone raggiunto, con un seguito di corde doppie – elegante quanto inutile esercizio – che ci permise di raggiungere nuovamente la cengia. Ritornammo sui nostri passi e trovammo finalmente l'attacco che era assai più indietro e vicinissimo all'inizio della cengia stessa. Da quel punto una ripida spaccatura a destra sembrava invitarci a proseguire e nonostante l'ora tarda ci affrettammo a risalirla, ma alla sommità ci attendeva una seconda delusione, chè la strapiombante parete da ogni parte impediva l'ulteriore procedere. Che ritorno rabbioso fu il nostro, senza scambiarci una parola, giù per le ghiaie e per il bosco! A Fiammes salimmo a bordo dell'automobile e via per Cortina, dove la prima persona che incontrammo fu il Verzi che mettemmo al corrente della nostra mal riuscita spedizione.

Ci buscammo dapprima parecchie osservazioni piuttosto salate e stizzose dal buon Agostino, poi vennero le spiegazioni che ci fecero reciprocamente comprendere i pasticci e gli errori dell'altro messere. In buon punto mi sovvenni dell'antico "tu ne cede malis, sed contra audentior ito" che tradussi modernamente con: "Caro Agostino, domani ritenteremo l'ascensione: adesso montiamo in automobile, andiamo a Fiammes, e vedremo bene la via". Così facemmo ed ecco perché, al crepuscolo, i passanti poterono vedere vicino all'automobile, in cospetto dell'ardita piramide, tre persone gestire e confabulare fra loro come tanti congiurati.

L'indomani, 23 agosto, colla compagnia del figlio di Verzi, che ci doveva indicare l'attacco, tornammo alla carica e fu giorno di vittoria. Raggiunta, dalla sommità del canalone, la cengia e percorsala per un breve tratto fino alla spaccatura (che avevamo vanamente salito), occorre invece proseguire a sinistra fino a una specie di piattaforma, dalla sommità della quale si prosegue a destra per una traversata in principio facile, ma che poi conduce con difficoltà alla base di una stretta fessura sulla parete, visibile dal basso. La fessura che Terschak ci aveva definito con molta evidenza "bestia nera" e che nel disegno datoci da Verzi era segnata "molto difficile" è lunga circa sei metri e costituisce assolutamente un passo di primissimo ordine. Superatala, un bel mugo che la sovrasta, permette qualche minuto di riposo e un'occhiata in alto e in giro: che roba! Dal sommo della fessura parte una cengia ingombra di mughi che si percorre fin dove l'incombente parete appare solcata da un lungo superficiale camino, fortemente inclinato da sinistra a destra, e nel suo complesso alquanto strapiombante. È lungo settanta metri circa e sia per la scarsezza e la cattiva qualità degli appigli, sia per la grande esposizione costituisce un tratto assai arduo da vincere. Verso la metà, a una piccola piazzetta ghiaiosa che ci sembra un'oasi in mezzo a tanto vuoto, riposiamo un poco.

La seconda parte è un po' meno difficile e termina con grossi massi, incastrandosi in una lunga inaccessibile fessura che scende dall'alto. Ma dalla sommità del camino parte verso sinistra una larga cengia foggiata a V che si percorre facilmente (toltane una breve interruzione) dapprima con ripida discesa e poi risalendo. La cengia, continuando, gira la costa del monte e si porta sul versante SO, per il quale si può raggiungere la vetta abbastanza facilmente. Noi, invece, per continuare la via sulla parete SE, percorremmo la cengia fino all'incontro di una larga schiena piena di mughi che risale verso destra in direzione di due grossi spuntoni foggiati a pilastri. Su per questa poi, si supera con difficoltà un grosso masso incastrato fra i due pilastri e si riesce su un pulpito ghiaioso. Il pilastro di fronte, che è addossato alla parete finale, è percorso da una esile cengia che va da destra a sinistra e permette di raggiungere uno stretto camino fra questo e la parete, superato il quale, si traversa un piccolo tratto di pessima roccia e poi direttamente per una parete assai esposta e franosa si raggiunge la cresta, donde, a sinistra, subito la cima.

Il duro sforzo, durato circa quattro ore, era finito e fu con vera voluttà che ci abbandonammo a qualche istante di riposo al sole, prima di prendere, con il piccolo Verzi che ci attendeva sulla cima, il sentiero di discesa per il vesante N. Rapidamente raggiungemmo la strada carrozzabile, l'osteria Fiammes e via in automobile a Cortina a salutare ancora una volta l'amico Terschak e la guida Verzi, informata della buona riuscita della nostra seconda spedizione, e sorridente bonario, questa volta, dietro i lunghi baffi spioventi. "Addio, buon Agostino e salute"».

* * *

Ancora Dibona con Celestino De Zanna detto Bepe de Poulo (¹) e due clienti A. Girardi e L. Paolazzi tracciò, il 17 ottobre 1910, una via di 4° grado sul Campanile Rosà. Si tratta di una appuntita guglia, alta un centinaio di metri, posta sul lato destro (di chi guarda) della parete SE del Col Rosà. Sino allora nessuno aveva mai osato arrampicarsi lungo le sue ripide pareti segnate dai fulmini, ma per Dibona fu più semplice di un gioco. Sulla vetta, essi incisero nella roccia, con la punta di un chiodo, il nome di Cortina. Poi, con cinque discese a corda doppia, quasi tuffi di gioia nel pulviscolo d'oro del primo meriggio, i quattro rocciatori rimisero piede sul ghiaione e rientrarono felicemente in Cortina.

Altri tentarono il Campanile, e qualcuno (per una corda spezzata) vi lasciò anche la vita.

Il 13 settembre 1931, Piero Dallamano e Renato Ghirardini salirono per primi il versante S, effettuandone anche la prima traversata. Il 10 agosto 1941, le guide Giuseppe Dimai e Celso Degasper con i fratelli Melloni realizzarono una variante diretta alla via Dibona, superando tratti di 4° grado.

Le guide Celso Degasper e R. Menardi realizzarono, il 15 giugno 1942, una consistente variante alla via Dimai-Corry-Pompanin al Col Rosà: un itinerario un po' più difficile del precedente (4° grado) ma non altrettanto logico e lineare. C'era, in effetti, l'intenzione di portarsi sotto la dirittura della vetta, ma la variante aveva un andamento irregolare e presentava molte angolazioni, quindi non era esteticamente molto valida. Così, infatti, la pensavano gli «Scoiattoli»: Ettore Costantini, Luigi Ghedina e Igi Menardi; i quali – il 16 maggio 1943 – tracciarono una «direttissima» veramente spettacolare, molto bella e impegnativa, ed anche abbastanza lunga (m 450), sulla parete SE del Col Rosà. Una via di 5° e 6° grado, fra le prime realizzate dagli «Scoiattoli» nel gruppo delle Tofane.

Dodici anni dopo, un gruppo di «Scoiattoli» della seconda generazione: Lino Lacedelli, Albino Michielli e Arturo Zardini, tracciarono – il 10 luglio 1955 – una via di 6° grado su questa medesima parete. L'attacco della via era il medesimo dell'itinerario Dimai-Corry-Pompanin, ma il tracciato saliva verticalmente sulla destra, lungo un'ardita e difficile fessura. Il dislivello non era eccessivo (m 200) ma le difficoltà sempre notevoli.

Dopo questa salita, passarono altri undici anni, prima che un nuovo gruppo di «Scoiattoli» riprendesse in considerazione la parete, con l'intenzione di perfezionare ancora il tracciato della «Direttissima». Sembra quasi che ogni generazione di «Scoiattoli» voglia cimentarsi con questo problema per mostrare la propria forza ed abilità: la parete SE del Col Rosà come termine di paragone per valutare l'evoluzione dell'alpinismo ampezzano. Così, Ivano Dibona, Renato De Pol e Luciano Dal Pozzo – il 25 aprile 1966 – tracciarono un'altra «Direttissima», parallela alla precedente, ma questa sulla verticale esatta della cima: il massimo che si potesse realizzare su quella parete.

(¹) Nato il 9.11.1877 e disperso in Russia durante il primo conflitto mondiale.

La via Dimai-Eötvös sulla Parete Sud della Tofana di Rozes (1901)

La Parete S della Tofana di Rozes, era rimasta – agli inizi del secolo – l'unico versante di una certa importanza del massiccio, che non era stato ancora scalato; e si può ben capire il perché. L'imponenza e la verticalità delle sue forme, incutevano (ed incutono tutt'ora) agli aspiranti scalatori un senso di profondo rispetto. Un poeta alpinista, Enrico Rossaro; l'ha così descritta: «Chi all'alba di una serena giornata d'estate, si trovi già fuori dal limite alto

Le alpiniste ungheresi Jolanda (in primo piano) e Jlona Eötvös all'attacco della via classica sulla parete S della Tofana di Rozes.

La guida Antonio Dimai in giovane età.

dei boschi, sull'ampio sentiero che da Cianzopè porta al Rifugio Cinque Torri, vede il cielo del Nord invaso da questa prodigiosa cattedrale di quasi mille metri d'altezza, chiazzata di rosa tenue dai primi raggi del sole. La facciata abbagliante, sembra uscire come d'incanto dalla penombra ovattata della valle, mentre gli uccelli del mattino ed il fruscio del Rio Costeana fanno sentire il profondo silenzio dell'alpe. Improvvisamente la parete si anima ed il sole di striscio fa vedere linee e volumi nuovi, scopre l'architettura intima dell'originale costruzione. Alla base, sotto le ghiaie, stanno ancora in ombra i due lunghi gradini paralleli, corrispondenti alle due grandi bancate calcaree, sulle quali poggiano otto lunghi pilastri, ognuno diverso dall'altro e divisi da lunghe fessure e camini verticali. Dietro si alza la parete vera e propria, scavata nel centro da un autentico anfiteatro che appare sospeso nel vuoto. In vetta il "timpano" finale. I quattro pilastri di destra evidenziano maggiormente i loro spigoli, mentre quelli di sinistra si arricchiscono di piccole guglie e strani torrioncini, che s'incontrano in una delle classiche vie di salita. Eccettuate le pareti sommitali e le chiazze lisce di qualche pilastro, la roccia diventa spugnosa, minutamente scolpita, con nicchie, cenge, terrazze, irresistibile invito per il rocciatore».

Agli inizi del Novecento, questa splendida ed armonica parete, attirò l'attenzione delle baronessine ungheresi Ilona e Jolanda Eötvös, le quali per la loro attività alpinistica si affidavano all'abilità ed all'esperienza del binomio Antonio Dimai e Agostino Verzi: fortissima combinazione di scalatori d'alta classe che già avevano risolto molti problemi alpinistici in Dolomiti. È anche abbastanza probabile che l'impresa, di concezione ardita per quei tempi, sia stata suggerita dalle due guide, che già da tempo dovevano averla adocchiata. Del Dimai come guida, abbiamo già parlato in un precedente capitolo, ora non ci rimane che dare qualche ragguaglio sulla personalità del Verzi detto Tino Sceco (¹). Egli ebbe al suo attivo ventisei prime ascensioni: dalle pareti del Pomagagnon e della Fiàmes, alla Tofana di Rozes, dalla Cima Undici a Cima Witzenmann, al Campanile Verzi, alla Torre del Diavolo per via aerea dal Gobbo. Spirito semplice ed arguto, guida forte, valorosa e modesta. Vale per tutti, il giudizio espresso dal barone Rolando Eötvös: «La lode che scrivo sulla prima pagina di questo libretto della guida Agostino Verzi, che mi accompagnò assieme a mia figlia nella traversata del Sorapìss in molto difficili condizioni di neve, vuol essere un giusto riconoscimento delle sue spiccate qualità alpinistiche e l'augurio che molti altri possano aggiungere al mio il loro grazie a chi li portò con mano ferma in alto sulle vette immacolate».

Il 18 luglio 1901, Dimai e Verzi accompagnarono le baronessine Eötvös sull'inviolata Cima d'Auronzo nel gruppo della Croda dei Toni. In agosto, la stessa cordata, rafforzata dalla guida Giovanni Siorpaes detto Giàn de Santo (²) effettuò la prima ascensione della parete S della Tofana di Rozes. Una salita particolarmente difficile, che segnò l'inizio di una nuova epoca nella storia delle Tofane. Essa si svolge lungo tutto il crinale O dell'ampio anfiteatro al centro della parete. Vedremo in seguito le particolarità di questa via; per il momento ci basti sapere che la prima ascensione durò dalle 8 del mattino alle 18,30 pomeridiane. La via, tracciata con la solita maestria da Antonio Dimai, doveva rimanere per ben quindici anni la sola che, da quel versante, portava alla vetta della montagna. La via venne ripetuta, una settimana dopo, dall'inglese Hellmann.

Non mi è stato possibile rintracciare la relazione di questa prima salita, o forse non è mai stata scritta; ed è per questo che ho ritenuto opportuno riportare integralmente la narrazione fattane dall'alpinista Ugo de Amicis; il quale – a distanza di tempo – ne effettuò ben due ripetizioni, sempre accompagnato dalle medesime guide: Dimai e Verzi.

Agostino Verzi

Antonio Dimai

(¹) Nato il 25.9.1869 e morto il 17.5.1958, guida dal 1899.
(²) Nato il 18.11.1869 e morto il 6.4.1909, guida dal 1890.

Tofana di Rozes: Parete S.

La più vertiginosa traversata delle Alpi (*)

UGO DE AMICIS

Gli alpinisti italiani, piemontesi e lombardi in particolare, abituati alle lunghe ed impegnative ascensioni sulle Alpi occidentali e centrali, snobbavano la zona dolomitica perché la ritenevano di secondaria importanza, in quanto priva di vere difficoltà alpinistiche. Uno dei primi «occidentalisti» a recarsi nelle Dolomiti per «saggiare» il terreno ed assimilare la nuova tecnica di arrampicata, fu l'alpinista Ugo de Amicis. Egli, attraverso articoli e conferenze, diffuse poi negli ambienti subalpini la conoscenza di questi nuovi metodi di scalata, che definiva (già nel 1914) come «scoiattolerie». In una conferenza di quell'anno, così descriveva una tipica ascensione dolomitica ([1]):

«Si parte alle dieci del mattino da un comodissimo alberghetto, e dopo venti minuti di placida strada erbosa si mettono le mani sulla roccia verticale, con le scarpe di corda (scarpe da gatto, come le chiamano là), senza picozza, senza giacca, senza cappello, senza sacco (il sacco che contiene soltanto la macchina fotografica e una bottiglia di limonata, lo si lega a metà della fune e lo si tira su come un qualunque alpinista). Giunti sulla vetta si trova un portatore, che vi porge le scarpe chiodate, il vino e la birra, i bocconcini prelibati e magari il giornale del mattino, e dalla vetta per un sentiero ben disegnato e ben tenuto, in mezz'ora, discendete, chiaccherando, all'albergo. Tutto questo pare un gioco; e lo è difatti: ma è un gioco che costa 500 corone - 250 per guida!

La prima guida però, al passo più precipitoso, deve alzarsi dalle spalle del compagno e superare uno strapiombo, facendo quello che si dice in termine ginnico un "Cristo degli anelli". (omiss.) Anche a una guida ottima delle Alpi occidentali, la novità di queste pareti vertiginose dà una preoccupazione invincibile, specialmente nelle traversate orizzontali, dove la caduta dell'alpinista, distante dalle guide decine di metri, è necessariamente mortale. È vero che in questi passi l'alpinista che s'arrischia con una sola guida è sempre molto abile e sicuro, ma errori ne commettono tutti. Certo le Dolomiti esercitano più intensamente il coraggio e operano una più ristretta selezione fisica. Perché, al contrario di quanto succede nelle Alpi occidentali, nelle maggiori difficoltà delle Dolomiti l'esperienza vale poco e la costituzione muscolare e nervosa tutto. Per questo l'orgoglio della propria natura fisica vi può ottenere una più netta soddisfazione. "Orgoglio da acrobati" mi si risponderà; ma bisogna riconoscere che, dal punto di vista delle doti fisiche, chi riesce in un salto mortale è certamente superiore a chi conquista il Cervino senza guide.

La Via Dimai alla Tofana di Rozes, la più vertiginosa traversata delle Alpi, finora era stata fatta una quindicina di volte; ma quando la feci io per la prima volta nel 1906, era quasi sconosciuta, e credo che quella mia fosse la quarta ascensione. Io desideravo di rifarla con l'amico Rey perché egli, che pure aveva già salito non poche fra le Dolomiti più famose e le Aiguilles di Montanvert, le più ribelli delle Alpi occidentali, vedesse qualcosa di peggio, una via quasi aerea, che par intagliata apposta per gli arrampicatori più incontentabili.

Con le guide e il portatore, con una mezza dozzina di sacchi e un mucchio di corde, salimmo verso il colle di Falzarego sino a riggiungere il rifugio solitario. Non trovai però lassù l'impressione di drammaticità e di vertigine che danno certi rifugi sulle grandi montagne, specialmente quando infuria la tempesta. Lassù invece arriva un sentiero e regna la tranquillità della media montagna. C'era soltanto l'inevitabile studente tedesco, che si trova in tutti i rifugi delle Dolomiti. Come sempre fui io solo a far la minestra, perché, come sempre, i miei compagni non vollero assumere quella responsabilità; come sempre la inghiottirono fino all'ultimo grano di pasta, fino all'ultima goccia di brodo, e dopo, come sempre, la trovarono pessima. Allo studente tedesco snocciolai tutto il mio manuale teutonico per conversazioni serali ai rifugi, gli dissi cioè "Kalt" della temperatura e "famous" del tramonto, dopo di che ruppi bruscamente i rapporti internazionali, e andai anch'io a coricarmi in una sinfonia di russamenti titanici degni della grande impresa che si preparava.

La mattina dopo Antonio Dimai, guida che è fra le migliori e più note delle Dolomiti, ci diede una notizia molto confortevole: "Credo che per oggi *acquisteremo* il bel tempo... Per usare il verbo *acquistare* al modo del Dimai bisogna definirne bene il significato corretto, e poi usare il verbo in tutti i significati, fuorché in quello. Così il Dimai dice: "ho *acquistato* un dispiacere, ho *acquistato* la pioggia, ho *acquistato* un raffreddore, ho *acquistato* un pugno".

In mezz'ora dal rifugio arriviamo alla base di quel muro dolomitico alto seicento metri, e subito incominciamo la salita tutta diritta, tutta difficile e con pietre malsicure. Una di queste, smossa dal Dimai mi sfiora il capo. L'ha *ac-*

(*) Dall'omonimo capitolo di Ugo De Amicis «Piccoli uomini e grandi montagne», Fratelli Treves Editori, Milano, 1924.
([1]) Conferenza tenuta nel salone della Borsa in Torino nel 1914 e pubblicata nel volume «Piccoli uomini e grandi montagne».

quistata? mi grida il Dimai. No, se Dio vuole, in ogni caso l'avrei fatta pagare a lei. Si deve traversare un largo canale di neve, in cui piovono continuamente sassi, e più tardi sormontare uno strapiombo con gran forza di braccia; ma ogni difficoltà perde importanza quando le sovrasta la regina delle traversate, che attrae e suggestiona come qualunque violenta commozione inevitabile. Vi si arriva dopo tre ore d'arrampicata. È lunga da 35 a 40 metri. È sopra una parete di roccia di 400 metri, verticale. Durante quasi tutta la traversata, abbassando lo sguardo vediamo l'orlo esterno del nostro piede disegnarsi sulla pineta sottostante. Gli appigli non sono pochi, ma insidiosi, perché la roccia è assai rotta. Il ripiano, da cui si parte, non è punto comodo, e il primo tratto della traversata è già parecchio difficile. Per quanto abbia la macchina fotografica a tracolla e sia il terzo della cordata, non posso fotografare; uno svolto della parete mi nasconde i compagni. Del resto non so se devo o no augurarmi di poter adoperare la macchina. L'arte del fotografo è, in quelle condizioni di via, veramente molto sgradevole e piena di rischi. Non per nulla quelle fatte da me, sono le prime istantanee osate lassù.

Fotografo Rey e la guida Verzi quando percorrono il secondo tratto. E poiché lo stare inattivo in quella posizione vertiginosa è quanto mai deprimente, sebbene l'attività fotografica non mi riesca facile, li fotografo una seconda volta. Dopo dieci eterni minuti di fermata, direi meglio: di sospensione, percorro anch'io il medesimo tratto, e allora potrei forse fotografare dall'alto i miei compagni attaccati alla roccia come piccoli ragni e profilantisi sulla pineta di Falzarego; ma il sito è, anche per la roccia malsicura, talmente dannato che per una volta tanto mando al diavolo la pellicola tentatrice. Però, appena fatto il passo, il rimorso di non aver tentato quel quadro drammatico mi punge crudelmente, e mi punse crudelmente per molti giorni ancora. Ma la mia viltà seccò poi tanto le mie cognizioni fotografiche finché ottenne da esse la certezza che quella fotografia, per l'inevitabile inclinazione della macchina non avrebbe potuto riuscir bene. In ogni caso lassù il rimorso fu ben acuto, anche perché m'accorsi subito che nel terzo tratto della traversata mi era preclusa la vista dei compagni e che la mia Goerz doveva rimanere inoperosa.

Quel terzo tratto è il più arduo, perché in un punto le mani devono reggere interamente il peso del corpo e l'appiglio non ispira una grande fiducia. Nell'ultimo tratto, a cui segue un camino verticale, le due guide ci precedono. Fotografo prima il Verzi, che va innanzi con la bella disinvoltura. Questo passo è meno difficile dei precedenti, ma, come nei precedenti, il piede si disegna sul fondo della valle. Il Dimai segue il Verzi d'accosto e finisce per scomparire anche lui nel camino. Rey segue le guide. In quel momento deve certo riconoscere che l'amico fotografo non gli aveva descritto la traversata con troppe iperboli. Prima di fotografarlo gli chiedo consiglio: Devo mettere il fuoco a sette metri?

Pensa ai quattrocento metri che hai sotto – mi risponde bruscamente – e non far sciocchezze.

Dimmi almeno se devo stringere il diaframma!

Stringi la corda invece!

Io non strinsi la corda, non strinsi il diaframma e portai in ogni modo a salvamento pelle e pellicola.

Rey che sta per scomparire anche lui su per la dirittura del camino, deve certo dire in cuor suo, come tutti quei pochi che sono passati di là: Se Dio vuole si sale e non si traversa più! Una cordata di quattro per fare quei 35

Guido Rey (con il cappello bianco) fotografato da Ugo De Amicis nella difficile traversata lungo la via Dimai-Eötvös.

metri impiega tre quarti d'ora. I tre quarti d'ora più suggestivi della mia vita alpinistica – mi dice Rey quando arriviamo sulla vetta. A me quella traversata è parsa assai più lunga ed aerea che la prima volta. Verzi me ne dà la ragione con una sentenza degna di Monsieur de la Palisse: Otto anni fa avevate otto anni di meno.

In uno spiazzo della pineta che circonda la Tofana di Rozes, su cui si profilavano i piedi durante la traversata, un'automobile rossa aspetta misteriosamente. Lo chauffeur fischia a gente che si nasconde fra i pini. Gli rispondono voci sempre più vicine di gente che corre. Sulla vicina strada carrozzabile si radunano parecchi turisti incuriositi. Una carrozza si ferma sospettosa. Cosa succede mai? Tutt'a un tratto, sbucano fra i pini cinque uomini ansanti dall'aria brigantesca – due forse l'hanno un po' meno – saltano sull'automobile, e, lanciato in alto un saluto agli imponenti pilastri della Tofana di Rozes, infiammati dal tramonto, scompaiono velocemente nell'ombra della pineta.

Una gioia serena illuminava i loro volti, specialmente a quei due che forse avevano un po' meno la faccia da briganti. Essi pensavano che, per goder bene del senso della vita, bisognava aver minacciato brutalmente quell'istinto egoista che denominiamo spirito di conservazione. Al momento di lasciare Cortina sopravviene il rimorso, più che giusto, quello d'aver commesso una ragazzata alpinistica.

La montagna offre all'uomo due vie di progresso, che si escludono a vicenda: la via del progresso fisico e la via del progresso estetico e mistico. Nella gioventù è naturale e bello seguire la prima, ma nella maturità una giusta evoluzione psicologica deve far seguire la seconda. L'individuo deve progredire come la specie dal valore fisico a quello spirituale. In una traversata come quella della Tofana di Rozes si considera la montagna, non come poeti e come mistici; ma come «scoiattoli» ambiziosi, e in quel giorno si regredisce, spiritualmente almeno, di quindici anni. E al ritorno ci par di rivedere, come una volta, la cara immagine paterna, che ci perdona sorridente l'ansietà sofferta e la nostra vanità giovanile. Del resto, non è forse male dimostrare qualche volta alle Dolomiti che si ha ancora l'audacia dei vent'anni».

Geum reptans
(Ambretta strisciante)

Guerra sulle Tofane

Nella primavera del 1915, la pace e la tranquillità delle Tofane furono bruscamente interrotte dal fragore delle armi. Le truppe italiane, nella loro cauta avanzata in direzione della Val Badia e della Val di Landro, avevano occupato – senza colpo ferire – la conca di Cortina d'Ampezzo, e si erano attestate nella valle superiore del Boite e in Val Costeana, con l'intenzione di forzare il Passo Falzarego e lo sbarramento fortificato di Son Pòuses. Qui però avevano trovato un'accanita resistenza che li aveva costretti a segnare il passo. Gli Austriaci, che in un primo tempo non avevano ritenuto possibile l'occupazione militare delle Tofane, ora – vista l'incertezza degli Italiani – si erano fatti avanti ed avevano installato, a difesa dei principali valichi (Col dei Bos, Forcella Fontana Negra e Ponte Alto) dei forti capisaldi di resistenza. La loro linea principale, in ogni modo, si snodava lungo il crinale della catena Lagazuoi-Fanis-Vallon Bianco-Son Pòuses, con avamposti tattici in Val Travenánzes e in diversi punti delle Tofane. Su questa montagna, dunque, finirono con lo scontrarsi gli opposti schieramenti, dopo che gli Italiani ebbero cercato inutilmente di forzare le vie di comunicazione ai due estremi del massiccio. Dopo altri tentativi infruttuosi, compiuti prima lungo la Val Travenánzes e poi contro il Castelletto, lo sforzo maggiore venne compiuto, ad opera del battaglione alpini «Belluno», in direzione della Forcella di Fontana Negra, che venne occupata il 2 agosto 1915.

In settembre, un reparto di «Volontari Feltrini» riuscì ad occupare la vetta della Tofana di Rozes. Analogamente, più o meno nello stesso periodo, altri reparti italiani presero possesso della Tofana di Mezzo e della Tofana di Dentro, invano ostacolati dagli insidiosi «Streifkommandos» austriaci, ancora aggrappati lungo i versanti NO del massiccio. Anche la Val Travenánzes rimase in loro saldo possesso, e contro di essa si rivolse il pensiero dei nostri comandi di settore. Sfumata l'offensiva a largo raggio, non si trovò di meglio che insistere, senza risultati tangibili, in questa direzione. La Val Travenánzes, chiusa al suo sbocco, da una forte cintura difensiva, non rappresentava certo un obiettivo strategico di rilevante importanza, eppure noi ci intestardimmo, per tutto il resto della guerra, a volerne forzare l'ingresso dal lato del Castelletto e di Forcella Col dei Bos.

I combattimenti attorno a questo caposaldo naturale, che gli Austriaci chiamavano «Roccia del Terrore», furono aspri e sanguinosi, per entrambe le parti. Da parte nostra, non riuscendo a sloggiare gli avversari da questa imprendibile posizione, scavammo una galleria nelle viscere della montagna e vi facemmo esplodere una colossale mina sotto i loro piedi. Soltanto così, riuscimmo a mettere piede in Val Travenánzes; ma incappammo subito in una specie di trappola, dalla quale non riuscimmo più a districarci. Questa, per sommi capi, la storia della guerra, combattuta sulle Tofane, dal maggio 1915 all'ottobre 1917. Mai, come in questo periodo, le Tofane – trasformate nel più alto campo di battaglia delle Dolomiti – vissero vita più intensa e ricca di molteplici episodi. Non è possibile, per noi, soffermarci a lungo su questi avvenimenti, che sono, pur tuttavia, parte integrante della nostra storia. Per motivi d'ordine pratico, ci limiteremo – quindi – ad esaminare gli aspetti propriamente alpinistici di alcuni episodi di guerra, rimandando il lettore, che volesse approfondire l'argomento, ad un altro volume ([1]) esclusivamente dedicato a questa materia. Inizieremo col proporre la relazione di una salita lungo la parete NO della Tofana di Rozes, ad opera di una pattuglia di Jäger bavaresi dell'Alpen Korp germanico, intervenuto nei primi mesi del conflitto per rafforzare la debole linea difensiva austriaca in Dolomiti.

RICOGNIZIONE ALPINISTICA LUNGO LA PARETE NO DELLA TOFANA DI ROZES: 21-22 LUGLIO 1915

«Vedendo per la prima volta le tre cuspidi della Tofana, rimasi attonito dalla straordinaria imponenza della parete O, la quale, illuminata in pieno dal sole, assomigliava ad un muro liscio, che dal rosso e grigio delle rocce e dal verde morbido delle praterie scendeva a picco fino ai nostri piedi, nel fondo della Val Travenánzes. Lassù, oltre il ruscello, appariva ben piccolo il rifugio Wolf-Glanvell, e minuscole addirittura come giocattoli le tende del nostro accampamento. Quale profonda pace! Eppure là, sul Col de Bos, stava in agguato la morte, sì che dovemmo compiere la discesa alla spicciolata e il più rapidamente possibile.

A grandi salti ci affrettammo verso il basso, nel luogo di radunata fissato in precedenza, ai piedi della parete O della Tofana di Rozes. Lì sostammo per ripigliar fiato e per gettare uno sguardo sulla Tofana di Mezzo. Nel fulgore rossastro del tramonto, vedemmo stagliarsi lungo l'estesa cima

---

[1] L. Viazzi, *Le Aquile delle Tofane*, Ed. Mursia & C., Via Tadino 29, Milano.

e contro il cielo turchino un gran numero di Alpini, che ci osservavano, immobili. Il nostro sguardo si tornò a posare sulla parete O della Tofana di Rozes, che gradatamente si scoloriva. Ci chiedevamo se qualcuno avrebbe potuto salire fin lassù? Dal nostro punto di osservazione, rasente alla base della rupe ergentesi verso il cielo, sembrava quasi impossibile. La stanchezza ci gravava le membra come piombo, allorché ci disponemmo a percorrere il breve tratto fino al rifugio Wolf-Glanvell. I discorsi si aggiravano ora sulla questione se, una volta giunti nel rifugio, avremmo dormito sui materassi oppure ci saremmo coricati al suolo; ma il "come" era indifferente, purché si fosse riusciti di prender sonno quanto prima e a lungo. Tra siffatti discorsi, che avevano per tema il dormire e anche il mangiare – poiché ci tormentava una fame da lupi – raggiungemmo alle ore 20 del 20 luglio 1915 il rifugio Wolf-Glanvell. Quivi si era acquartierato il comandante del settore, maggiore Spiegel, con lo stato maggiore del I Bayer. Jägerbataillon. A noi fu pertanto assegnato per accampamento uno spiazzo sui prati, di là dalla trincea; e il sogno dei materassi svanì. Sfiniti di stanchezza, ci cercammo un terreno possibilmente eguale e lentamente procedemmo a piantare le tende. In questo frattempo apprendemmo che non c'era niente da mangiare, perché era mancato il vettovagliamento. Riuscimmo ad avere dagli Austriaci appena un ottavo di litro di caffè. Parecchi, avvolti solamente nei teli delle tende, si stesero sull'erba. Io mi costruii col mio gruppo un attendamento a parte. Alle 22,30, trementi di freddo, ci ficcammo entro l'approntato riparo, nella speranza di dimenticare, mercé un lungo sonno, la fame e la stanchezza. Viceversa, dopo mezz'ora circa, io fui destato e convocato col sergente Bauer nel rifugio Wolf-Glanvell, presso il comandante del distaccamento, ten. Denzel. Questi ci espose la situazione. La zona delle Tofane, gravemente minacciata, doveva essere liberata dagli Alpini annidatisi sulle cime, nelle selle e negli accessi, e soprattutto bisognava impedire a qualsiasi costo che gli Italiani si stabilissero sulla Tofana di Rozes, con la sua veduta generale e prospettica delle nostre posizioni. Gl'Italiani, presumibilmente, erano già stati più volte avvistati sulla Tofana di Rozes; ora, una durevole presa di possesso di questa cima avrebbe significato una estrema minaccia per le truppe stanziate in Val Travenánzes e le posizioni che da Lagazuoi si estendevano fino al conteso Col di Lana. Io ricevetti perciò l'incarico di mettermi in cammino, la notte stessa, con tre volontari per scalare l'ardua parete O alta 1200 m, di sloggiare gl'Italiani e di occupare la cima. Quanto a Bauer, doveva con dieci uomini, procedendo da N, spingersi egualmente verso la vetta.

Le mie modeste obiezioni, che eravamo spossati dalla marcia di avvicinamento con un sì greve fardello, che per l'intera giornata non avevamo toccato cibo e neppure chiuso occhio fino alla partenza della pattuglia, furono annullate dalla considerazione, che il comandante del corpo, S. E. Krafft von Dellmensingen, annetteva la massima importanza al possesso della cima e che l'intensa attività degl'Italiani non consentiva di perdere altro tempo. Allora mi feci fare dalla guida alpina Oppel, che era in forza nel I. Jäger come sergente, una sommaria descrizione dell'itinerario. Oppel aveva avuto la disavventura, eseguendo, tre giorni prima, il medesimo incarico, di rimanere, lassù in parete, ferito da un proiettile ad una mano. Con grande difficoltà egli aveva potuto ritornare, con i suoi uomini, nel rifugio ove alloggiava. Alla sua prima domanda, s'io avessi già scalato la «parete nord di Hochwanner», risposi affermativamente: fu allora dell'opinione che avrei potuto farcela, quantunque ritenesse la parete O della Tofana un osso ancor più duro; tenuto conto, altresì, che avremmo dovuto inerpicarci, in completo assetto di guerra. Frattanto eravamo arrivati alle ore 24,30 di martedì, allorché mi diressi verso la mia tenda, guidato da lungi, nella buia notte, dal russare dei miei caporali. I miei uomini non si rallegrarono gran che, quand'io li ridestai e annunziai loro l'incarico che ci era stato affidato. I fucilieri Lüdecke, Beyschlag e Kemnitz si offersero come volontari. Per quella notte, addio riposo! Dovevamo rifornirci di viveri, che erano molto scarsi. Per quattro persone ottenni solamente una scatoletta di carne ed una di marmellata di prugne. Affastellammo al buio le nostre robe e ai primi albori ci mettemmo in cammino.

Alle 5 eravamo davanti al nevaio che sporge dal gran canalone, pronti per l'attacco alla parete. La neve, dapprima abbastanza farinosa, favoriva la nostra salita; presto ci trovammo tuttavia sul duro ghiaccio. Ci sforzammo di salire fino a che l'impraticabilità della gola ci costrinse a desistere. Per malagevoli vie traverse, a mano destra (nel senso della salita), raggiunsi il primo tratto di un camino. Appoggiando l'un piede sul ghiaccio e l'altro sulla parete del camino, ci sbarazzammo delle scarpe chiodate e, badando a non perdere l'equilibrio, infilammo quelle da roccia. Il peso dei nostri zaini, già di per sé grave, si accrebbe notevolmente con le nuove calzature. A due a due formammo una cordata, indi io mi accinsi alla scalata dell'angusto camino, che si rivelò aspra assai per via dello zaino rigonfio, delle pesanti giberne e della carabina. Sbucai su un macereto e mi feci raggiungere dai miei compagni di corda. Ci volle parecchio tempo prima che la seconda cordata giungesse al nostro punto di sosta. Decisi allora che, nei passi più difficili, si legassero insieme le due corde e si procedesse poi sulle mie orme in cordata a quattro. Cedetti all'uopo una parte del mio bagaglio ai miei tre compagni, per non essere sovraccarico nella salita. Con questi mutamenti di cordata perdemmo del tempo prezioso.

Riprendemmo a salire, oltre la prominenza, su una cengia coperta di sfasciumi di roccia: la seguimmo per una quarantina di metri volgendo a destra, per poi ritornare, attraverso impervi sedimenti della parete e altri camini, a sinistra fino all'estremo limite del burrone. Giunti sull'orlo, ci inerpicammo su per diversi gradini della parete, fino a che potemmo gettare lo sguardo in una conca ricolma di massi; ma non vi ponemmo piede, perché era eccessivamente scabra. Piegammo in quella vece nuovamente a destra e, per balze ghiaiose, raggiungemmo un'ampia terrazza. La seguimmo girando per un fianco e di lì a pochi passi pervenimmo all'imbocco di una gigantesca caverna, che, a occhio e croce, si trovava ad un'altezza di 2400 metri. Decidemmo di riposarci qui per la prima volta, essendo già trascorse più di cinque ore dall'inizio della scalata della gola. La giornata si faceva nuovamente calda, mentre nella caverna regnava la frescura e si poteva anche calmare alquanto la sete con qualche goccia d'acqua... insomma, una tappa gradevolissima. A metà della caverna, a una quindicina di metri dall'imbocco, trovammo delle schegge di granata e un innesco. Al momento dell'esplosione di quel proiettile, il soggiorno là dentro doveva essere stato poco piacevole! Mentre eravamo sdraiati al fresco, dalla parte opposta, sopra la Val Travenánzes, le pareti del Grande Lagazuoi e della Punta S di Fanis incominciavano a corruscare al sole. D'improvviso, quale fragore! dall'altra parte, alla nostra altezza, comparve sulla parete del Grande Lagazuoi un grosso nugolo di polvere.

Tofana di Rozes. Parete NO. Sulla sinistra il Masarè di Fontana Negra.

Le pietre rotolavano in basso... era scoppiata una granata italiana, a cui ne seguirono molte altre. Negli intervalli le mitragliatrici sgranavano i loro colpi, poi nuovamente seguì la quiete della montagna.

Alle 11 riprendemmo la scalata, volgendo ancora a sinistra dell'ampia gola. La parete, che la sera innanzi ci era sembrata, dal basso, liscia al pari di un muro e inaccessibile, si presentava ora come una bella gradinata. Terrazzi di erosione e cenge si svolgevano in una serie in apparenza interminabile. Dopo esserci lasciati alle spalle dei camini e delle pareti lisce, ci trovammo da capo sul margine della gran gola. Da qui potevamo spaziare con lo sguardo fino alla Tofana II (di Mezzo), sulla cui vetta brulicavano gli Alpini, i quali però, non appena la nostra mitragliatrice in Val Travenánzes apriva il fuoco, si gettavano col ventre a terra. Essi rappresentavano un ottimo bersaglio. Fino ad allora avevamo trovato di tanto in tanto dei noccioli di prugna, provenienti senza dubbio dalla pattuglia Oppel, indizio che eravamo tuttora sul giusto itinerario. Evitammo nuovamente la gola e ci arrampicammo, per un'erta gradinata della parete, su una cengia, che percorremmo verso destra, fino a che fummo costretti ad affrontare la prossima gradinata. Una parete si susseguiva all'altra e noi ci spingevamo sempre più a destra. Ad un tratto ci trovammo sul margine sinistro di una seconda gola, che scendeva a picco. Non c'era che da prendere una strada più discosta, ma tale prospettiva era poco allettante per le nostre forze ormai ridotte all'estremo. Dovevamo seguire lo spigolo sinistro e poi risalire, quasi a perpendicolo, per circa 30 metri, una placca liscia; dopo di che il terreno pareva spianarsi. Mi liberai dello zaino, della carabina e delle giberne e, dopo un estremo sforzo, mi trovai, ansimante, aggrappato all'orlo di una conca dolcemente inclinata a eguale altezza di tre grandi, semicircolari caverne. Trassi su con la corda prima le quattro carabine, poi i quattro zaini ed infine i miei tre compagni, tanto che mi vennero forti crampi alle mani ed alle braccia a forza di tirare la fune.

Attraversando la conca, scalammo uno spigolo giallo, pieno di fenditure, ed alle 6 pomeridiane pervenimmo sull'orlo di un'ampia terrazza, di cui non riuscivamo a scorgere il termine a destra. Anche Oppel, stando alla sua descrizione, doveva aver raggiunta questa terrazza allorché la ferita alla mano l'aveva costretto a tornare indietro. Conforme al suo consiglio, noi dovevamo attendere colà l'imbrunire e soltanto allora avventurarci per la terrazza, poiché il restante percorso era battuto dall'artiglieria piazzata sulla Cima di Falzarego. Lüdecke, il quale, per rendersi conto della posizione, si era spinto fino all'angolo della terrazza, poté darne conferma. Aspettammo dunque, a circa 2800 metri d'altezza.

Credevamo di poter affermare d'esserci ormai lasciate addietro le maggiori difficoltà tecniche della scalata, col superamento della parete che si ergeva ai nostri piedi. Dopo gli sforzi sovrumani compiuti, il riposo ci giovò assai; eppure affrettavamo col pensiero la venuta del crepuscolo, per poter rimetterci in cammino, giacché ci opprimeva, con tormentosa incertezza, questo interrogativo: "Potremo noi adempiere al nostro incarico?"

Alle ore 9 – era ancora giorno chiaro, si può dire – riprendemmo il cammino e attraversammo orizzontalmente la cengia per un centinaio di metri, verso destra, girando lo spigolo di SO. Quand'ecco ci fermammo attoniti. Laggiù si apriva il campo ad imbuto del Passo di Falzarego e proprio sotto di noi, quasi ad un tiro di sasso si ergevano le tende degli Italiani al riparo di alcune rupi. Proseguimmo, tuttavia, senza gettar sassi, procurando anzi di non smuoverne alcuno coi piedi; indi io procedetti a carponi per una ventina di metri, su di un ripido gradino della parete. Frattanto il crepuscolo si era fatto più fosco, sì che non dovevamo più temere d'essere scorti e fatti segno al tiro nemico. In cambio, ci si profilava ora ostilmente dinanzi la montagna con tutta la sua imponenza, sì che incominciavamo a dubitare della possibilità di proseguire. Un costone assai ripido e liscio finiva in una parete nera, umidiccia, quasi a perpendicolo. Veniva poi una serie di sporgenze nere e scintillanti acqua, per quanto ci era dato ancora discernere alla fioca luce crepuscolare. Finalmente credetti di scorgere una cengia che, innalzandosi ripidamente a sinistra, e a tratti interrotta, spariva nel buio. Quella io dovevo raggiungere. Feci venire Beyschlag, senza zaino, sulla mia terrazza aerea, indi mi arrampicai per un paio di metri su per la parete verso sinistra e mi trovai sul piccolo, umido passaggio, da cui mi sgocciolava l'acqua sulle spalle. Mi spinsi più in alto che mi fu possibile, però il fucile nel salire mi era di grandissimo impaccio, in quanto mi avveniva spesso di urtare con il calcio contro la parete; dovetti perciò fare molta attenzione a mantenere l'equilibrio, giacché quel passaggio così scivoloso richiedeva la massima prudenza, tanto più che la notte era ormai fitta. A lungo e invano io tastai con la mano sinistra tutt'attorno alla roccia, fino a che, quando ormai i piedi incominciavano a vacillare, trovai un appoggio molto precario sulla punta del piede.

In questa spasmodica situazione c'era poco da tergiversare. Indietro non potevo più tornare: avanti dunque, ché anche la mano destra avrebbe trovato qualche appiglio. Aiutandomi più che potevo con tutti e due i piedi, mi trassi più in alto, cercando affannosamente con la destra dove potermi ancora aggrappare. Ebbi fortuna! poiché non trovai soltanto un sì problematico sostegno, quale mi si era finora offerto, bensì un vero e proprio appiglio. Aggrappandomi subito con la sinistra, riuscii, con uno strattone che mi procurò un forte colpo di fucile sulla nuca, a superare il passo! Sentii la corda tendersi: i 20 metri che mi collegavano ai compagni d'impresa erano già interamente svolti. Solo allora mi resi conto che, coi nostri zaini – quello di Beyschlag pesava circa 50 libbre – non avremmo più potuto cavarcela, meno che mai con quel buio pesto. Tutto ciò che vedevo d'attorno pareva minacciarmi, sì che, per quanto a malincuore, dovetti prendere la decisione del ritorno. Non avevamo né martello né chiodi, e le mani, per quanto cercassero, non riuscivano a trovare un sostegno a cui poter assicurare la corda. Bisognò dunque ridiscendere e proprio per quella sporgenza ch'io avevo testé conquistata con tanta fatica! Pur non credendo a un esito felice, riconobbi che non c'era altro scampo. Ancora una volta esaminai la disposizione degli appigli, mi asciugai le mani e mi appesi a uno degli stessi. La mano destra ritrovò il piccolo buco nella roccia umida – la chiave, per così dire, di questo passaggio – la sinistra esitava ad abbandonare quel buon appiglio, ma così dovette fare, prima che la destra si stancasse. Ammaccandomi penosamente il busto, scivolai giù, fino a che la mano sinistra trovò un appoggio sotto la sporgenza, e i piedi si posarono sul piccolo passaggio. Tremante per la smisurata tensione, pervenni felicemente al costone, dove per primo dovette discendere il mio camerata, affinché io potessi prender il suo posto. I miei compagni, allorché ci riunimmo sulla grande cengia, rabbrividivano dal freddo. Quasi due ore erano trascorse in questo tentativo. Esausti e demoralizzati, strisciammo di nuovo attorno allo spigolo di SO e sotto un piccolo riparo cercammo un posto per la notte.

Qual era il risultato della nostra esplorazione? La vetta non era stata raggiunta. Respinti dunque non già dal nemico, ma dalla montagna? Ciò non doveva essere! Per quanto ci seducesse il pensiero della discesa, all'alba del mattino successivo bisognava ritornare alla carica. Dovevamo raggiungere la cima, domare la roccia! In breve ci sistemammo per la notte, ci ravvolgemmo nelle tende da campo e ci coricammo su un breve spiazzo, tra la parete e il muro di neve che circondava la cengia. Erano le ore 11 di notte. Non ci rimaneva più nulla da mangiare; ché le scatole di carne e di marmellata erano state vuotate da un pezzo. Per spegnere la nostra sete ardente non c'era che della neve sporca. Neppur quella notte il sonno ci ristorò. Sfiniti dalla stanchezza, ci appisolammo, ma tosto il freddo ci risvegliava. Le ore passavano interminabili e noi rabbrividivamo per il freddo ed il gelo che ci attanagliava le membra. Fosse almeno arrivata presto l'alba, che avremmo potuto muoverci! Ne avremmo dovuto fare in abbondanza del moto, prima di poter raggiungere la vetta!

Le rade stelle si andavano spegnendo, ma l'alba non voleva spuntare. Finalmente tutto divenne grigio e smorto. Pian piano si addensava sulle pareti rocciose la nebbia; un nuovo, insidioso nemico. Con una fame implacabile in corpo, alle 4 ci rimettemmo a salire. Come sarebbe andata a finire? Ieri ci aveva ricacciati indietro la notte, oggi la nebbia, che tutto avvolgeva nei suoi vapori, ci offuscava del pari la visuale. Ciononostante, volli tentare verso sinistra e percorsi la cengia fino a che, a pochi metri dal nostro bivacco, essa si arrestava davanti a un basso, screpolato gradino della parete. In un balzo vi fui sopra e mi feci seguire dai camerati. Dinanzi a noi si ergeva un angusto ghiaione, che menava nuovamente verso destra.

A sinistra, sopra il nostro capo, vi era il precipizio della cresta N. Eravamo talmente deboli, che quel breve sforzo ci riuscì oltremodo penoso. La nebbia si infittiva e incominciava a piovigginare, sì che ogni prospettiva andava dileguandosi. Beyschlag e Kemnitz rimasero indietro con gli zaini; io, assieme a Lüdecke, mi posi ad esplorare il percorso della cengia. Dopo averla seguita per un lungo tratto, riscontrammo che essa, elevandosi a sinistra sulle parti strapiombanti, conduceva al grande, roccioso, dirupato pendio della cima. Pieni di gioia tornammo indietro per annunziare ai camerati la nostra scoperta. La montagna era stata vinta in astuzia; ormai soltanto gl'Italiani potevano ancora contenderci la vetta! Appena scorgemmo i nostri compagni seduti sulla cengia, io diedi loro a gran voce la lieta notizia che l'avremmo spuntata, non appena si fosse squarciata la nebbia e il dirupo della cresta N fosse nuovamente libero. Il mio sguardo si spingeva oltre fino alla linea della cresta, allorché, sopra una sporgenza rocciosa, che si innalzava da 150 a 200 metri su di noi, scorsi due uomini, i quali osservavano nella nostra direzione. Non potei individuare con certezza se fossero componenti della pattuglia Bauer oppure Italiani. Ne resi edotto Lüdecke, affinché si tenesse il più possibile al riparo. Frattanto quei di lassù si erano ritirati dietro lo spigolo della cresta N, cosicché se ne scorgevano soltanto le teste, intente a guardare in giù. Osservando col mio binocolo Zeiss che ingrandiva 12 volte gli oggetti, riuscii, sebbene disturbato a più riprese dagli strati di nebbia, ad accertare che quegli uomini portavano dei berretti piatti, con grandi visiere. A tale scoperta, gridai ai miei due camerati, che sedevano ignari presso gli zaini, di mettersi al sicuro, e spianai il mio moschetto. Subito una delle teste sparì. Poco dopo udimmo un fischio acuto, indi l'uomo ancora sdraiato lassù si alzò altrettanto di scatto, accennò verso di noi con un lungo bastone da montagna e disparve in un baleno dietro lo spigolo della cresta. Gli uomini della pattuglia Bauer non avevano né i berretti piatti né i bastoni da montagna. Poteva mai essere che gli Alpini – tali erano senza dubbio – avessero rinunziato a tirare su di noi, che eravamo come piccioni sull'esposta cengia? oppure essi avevano avvistato la numerosa pattuglia Bauer che si inerpicava verso la cima e giudicavano più vantaggioso non tradire la loro presenza sparando? Ad ogni buon conto, noi ci affrettammo a lasciare quel posto e, mentre ricominciavano la nebbia e la pioggia, ci avviammo lungo il pendio della vetta con lo sguardo sempre rivolto verso la cresta a sinistra. Un sedimento viscido della parete rocciosa, stillante acqua, ritardò ancora una volta il nostro cammino; di lì pervenimmo ad un tetto di media pendenza, nel cui fondo scorreva l'acqua, e che metteva capo al pendio della cima. Nel luogo dove eravamo giunti si ergeva una specie di canile per due persone, costruito con rottami di roccia, ora erano sparsi a terra parecchi noccioli di prugne. Supponemmo che fosse opera degli Alpini, per avere a disposizione un riparo contro la pioggia e il vento, quando essi fossero in agguato da quelle parti, ed al quale potesse pervenire chi scalava la parete O. E poiché quel giorno essi non erano là, è probabile che li avessimo scorti, per l'appunto, durante il loro ritorno lungo la cresta N.

La pioggia era cessata, ma la nebbia impediva pur sempre ogni visuale. Per quanto ci era dato scorgere, il pendio procedeva con uniforme inclinazione tra i sassi. Tenendoci sempre a portata d'occhio della cresta N che saliva a sinistra, proseguimmo lentamente verso la vetta. Spesso dovevamo sostare, per non affaticare troppo il cuore che ci martellava violentemente. Eravamo ancora a circa 150 metri dalla sommità, allorché la nebbia si diradò. Uno sguardo al basso ci fece nuovamente scorgere l'attendamento degl'Italiani. Nel procedere oltre, notammo su in cima una figura imprecisa di uomo. Non riuscivamo a distinguere se fosse un amico o un nemico. Ci gettammo istantaneamente a terra, indi io scrutai a lungo col cannocchiale, ma senza alcun risultato. La figura aveva un mantello sulla testa e se ne stava immobile, con lo sguardo fisso nella nostra direzione. Ci avvicinammo adagio e strisciando, senz'essere scorti; la nebbia fluttuante ci doveva rendere invisibili. Non distavamo forse più di una sessantina di metri, allorché, grazie al mio binocolo, ravvisai nel mantello la tenda appartenente alla vedetta della pattuglia Bauer. Dicdi da lungi una voce e subito la cima si popolò; saluti di gioia si scambiarono da ambe le parti. Ormai non era più necessario che noi facessimo mistero della nostra presenza. L'incarico era stato eseguito... la vetta occupata! Alle 11,30, giunti anche noi lassù, stringemmo le mani ai nostri compagni, che ci avevano preceduti di qualche ora.

Eravamo pressoché all'estremo delle nostre forze. Nessuna meraviglia, dopo tre giorni senza aver quasi toccato cibo e due notti senza aver chiuso occhio! Si aggiunga la sfibrante salita al rifugio Wolf-Glanvell e subito dopo, senza il più piccolo pasto, la conquista di quella parete, che aveva richiesto degli sforzi sovrumani sia fisici che morali. Conforme agli ordini ricevuti, le nostre pattuglie avrebbero dovuto incontrarsi sulla vetta alle ore 24 della notte dal mercoledì al giovedì. Bauer aveva potuto, per un itinerario assai più agevole del nostro, raggiungere dal lato N la cima sgombra dal nemico, due ore e mezza prima del nostro arrivo.

La nebbia, che ricominciava ad addensarsi, impediva di vedere. Dal basso giungeva l'incessante rombo delle cannonate, in mezzo alle quali si percepivano i colpi sordi dei mortai austriaci da 24 cm. Dopo aver regolato i turni di vedetta, ci avvolgemmo nella tenda da campo e ci coricammo in un avvallamento, non molto profondo, della cima. Faceva un gran freddo a quella altitudine di 3220 m, sì che in breve il gelo, penetrando attraverso la tenda e le giacche a vento, ci costrinse a rinunziare al riposo, pur così necessario, e a rimetterci in moto. Secondo gli ordini, dovevamo rimanere sulla cima fino alle ore 18, allorché un'altra pattuglia, salendo per il medesimo itinerario seguito da Bauer, ci avrebbe sostituiti. Giunsero le 18, ma invano scrutammo, verso la cresta N, la parte da cui doveva arrivare il cambio. Siccome i minuti diventavano ore, scendemmo insieme con la pattuglia Bauer, oltre la cresta N ricoperta di neve, per aspettare la pattuglia all'estremità di essa, nel caso che non l'avessimo dovuta incontrare prima. Alle 19, trovammo i nostri camerati, con alla testa Neubert, là dove avremmo dovuto scostarci dalla cresta N verso destra. Ormai il nostro compito era stato interamente assolto e potevamo discendere. Se per qualche motivo imprevisto, l'incontro con i nostri camerati fosse stato ritardato, avremmo dovuto protrarre la nostra guardia, poiché la vetta non poteva rimanere abbandonata.

Fra congratulazioni reciproche, la nuova pattuglia salì sulla cima e noi scendemmo a valle, attraversando rapidamente i dirupi del lato N. La nebbia, che fino ad allora ci aveva permesso di rasentare, nella discesa, le postazioni italiane, si diradò e svanì del tutto; sicché noi dovemmo nasconderci dietro uno smottamento della parete, per non essere scorti dal nemico. Ivi attendemmo fino al calar della notte, indi riprendemmo la discesa facendo il minor rumore possibile. Presto ci trovammo presso il dirupo, non molto alto, da cui il lato N strapiombava nel circo tra la Tofana I e la Tofana II. Anche Bauer non aveva tardato a trovare il canalone dal quale era salito. Gli uomini meno addestrati si aiutarono con la corda e dopo un breve sforzo ci trovammo, con la maggior parte dei nostri Jäger, nell'anfiteatro roccioso.

Bisognava osservare il massimo silenzio; ciononondimeno gli uomini della retroguardia chiesero a gran voce dall'alto indicazioni di orientamento e altrettanto sonora fu la risposta: un rischioso procedere, a così breve portata delle mitragliatrici italiane! L'operazione durò un pezzo, prima che l'ultimo uomo della retroguardia fosse disceso. Durante la lunga attesa, mi colse a bruciapelo una violenta febbre, per cui, tremando in tutto il corpo, mi trascinai per ultimo giù per i massi fino al sentiero che dal fondo del Masarè conduceva al rifugio Tofana. Qui incontrammo il ten. Denzel, che con un reparto di maggior consistenza stava salendo per un'operazione bellica. Dopo un breve resoconto sullo svolgimento dell'esplorazione compiuta dalle pattuglie Bauer ed io proseguimmo la discesa. Un altro piccolo indugio ci causò soltanto il superamento dei 270 piuoli di ferro che permettevano di percorrere in su e in giù la gradinata a picco nella parete rocciosa, mediante la quale il Masarè strapiomba sulla Val Travenánzes. Ricominciava a piovere allorché noi, all'una antimeridiana del venerdì, facemmo rapporto, nel rifugio Wolf-Glanwell, sulle operazioni della pattuglia».

MAX STARK
Oberjäger 2ª compagnia,
I battaglione del 3° reggimento
«Jäger Bavaresi»

LA VIA DI SALITA NEL CAMINO DEGLI ALPINI

Da parte italiana, l'impresa alpinistica più rilevante nel periodo di guerra, fu quella compiuta dal tenente degli Alpini conte Ugo di Vallepiana e dalla guida valdostana Joseph Gaspard lungo il cosiddetto «Camino degli Alpini» sulla parete SO della Tofana di Rozes.

Si trattò di un'operazione di fiancheggiamento per allestire una postazione di mitragliatrice sul rovescio del Castelletto, in modo da poter dominare e controbattere le posizioni avversarie dopo lo scoppio della mina. In precedenza era stata raggiunta una posizione molto più bassa denominata «lo Scudo», per compiere rilevazioni topografiche attorno al Castelletto. Tissi e Malvezzi, gli artefici della galleria di mina, ne avevano fatto la loro base avanzata per compiere misurazioni all'aperto. Durante l'inverno, venne scavata anche una galleria nella neve lungo il costone della Tofana, per avvicinarsi al Castelletto senza farsi scorgere. La via di salita allo «Scudo» era stata attrezzata in uno stretto canalone mediante scalette di corda, ma durante il periodo invernale, questa «via» già precaria di per se stessa, rimaneva spesso interrotta dalle slavine che spazzavano il ripido versante. Nella seconda metà di febbraio 1916 l'avamposto dello «Scudo» si trovò completamente isolato dalla neve, e si dovette faticare non poco per portare soccorso al piccolo presidio, stremato di forze e mezzo assiderato.

Agli inizi di aprile, gli Austriaci del Castelletto cominciarono a udire strani rumori e presero subito le opportune contromisure. Il comandante avversario ordinò allora di bombardare con ogni mezzo il punto ove si supponeva ci fosse l'ingresso della galleria. Con il passare dei giorni, gli Austriaci presero a salire sulle cengie sovrastanti il Castelletto, buttando dall'alto bombe a mano ed altri ordigni esplosivi sulle posizioni tenute dagli Italiani. Gli alpini corsero ai ripari, stendendo sopra le baracche delle reti di protezione e difese con sacchetti di sabbia; scavando, inoltre, un camminamento coperto lungo il margine inferiore della parete S. Il lavoro in galleria divenne frenetico, e sul Castelletto si percepivano ogni sorta di rumori: detonazioni dei fornelli di mina, picchettìo dei martelli pneumatici, colpi di piccone e di badile, in un continuo sgretolamento dei detriti.

Ogni sera – racconta Hubert Mumelter – ci arrampicavamo su quelle rocce, per scoprire alla luce dei razzi qualcosa di più preciso e per accertare il progresso dei lavori sotterranei, ma non riuscivamo a identificarli esattamente. Lanciavamo mine e barilotti esplosivi, in fondo al canalone, ma senza effetto. Le percussioni sotto di noi avanzavano regolarmente. A poco a poco, si giunse persino a percepire le vibrazioni del sottosuolo. Dormivamo male, se pur dormivamo. Ad ogni modo sul Castelletto c'era ancora una certa calma. V'erano delle giornate di stasi completa e potevamo sostare all'aperto, guardando gli italiani sulla strada di Falzarego, oppure dovevamo irrigidirci contro la parete della montagna per ripararci dalle valanghe provocate dai primi tepori primaverili. Di fronte a noi, nel magnifico azzurro di quelle giornate, emergevano il Civetta e il Pelmo, talvolta la massa nevosa della Marmolada. Ma la quiete solare veniva invariabilmente interrotta dalle sibilanti fucilate che «August» (lo Scudo) ci sparava quasi per gioco.

Quando per toglierci di dosso la muta presenza degli italiani sul nostro fianco, ci arrampicavamo cautamente sui pinnacoli della vetta, potevamo vedere, proprio sopra di noi, i cavalli di frisia coperti di neve della Tofana di Rozes e potevamo sputare sui ricoveri italiani sotto di noi, a Forcella Col dei Bós. Qualche volta li disturbavamo, mentre facevano la siesta al sole, ma subito – come ritorsione – «August» e la Tofana ci facevano lo stesso scherzo, facendo piovere sulle nostre povere teste una valanga di granate. Gli austriaci misero anche in azione un piccolo cannoncino per controbattere «August-posten» dove – il 10 aprile – comparvero alcuni scudi metallici di tipo «Masera» che diedero poi il nome alla postazione.

Il 6 maggio, il comando austriaco ordinò una serie di contrattacchi attorno al Castelletto per saggiare le nostre difese, ma l'azione risolutiva non ebbe luogo in quanto i nostri avversari mancavano della truppa necessaria. La galleria, nel frattempo, progrediva velocemente: dopo i primi 72 metri di scavo venne raggiunto il ripido camino, che in seguito sarà denominato «dei cappelli», e si potè aprire un finestrone, attraverso il quale si scaricavano i detriti. Nel periodo in cui il Malvezzi era in licenza, Tissi propose di scavare una seconda galleria ad andamento elicoidale che, staccandosi dalla principale risalisse il costone della Tofana sino a sboccare poco sopra il cratere di mina. Questa nuova galleria avrebbe dovuto permettere agli alpini di raggiungere il Castelletto, poco dopo lo scoppio della mina, cosa che in effetti non fu possibile. La variante al progetto venne approvata dal Comando di Gruppo e subito messa in esecuzione. Il Tissi, in quel periodo, esplorò anche il difficile e pericoloso camino, nel quale era stata praticata l'apertura di scarico della galleria principale. Già all'inizio dei lavori, il Malvezzi aveva tentato di scalare questo ripidissimo camino, posto tra il canalone di Forcella Rozes e l'imbocco della galleria di mina, ma dovette desistere per le difficoltà incontrate. Ora l'apertura di questo finestrone, che sbucava poco sotto il tratto difficile, permetteva di rientare la scalata con maggiori probabilità di successo.

Il Tissi, in compagnia di un valoroso alpino: Vito Fontanive affrontò l'impresa, riuscendo ad attrezzare con scalette e corde fisse il tratto di salita sino a raggiungere l'ampio e scoperto costone di Tofana. Questa specie di budello venne denominato «Camino dei Cappelli» perché gli alpini, nel salire la scala di corda, tesa fra un gradino e l'altro – ad un certo punto – questa s'incurvava e l'alpino che si trovava appeso, doveva procedere per diversi metri con la testa rivolta all'indietro. Tale brusco ed inaspettato movimento faceva solitamente cadere il cappello di testa all'alpino in difficoltà, che finiva per rotolare sui ghiaioni un centinaio di metri più in basso. La sommità di questo camino si trovava poco sotto la posizione dello «Scudo» ad una cinquantina di metri sopra la Forcella Rozes.

Non era una posizione sicura, in quanto facilmente aggirabile dall'alto e priva di consistenti ripari, ma permetteva una buona visuale sul Castelletto, soprattutto ora che lo «Scudo» era bersagliato con estremo accanimento. Da qui, il Tissi, con un periscopio da trincea era riuscito a completare alcune indispensabili misurazioni. Egli fece poi costruire, alla sommità del camino ed aggrappato in posizione defilata alla roccia, un baracchino «volante» per le tre vedette che dovevano vigilare in quel punto, senza farsi scorgere. Il 28 aprile, gli alpini che si trovavano allo «Scudo», trasgredendo i precisi ordini ricevuti, aprirono improvvisamente il fuoco contro l'osservatorio del Castelletto, uccidendo l'alfiere Senekovicz e un soldato che gli

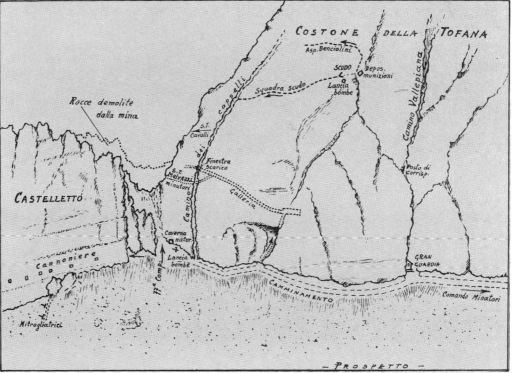

Sopra. La zona del Castelletto dove si svolsero i combattimenti del luglio 1916. (Foto C. Trevisan) - *Sotto.* Prospetto illustrativo delle varie postazioni italiane (Foto C. Trevisan)

Scaletta d'ingresso alla galleria di mina del Castelletto com'era nel 1916.

era accanto. La reazione austriaca non si fece attendere: il cannoncino piazzato sul Castelletto riuscì a centrare la piastra dello «Scudo» che dovette essere sostituita con un riparo di sacchetti di sabbia. Anche il tiro preciso di un lancia-bombe sconvolse il Camino dei Cappelli, spezzando in parte le scalette e le corde fisse. Ma nelle viscere della montagna i lavori di scavo proseguirono senza sosta, e furono terminati – come previsto – il 28 maggio. L'ultimo tratto della galleria di mina, lungo 136 metri, era giunto sotto la selletta, nel punto in cui bisognava accelerare al massimo i lavori per non venir coinvolti in una eventuale contro-mina avversaria.

Mancavano soltanto venti metri per realizzare il cunicolo d'intasamento e la camera di scoppio. Per ottenere il massimo effetto dirompente dalla mina, e tenendo conto anche della notevole fessurazione delle rocce, si adoperarono 35 tonnellate di gelatina esplosiva (con il 92% di nitroglicerina). Un quantitativo notevole, che rappresentava la metà dell'intera produzione mensile italiana d'esplosivo. Anche la seconda galleria (quella ancor oggi percorribile) era terminata. Dovendo superare un forte dislivello (83 metri con pendenza del 60%) aveva un andamento a «chiocciola» ed era anche denominata «Galleria delle feritoie». Con spasmodica tensione gli austriaci del Castelletto ultimarono lo scavo di una vasta caverna per proteggersi dall'immane esplosione. Sotto di loro proseguiva il lavoro di perforazione, ma da qualche tempo si udiva un altro ronzio sulla fronteggiante parete della Tofana. Cosa mai stavano combinando gli italiani? Una mina o una galleria più alta? Oppure entrambe le cose?

Ai primi di giugno gli alpini intercettarono una conversazione telefonica che diceva: «Gli italiani presso la Punta Bòs (Castelletto) si danno da fare, ma sprecano le loro fatiche; il 4 giugno vedranno cosa faremo noi». Si trattava

Postazione dello «Scudo».

Occupazione italiana del Castelletto, poco dopo l'esplosione della mina: a sinistra le guglie, a destra il cratere della mina.

evidentemente di una falsa comunicazione per trarre in inganno gli italiani, ma la notizia si diffuse fra la truppa suscitando un po' di agitazione. Gli austriaci stavano per sferrare un attacco di sorpresa oppure si trattava di una contromina? Vennero prese misure precauzionali: rafforzato il presidio, raddoppiate le vedette, intensificato l'ascolto in galleria.

Alla testata del Camino dei Cappelli, nella notte tra il 3 ed il 4 giugno, vennero mandati una decina di alpini con la consegna di vigilare e rimanere nascosti. Tissi volle salire anche lui ad ispezionare il suo osservatorio. Disse alla sentinella che sarebbe rientrato in breve tempo, ma invece rimase fuori parecchio tempo, più di quanto egli aveva previsto. A causa del buio non riuscì a rintracciare il punto esatto dal quale era uscito, e scese molto più in basso. Appena gli alpini videro la sagoma indistinta dell'ufficiale, pensarono si trattasse di un nemico, e senza attendere altro, gli spararono contro, colpendolo al braccio sinistro, fortunatamente in modo non grave. Tissi dovette quindi – suo malgrado – lasciare la direzione dei lavori al Malvezzi, al quale si affiancò l'aspirante ufficiale Mario Cadorin, anch'egli perito minerario. I lavori della galleria erano però quasi ultimati. Il Castelletto cominciava a scottare!

Il colonnello Tarditi, comandante del 5° raggruppamento alpino di Val Costeana, ritenne opportuno stabilire un collegamento tra la vetta della Tofana e le sottostanti posizioni attorno al Castelletto. In un primo tempo, egli aveva pensato di richiedere l'aiuto della guida ampezzana Antonio Dimai, che nell'agosto del 1901 aveva aperto una via alpinistica lungo la parete S della Tofana di Rozes, per riuscire a raggiungere una posizione dominante il Castelletto. Due carabinieri si presentarono al maso del Dimai e gli chiesero:

– Vi chiamate Antonio Dimai? Siete guida alpina? Vollero anche sapere se fosse stato lui a scalare per primo la parete S della Rozes. Alle sue risposte affermative, lo pregarono di seguirli. Al comando, un ufficiale italiano gli chiese di guidare una pattuglia d'alpini per quel difficile itinerario, ma Dimai scrollò il capo: disse che in tempo di guerra non gli era possibile collaborare con loro, in quanto egli era ancora formalmente cittadino austriaco. L'ufficiale, al sentire quella risposta, s'infuriò e troncò ogni discussione, col dire: Siamo in guerra e non abbiamo tempo per questi stupidi sentimentalismi. Presentatevi domani mattina a questo comando, alle nove in punto, equipaggiato per la scalata. Il mattino dopo, sulla piazza principale un'automobile con due carabinieri e l'ufficiale, lo stava aspettando. Dimai si avvicinò a loro e testardamente rinnovò il suo rifiuto: No, non avrebbe mai guidato una pattuglia italiana! Lei deve, glielo comando – ribatté l'ufficiale, rosso in viso, battendo il pugno sul cofano della macchina. Dimai rimase imbarazzato, non trovando le parole adatte per rispondere alla minacciosa intimazione. La piazza si era frattanto affollata di compaesani che lo stavano osservando. Di colpo gli prese una gran rabbia, si strappò il cappello di testa e lo gettò a terra, ai piedi dell'ufficiale sbalordito.

Faccia di me quello che vuole, ma io non posso portarla lassù!

La folla era ammutolita e guardava la scena, che stava divenendo sempre più drammatica. L'ufficiale gli disse che gli concedeva ancora cinque minuti per riflettere, ma Dimai replicò che non sarebbe servito a nulla, la sua decisione era irrevocabile. In quel mentre si avvicinò un capitano degli Alpini, che disse qualche parola all'ufficiale per rabbonirlo; poi rivolgendosi alla guida così espresse: Io la posso capire Dimai. Non occorre che lei indichi la via alla pattuglia, lo farò io. Si ricorda di me? Una volta siamo stati insieme là sopra! Poi, dopo avergli indicato la cima della Tofana di Rozes, gli fece un cenno di saluto con la mano, e salì sull'auto, che partì rombando verso la Val Costeana. Dopo questo episodio, Dimai venne imprigionato in un campo d'internamento dell'Italia meridionale. Qualche mese dopo, per intercessione di re Alberto del Belgio, che non aveva dimenticato la sua fedele guida, venne liberato e poté ritornare a Cortina.

Il compito di ricercare ed attrezzare una via di discesa dalla vetta della Tofana di Rozes, per costituire un «piccolo posto» meno vulnerabile dello «Scudo» venne affidato a due squadre di «Volontari Feltrini», che si misero simultaneamente in azione: dall'alto, mediante lunghe corde calate nel vuoto, scese il sottotenente Del Vesco con la sua squadra, ma giunto in un punto particolarmente difficile non riuscì più a proseguire. In questo tentativo persero la vita due volontari che si sfracellarono nel sottostante baratro.

L'incarico allora passò ad un giovane alpinista accademico: il conte Ugo Ottolenghi di Vallepiana, che già aveva al suo attivo un notevole numero di ascensioni, alcune delle quali estremamente impegnative come la prima ripetizione della salita al Monte Bianco dal Brouillard per il Colle Émile Rey e la prima salita al Picco Luigi Amedeo, compiuta con l'alpinista Pfann nel 1911. Nel luglio del 1913, sempre nel gruppo del Monte Bianco aveva portato a termine con Paul Preuss la prima ascensione del Picco Gamba. Allo scoppio della guerra si era arruolato come volontario, ed aveva svolto sino allora attività come istruttore ai corsi sciatori e guidato pattuglie esploratori sul fronte delle Giudicarie. Alla fine di maggio del 1916 era stato trasferito al 5° raggruppamento alpini, appunto, per la sua esperienza alpinistica, in vista di questa azione contro il Castelletto. Ebbe la facoltà di scegliersi un compagno di sua assoluta fiducia ed egli richiese la guida Joseph Gaspard di Valtournanche, con il quale aveva compiuto diverse ascensioni. Questi, probabilmente per la sua età avanzata (36 anni) e cinque figli a carico,

Il s.ten. Ugo Ottolenghi di Vallepiana comandante del gruppo alpinistico che attrezzò con corde e scalette il «Camino degli Alpini».

svolgeva servizio territoriale al deposito del 94° Fanteria a Roma. Egli accettò con entusiasmo il nuovo incarico che lo portava fra gli alpini del battaglione Belluno, con la sua qualifica di guida.

Ricorda il Vallepiana in proposito: «Giuseppe Gaspard riguardò questo suo richiamo come un onore e come un riconoscimento che, sia pure nella sua modestia, sentiva che egli era dovuto. Nessun volontario mise mai, nell'adempimento dei compiti che gli vennero affidati, l'impegno posto dal "richiamato" Gaspard». Di lui si ricorda la prima ascensione della parete N della Grivola nel 1911 con Mario Piacenza e Joseph Carrel, l'invernale al Bianco per la via del Dôme nel 1912 e la partecipazione alle due spedizioni extraeuropee di Piacenza al Caucaso e nell'Himalaya, dove raggiunse la vetta del Kun a 7095 metri di altezza. Vallepiana e Gaspard formarono subito una cordata perfettamente affiatata ed iniziarono ad attrezzare con scalette e corde fisse, il profondo canalone che solca la parete SO della Tofana di Rozes, tra il Castelletto e la classica via Dimai. Impiegarono in questo lavoro, che aveva finalità non propriamente alpinistiche, ben sedici giorni, avendo anche la collaborazione di alcuni volontari feltrini e cadorini. Nei primi giorni di lavoro, il Gaspard cadde per una ventina di metri, rimanendo miracolosamente incolume.

In alto. «Posto di Corrispondenza» lungo il Camino degli Alpini. - *In mezzo.* La «Gran Guardia» alla base del canalone dal quale si diparte il «Camino degli Alpini» o «Camino Vallepiana». - *In basso a sinistra.* La scala di corda lungo il «Camino degli Alpini». - *In basso a destra.* La cengia alla sommità del «Camino degli Alpini» dove venne sistemata la postazione di mitraglia.

Un banale incidente, che poteva avere gravi conseguenze: dopo aver piantato un grosso chiodo nella roccia e fissata la corda, il Gaspard aveva tentato un successivo passaggio, ma gli era scivolato un piede. Sfortunatamente riuscì ad aggrapparsi soltanto ad un capo della corda doppia e finì col precipitare in basso, su di un cumulo di neve che attutì la caduta senza troppi danni. Qualche tempo dopo, venne ancora ferito, seppure in modo superficiale, ad una mano da una scheggia di granata, e più tardi colpito al capo da una pietra, ma non abbandonò mai l'impresa. Egli, avendo come secondo di cordata l'ufficiale, aprì la strada fissando chiodi e corde: dietro di loro una squadra di sette volontari feltrini sistemava le scalette di corda.

La «Via degli Alpini» alla Tofana di Rozes poteva così essere aperta... al traffico. Erano stati superati due passaggi nettamente strapiombanti e privi di appigli ed installate corde e scalette per oltre trecento metri di salita. Fu raggiunta così una cengia a 2900 metri di quota denominata «Quota Gaspard» in onore del suo primo salitore. Qui venne installato un centro di fuoco che dominava, a circa 600 metri in linea d'aria, le posizioni del Castelletto e di Val Travenánzes.

Le difficoltà di questa scalata artificiale, si potrebbero valutare nell'ordine di un terzo grado (A 3), sebbene non si possano fare paragoni validi in questo campo. «La tecnica di allora – ci ricorda Vallepiana – era, anche per i migliori arrampicatori quali il Gaspard, vincitore della cresta di Furggen al Cervino, ben diversa dalla tecnica odierna, nel mentre, sia lui che il suo ufficiale, non intendevano compiere un'arrampicata sportiva, ma, bensì, risolvere un problema di tattica: trasportare, cioè, su di un roccione dominante il rovescio delle posizioni austriache, una mitragliatrice, un lanciabombe e le relative munizioni». Una squadra di Feltrini presidiò la nuova posizione, con la consegna di non farsi assolutamente notare, ma la tentazione di sparare qualche pallottola nella terga degli Austriaci dovette essere così forte che non seppero resistere. Hubert Mumelter, che a fine giugno, si trovava sulle posizioni del Castelletto, afferma che la sua baracca-ricovero venne improvvisamente bersagliata da raffiche di mitraglia provenienti dall'alto della Tofana di Rozes, ed egli fece appena in tempo a svignarsela, sgattaiolando da sotto il pavimento in legno della baracca.

A Vallepiana e Gaspard ([2]) per questa loro impresa alpinistico-militare venne concessa la medaglia d'argento, con una motivazione quasi identica. Qualche tempo dopo, preso cioè il Castelletto e consolidata la conquista, prese inizio da esso e dalla Forcella Col dei Bós la conquista della sottostante Val Travenánzes, difesa da caposaldi austriaci molto ben dislocati che avevano il loro perno in una posizione denominata Sasso Misterioso. A questo combattimento parteciparono sia Vallepiana che Gaspard, inquadrati nel «Reparto Esploratori» del battaglione Belluno. Nel corso di questa azione, il Gaspard venne nuovamente ferito da una pallottola di striscio al braccio destro, e ciò sarebbe, per chiunque altro, bastato per abbandonare il combattimento e giustificare il ritiro dalla linea del fuoco. Ebbene, Gaspard, al suo ufficiale che si era accorto di qualche cosa e lo interrogava, nascose il suo stato e continuò a combattere fino ad azione compiuta. Per questo suo comportamento eroico Gaspard fu insignito della sua seconda medaglia d'argento al valor militare ([3]).

Qualche tempo dopo, e cioè nell'agosto dello stesso anno, i due, ormai inseparabili, ebbero l'incarico di calarsi per la parete N della Tofana di Rozes. raggiungendo il fondo della Val Travenánzes per studiare le possibilità di aggiramento delle posizioni austriache in tale valle, posizioni che non era stato possibile espugnare frontalmente nell'azione del Sasso Misterioso, aggirando contemporaneamente il baluardo austriaco del Masarè di Fontana Negra. In attesa di compiere la calata per la parete N e fermatisi, per la notte, nella piccola baracca esistente sulla vetta della Rozes, i due alpinisti si trovarono improvvisamente nel bel mezzo di un fortissimo temporale. Un fulmine cadde sul loro ricovero. I due erano sdraiati l'uno accanto all'altro: per un caso straordinario solo il Gaspard fu investito dalla scarica di elettricità, cosicché fu possibile, al suo compagno, praticargli la respirazione artificiale e farlo rinvenire. Un'esperienza terribile: dalla bocca contratta della guida usciva, sotto la pressione del massaggio, un tanfo di carne bruciacchiata. Dopo un paio d'ore, l'infortunato (che si trovava quasi in coma) si riprese un poco, ed il suo primo pensiero fu rivolto alla moglie e alla sua famiglia. Con voce flebile, quasi impercettibile, disse: «Oh, ma pauvre femme... oh, mes pauvres enfants!».

Vallepiana lo rassicurò, dicendogli che sarebbe andato subito a cercare soccorso, ma l'altro, non pensando a sé ma rivolgendosi all'ufficiale come ad un fratello disse: «N'allez pas maintenant, il est trop dangereux, il y a trop de neige, attendez le jour».

Il mattino dopo, con l'aiuto di alcuni alpini, l'ufficiale riportò a valle la sua fedele guida. Essa aveva il corpo completamente rattrappito e le carni martoriate e dovette essere portata di peso, rinchiusa in un sacco a pelo. Non riusciva a muovere neppure un dito! Il colonnello medico che lo visitò all'ospedaletto da campo, non credeva ai suoi occhi e disse a Gaspard che poteva considerarsi un redivivo: Siete andato all'altro mondo ed avete fatto ritorno! Tre anni di assidue cure permisero a Giuseppe Gaspard di superare, in parte, le conseguenze di questa tragedia e di riprendere, sia pure in maniera limitatissima, la sua attività così da poter avere l'incarico di custode di una diga di Valtournanche. Colpito, anni dopo, anche dalla morte della moglie, in giovane età, egli, con coraggio civile, pari al suo eroismo militare, affrontò le difficoltà della vita e seppe allevare ed educare degnamente i suoi nove figli. Se il Cervino aveva

---

([2]) Ecco il testo della motivazione riguardante il Gaspard: «In sedici giornate di lavoro sotto il violento fuoco di artiglieria e mitragliatrici avversarie, compiva la scalata della parete meridionale della Tofana I. Ferito da scheggia di granata nemica e precipitato da venti metri di altezza, continuava nell'ardua conquista, riuscendo nell'impresa affidatagli dopo aver superato 500 metri di parete a mezzo di scale e corde. Con valore e tenacia, profondo sentimento del dovere e grande perizia alpinistica, contribuiva alla conquista di importanti posizioni già tenute dal nemico». Tofana I, maggio 1916.

([3]) Con la seguente motivazione: «Durante un servizio di esplorazione, all'ufficiale che gli chiedeva se era ferito, benché lo fosse al braccio destro, nascondeva il suo stato, continuando a disimpegnare il suo difficile compito e prendendo parte a tutto il combattimento del giorno seguente». Castelletto, Tofana - 26 luglio 1916.

La guida Giuseppe Gaspard (al centro della foto, con i suoi due figli accanto) ed il conte Ugo Ottolenghi di Vallepiana, al raduno per il cinquantesimo anniversario della Mina del Castelletto. Sullo sfondo la parete S della Tofana di Rozes, con il profondo intaglio del «Camino degli Alpini». (Foto Pietro Rossi)

perso una delle sue migliori guide, la Tofana poteva ben testimoniare del suo valore, della sua abnegazione e del suo altruismo.

La salita lungo il «Camino degli Alpini» venne ripetuta, alcuni anni dopo la fine della guerra, dall'alpinista Gianni Caliari della sezione di Valdagno del Club Alpino Italiano. Egli fu uno dei primi alpinisti (escludendo naturalmente gli ampezzani) ad interessarsi – all'inizio degli anni Venti – della parete S della Tofana di Rozes, con discreto successo. Nell'agosto del 1925, tracciò una nuova via, forse non del tutto ideale, ma certo espressione di un interesse profondo per questa montagna. Il suo primo obicttivo in Tofana risente probabilmente di un determinato clima, ancora legato alle esperienze di guerra; ed appunto per questo abbiamo scelto questa insolita relazione (⁴) per concludere il capitolo sulla guerra 1915-18, in modo da costituire anche una specie di trait-d'union con l'attività successiva.

«Lessi parecchio tempo fa sulla "Rivista Mensile" di questa fantastica impresa bellica compiuta dagli alpini italiani durante la guerra e per precipuo merito della guida Gaspard di Valtournanche e di un valoroso dei nostri dirigenti il Club Alpino Italiano. Questi per modestia si rifiutò di dar schiarimenti sulla salita attribuendo il merito al Gaspard. Cercai informazioni sulla ascensione presso i montanari e le guide di Cortina, ma nulla di buono seppi ricavare. Ero intestato all'impresa e partii deciso a compierla. Avevo per compagno il valoroso ex tenente degli alpini dottor Nino Velo. Il tempo non tanto certo ci causò un po' di ritardo sulla partenza. Alle otto eravamo all'attacco. Questo si trova a pochi passi da un ridotto militare scavato nella roccia sul fianco SE, di un immenso sperone roccioso. Lo si raggiunge facilmente dalla mulattiera che contorna la base della Tofana I (ore 1,30 da Pocol). Le difficoltà cominciarono subito a farsi sentire per superare alcune placche liscie e umide. Si arrampica sulla parete destra (sinistra orografica) del camino per circa un 70 metri. Dopo circa un'ora arrivammo a un baracchino sfasciato, vero nido umano letteralmente appicciato alla roccia e sostenutovi con corde metalliche. In un angolo accumulati alla rinfusa giacevano arrugginiti caricatori e bombe. A mano a mano che si avanzava le tracce di guerra si facevano sempre più evidenti e grandiose: scale di corda solcavano in ogni direzione le pareti del camino, baracchini annidati fra le rocce attestavano l'aspra lotta combattuta lassù dall'Alpino d'Italia. Quanto eroismo, quanta volontà, quanto sangue ricordavano quelle opere!

Dopo circa due ore di salita si giunse a un largo cengione di circa 30 metri aprentesi a anfiteatro. Lo percorreremmo e ripigliammo il camino. Si sale per parecchi metri senza difficoltà gravi ora tenendosi sul fondo ora sul lato destro (ometto) e si arriva così ad un masso incastrato nel camino, sotto al quale si passa per uno stretto buco giungendo su di uno spiazzo con neve che si incunea profondamente sotto le pareti del camino il quale si chiude in quel punto. L'unica via di salita è la parete destra, nera, priva di appigli e con due strapiombi: fummo sul punto di ritornare ma la testardaggine poté più che la prudenza. Coll'aiuto di due chiodi e tre ore di tentativi eravamo al di sopra. Ci portammo a sinistra su di un ripiano, e, passati sopra un grande masso, su di un secondo ripiano. Si rientra di nuovo nel camino che si sale per 15 metri circa arrivando sotto ad una altissima parete di 160 metri o più. Erano le 19.30 quando avevamo superata quest'ultima difficoltà, troppo tardi per continuare ed eravamo sfiniti. Il bivacco s'imponeva. Uscimmo dal camino e abbracciati aspettammo l'alba. Fu una notte d'inferno: circondati da un temporale, la pioggia, la grandine, la neve, il fulmine ci fecero quasi disperare della vita. Al mattino intirizziti dal freddo, dopo tre ore di ginnastica per ricuperare tutti i movimenti, riprendemmo l'ascesa. Si sale sempre sulla destra del camino, montando uno sulle spalle dell'altro per superare uno stra-

---

(⁴) Relazione dell'ing. Gianni Caliari dal titolo «Salita della parete S per il Camino degli Alpini» pubblicata sul numero di luglio-agosto 1927 della Rivista del Club Alpino Italiano.

piombo (chiodo) eccessivamente difficile. Il camino obliqua qui a sinistra, al di sopra dello strapiombo si sale a sinistra portandosi verso il fondo del camino. Esistono tuttora qui due scale di legno che possono essere adoperate con prudenza. Ancora qualche difficoltà e fu con un sospiro di intima soddisfazione che sbucammo sulla cresta, presso a un baracchino ancora in buono stato che ci accolse stremati ma felici. Le nostre peripezie non erano ancora finite: si contava di salire sulla vetta della Tofana e scendere al Rifugio Cantore, ma purtroppo le nostre pedule completamente strappate ci impedirono di scendere pei ghiaioni. Fummo costretti perciò a rifare in discesa il camino arrivando alla base che già annottava. Il Camino degli Alpini presenta continuamente difficoltà assai notevoli che divengono insuperabili se il camino è bagnato.

L'ascensione ci lasciò un ricordo indelebile nei nostri cuori. È direi quasi, doveroso il farla per ogni buon alpinista italiano. Se per quegli strapiombi e quelle pareti furono issate due mitragliatrici e un lanciabombe e munizioni, con sforzi immani si piantarono centinaia di metri di scale e di corde, per mesi e mesi i soldati d'Italia vissero lassù in veri nidi d'aquile. Contemplando i resti gloriosi di questa fantastica impresa ognuno di noi ne ritrarrà ammaestramento ed esempio».

Silene acaulis

Angelo Dibona sulla Parete Sud della Tofana di Rozes (1920-1930)

La via Dimai-Eötvös sulla Parete S della Tofana di Rozes venne percorsa diverse volte anche dalla guida Angelo Dibona detto Anseluco Pilato ([1]) sin dai primi tempi (1905) della sua attività professionale. La via era divenuta di moda e le richieste dei clienti si andavano facendo sempre più numerose. Il 29 luglio 1910 vi aveva accompagnato i fratelli Guido e Max Mayer alle loro prime armi. Nella sua lunga e brillante carriera alpinistica, il Dibona – che aveva realizzato oltre cinquanta prime ascensioni, non solo nella conca ampezzana ma un po' dovunque nell'arco alpino – pose l'occhio sulle Tofane, per fare qualcosa di nuovo, solo nel 1930, per rendere più lineare l'ormai classica via Dimai. Può sembrar strano che egli abbia così trascurato la montagna di casa, ma dobbiamo tener presente le esigenze dei suoi facoltosi clienti, (i fratelli Mayer) che lo spingevano verso lontani obiettivi, a scapito dei problemi che poteva avere sotto mano. D'altro canto i tempi e le tecniche non erano ancora maturi per affrontare gli strapiombi della parete S, che dovevano attendere l'assalto di una nuova e più spregiudicata generazione. Egli però rappresenta la posizione intermedia, il punto di collegamento fra queste due epoche. Gli itinerari da lui tracciati portano il segno del suo stile personale, inconfondibile: la verticalità! Egli concepisce l'ascensione come una linea diretta, possibilmente la più breve. Egli aborriva però l'uso dei mezzi artificiali, chiodi compresi. Nel corso di cinquant'anni d'attività il numero complessivo dei chiodi da lui adoperati fu di undici in tutto, non uno di più, e – precisava Dibona – perché costretto dalle sue responsabilità di guida. Per meglio capire le sue idee in proposito e valutare quindi la sua «minore» attività in Tofana, dobbiamo rifarci alla risposta che egli diede, nel 1930, a chi gli chiedeva il suo pensiero sulle nuove tecniche di arrampicata.

«Cosa io penso delle arrampicate nuove?

Premetto che alla fine della guerra il limite del possibile si è spostato solo di poco; poiché ciò che nel 1914 è stato vinto in arrampicata libera, non è ancor oggi superato. Mezzi artificiali, chiodi, manovre di pendolo, sono oggi troppo in uso, molto viene rischiato e molto fatto con buona fortuna. Questo, per chi va senza guida, può avere la sua giustificazione. Nella mia lunga carriera di guida fu per me sempre principio fondamentale massimo; in ogni situazione, in ogni evenienza, anche la più sfavorevole, uscirne fuori con la più completa sicurezza del cliente: e questo, a mio parere, in molte delle moderne scalate, non è più possibile, perché troppo viene rischiato e troppo viene anche richiesto a chi segue il capocordata. Molti buoni, anzi eccellenti alpinisti capocordata non fanno le scalate estreme perché essi hanno il concetto completamente giusto che non sono cresciuti per esse. E chi è alpinista vero, deve sapere dove per lui cessa il godimento di un'arrampicata e dove comincia l'insana eccitazione dei nervi».

Per avere un punto di confronto sull'attività del Dibona in Tofana, trascriviamo la relazione di una salita da lui compiuta nel 1920 sulla Via Dimai; che possiamo considerare come un atto preliminare per lo studio e l'intuizione della sua progettata via diretta. La relazione venne scritta, con fluida vena narrativa, dall'Accademico del C.A.I. Federico Terschak:

«Nel 1920 l'amico Giulio Apollonio aveva parlato con Dibona della parete della Tofana, ed i due si erano messi d'accordo di effettuare la salita in settembre. Giulio parlò pure a me del progetto, e non ci voleva molta retorica per persuadermi di far parte della comitiva, assieme al mio vecchio compagno di corda, Doro Siorpaes. Benché in quattro, se divisi in due cordate, si poteva andare; giacché la parete della Tofana non è certo salita di farsi "in carovana". Fu così che all'alba del 9 settembre 1920 scendemmo, al «Vallone delle Tofane», da un autocarro che da Cortina, in un'ora circa, ci aveva portati lassù. Era una comitiva numerosa che, eccettuati noi quattro, voleva salire alla Roces per il versante N ed attenderci in vetta. Separatici dagli amici, infilammo quella mulattiera militare che costeggia la base della parete; ci accompagnò un portatore che doveva recare in cima le scarpe ferrate ed ogni cosa non assolutamente necessaria per la scalata. E, dopo quaranta minuti circa di rapido cammino, eccoci all'attacco, una profonda gola che si apre, a guisa di squarcio, nella rossa muraglia della parete. Le condizioni della montagna sono buone oggi; benché il sole tocchi buona parte della parete, non cade un solo sasso. Una parte delle provviste e le scarpe ferrate spariscono nella profondità del sacco del nostro buon «Bepe», il portatore, il quale ritorna sui suoi passi. Deve raggiungere l'altra comitiva che l'attende al rifugio Cantore; ci abbandona con un serio "guardàve dal mal".

Calzate le scarpette, ci disponiamo in due cordate. Mentre sto approntando la macchina fotografica, Dibona con Apollonio parte, ed i due iniziano una corsa indiavolata su per le rocce a destra (di chi sale) della gola, rocce che non presentano serie difficoltà, ma bensì una bella ed interessante scalata. Noi due inseguiamo; procediamo contemporaneamente, senza perder tempo col tirar la corda, e vedo

---

([1]) Nato il 7 aprile 1879 e morto il 21 aprile 1956.

La guida Angelo Dibona durante il servizio militare.

che Angelo ha pure adottato l'identico sistema. Facciamo presto giacché qui v'è la possibilità; sappiamo che lassù, nella metà superiore della parete, ci attendono difficoltà che ci obbligheranno a procedere molto lentamente, ed in roccia difficile le ore volano. Nel centro della parete trovasi un'immensa nicchia, disposta a guisa di anfiteatro; da essa un ripidissimo canalone precipita sui ghiaioni al piede della parete. Le rocce a sinistra del canalone non offrono alcuna possibilità di salita. A destra però la roccia è più accidentata e mostra tutta una serie di piccoli camini e basse pareti per le quali ora saliamo verso l'anfiteatro. E dopo poco più di un'ora di divertentissima scalata, riusciamo sulle terrazze ghiaiose della grande nicchia. Apollonio scorge poco sopra, un foro nella parete e decide di esplorarlo, assieme a Siorpaes, mentre Dibona ed io preferiamo rimanere, in attesa del ritorno dei compagni.

Il nostro nido d'aquila è veramente grandioso; dietro di noi salgono per 400 metri le pareti rosse, solcate qua e là dalle profondissime rughe dei camini. Ai nostri piedi precipitano le balze or ora salite; in fondovalle, lungo il bianco nastro della strada dolomitica passa qualche automobile; quassù il rombo del motore s'ode appena appena. Silenzio profondo, interrotto rare volte dal sibilar di un sasso che passa invisibile e si perde nelle gole delle rocce, ai nostri piedi. Tosto i due esploratori tornano; non han trovato nulla di interessante. Procediamo.

Nella parte occidentale della parete trovasi un grande torrione staccato; bisogna aggirarlo, servendosi di un sistema di piccole cengie sovrapposte che si seguono, sempre verso sinistra, scalando le basse pareti che separano una cengia dall'altra. Si riesce così in una conca ghiaiosa, ad O del torrione. Sopra la conca predetta s'erge una parete gialla, solcata nella parte superiore sinistra da una stretta fessura. Procediamo prima per facili scaglioni di roccia in direzione della fessura, poi, superando un breve tratto di roccia difficile, raggiungiamo la parete stessa, in qualche tratto strapiombante. Traversiamo alquanto verso destra; qui si presenta una stretta fessura, dall'aspetto tutt'altro che rassicurante, che porterebbe a una piccola cengia sovrastante. Angelo sconsiglia di attaccarla perché la sua difficilissima scalata comporterebbe una rilevante perdita di tempo. Perciò decidiamo di girare la fessura verso destra, mediante la cosiddetta "traversata inferiore". Angelo depone il sacco e s'inoltra fino al punto ove la strettissima cengia termina. Qui bisogna superare, da sinistra a destra, ma una parete liscia coronata da uno strapiombo. Dibona con la massima attenzione, procedendo lentissimamente, attraversa la lastra ma lo strapiombo sembra non voglia arrendersi.

Dopo qualche secondo però Angelo trova, molto in alto, un appiglio mediante il quale supera l'ostacolo; segue Apollonio, e la prima cordata sparisce, traversando a sinistra, mentre mi accingo a seguire l'esempio di Angelo. La traversata dalla lastra mi sembra assai dificile. Lo strapiombo però non oppone grande difficoltà, forse perché riesco subito a trovare un buon appiglio. Siorpaes segue velocemente, e proseguiamo verso sinistra per la stretta cengia, che ad un certo punto è interrotta da un dente di roccia. Nel frattempo gli altri due hanno attaccato un arduo camino che si trova un po' a sinistra della cengia, per evitare il pericolo che qualche sasso, staccato dalla comitiva che precede, potrebbe cagionare, noi due decidiamo di attendere. Sparita la prima cordata, attacco il camino che è arduo, dalle pareti lisce e verticali e quasi sprovviste di appigli, alto poco meno di 40 m. Sopra il camino una piccola terrazza offre una buona occasione per la seconda colazione. Infatti Angelo e Giulio vi si sono già comodamente stabiliti, frugando nel sacco delle provviste, e senza perder tempo Siorpaes ed io seguiamo il buon esempio; sono le undici. La posizione del terrazzino è incantevole. Siamo sull'orlo sinistro della parete e dinanzi a noi si schiude il bellissimo panorama verso i ghiacci scintillanti della Marmolada, mentre ai nostri piedi la roccia precipita verticale per circa 500 m. È una di quelle magnifiche giornate di settembre limpide e calme, ed anche le più lontane cime si disegnano nette sullo sfondo azzurro del cielo. Troppo presto passa il tempo concesso per la breve sosta; beati momenti di sole e pace tra le rocce dell'Alpe!

Bisogna partire; la mèta è ancor lontana. Per alcuni lisci salti di roccia ci dirigiamo verso destra in un profondo camino, che percorriamo per una trentina di metri. Poi, abbandonandolo verso sinistra riusciamo su una stretta cengia. Siamo giunti all'inizio della famosa "traversata superiore", e qui sembra che non sia possibile proseguire; dovunque pareti lisce assolutamente verticali. Ma dal punto ove la nostra cengia finisce nel vuoto, vediamo una piccola fessura, terribilmente esposta che scende per circa sei metri e termina sopra un minuscolo terrazzino dal quale si può ancora traversare verso sinistra. E non possiamo fare a meno di ammirare l'indomito coraggio di chi, per primo, qui osò proseguire. Dibona scende lentamente per la fessura e comincia a traversare nella parete. Sembra una mosca appiccicata alla rossa roccia dolomitica. Fortunatamente si trovano delle piccole nicchie, alla distanza di circa 15 metri l'una dall'altra, che permettono di far seguire i compagni. Tosto Apollonio ha raggiunto Dibona il quale immediatamente continua la traversata per far posto al suo compagno. Poi seguo io; inutile dire che qui tutti i movimenti devono essere coordinati perfettamente. La traversata è certamente fra i passaggi più esposti che io abbia mai visto, ed ha ben poco da invidiare all'oramai celebre "traversata" del Campanile di Val Montanaia.

Dopo 50 metri di traversata si sale, tenendosi leggermente a sinistra, raggiungendo una specie di piccola grotta, dal suolo ghiaioso, dopo aver superato uno strapiombo che mi sembrò molto arduo, forse a causa del sacco, che non avevo voluto deporre. Segue un breve ed arduo camino e, girando un po' verso destra, una stretta fessura che mette sulle rocce ripide e ghiaiose, poco sotto la vetta. Si prosegue per una specie di cresta, lungo la quale si scende, per breve tratto, ad una piccola forcella; poco dopo, salendo per facili rocce, arriviamo in cima. Sono le due; dall'attacco abbiamo impiegato sei ore e mezza. In vetta accoglienze festose da parte della comitiva salita per la via comune. Angelo Apollonio offre un bicchiere di buon vino che accettiamo volentieri».

Dieci anni dopo, esattamente il 3 settembre 1930, Angelo Dibona e Luigi Apollonio insieme all'alpinista americano Paul Leroy Edwards raddrizzano, nella sua prima parte, la via Dimai. La cordata, anziché passare per l'Anfiteatro ed uscirne poi per mezzo della celebre «traversata», raggiunge quest'ultima direttamente per lo spigolo SSO. Detto spigolo – troviamo scritto in una nota della Guida Berti – strapiombante in basso, presenta una zona centrale di ottima roccia grigia che muore presso un fascio di arditi torrioni subito sotto gli strapiombi dove passa la grande traversata della via classica.

La via Dibona risale lo zoccolo grigio della grande quinta gialla, poi supera una gola del canalone (4° grado) e sale per la zona grigia dello spigolo a raggiungere la via classica, aggirando i due torrioni più alti.

In vetta alla Tofana di Rozes. La croce è stata abbattuta dal fulmine, qualche anno fa.

L'epoca del 6° grado

Nel primo dopoguerra, gli alpinisti tedeschi ed austriaci ripresero con maggior slancio la loro attività arrampicatoria, tanto da non avere eguali in nessun altro paese della cerchia alpina. Essi portarono al massimo grado una nuova concezione dell'alpinismo che si basava, soprattutto, su valori atletici ed agonistici; e questo permise loro di superare difficoltà sempre maggiori. sino ai limiti del possibile. Questa pratica, che potremo meglio definire come sport di arrampicata, si diffuse – verso la metà degli anni Venti – anche in Italia, e in modo particolare nell'ambiente dolomitico. La schiera dei migliori rocciatori della cosiddetta «Scuola di Monaco», dopo essersi fatte le ossa sugli strapiombi del «Kaisergebirge», si riversò in Dolomiti (loro naturale campo d'azione) per salirne le più difficili pareti. Il loro decalogo era la scala delle difficoltà su roccia proposta da Wilhelm Welzenbach, che prevedeva per le Dolomiti Orientali la seguente graduatoria:

1° grado - facile (leicht): Tofana di Rozes (via comune o di Grohmann con guide, 1864);
2° grado - mediocremente difficile (mittelschwier): Croda da Lago (cresta N, via comune o di Sinigaglia con guida, 1893);
3° grado - difficile (schwierig): Cima Piccola di Lavaredo (Via comune e Innerkofler 1881, camino Zsigmondy, 1885);
4° grado - molto difficile (sehr schwierig): Campanile di Val Montanaia (via comune von Glanvell 1902);
5° grado - straordinariamente difficile (überhaus schwierig): Torre del Diavolo (Via comune o Dülfer 1913);
6° grado - eccezionalmente difficile (äusserst schwierig): Civetta (via diretta parete NO via Solleder, 1925).

Scriveva in proposito Vittorio Varale ([1]): «Il terreno sul quale più in fretta maturarono i frutti dell'insegnamento della scuola di Monaco, non poteva essere che l'Italia. Questo perché profonde erano le radici della tradizione che invogliavano frotte di escursionisti ed alpinisti d'oltre Brennero a frequentare le Dolomiti, e non era d'ostacolo il nuovo confine politico. Bastavano poche ore di treno per ritrovarsi nel loro ambiente ideale, oppure giungevano in bicicletta, carichi come muli, ma tutti ansiosi di cimentarsi in nuove imprese. Nelle Dolomiti essi si consideravano, da sempre, come in casa propria. In più, ora, all'antica tradizione si era innestata una nuova concezione ideologica di supremazia della stirpe germanica, della quale, sia pure in modo non esplicito, essi si facevano interpreti.

Dire che ciò non fosse avvertito dagli alpinisti italiani che, proprio in questi anni, cominciavano a prendere una maggior confidenza con le montagne delle nuove provincie, sarebbe un errore. Lo dimostra il tono con il quale trattò il problema la «Guida Berti», che presto diventò il breviario dei frequentatori delle Dolomiti. Gli italiani, pur accusando il colpo di vedersi sopravanzati in fatto di frequenze nei rifugi e nell'apertura di nuovi itinerari (cosa d'altronde abbastanza attuale ancora ai giorni nostri) reagirono positivamente, anche se una sottile vena di nazionalismo mortificato non era estranea allo spirito di emulazione e di rivalsa con il quale essi entrarono nella competizione agonistica. In altre parole: è vero che questi stranieri la facevano da padroni, ma il loro seme cominciava a dare buoni frutti anche nelle nostre file».

Oggi hanno importato il VI grado in Italia, domani il VI grado dilagherà per l'Europa. Sono i fatti che lo dimostrano, i fatti che diventano l'espressione d'un movimento ideale di portata internazionale, che per protagonisti ha la gioventù ansiosa di scoprire in se stessa il proprio valore indipendentemente dalle convenzioni, dalle ricchezze, dalle guerre. A questo movimento ideale, pressoché immediata è l'adesione di una parte della nostra gioventù che ha in uggia le varie costrizioni di moda, e da esse cerca di affrancarsi come può. Ciò in ridotte proporzioni, va detto, non essendo radicato da noi quel sentimento della natura che nella frequentazione della montagna si rivela oltre Brennero nella fantastica cifra di migliaia di soci attivi nei sodalizi alpini. Giovani vengono dalle vecchie province a far conoscenza con le Dolomiti. Li vediamo all'opera con trentini e triestini, ma tutti rimangono al di sotto delle prestazioni che portano nomi stranieri, o dei neo cittadini italiani Angelo Dibona e G. B. Piàz».

In questa corsa verso il sempre più difficile nelle scalate su roccia, assunse una particolare importanza la parete S della Tofana di Rozes, la cui via diretta alla vetta presentava evidenti difficoltà di grado estremo. Su di essa si accanirono, per alcuni anni, le nuove generazioni di aspiranti «sestogradisti» senza riuscire ad averne ragione. Fra costoro dobbiamo annoverare anche l'ing. Gianni Caliari della sezione C.A.I. di Valdagno, il quale – nell'agosto del 1925 – tracciò, in solitaria, su questa parete, un itinerario trasversale, che pur non rappresentando la soluzione ideale del problema, può considerarsi una fase intermedia prima di giungere alla «direttissima», realizzata, diversi anni dopo. dall'agordino Tissi.

([1]) V. Varale, *Sesto Grado* - L'affermazione, Ed. Longanesi, Milano, 1971.

Un tentativo solitario

GIANNI CALIARI

Partito per effettuare la via diretta alla cima, ma, non riuscendo a superare le difficoltà in quella direzione, si era accontentato di un più facile itinerario di 4° grado, che – ad un certo punto della salita – deviava in senso orizzontale sulla destra sino a raggiungere il crinale E della montagna. L'attacco di questa via è il medesimo della classica via Dimai-Eötvös e così pure il percorso sino all'anfiteatro aprentesi nel mezzo della parete. Giunto a questo punto, il Caliari anziché proseguire sulla sinistra per la via normale, si volse a destra per saggiare le possibilità di una nuova via diretta. Egli così descrisse questa sua solitaria scalata ([1]):

«Calzate le pedule, salgo facilmente su per le rocce di destra della spaccatura che taglia la parete in quel tratto e in meno di un'ora di interessante scalata arrivo all'anfiteatro. Abbandono la via solita ed attacco deciso il costone di destra. Passo pochi metri al di sotto di una caverna e salgo più o meno facilmente per scaglioni fino a un terrazzino tra la parete e un pinnacolo. Di qui non si può più proseguire pel costone, perché, benché questi continui ancora alcuni metri, si perde poi in una liscia parete. Sono costretto quindi a tentare le due spaccature, che da questo punto solcano la parete sino alla cresta. Mi accingo a scendere al di là dello spuntone per raggiungere la prima crepa. Percorsi alcuni metri, vedendo che la discesa comincia a farsi ardua, sciolgo la corda e con un chiodo ad anello discendo più facilmente per una quindicina di metri fino all'altezza della prima crepa. La più grande difficoltà dell'impresa consiste nel raggiungere questa prima spaccatura. La traversata è lunga una trentina di metri e si è affidati quasi esclusivamente alle mani in eposizione assoluta e di estrema difficoltà tecnica con appigli piccoli e scarsi; il passaggio è alquanto più difficile della traversata superiore per la via solita. Con grande sollievo pervengo finalmente nella crepa e, benché la posizione sia tutt'altro che comoda, resto colà, colla faccia contro la roccia per oltre un quarto d'ora. Dopo di che riparto seguendo la spaccatura, il braccio e la gamba sinistri incastrati dentro, e strisciando sul ventre col resto del corpo a penzoloni al di fuori. Ma la prima crepa si chiude a poco a poco e vedo che più avanti si stringe sempre più e poi termina.

Dopo un esame attento della situazione mi convinco che l'unica via d'uscita è quella di calarmi nella seconda crepa. infatti seguo ancora per un metro la prima e in corrispondenza d'una macchia nera sulla parete, dove esiste un piccolo ripiano, trovo un'ottima fessura per un chiodo e assicurata così la corda, mi calo lentamente sino alla seconda spaccatura (15-20 metri) e dondolandomi un po' riesco a raggiungerla. Ritirata con un piccolo sforzo la corda, vedendo che la crepa continua verso l'alto, la seguo per una trentina di metri fin dove essa è sbarrata da un masso. Sono le undici: il sole infuoca la parete, comincio ad essere stanco, voglio uscire al più presto da questa situazione. Due buoni appigli mi aiutano e con una spaccata raggiungo il di là della crepa. Continuo con prudenza e più o meno difficilmente causa la roccia friabile e arrivo finalmente su degli scaglioni che mi portano facilmente alla cresta. Dopo un breve riposo, in mezz'ora, arrivo, percorrendo la cresta, in vetta, dove la mia comparsa provoca grida di gioia di una comitiva di amici miei giunti in cima dalla via comune da N. Avevo impiegato dall'attacco nove ore comprese le frequenti fermate. Dopo lunga sosta scendiamo pei ghiaioni e i nevai al rifugio Cantore e di là scendiamo al campo sull'imbrunire».

([1]) Rivista mensile del C.A.I. n. 11-12, 1927.

La via diretta sulla Parete Sud della Tofana di Rozes

Fra coloro che adocchiarono la parete per effettuarne la «diretta» vi fu anche la celebre guida fassana Tita Piàz e le due guide cortinesi Angelo e Giuseppe Dimai, figli del non meno famoso Tonio Dimai. Vi è in proposito una precisa testimonianza del giornalista Vittorio Varale ([1]): «L'anno scorso Piàz ed i giovani Dimai perdettero la prima della diretta S della Tofana, perché rimandavano di giorno in giorno a causa degli impegni che avevano coi clienti; arrivarono da Monaco Stösser e Schütt e gliela portarono via. In questi casi chi ci dorme su è belle e fritto».

Walter Stösser, un giovanotto atletico dalla folta capigliatura bionda, era nativo del Baden, e non andava molto d'accordo con i monachesi, ma nonostante questo era considerato uno dei loro, appunto perché ne aveva assimilato lo stile di arrampicata. Figlio di contadini era divenuto un bravo maestro di scuola, temprato, sin da ragazzo, a lottare contro le dure avversità della vita. Dalla palestra di roccia del Battert aveva tratto forza per le massime conquiste del 6° grado; ed in breve tempo si era collocato fra i maggiori sestogradisti dell'epoca. Aveva il genio della scalata: una qualità naturale che lo portava ad assalire d'impeto la montagna e trovare d'istinto la via di salita, senza tanti studi preliminari. Andava su diritto, senza tentennamenti, con uno stile caratterizzato dal ritmo continuo, uniforme ed apparentemente senza sforzo. Sugli appigli scattava come una molla in tensione. Il suo era un procedere naturale, sempre in equilibrio sull'abisso, dal quale egli sembrava miracolosamente sfuggire, mediante l'azione continua. Con i suoi abituali compagni di cordata Ludwig Hall e Fred Schütt, realizzò, l'8 agosto 1929, la via diretta lungo la parete S della Tofana di Rozes, una delle prime vie di 6° grado delle Dolomiti.

Egli, così descrisse questa sua «performance»:

«Quando nell'agosto del 1928 mi trovavo al rifugio Meiler nel Wetterstein, capitò una sera che il discorso cadde sulla Tofana di Rozes ed in particolare sui precipizi della parete S. Emil Solleder la menzionò solo di sfuggita col dire: "la salita diretta della parete S si deve ancora fare". Io non l'avevo mai vista, ma da quel momento non mi andò più via dalla mente, sino a che non le fui davanti, a quattr'occhi. Quell'anno, una serie ininterrotta di brutte giornate ci aveva spinti fuori dal nostro rifugio di Misurina sino a Cortina d'Ampezzo, ma anche qui il tempo non accennava a cambiare. Eravamo così scoraggiati che qualcuno propose di fare gli zaini e ritornare a casa. Senza aver almeno visto la parete S della Rozes? Io non riuscivo ad abituarmi a questo pensiero, e con molto ottimismo posi questa condizione: se il tempo diverrà un po' più discreto, rimarremo in zona!

La fortuna venne in nostro aiuto, perché non solo il tempo migliorò ma le giornate si fecero splendenti. Vedemmo così la Tofana e salimmo lungo la classica via Dimai sino al gigantesco anfiteatro e... rimanemmo come frastornati dallo spettacolo che si offriva ai nostri occhi: Sopra di noi

L'alpinista Walter Stosser.

([1]) Articolo «Lotta di bandiere sul Campanile Basso», pubblicato su «La Stampa» nel settembre 1930 e ripreso nel volume «Sotto le grandi pareti», Ed. Tamari, Bologna, 1969.

incombeva un'imponente cerchio di rocce e gole profonde, dalle quali si staccava un'altissima muraglia che si elevava sino al cielo; rocce rosso-gialle riflettevano a migliaia i raggi del sole, ma la via diretta alla cima sembrava impraticabile. Ma è appunto quello che sembra impossibile che attira l'uomo. Quanto più è lontana e irraggiungibile la meta, tanto più, con ostinatezza, cresce la volontà umana di muoversi in quella direzione. L'alpinista è simile al leggendario Prometeo che vuol salire nel cielo per avvicinarsi al sole: avevamo visto la parete S! Per un anno non pensammo ad altro e ci preparammo per l'ascensione. Il 7 agosto 1929, la nostra cordata: Hall, Schütt ed io, tutti molti affiatati ed esperti in arrampicate su roccia, giungemmo a Cortina. Dopo aver preso alloggio in una piccola pensione, cercammo un'auto da noleggio per farci trasportare il più vicino possibile alla parete S della Tofana di Rozes: cosa che feci una sola volta nella mia carriera alpina. Quando mai si sono visti alpinisti che vanno in auto per scalare? Una bella rotabile e poi una stradina militare, conducono fino al ghiaione sotto la parete S. Tale percorso fatto a piedi da Cortina avrebbe comportato quattro ore di continua salita. A questa fatica, si doveva aggiungere ancora l'arrampicata sino al grande anfiteatro e poi avremmo dovuto pensare alla soluzione del nostro problema, che esigeva forze fresche e molto, molto tempo! Le settanta lire per il noleggio dell'auto, aprirono un vuoto nella nostra magra consistenza di cassa, ma ne valse la pena. Quale piacere fu la gita in auto, il giorno dopo.

Lasciammo Cortina che era ancora buio. Lentamente, sempre più in alto, si snodava la serpentina della Strada Dolomiti: Antelao e Sorapis ci apparvero coperti di veli argentei. Viaggiavamo in auto verso il giorno che stava sorgendo: lasciammo alle nostre spalle Pocol e la strada che conduce al Passo Falzarego, per imboccare la stradina che porta a Forcella Col de Bos. Il fondo stradale di questa stradina non è nelle migliori condizioni ed esige buone capacità di ripresa della macchina, che deve inerpicarsi fin sotto il ghiaione della montagna. Dopo tre quarti d'ora di viaggio giungemmo alla meta. Demmo un ultimo sguardo alla macchina che tornava a Cortina e ci apprestammo al lavoro. La mano agita il fedele martello, mentre chiodi e moschettoni scivolano tra le nostre dita. Il canto melodico del ferro che penetra lentamente nella roccia risuona nell'aria come una gioiosa canzone di guerra. Dopo un'ora di arrampicata lungo la via *Dimai-Eötvös* raggiungemmo il grande anfiteatro. Ci era noto ogni passo di questa via, che avevamo già percorso l'anno passato: le difficoltà sono minime e così possiamo salire senza alcuna preoccupazione, slegati. Alle otto siamo davanti al gigantesco muro che ha precluso sinora la salita diretta alla cima. L'imponente visione ci esalta, e le mura soprastanti sembrano nuovamente precipitare su di noi. Un opprimente pensiero agita il nostro animo: saremo in grado di superare questa parete? Tre paia d'occhi in ansia scrutano il semicerchio rosso-giallo. Più in là, dietro di noi, spruzzi d'acqua gocciolano dalla parete. Nel mezzo dell'anfiteatro c'è un'insenatura molto pronunciata percorsa da tre fessure che si perdono in basso. A poco a poco, sotto i nostri sguardi indagatori, tutte le rocce divengono, almeno apparentemente, praticabili.

Segnamo, molto arditamente col pensiero, quella che ci sembra essere l'unica via diretta possibile: un poco a destra della linea di caduta delle fessure, ed attraverso quelle, dopo aver superato i rigonfiamenti della roccia, raggiungere la cima. Dieci ore dopo ci trovavamo su di un piccolo gradino incollato alla parete, a circa duecento metri sopra l'anfiteatro. Salendo, sgombravamo con i piedi e con molta circospezione la sottile ghiaia che ricopriva le sporgenze di roccia. Ci arrampicavamo abbastanza velocemente, ma questo non durò molto. La nostra inflessibile volontà non ci dà requie, il corpo è in continua tensione e gli occhi scrutano continuamente verso l'alto sino a perdersi nelle sporgenze di roccia che impediscono e bloccano l'ascensione.

I muscoli sono tesi sino allo spasimo. Per quanto tempo la volontà sarà capace di sostenerci? Avanti, avanti! Ma questa fatica ha ancora un senso? Soverchiante si leva sopra di noi lo strapiombo di roccia. Da dieci ore abbiamo sempre davanti a noi la stessa visione. Più in alto andiamo, più le difficoltà aumentano. Il pietrisco che stacchiamo con i piedi, sparisce senza rumore nell'abisso e rimbalza giù in mezzo all'anfiteatro. Dieci lunghe ore sono trascorse: ore pesanti! ed altre ne verranno ancora, prima di poter raggiungere la vetta. Come in uno strano sogno, la via di salita sembra librarsi sopra le nostre teste. Non mi sò ancora spiegare come riuscimmo a superare lo strapiombo. Nella roccia era ancora infisso un chiodo di sicurezza, piegato dallo strappo di una caduta. Il segno tangibile del fallimento di un precedente tentativo di scalata. Quanti sforzi ci costarono quei pochi metri di salita. Dopo aver cercato, a sinistra, la via d'uscita. Poi, una roccia più maneggevole ci permise di salire più in alto, sino ad una spaccatura che termina su di una paretina liscia e verticale; che – a prima vista – ci sembrava impossibile superare. Impossibile?!?! Allora per quale motivo saremmo andati alla scuola di roccia del "Wilder Kaiser"? Per quale motivo ci arrampichiamo sulla "Dulfers Wegen" attraverso la parete O del Totenkirchl? Così, con alcune manovre di corda, superammo anche la parete impossibile. Se ora potessimo raggiungere il gran canalone laggiù? Affrontiamo diversi lastroni stillanti acqua e con un sospiro di sollievo raggiungiamo un punto di sosta e poi lo sbocco del canalone. Risalita la profonda spaccatura, ci troviamo nuovamente ad un punto morto. La parete sembra prendersi gioco di noi: bloccando la nostra progressione senza alternative. Ci muoviamo in su e ci spostiamo da destra a sinistra, ma sempre contro difficoltà insormontabili, o almeno così ci pare. La roccia friabile e rugginosa, che chiude a mo' di tetto la voragine, ha l'aspetto di una diabolica maschera che rida dei nostri sforzi. Il sole, ad un certo punto, ci abbandona. Nubi pesanti, che si addensano sulla cresta della parete SO, lasciano trasparire in modo spettrale, il disco luminoso, attraverso la massa bianco-lattea. La roccia diventa viva. Un sasso cade, sibilando, nel vuoto e con mossa istintiva il corpo si rannicchia contro la roccia, ma – data la parete strapiombante – la traiettoria di caduta dei sassi passa molto fuori e quindi, in ogni caso, essi non potrebbero colpirci.

La salita diventa sempre più faticosa e pericolosa. Un'afa da temporale, come una cappa di piombo, stagna nell'ampio cerchio dell'anfiteatro e ci spinge ad accelerare i tempi. Ma dove salire? Come trovare una breccia nelle difese del potente nemico? Ci muoviamo sul crinale della parete destra e sporgiamo all'infuori la testa per cercare, una dopo l'altra, le varie possibilità di salita. I muscoli del collo sono indolenziti per il continuo piegare della testa all'indietro. Sopra di noi abbiamo rocce sporgenti e rigonfiamenti senza fine. Mi trovo su di un esile appiglio e cerco disperatamente qualcosa di più confortevole per poter riprendere, almeno per un attimo, un po' di fiato. Quante ore sono passate dall'inizio della salita? Devo guardare l'orologio? Non andiamo avanti molto velocemente! Dobbiamo proseguire oppure ci ritiriamo? Nessuna parete non mi ha mai pesato tanto, come questa ripida muraglia. Finalmene la prima sosta! Deglutisco appena un piccolo pezzo di cioccolata, dato che il mio corpo non vuole prendere di più. Poi proseguiamo ancora verso l'ignoto. Dovremo pur farcela! Ancora una lunghezza di corda! Un grido di giubilo sembra squarciare la nebbia. Abbiamo raggiunto il crinale della parete destra dell'anfiteatro. Ancora pochi metri difficili e poi affrontiamo la parete terminale, intersecata da un profondo camino. Per la prima volta arrampichiamo avendo anche della roccia alle spalle. Sebbene il camino sia stretto, impedito da sporgenze e ricoperto di ghiaccio, con pareti friabili, non ci impedisce più a lungo la salita.

Libera è la via verso la cima!

Dalla nebbia fluttuante filtrano le ultime luci del crepuscolo, e noi percorriamo lentamente la cresta ricoperta di ghiaia fino alla vetta estrema. Nessuno di noi ruppe il silenzio e la tranquillità solenne della montagna: sentivamo di vivere un momento particolare nella storia della Tofana di Rozes. Poi, come risvegliati da un sogno, scendemmo a valle. Passammo davanti al rifugio Tofana senza fermarci, malgrado la fame e la stanchezza. Volevamo rimaner soli con i nostri pensieri, per rivivere in ogni loro istante le dodici ore di scalata lungo la parete S. Più tardi, nella notte, scendemmo stanchi morti verso Cortina».

I due fratelli Angelo e Giuseppe Dimai, che si erano lasciati sfuggire, quasi sotto il naso, la più importante salita della stagione, e proprio sulla montagna di casa, ne effettuarono – il 31 agosto 1929 – la prima ripetizione in compagnia di una cliente straniera Miss Fitzgerald. Chiara e lineare le loro relazione:

«Per la via normale della parete S, fino all'anfiteatro. Attacco a sinistra di una caratteristica grotta. Prima su per roccia facile fino al punto dove questa arriva più in alto, poi per bassa parete (chiodo) e susseguente strapiombo, ad una cengia. Da questa prima verso destra, poi verso sinistra da un'altra cengia più alta, e per essa a sinistra fin dove termina. Per parete, con diagonale a destra, ad una fessura piuttosto lunga, e su per essa fino al punto dove cessa in parete gialla e strapiombante. Chiodo. Ardua traversata a corda, verso sinistra, ad un piccolo pianerottolo, con chiodo. Su per pochi metri, poi altro chiodo. Scendere al quanto a sinistra, poi per strapiombo bagnato, ad altro piccolo pianerottolo. A destra per parete bagnata ad un certo punto di riposo, e superando vari strapiombi, prima su dritti, poi a sinistra, nello sbocco del grande canalone. Su per questo

Giuseppe e Angelo Dimai (disegno di Fausto Cattaneo, dal volume «I cento anni del Club Alpino Italiano», Milano 1964).

fin dove termina, chiuso da enormi strapiombi; si abbandona il canalone, attaccando la parete a destra. Tenendosi sempre a destra e superando molti strapiombi, si raggiunge, dopo circa cento metri, uno spigolo. Su per esso (35 metri). Si raggiunge così una cengia. A destra per camino strapiombante a rocce facili e alla vetta».

Seguendo la cengia sotto l'ultimo camino si può probabilmente raggiungere, – alquanto più in basso, – la cresta E, e la vetta. Altezza della parete metri 400. Tempo di effettiva scalata ore 12 (prima salita). I fratelli Dimai, impiegarono, nella seconda salita, ore 9. Ascensione di primissimo ordine e difficoltà estreme, che, a giudizio dei fratelli Dimai, sono assai maggiori di quelle incontrate nella scalata libera della Guglia de Amicis, e della Via Preuss della Piccolissima.

LA VIA TISSI (1931)

La via Stösser rappresentò per la Tofana quello che la via Solleder fu per la Civetta: cioè il punto di partenza per la ricerca di nuove «direttissime»; quelle che Comici chiamava «della goccia d'acqua cadente». I primi italiani che si avviarono, con molta determinazione, a seguire le orme dei «sestogradisti» d'oltre Brennero, provenivano quasi tutti dal validissimo gruppo bellunese, facente capo al dinamico Francesco Terribile, presidente della locale sezione del Club Alpino Italiano. Fra questi spiccavano i nomi di Francesco Zanetti detto «Chéco Mul» e Attilio Zancristoforo, ai quali si aggiunsero gli agordini Attilio Tissi e Giovanni Andrich di Vallada. Essi, in cordata ideale, tracciarono – il 30 luglio 1931 – una nuova via di 6° grado sulla parete S della Tofana di Rozes. Ricorda in proposito lo Zanetti: «Tissi era un arrampicatore nato e non sapeva d'esserlo, si è rivelato all'improvviso, quasi per una scommessa. La prima salita d'una certa difficoltà la fece con Andrich per farmi una sorpresa, avendo saputo che appena possibile, l'avrei tentata. Arrampicava d'istinto e con naturalezza ed era dotato d'infallibile intuito nella ricerca della via. Andrich, suo abituale compagno di cordata, lo seguiva tranquillamente e si fidava in tutti i casi delle sue decisioni. Io, come anziano d'età e di esperienza mi facevo sentire quando occorreva e tutto procedeva bene. Zancristoforo, più giovane di parecchi anni ci seguiva benissimo e poi col tempo ci superò».

L'idea di ripetere la via Stösser alla Tofana di Rozes nacque, come tante altre iniziative del gruppo agordino-bellunese, nell'ambito della sezione del Club Alpino Italiano di Belluno. Ricorda ancora lo Zanetti: «Ne parlavamo da tempo, ogni volta che ci si trovava. Volevamo saggiare le nostre possibilità rispetto alle salite estreme di quei tempi, finché un bel giorno il nostro presidente Terribile ci mise l'auto a disposizione e così decidemmo la data che andava bene per tutti e quattro. Siamo partiti per fare la via Stösser ma il tempo cominciò a guastarsi. Subito dopo la "traversata" la nebbia ci ha fatto perdere la via originale, così abbiamo deciso di salire diritti verso la cima. Questa è stata la parte più difficile: un lungo canalone verticale

Attilio Tissi (da un disegno di Fausto Cattaneo, pubblicato su «I cento anni del Club Alpino Italiano»)

reso più difficile dal vetrato. Formavamo una cordata unica, come sempre in tutte le salite di 6° grado e Tissi rimase in testa per tutta la parte finale.

Durante la salita tutto andò regolarmente, come sempre accadeva per la nostra cordata. L'attrezzatura era adeguata ai tempi, cioè chiodi e moschettoni, pochi, non più di una mezza dozzina fra tutti. La nostra unica preoccupazione era quella di arrivare in cima prima di bucare le suole di feltro delle pedule. Siamo arrivati in vetta verso le 21, quasi al buio. Qui, ad aspettarci, c'era Terribile, il presidente della sezione C.A.I. di Belluno, con un portatore che aveva nello zaino tutti i nostri scarponi ferrati. Quindi siamo scesi a mangiare al rifugio Cantore e poi siamo rientrati a Cortina e Belluno».

In seguito, Tissi con altri tre compagni, tra cui gli accademici bellunesi Faè e Bianchet, ripercorse – questa volta senza deviazioni – la via Stösser, ed ancora il maltempo ostacolò la cordata. Lo scrittore ed alpinista Piero Rossi, intervistati a distanza di tempo alcuni protagonisti dell'impresa, ne fece una descrizione ([2]) di prima mano:

«La numerosa comitiva (ai quattro bellunesi si erano aggiunti, in parete, due rocciatori veneti) fu improvvisa-

---

([2]) «Attilio Tissi» di Piero Rossi, e da rivista «Le Alpi Venete», Autunno-Natale 1959.

mente investita dalla bufera e si trovò in condizioni drammatiche, essendo escluso il ritorno e con il costante pericolo di una caduta o di un pauroso bivacco che, date le condizioni atmosferiche e la mancanza di equipaggiamento adeguato alla temperatura gelida avrebbe avuto quasi certamente conseguenze tragiche. Fu allora che Tissi, con meravigliosa sicurezza e potenza di stile, salendo sull'insidioso vetrato a lunghe tratte di corda, senza piantare chiodi per guadagnare tempo, riuscì a giungere alla vetta, fra la tormenta, quando ormai qualche compagno dava segni di assideramento e sfinimento, e così poterono scendere incolumi al rifugio Cantore».

La seconda ripetizione della via Stösser venne effettuata il 2 agosto 1947 dagli «Scoiattoli» Albino Alverà, Ugo Pompanin e Claudio Apollonio. La terza ripetizione, il 23 luglio 1950, dalla cordata E. Abram e Mahiknecht di Belluno. La prima solitaria, il 2 agosto 1965 da Toni Marchesini. La «Direttissima Tissi» non ebbe molte ripetizioni, ed ancora oggi è considerata una via di tutto rispetto. I primi a ripercorrerla, il 24 agosto 1942, furono gli «Scoiattoli»: Albino Alverà, Romano Apollonio e Otto Menardi.

Scrisse in proposito Reinhold Messner ([3]): «La via Tissi sulla parete S della Tofana di Rozes, tracciata nel 1931, è rimasta una via di sesto per 35 anni: quasi un miracolo»! Werner Schertle (che ebbe modo di ripeterla nel 1964 - N.d.R.) ha giudicato questa via del grande Tissi più difficile di tutte le vie moderne, e probabilmente ha ragione. È una fortuna che vi siano ancora delle vecchie vie (cioè non eccessivamente chiodate in tempi successivi - N.d.R.) conservatesi tali e quali le tracciarono i grandi alpinisti del periodo tra le due guerre; come potremmo altrimenti valutare in giusta maniera le nostre vie nuove?».

Anche il giovane Toni Hiebeler, agli inizi (1953) della sua lunga e fortunata carriera di alpinista e giornalista di eccezione, ebbe a che fare con questa «supervia» riportandone una esperienza traumatica. Così ebbe, infatti, a dichiarare: «Questa, rimarrà decisamente l'unica parete che non avrò il coraggio di ripetere un'altra volta, pur avendone compiuto la stessa salita senza nessun incidente di rilievo». Era stato vittima di un grossolano equivoco, dovuto ad un errore di stampa nella guida da lui consultata: invece delle 12 ore previste il testo ne riportava soltanto due! Ma sentiamo come andarono le cose ([4]):

«Sotto una bufera di neve, su per la parete S della Tofana di Rozes, alta 800 metri, lungo la via Tissi che, a metà parete attacca direttamente e, secondo la guida, avrebbe dovuto impegnarci per sole due ore. Quindi una piccolezza per noi! Avevamo dunque pensato di potercela prendere comoda attaccando abbastanza tardi, anche se il tempo non pareva molto sicuro. Ma dopo due ore, passata la prima metà della parete, non ci fu verso di avere la più pallida idea di dove si trovasse la cima! Dopo quattro ore di durissima scalata, sui friabili strapiombi della via Tissi, non scorgevamo ancora la minima traccia della cima! Soltanto nebbia e tormenta di neve, che presto ci mise in una situazione disperata. Dopo sei ore fummo costretti dall'oscurità a bivaccare. Una brutta notte. L'indomani, giunti finalmente in cima ci sentimmo come dei vergognosi pivellini per quel ritardo inaudito. Appena giù a Cortina ci informammo che nella guida c'era uno sbaglio di stampa: davanti al 2 ci doveva stare un 1, per cui l'itinerario era di dodici, e non di due ore di arrampicata. La nostra fiducia salì così ad altezze vertiginose».

Vi fece un tentativo, alla fine di giugno del 1963, anche Walter Bonatti con Pierre Mazeaud e Roberto Gallieni, ma le cascate d'acqua provenienti dalle cornici della vetta, a causa del disgelo, e probabilmente anche un errore d'itinerario, li costrinsero a rinunciare.

([3]) Da «Svalutazione del 6° grado», Rivista mensile del C.A.I., febbraio 1969.
([4]) Toni Heibeler, *Tra cielo e inferno*, Ed. Tamari, Bologna, 1970.

Anni di transizione per guide e alpinisti

Nel riordinare la nostra materia per trarne dei capitoli omogenei, che evidenzino le linee di tendenze dell'alpinismo in Tofana, ci siamo imbattuti in alcune scalate, di tono certamente minore e forse realizzate in modo del tutto occasionale, che sfuggivano ad ogni tentativo di classificazione, in quanto non erano riconducibili ad un comune denominatore. Dovendone necessariamente parlare, ci è sembrato opportuno riunirle tutte, in un solo capitolo, in ordine cronologico, in modo da poterle almeno elencare, per dovere di cronaca. Iniziamo la nostra breve rassegna, col presentare una personalità di rilievo dell'alpinismo ampezzano, anche se di origine bavarese: Federico Terschak, il cui padre – ed egli stesso poi – svolgevano in Cortina un proficuo e raffinato lavoro come fotografi. Egli, pur avendo svolto una intensa attività alpinistica in Tofana (abbiamo riportato in precedenza una sua relazione sulla salita della via Dimai-Eötvos), aveva effettuato in questa zona una sola prima ascensione: la parete N del Campanile Ra Válles, il 2 luglio 1910, in compagnia di C. Zatecky. Una salita di 3° grado con un passaggio di 4°, il tutto risolto in un'ora di arrampicata: roba d'ordinaria amministrazione per quei tempi. Di ben altro impegno – in quello stesso anno – era stata la prima salita per la cresta SE del Campanile Dimai al Pomagagnon, ma questa – anche se per poco – non rientra nei limiti della nostra trattazione.

Il Terschak ebbe come maestro ed amico la guida Angelo Dibona, ed è interessante – a tale proposito – riascoltare la rievocazione del suo avvicinamento alla montagna: «Ad Angelo mi sento legato dall'affetto dello scolaro verso il grande maestro. Fu lui, uomo fatto ormai, a guidare i primi passi in roccia quando ero quasi un ragazzo, ad insegnarmi l'uso della corda, a parlarmi di montagna per ore e ore. Già allora il suo nome era famoso ed io lo ascoltavo con attenzione e deferenza. Più tardi scelsi la via dei senza-guide, ma rimanemmo sempre amici, poiché Angelo non era mai geloso delle ascensioni compiute da altri; sempre pronto, anzi, a dare il suo consiglio, anche a chi non ricorreva ai suoi servizi di guida».

Al Terschak, ampezzano d'adozione e pur sempre legato alla migliore tradizione delle guide locali, seguono – come per un casuale intervallo – tre nomi piuttosto sconosciuti, dopo i quali, riappariranno sulla scena le guide ampezzane per tentare di ristabilire il loro antico prestigio. E questo, non tanto per l'attività normale di mestiere, che si mantiene sempre intensa, quanto per la realizzazione di nuove, difficili «vie», che ribadiscono la loro supremazia alpinistica. Vediamo, innanzitutto, di citare quel poco di nuovo che era stato fatto, nel periodo della guerra e in quello immediatamente successivo. Il 20 luglio 1916 – durante una sosta dei combattimenti – due volenterosi alpinisti: E. Celli e G. De Carlo, salirono la più alta delle guglie che si staccano dal crestone S della Tofana di Mezzo (sino allora denominata Tridente Viennese) e la ribattezzarono col nome di Torrione Cantore, per ricordare l'eroico generale degli Alpini, che in quel luogo aveva perso la vita. Non molto distante da qui, il 29 agosto 1923, un alpinista solitario di nome O. Olivo, tracciò un nuovo itinerario (il secondo) di salita alla Punta Marietta. Ambedue le scalate presentano difficoltà di 2° grado, ed anche il tempo impiegato dai primi salitori è di un'ora circa per entrambe.

Dopo la crisi generalizzata del primo dopoguerra, negli anni Trenta, nell'ambiente dell'alpinismo dolomitico, si ebbe un salto di qualità, come abbiamo potuto rilevare nei capitoli precedenti.

Nel 1920, in Cortina d'Ampezzo, venne costituita una sezione del Club Alpino Italiano, che si ricollegava idealmente ed organizzativamente alla precedente associazione del D.u.Oe. Alpenverein, che annoverava, prima della guerra, una settantina di soci e la proprietà dei Rifugi «Sachsendank» (ora «Nuvolao») e «Tofana» (poi «Gen. Cantore»). Primo presidente fu Luigi Menardi, cui seguì ben presto il prof. Arturo Marchi e, dal 1930 sino alla data della sua morte – per oltre trent'anni – tenne le redini dell'associazione «l'Accademico» Bepi Degregorio, valente alpinista e scrittore di cose alpine colto e brillante.

Alla vecchia generazione di guide, che tanto aveva fatto parlare di sé nell'anteguerra, subentrarono i figli ed i nipoti, secondo la migliore tradizione valligiana. In particolare si distinsero, nel secondo ventennio del secolo: Angelo e Giuseppe Dimai, figli non immemori di Antonio Dimai, Fausto e Ignazio Dibona, promettenti e sfortunati figli del grande «Pilato», Celso Degasper, Enrico Gaspari, Luigi Franceschi, Simone Lacedelli, Isidoro Siorpaes, Pietro Apollonio e Angelo Verzi.

La loro attività, salvo un paio di casi eccezionali, si mantenne piuttosto uniforme e – tutto sommato – abbastanza modesta. Le grandi imprese di 4° grado, che tedeschi e bellunesi andavano realizzando sulle loro montagne, spinsero qualcuno di loro a reagire, con senso di misura e discrezione; senza dimenticare cioè, che la loro professione era quella di accompagnare «clienti» in montagna, in condizioni di massima sicurezza, e non quella di aprire nuove vie. In contrasto con questa troppo consolidata concezione dell'alpinismo, si costituirà il 1° luglio 1939, per iniziativa di un gruppetto di giovani arrampicatori, la «Società Scoiattolo», che darà poi nuova linfa anche al Corpo delle Guide Alpine. Ma, andiamo con ordine: il 5 ottobre 1933, la guida Giuseppe Dimai (che in agosto aveva effettuato, insieme al fratello Angelo e con Emilio Comici, la prima salita della parete N della Cima Grande di Lavaredo), realizzò con Celso Degasper la prima ascensione della parete S di Punta Giovannina. In quattro ore essi raggiunsero la sommità del grande «pulpito roccioso», superando un dislivello di circa 300 metri, con difficoltà di 5° grado superiore e tratti di 6°. Ma l'impresa più clamorosa delle guide ampezzane in Tofana, negli anni Trenta (se vogliamo prescindere da quelle svoltesi sulla parete S della Rozes), è certamente la prima ascensione «diretta» lungo la parete SO della Tofana di Mezzo. Essa è anche denominata «Via degli Italiani», in contrapposizione a quella degli «Inglesi», che compie un'ampia deviazione sulla destra, per rocce – naturalmente più facili –. Il merito di questa ascensione, compiuta il 16 settembre 1934, è della guida Luigi Franceschi in cordata con l'alpinista valligiano Emilio Siorpaés (figlio di Giovanni e nipote di Santo). Data l'importanza e l'eccezionalità dell'impresa, ci sembra opportuno (in mancanza di altre notizie) trascrivere la relazione apparsa sulla Rivista Mensile del C.A.I. (N. 3 - 1935):

«Dal Rifugio Cantore si sale per il ghiaione della via comune fin sotto alla forcella tra questa e la Punta Giovannina. Si segue poi la «Via Inglese» per salti di roccia e ghiaie per circa un centinaio di metri dal ghiaione. L'attacco è nei pressi di una caverna, su di un piccolo rialzo. Si inizia la scalata con una piramide e si arriva subito da un punto molto delicato: traversati due metri a sinistra, si sale per qualche metro, dapprima sulle spalle del secondo e quindi con l'aiuto di due chiodi con staffe, si imbocca un camino per il quale ci si innalza per circa 15 metri. Si esce poi verso sinistra, per due metri (punto espostissimo) e si sale un tratto estremamente difficile su piccolissimi appigli: la parete è liscia e compatta ed i chiodi non reggono. Piccola nicchia. A destra in alto venne piantato un chiodo con laccio: punto espostissimo, in mezzo agli strapiombi. Cinque metri di scalata estremamente difficile portano ad una espostissima traversata, lunga otto metri, difficile e delicata: sopra incombe un camino. Su roccia marcia si obliqua verso sinistra, salendo per minuscole fessure: passaggio difficile e delicato, dopo il quale si arriva sulla prima cengia. Per una fessura strapiombante si raggiunge la seconda cengia dalla quale ha inizio un camino alto circa 65 metri e la cui parte bassa di 20 metri forma quasi una parete: tratto strapiombante che implica il massimo sforzo e l'impiego di vari chiodi per poter essere tenuti contro la roccia. Superato il camino, per facili salti di roccia si raggiunge la cresta e la vetta. Tempo impiegato dall'attacco ore nove, chiodi usati 30, lasciati in parete 7: difficoltà di 6° grado, altezza della parete circa 400 metri».

Questa fu l'ultima ascensione importante realizzata dalle guide ampezzane, prima che gli «Scoiattoli» ne rinvigorissero le fila.

Angelo Dimai, tracciò un malinconico ritratto ([1]) di questa inarrestabile decadenza del mestiere di guida alpina:

«Il lavoro delle guide, nella nostra zona, va diminuendo di anno in anno per varie ragioni. Negli anni dal 1890 al 1914 una guida guadagnava in un giorno da 8 fino a 30 volte la paga giornaliera di un operaio. Le guide allora erano molto più numerose di oggi ed avevano più lavoro. Dal 1920 al 1935 percepivano da 5 a 20 volte la paga giornaliera di un operaio per una sola ascensione ed il lavoro era assai più intenso. Oggi invece le guide hanno poco lavoro e guadagnano la metà ed anche meno dei periodi precedenti...».

Con questa amara constatazione potremmo anche concludere il nostro capitolo, se non avessimo preso l'impegno di raggruppare, in ordine cronologico, in questo «inserto», tutte quelle ascensioni in Tofana, non classificabili in altro modo.

Aggiungiamo, quindi, un breve codicillo, per segnalare la divertente arrampicata lungo lo spigolo SE del Torrione Cantore, avvenuta nell'agosto del 1941, ad opera dei fratelli Mariano ed Ermanno De Toni, guide alleghesi in trasferta, dal Civetta alle Tofane. Dislivello di circa 260 metri, con difficoltà di 4° grado: tempo impiegato tre ore ed un quarto dall'attacco.

Nell'agosto del 1943, quando ormai l'attività degli «Scoiattoli» si era fatta sempre più consistente, abbiamo la fugace apparizione degli alpinisti senza guida A. Bettella e B. Sandri, che risalirono per primi lo spigolo S della cosiddetta «Nemesis»: 250 metri di dislivello, con difficoltà di 6° grado. I due alpinisti effettuarono la scalata in dodici ore, con l'ausilio di sei chiodi. Dopo la parentesi della II guerra mondiale, l'interesse si concentrò, quasi esclusivamente sulla Tofana di Rozes: Walter Bonatti, agli inizi della sua prestigiosa carriera, il 20 agosto 1952, ne risalì, insieme a P. Contini, lo sperone SO (difficoltà di 5° grado), in circa 5 ore realizzando la «Via della Tridentina». Lungo il medesimo sperone, risalendo il «Camino degli Alpini», due alpinisti tedeschi: H. e Vitti Steinkötter, realizzarono la cosiddetta «Via Mirka», con difficoltà di 3° grado e tratti di 4°, raggiungendo la vetta della Tofana di Rozes in circa un'ora.

Interessante e divertente anche la salita per la parete O della Rozes, effettuata il 27 agosto 1958, dagli alpinisti N. Corsi e B. Crepaz. L'attacco della via è situato nel secondo canalone, solitamente innevato, sulla sinistra del Castelletto. Una via probabilmente percorsa, almeno nella sua prima parte sino alla grande cengia che taglia trasversalmente tutta la parete, innumerevoli volte durante il periodo di guerra, sia dagli Austriaci che dagli Italiani. Le difficoltà sono minime: 2° e 3° grado con passaggi di 4°, per un dislivello di circa 850 metri di buona e solida roccia. Tempo impiegato: tre ore.

([1]) Lettera del 5 gennaio 1971 a Renato Chabod, pubblicata sulla Rivista mensile del C.A.I., 1971 pag. 235.

Luigi Ghedina: il folletto delle Tofane

Fra i molti alpinisti ampezzani che ebbero a che fare con le Tofane, Luigi Ghedina detto Bibi è certamente quello maggiormente legato ad esse, sia per il grande numero di prime ascensioni effettuate sui principali versanti, sia per avervi costruito un magnifico rifugio, vero nido d'aquila, in località Pomedes, dove egli vive e lavora, con tutta la sua famiglia, per gran parte dell'anno. La sua figura agile e snella, il viso simpatico, animato da un sorriso malizioso, il carattere vivace, esuberante e generoso, lo fanno assomigliare ad un folletto venuto tra noi dal mitico regno dei Fanes.

Egli è nato a Cortina il 2 marzo 1924 e, sin da ragazzo, cominciò a salire le montagne di casa con grande passione e in modo quasi istintivo. Il ricordo delle sue prime «scappatelle» alpinistiche può darci la misura della sua vocazione: ([1])

«Sono nato e cresciuto nel regno dei Monti Pallidi, in quella Cortina d'Ampezzo che diede i natali a guide ed arrampicatori di gran fama. Su queste rocce riuscirono le mie prime salite: ricordo vivamente il tempo in cui scappavo di casa con un tozzo di pane in tasca ed un paio di pantofole sottobraccio, per soddisfare furtivamente la nascente passione. L'istinto mi spinse ad iniziare; ero felice di salire senza pensieri, né prevedevo che un giorno mi sarei impadronito del "sesto grado". Allora le mie ambizioni giungevano alla nota via "Myriam" sulla Torre Grande di Averau, nel gruppo delle Cinque Torri, ma, prima di realizzare il mio sogno, stetti ad ascoltare a lungo, rapito, le guide cortinesi, nelle loro conversazioni di passaggi estremi, di strapiombi, di pareti lisce. Miravo le loro mani e mi parevano tentacoli, cui nessun appiglio potesse sfuggire. Facevo tesoro di quelle rivelazioni di esperienze vis-

Luigi Ghedina detto «Bibi» in una foto attorno agli anni Cinquanta.

([1]) Rivista mensile del C.A.I. n. 3-4 1953.

sute e ne trassi poi reale profitto. Miei compagni di «scappate» erano alcuni giovani amici, appassionati quanto me per la roccia. Fondammo assieme una associazione denominata "Scoiattolo", con il preciso scopo di attuare in comune le prime piccole imprese alpinistiche e rimanere uniti di fronte ai pericoli che, per la nostra esperienza giovanile, potevamo incontrare. Cominciammo da soli, senza consigli, senza aiuti. Lo "Scoiattolo" nacque il 1° luglio 1939: un anno più tardi, il 12 luglio 1940, il mio sogno, la "Myriam", iniziazione al 5° grado, divenne realtà. Fu la prima di una serie di salite gradualmente più difficili e tanto più soddisfacenti, in quanto furono realizzate in contrasto all'opinione dei non pochi ostili alla nostra intraprendenza. Nel 1942 tutti i "quinti" e "sesti gradi" più belli ed alcune vie erano appannaggio degli Scoiattoli, nuova linfa delle forze alpinistiche cortinesi e promessa di un roseo avvenire di conquiste».

Mai prima di allora, in Ampezzo, il fenomeno dell'alpinismo non professionista era apparso così vivo e vitale, ricco di ottimi elementi, molto ben addestrati ed allenati, in grado di affrontare i più difficili itinerari dolomitici, senza dover dipendere dall'aiuto delle guide alpine. È interessante, a questo proposito, rilevare come la «prima ascensione», in senso assoluto, di un appartenente alla Società degli Scoiattoli, sia stata effettuata nel gruppo delle Tofane.

Lo «scoiattolo» Luigi Menardi «Igi» l'alpinista Camillo Crico, il 18 luglio 1941, tracciarono una via di salita lungo la parete E della Tofana di Dentro: 600 metri di parete, con difficoltà di 2° e 3° grado, che superarono in circa sei ore. Non era poi molto, se pensiamo che in quello stesso anno, il 10 e l'11 settembre, Carletto Alverà ed Ettore Castiglioni «Vecio», ripetevano la via Dimai-Comici alla Cima Grande di Lavaredo, realizzando anche una difficile variante: il primo grande itinerario di 6° grado affrontato da una cordata di «Scoiattoli». L'anno dopo, il 29 giugno, è la volta di Luigi Ghedina, il quale, in cordata con il «Vecio» Costantini, tracciò – in sei ore – una via di 6° grado lungo la parete SE del Torrione Zesta, che sorge sulle pendici meridionali del Doss de Tofana.

Ebbe così inizio un periodo d'intensa, seppur breve, collaborazione fra i due giovani ed irrequieti esponenti del gruppo «Scoiattoli», che porterà alla realizzazione di alcune sensazionali imprese alpinistiche nel giro delle Dolomiti ampezzane. A tale proposito è però necessario tener presente che la nostra trattazione è limitata al settore delle Tofane, e quindi si potrà avere soltanto una visione parziale e per forza di cose limitata di queste nuove tendenze. In questi mesi, Costantini e Ghedina concepiscono un progetto grandioso: tracciare cioè un nuovo itinerario, il più diretto possibile, sulla parete S della Tofana di Rozes, lungo un marcato spigolo, che sale verticalmente al di sopra della caratteristica «Grotta di Tofana». Le precedenti salite, come abbiamo visto, prendevano tutte le mosse sul lato O della parete, diramandosi dalla classica via Dimai, in varie direzioni, lungo i bordi del «Grande Anfiteatro». La nuova via, ideata dai giovanissimi scalatori ampezzani, doveva essere,

La Punta Anna: versante E.

Terzo Torrione di Pomedes visto dalla vetta della Tofana di Mezzo.

invece, una «direttissima», passante il più possibile al centro della parete. Ai primi di agosto, il «Vecio» e «Bibi» effettuarono una prima ricognizione sulla parete per circa 300 metri; poi ritornarono indietro, per mantenere fede ad un accordo preso nell'ambito del gruppo «Scoiattoli». Questa salita, infatti, doveva esser fatta, come capocordata, da Albino Alverà; lo «Spigolo Giallo» della Cima Piccola di Lavaredo da Costantini e la N della Cima Grande da Romano Apollonio. Così i due, per non mancare di parola, ridiscesero ed attesero il 16 agosto, per risalire la parete con Alverà ed Apollonio. Insieme affrontarono nuovamente la parete, superando non poche difficoltà ed un tratto di 6° grado; ma non riuscirono a forzare la rossa e liscia parte sommitale, che probabilmente richiedeva l'uso di un'attrezzatura artificiale che essi non possedevano ancora. Si accesero fra loro animate discussioni sulla via da seguire; qualcuno prospettò anche l'eventualità di ritornare indietro, ma alla fine – data l'ora tarda – decisero di bivaccare alla sommità del grande pilastro, sul cui filo meridionale si era svolta l'ascensione.

L'indomani deviarono verso destra per rocce molto difficili ed esposte (Ghedina giudica questa traversata, forse più difficile della stessa via che inizialmente volevano percorrere) e poi, risalendo la cresta E, raggiunsero la vetta. In tutto avevano impiegato 18 ore di arrampicata effettiva, superando 850 metri di dislivello, con difficoltà di 5° grado e passaggi di 6°. La nuova via venne dedicata alla Divisione Alpina Julia, che aveva eroicamente combattuto in Grecia e in Russia.

Il 16 maggio dell'anno dopo, Costantini e Ghedina, ai quali si aggiunse Luigi Menardi, tracciarono una nuova via sulla parete SE del Col Rosà, denominandola «Direttissima Scoiattoli». Si tratta di 450 metri di parete con difficoltà di 5° grado e passaggi di 6°, che superarono in sette ore, con l'aiuto di 22 chiodi. La cordata Costantini-Ghedina, specialmente in questo primo periodo di rodaggio del gruppo «Scoiattoli», rappresentava l'elemento trainante, al quale – spesso e volentieri si univano – altri amici in allegra compagnia. Così avvenne il 7 ottobre 1943, quando ai due si aggregarono Luigi Menardi, Claudio Apollonio e Ugo Illing «Manni», per effettuare la prima salita della parete E di Punta Anna, sui contrafforti della Tofana di Mezzo. Una scalata non eccessivamente difficile (300 metri di parete con difficoltà di 4° grado effettuata in 4 ore con l'utilizzo di 3 chiodi) ma interessante, soprattutto per la più approfondita conoscenza di questo imponente sperone roccioso, sul quale Ghedina realizzerà, diversi anni dopo, una spettacolare via ferrata. La denominazione di Punta Anna, venne decisa in quell'occasione all'unanimità, in omaggio ad una ragazza che era venuta a vederli in azione ed era la simpatia di tutti. Quindici anni dopo, il 3 agosto 1958, «Bibi» Ghedina con una cliente: Annamaria Dubini, tracciò una nuova via, abbastanza facile (3° grado) su questa medesima parete, a destra dell'itinerario precedente.

Dopo l'avancorpo della Punta Anna, i contrafforti della Tofana di Mezzo sono costituiti da tre imponenti spuntoni, abbastanza simili fra loro, denominati Torrioni Pomedes e numerati (da destra a sinistra) I, II e III. Tutti e tre, furono saliti – per la prima volta e in diverse riprese – dal Ghedina, che ne aveva preso possesso, come una specie di «palestra d'arrampicata», per gli ospiti del suo rifugio salendone i versanti S. Il 24 ottobre 1943, scalò – con Luigi Menardi – il II Torrione (m 250, 5° grado, ore 2,30). Il 12 settembre 1965, con A. Schiavon, salì il III Torrione (m 350, 3° grado, ore 2). Il 22 luglio 1967, con Gianni Aglio, scalò il I Torrione (m 450, 3° grado con passaggi di 4°, ore 3). Sempre nella stessa zona, alla base della parete E della Tofana di Mezzo, ancora Luigi Ghedina con gli amici Ugo Samaia e Siro Menardi, scalò – il 3 settembre 1948 – un isolato torrione di circa 250 metri intitolandolo: Campanile Marino Rosada, dal nome del fratello di un suo cliente, perito sotto una valanga. Una via molto bella ed elegante, in arrampicata libera di 4° grado: peccato – commenta Ghedina – che non vada nessuno a ripeterla.

Altra scalata interessante, anche se di tono minore, nel complesso dell'attività di Ghedina, fu quella effettuata, il 17 giugno 1945, con Bortolo Pompanin, lungo la fessura SO della torre occidentale del cosiddetto Tridente Viennese (ribattezzato poi di Cantore). Una salita di 4° grado superiore, per un dislivello di circa 150 metri di roccia piuttosto friabile; tempo impiegato: un paio d'ore.

Il 21 settembre del 1947, con E. Monti e M. Zardini, effettuò la prima ascensione dello spigolo NO del Castelletto; ed il 21 luglio 1949, con Lino Lacedelli, tracciò una via nuova lungo un ampio diedro che taglia a metà la parete O dello stesso Castelletto: difficoltà di 4° grado per entrambi gli itinerari. Non tutta l'attività di «Bibi» Ghedina è però raccolta in questo capitolo: sentiremo parlare ancora di lui più avanti, in altri capitoli, per quelle imprese di maggior rilevanza, da lui compiute in compagnia del «Vecio» Costantini (come ad esempio lo Spigolo del Pilastro di Rozes) e di Lino Lacedelli.

Come vincemmo il Pilastro SE della Tofana di Rozes

ETTORE COSTANTINI (*Vecio*) ROMANO APOLLONIO (*Nano*)

Il 1944 fu un anno particolarmente difficile anche in Ampezzo, il cui territorio era sottoposto direttamente all'amministrazione germanica. Diversi «Scoiattoli», tra cui Luigi Ghedina «Bibi» e Romano Apollonio «Nano» erano stati chiamati alle armi, e di conseguenza l'attività alpinistica si era notevolmente allentata.

Ettore Costantini, detto «Vecio», uno dei pochi rimasti sulla breccia, aveva adocchiato da tempo un enorme pilastro di roccia giallastra, lungo la parete SE della Tofana di Rozes, ed era fermamente deciso ad effettuarne la scalata in prima assoluta. Un'impresa che avrebbe portato d'un balzo gli «Scoiattoli» al massimo livello (4° grado superiore) dell'arrampicata dolomitica aprendo nuove e più aduaci prospettive all'alpinismo italiano. L'occasione venne, verso la metà di luglio, quando Romano Apollonio tornò per qualche giorno a Cortina, in licenza. Il Vecio non perse tempo ed intimò all'amico di seguirlo, malgrado le proteste dell'altro che non si sentiva troppo allenato per un exploit del genere. Per Romano Apollonio fu l'ultima grande occasione, dato che non tornò più dalla guerra: aveva soltanto 23 anni ed era nel pieno delle sue forze; se fosse sopravvissuto sarebbe stato certamente uno dei migliori sestogradisti ampezzani. L'impresa non ebbe, in quel momento, vasta risonanza: solo qualche anno più tardi sarebbe divenuta famosa anche in campo internazionale.

Trascriviamo, qui di seguito, mettendole a confronto, le due relazioni, scritte a suo tempo, da entrambe i protagonisti. In esse, c'è da rilevare lo stile conciso, l'essenzialità delle immagini, la fluidità narrativa ed una intensa drammaticità espressiva, che ne fanno dei piccoli capolavori di letteratura alpina. Pagine che sembrano scaturire, nel modo più semplice e naturale, dall'animo stesso degli scalatori. Quindi risultati ottimi, sia per quanto riguarda l'impresa che per il racconto che essi ne fecero. Eppure, come ammette con innata modestia il Costantini, le difficoltà più grandi per loro non furono tanto quelle derivanti dalla salita, quanto quelle di scriverne la relazione.

PRELIMINARI

Vecio

«Ricordo che nel 1940, al ritorno dalle 5 Torri, nel passar sotto la bella parete del Pilastro, la guardavamo dicendo: "quella sì che è impossibile scalarla". Sapevo che era stata tentata e che altri la sognavano senza arrischiarsi di provarla. Ricordo anche che, parlando con una guida, autore di prime ascensioni, sulla possibilità di salirla, mi sentii rispondere: "si andrà ben su ma bisognerà buttar via un mese per prepararla". Venne il 1941, l'anno in cui ho scalato la parete N della Cima Grande di Lavaredo, facendo cioè il mio primo sesto grado. Da allora ogni volta che passavo sotto la parete della Tofana mi pareva che potevo osare di guardarla più in faccia, insomma mi sentivo più forte. Nel 1942 cominciai a fare qualche via nuova, ma il bel Pilastro restava sempre là, sicuro di non venire seccato. Infatti le prime seccature gli vennero l'anno successivo».

TENTATIVO CON IGI MENARDI

Vecio

«Dopo aver fatto un bell'allenamento su diverse cime della nostra conca ed aver ripetuto la N della Cima Grande in sei ore, mi sentii ben allenato e così una domenica con Igi Menardi partii all'attacco. I primi quaranta metri li saliamo abbastanza facilmente, lungo un grosso costone attaccato alla parete che ci porta su una piccola piazzola.

Nano

«Era una bella mattina d'aprile del '43, quando per la prima volta, col Vecio, osservai attentamente quell'enorme pilastro che sorge dalle ghiaie, innalzandosi per più di 600 metri. Per la prima volta, stesi al suolo, udimmo il grido di sfida che il pilastro lanciava agli uomini, sicuro di se stesso. Ricordo che scrutavamo lassù dove un incessante susseguirsi di strapiombi, di nere e minacciose fessure, di tetti poderosi, sembravano precludere ogni possibilità di salita. Attraverso le lenti dei binocoli, i nostri occhi seguivano le fessure, esaminavano tutte le sporgenze, tutte le articolazioni, cercando di strappare quel segreto, che la parete celava da millenni. E su per 600 metri, era un continuo susseguirsi di incognite: quella macchia bianca là a metà della parete e poi, sopra, quell'enorme tetto e la fessura iniziale: si passerà? Per avere la soluzione dell'enigma, bisognava tentare ed ognuno di noi già s'immaginava lassù, impegnato per la vita o per la morte, nella lotta dell'uomo contro la Montagna. E quando le ombre della notte incominciavano ad avvolgere la valle, muti e silenziosi ci avviammo verso casa, ma il nostro pensiero restava ancora lassù, in quel regno di rocce e di misteri, dove avevamo giurato di ritornare. A Cortina cercammo di raccogliere tutte le informazioni possibili in proposito e venimmo, così, a sapere che la parete aveva già subìto tentativi italiani e tedeschi, ma i primi tetti avevano annientato ogni sforzo. Cominciammo con parecchie salite di allenamento e quando

Ettore Costantini, 1947.

Romano Apollonio, 1944.

Vecio

Qui, per continuare, il discorso si fa più serio; mi alzo per una ventina di metri con l'aiuto di alcuni chiodi e poi una parete liscia mi ferma. Dovrei attraversare circa venti metri a destra per giungere alla base di una fessura che solca la parete nera (200 metri circa). Provo; un paio di volte ancora; niente. Che proprio non si passi? e sì che dal basso a guardare su avrei giurato di passare senza tanta difficoltà. Non c'è niente da fare, mi abbasso di una decina di metri, pianto un chiodo; è poco sicuro, ma non ci sono altri posti da scegliere. Mi abbasso altri cinque metri attaccato a quel chiodo, grido a Igi di stare attento e mi lascio andare a pendolo nel vuoto andando ad aggrapparmi su una sporgenza 4-5 metri più in là; poi continuo a traversare verso destra fino a giungere alla base della famosa fessura. Resto un po' ad osservarla e ad Igi che mi interroga rispondo che deve essere molto dura. Decidiamo di tornare indietro, ma non vinti; ritorniamo per dare ancora un po' di riposo al monte e per riprendere noi un po' di coraggio. Rifaccio in discesa la strada percorsa, il piccolo pendolo e in poco tempo raggiungo il compagno, che da quattro ore sta là fermo. Lasciamo tutti i chiodi, poi con una corda doppia di quaranta metri raggiungiamo alcuni nostri compagni che erano venuti fino alla base per vederci salire. E così anche per quell'anno il Pilastro non fu più toccato. Ai primi di luglio del 1944 sono nuovamente all'attacco con due nuovi compagni, ma un gran temporale ci rimanda indietro».

Nano

era stata quasi decisa la partenza, venni chiamato sotto le armi. Durante la mia assenza, il Vecio mi scrisse di aver voluto provare la via e, così con un altro Scoiattolo aveva superato di una trentina di metri il limite raggiunto dalle cordate precedenti più fortunate».

Il Pilastro di Rozes (al centro). Si distinguono molto bene i tre spigoli di Rozes, che sono numerati da destra verso sinistra: Primo Spigolo, Spigolo del Pilastro, Terzo Spigolo. (Foto Felice Anghileri)

PRIMO GIORNO

Vecio

«Aspetto che si rimetta al bello e il 13 dello stesso mese alle quattro del mattino mi avvio con Romano Apollonio verso la base della parete deciso di vincerla a tutti i costi. Subito sopra Pocol sentiamo dietro di noi uno strano ansimare; ci voltiamo, è il cane di Romano che viene a tenerci compagnia. Siamo contenti di avere con noi l'inseparabile Diana e così continuiamo, più allegri la strada. Alle sei e mezza siamo all'attacco; proviamo a fare merenda, ma un po' sudati come siamo prendiamo subito freddo e così decidiamo di attaccare subito la roccia. La prima cordata è un po' dura per il freddo che ci intorpidisce le mani ma non ci impedisce di avanzare abbastanza velocemente e in un'ora, grazie ai chiodi che avevo lasciati, raggiungiamo il limite del precedente tentativo».

Nano

«Passò un lungo inverno e quando ancora la roccia odorava di neve, noi andavamo ad essa felici, allenandoci per la grande parete. Così arrivò il sospirato giorno della grande prova. Era l'alba del 13 luglio; il sole era ancora molto basso dietro il Sorapiss ed io col Vecio e altri amici mi avviavo, ansante sotto il pesante sacco, verso l'agognata parete. Camminavamo silenziosi, ma i nostri pensieri erano uguali: forse stavano per realizzarsi tutti i nostri sogni e le nostre speranze. Quando giungemmo in vista del pilastro, ci fermammo a contemplarlo. Avvolto nella nebba mattutina, in un'aureola di sangue, sembrava anche lui vestito a festa e pronto per la lotta. In breve giungiamo all'attacco e ci prepariamo lentamente. Con una semplice stretta di mano, salutiamo i nostri amici e, poi, accarezzando la roccia, quasi per ingraziarcela, il Vecio attacca. In un paio d'ore raggiungiamo il limite del precedente tentativo».

Vecio

«È abbastanza difficile entrare nella fessura, bisogna salire 8-10 metri di paretina rossastra e friabile. Pianto alcuni chiodi e sono all'inizio della fessura che taglia tutta la parete nera. Sono però subito messo a dura prova dovendo superare due soffitti di 70-80 centimetri. Poi su per un centinaio di metri: espostissimo. Ad un certo punto una delle staffe che ho agganciato si attacca a una sporgenza impedendomi di proseguire; mi abbasso e mi alzo con il corpo due o tre volte. Niente, non vuole staccarsi. Questi movimenti in quella posizione mi hanno stancato moltissimo, provo ancora una volta e per fortuna la staffa si stacca, altrimenti non avrei più resistito. Salgo ancora superando un altro soffitto e giungo dopo alcuni metri di roccia facile sulla cengia inclinata che divide la parete nera dalla rossa. È mezzogiorno, mangiamo un boccone ammirando la bella parete tutta gobbe e soffitti che abbiamo sopra di noi. Lo spuntino è breve, ho fretta di attaccare, la roccia è rossa e assai friabile e quindi devo avanzare molto cautamente. Molti chiodi si staccano appena non hanno più su il mio peso; altri devo solo appoggiarli in qualche buco sperando che non mi facciano qualche brutto scherzo; la difficoltà è sempre al massimo grado. Ora sono sotto un soffitto di circa un metro e mezzo, largo altrettanto. Pianto un chiodo a metà del tetto, poi provo a metterne uno sull'orlo ma non tiene. Sono da circa un'ora in posizione orizzontale e non riesco a proseguire. Romano mi dice di tornare indietro e riposarmi. Non gli do retta, voglio proseguire, gli raccomando di stare attento, mi attacco con le mani al di fuori dell'orlo del tetto su un buon appiglio e lascio andare i piedi nel vuoto sperando di poter salire a forza di braccia; mi alzo di mezzo metro poi appoggio un chiodo in una fessura, gli do un paio di colpi col martello, aggancio la corda e mi lascio andare. Sono attimi terribili, fisso il chiodo come per implorarlo e il chiodo fa il suo dovere, si piega un po' ma tiene. Salgo altri due metri e faccio cordata. Appena Romano mi raggiunge vuole dirmi le sue impressioni, ma gli faccio segno di guardare in su e allora non parla più.

Continuo a salire per una fessuretta di circa venti metri fino alla base di una placca bianca di tre metri e poi mi

Nano

«Ci aspetta, ora, una fessura nera, torva e minacciosa, solcata da parecchi tetti... La roccia, per fortuna, permette l'uso dei chiodi e così, con duro lavoro, e l'uso di questi ultimi, il Vecio riesce a superare i primi tre tetti. Le difficoltà sono all'estremo limite delle possibilità ed avanziamo molto lentamente, per due tratti di corda. Alle due pomeridiane siamo sotto il tratto chiave della via, un centinaio di metri di roccia gialla, con due tetti formidabili sopra la nostra testa. Superando difficoltà estreme, raggiungiamo il primo tetto, che sporge circa due metri. Esso sembra da solo voler annientare tutti i nostri sforzi. Il Vecio è deciso a tutto. Mi raccomanda la massima attenzione, indi parte. Lo vedo sopra di me, salire su appigli esilissimi, fin sotto il tetto; con una mano appoggia il chiodo, poi odo colpi di martello, prima leggeri, poi sempre più vigorosi ed, infine, il chiodo cantare, mordendo la roccia. Ecco, ora il mio capocordata è in posizione orizzontale, con un altro chiodo si sposta quasi sul labbro del tetto. Io lo osservo estasiato: lavora con regolarità di movimenti e con una calma stupefacente. Sembra impossibile che un essere umano possa essere padrone di sé, quando sa che basterebbe un nonnulla, per farlo precipitare inesorabilmente.

Dopo dieci minuti di riposo, eccolo di nuovo al lavoro: oltre il tetto, la roccia è liscia. Vi è un solo buco, dove il Vecio appoggia un chiodo, senza neanche batterlo e vi aggancia una staffa. Con somma precauzione, sale sulla staffa e sparisce oltre il labbro del tetto. Ad un tratto, sento la sua voce angosciata: "Attento! Salto". Stringo spasmodicamente la mano attorno alla corda ed aspetto lo strappo, forse fatale per entrambi. Invece, nulla. Poi, sento la sua voce più calma: "Molla tutto!", e le corde scorrono per un paio di metri. Mi grida di essere sotto un secondo tetto, però più facile del primo. Non so dire quanto aspettai lì fermo. Sentivo solo il battere del martello. Dopo un paio d'ore, sento il Vecio gridare, ma non afferro una parola. Vedo solo che tira le corde. Mi preparo a partire. Non voglio descrivere quello che provai nel superare i due tetti, ma dirò solo che, quando raggiunsi il Vecio, ero affranto dalla stanchezza, così da non poter neppure parlare. Ma, intanto, il tratto chiave della salita era, probabilmente, vinto».

158

Vecio

fermo: "siamo vinti" grido al mio compagno. È un pezzo breve, ma liscio come un vetro. Allungavo una mano, ma mancava ancora un metro per raggiungere una fessura nel centro di un bel diedro che portava sotto un altro soffitto. Avevo pensato di fare venire Romano fin dove ero io, salire sulle sue spalle e così poter continuare, ma non riuscivo a piantare un chiodo per fare cordata. È una cosa che non si può descrivere: dopo aver lottato per ore ed ore, trovarsi nell'impossibilità di salire per soli tre metri di parete. Quella placca era così bianca e senza rughe che sembrava che qualcuno avesse fatto apposta a dargli uno strato di calce. Io ero in punta di piedi su una piccola piazzetta e con il martello davo dei colpi di qua e di là senza sapere il perché, ma quando si è in roccia tante volte si deve proprio credere al miracolo. Con uno di questi colpi avevo aperto un piccolo foro di circa due centimetri; provo un chiodo poi un altro, un altro ancora ma non tengono. Romano mi chiama e dice: "prova a mettere quello quadro che ho rotto questa mattina, è senza punta e forse terrà". Me lo faccio legare alla corda perché lo ha lui nel sacco, lo tiro su e lo appoggio nel buco. "Tiene", grido! Metto una staffa, mi alzo di quel metro che basta per raggiungere il diedro; pianto un secondo chiodo, mi alzo ancora un po'. In quel momento Romano grida: "stati attento il chiodo quadro è saltato fuori". Non importa, ancora alcuni metri per il bel diedro e sono sotto l'altro soffitto largo circa un metro e venti. Qui mi tocca fare cordata con i piedi nella staffa. Dico a Romano di sbrigarsi a raggiungermi perché sono in posizione assai scomoda e le corde mi tagliano i piedi, ma questa raccomandazione non occorreva perché in poco mi raggiunge levando tutti i chiodi. È qualcosa di fantastico vedere come li toglie, sembra non abbia mai fatto altro in vita sua. Resto con la bocca aperta ad osservarlo, deve fare una bella fatica con il sacco in spalla e fare quel lavoro.

Appena mi raggiunge riparto subito, sono sul lato del tetto, è un continuo susseguirsi di tetti e strapiombi. Tutti i muscoli mi fanno male, devo attaccarmi ad un chiodo per riposarmi, ho crampi alle mani e alle volte, nel tirare le corde, non riesco ad aprire le dita. Riparto nuovamente pensando alla scomodità del posto dove si trova il mio compagno».

Nano

IL BIVACCO

Vecio

«Coraggio, ancora pochi metri e sono su di una comoda cengia: il più bel posto di tutta la parete. Guardo che ora è; sono le venti, abbiamo appena il tempo per prepararci per fare il bivacco. Mentre leviamo i massi più grossi perché non ci ammacchino la schiena durante la notte, sentiamo degli amici venuti da Cortina che dal basso ci chiamano chiedendoci come stiamo. "Bene" rispondiamo, però non li vediamo a causa di una fitta nebbia che è venuta proprio in quel momento a toglierci la vista. Preghiamo di andare a casa nostra ad avvisare i genitori che siamo giunti in un bellissimo posto per passarvi la notte. Ci augurano buona fortuna e se ne vanno. Intanto con le corde ci facciamo un guanciale, poi stendiamo il sacco da bivacco e quando tutto è pronto ci mettiamo a mangiare. La fame non è molta, ma la sete è forte, beviamo dalla borraccia le ul-

Nano

«Il bivacco è, ormai, inevitabile e, d'altronde, la cengia che ci ospita è più di quanto si poteva sperare dalla parete, che, a quanto pare, non vuol cedere a nessun costo. E così, ci prepariamo a passare la notte. Fissiamo parecchi chiodi nella roccia e ci leghiamo. Ormai il velo della notte sta per avvolgere tutta la valle e solo la punta dell'Antelao, laggiù in fondo, sembra bagnata dal sangue di un leggendario Eroe. E tutt'intorno un silenzio solenne, rotto solo dal mormorio del vento e dal frullare di qualche sasso, che cade dall'alto. Il cielo è chiodato di stelle, che brillano come tremule fiamme.

Chi ha provato un bivacco, chi ama la Montagna, può comprendere l'incantesimo infinito, che invadeva i nostri animi commossi. Laggiù in fondo alla valle brilla qualche fioca luce; mi pare d'individuare anche la mia casa, dove

Vecio

time gocce di tè e poi aspettiamo che venga buio guardando la parete che abbiamo sopra di noi. Romano mi chiede cosa ne penso e dice: "credo che il più difficile lo abbiamo già fatto". Non sono di quel parere e gli rispondo che la chiave della salita deve essere dieci metri sopra di noi, cioè alla fine di un largo camino. È una grande schiena attaccata alla parete che strapiomba continuamente per circa otto metri, è formata di roccia compatta ed umida, quindi difficile per piantare chiodi, ma lo vedremo domani. Intanto è venuto buio e la nebbia se n'è andata. Si vedono solamente le ombre degli altri monti che sembrano tante sentinelle di guardia alla nostra valle; è uno spettacolo che fa venire le lagrime agli occhi. Ci si sente piccoli, piccoli, si ha quasi il timore che qualche essere favoloso si stacchi da quelle cime per venirci a chiedere che cosa facciamo lassù e dirci che quello non è un posto per noi. Ci infiliamo nel sacco e ci auguriamo la buona notte.

La notte passa presto e senza aver sofferto freddo. Alle cinque siamo in piedi, ci prepariamo le corde, raddrizziamo i chiodi e alle sei sono nuovamente attaccato alla roccia».

Nano

mia madre penserà angosciata a me e pregherà la Madonna di farmi ritornare. Povera mamma, quanti dolori le do! Eppure la montagna è più forte e quasi vince il più grande dei miei affetti.

Il Vecio attacca una canzone nostalgica ed io lo ascolto, ha un nodo alla gola ed una dolcezza grande, infinita m'invade. Vorrei descrivere quello che sento, ma non mi riesce. Lentamente, col capo su un rotolo di corde, mi assopisco e, nel dormiveglia, mi pare di udire strani rumori e come un parlare sommesso: come se una voce dolcissima mi sussurrasse cose meravigliose. Che sia la voce della Montagna? Perché essa, così bella, così possente, non dovrebbe parlare, non dovrebbe sussurrare a coloro che la amano, dolci frasi d'amore e di speranza? Poi, anche il monte tace e lentamente m'assopisco. All'alba mi sveglio, per il freddo che comincia a farsi sentire. Il sacco da bivacco che ci ospita è tutto umido. Resto dieci minuti immobile, poi con una gomitata sveglio il Vecio. Mi risponde con una sfilza di moccoli, ma poi decide di riprendere la lotta. Lentamente usciamo dal sacco e ci prepariamo».

SECONDO GIORNO

Vecio

«In poco tempo, raggiungo la base dello strapiombo, salgo tre o quattro metri piantando dei chiodi poco sicuri. Sono a metà degli strapiombi e non riesco a proseguire perché la corda non scorre, deve essersi attaccata da qualche parte. Sono obbligato a fermarmi là e aspettare Romano.

Appena lui arriva cerco di proseguire, ma i chiodi non attaccano; alcuni hanno già raggiunto il ghiaione alla base della parete. Mi viene un'idea: tra la grande schiena e la parete c'è una fessura troppo larga per piantare chiodi, perciò stacco alcuni sassi dove la roccia è friabile, li incastro nella fessura legandovi attorno dei cordini e così posso proseguire arrivando in un camino alto circa sessanta metri. La sete è forte, mi tocca succhiare delle spugne di muschio per spegnere il bruciore in gola. Ora sono un una chiazza d'erba molto inclinata. Da qui devo salire in piedi su di un campaniletto alto tre metri, ma quando sono in cima lo sento vibrare sotto di me. Devo stare molto fermo perché non cada addosso al mio compagno; pianto un chiodo molto alto, salgo in piedi su di esso, il chiodo è malsicuro, lo sento abbassarsi e poi uscire. Resto attaccato su due appigli esilissimi; sono attimi tremendi, fra me penso: "questa è la fine": sotto di me non ho nessun chiodo di sicurezza.

"Coraggio, mi grida Romano, ancora pochi centimetri e sei su...". Sono in un secondo camino, non so nemmeno io come mi trovo lì, è stato un sogno: in questi momenti si graffia, si arranca come nel buio senza pensare a quello che si fa; se la fortuna assiste ci si salva, altrimenti il salto sarebbe fatale. Ancora pochi metri per il camino, poi un'altra fermata sotto un piccolo pilastro che bisogna salire a forza di chiodi. Ne pianto uno, poi un secondo; il primo esce, ne metto un terzo; il secondo si stacca, ma anche il pezzo è superato. Il tempo si mette al brutto; si continua velocemente sotto una grande tempesta; la difficoltà è minore. Ecco una traversata verso sinistra esposta e bellissima, poi

Nano

«Col martello raddrizziamo i pochi chiodi che ci restano e, poco dopo, il Vecio è già alle prese con una fessura, che minaccia di rovinare da sola tutti i nostri progetti. I chiodi non ne vogliono sapere d'entrare e gli appigli sono una illusione. Il Vecio, dieci metri sopra la mia testa, sta facendo miracoli d'equilibrio per mantenersi su appigli microscopici e, da un quarto d'ora, sta lavorando per piantare un chiodo, che gli permetta di superare un forte strapiombo di un paio di metri. I chiodi entrano si e no un centimetro o due e poi, sotto un colpo di martello un po' più forte, schizzano via e raggiungono il ghiaione... già un paio sono finiti così. Ad un tratto, mi dice: "Io tento tutto per tutto. O la va, o la spacca!". Ciò detto, incastra un sasso nella fessura ed a questo lega una staffa. Mi raccomanda di fare attenzione e cautamente sale su di essa. Sento il sasso gemere nella fessura e lo vedo abbassarsi di qualche centimetro. Il Vecio sembra un felino in agguato: è tutto rannicchiato e si prepara per lo scatto finale. Si alza rapidamente e riesce ad afferrare un appiglio, sul quale, con sforzo sovrumano, si solleva. In quel momento, la staffa si leva e mi passa alle spalle fischiando. Se il sasso avesse ceduto un attimo prima, il Vecio sarebbe caduto ed io con lui, dato che il chiodo di assicurazione era relativamente saldo. Due metri dopo, raggiunge un terrazzino. "È una fortuna – mi grida ansimando – ancora un secondo e non ce la facevo più!". Poco dopo, tocca a me, e mi accorgo che il Vecio aveva ragione. È questo il tratto più difficile della via e, se non ci fosse stata la provvidenziale corda fissa, non so come avrei fatto a raggiungerlo.

La fessura da qui continua con difficoltà un po' più lievi e la seguiamo per due metri di corda. Intanto, il sole è già alto sull'orizzonte ed approfittiamo di una piazzetta, per riposarci un po' e mangiare un boccone. Ormai, oltre cinquecento metri ci separano dal ghiaione e la vetta non deve essere lon-

Romano Apollonio (a sinistra) e Ettore Costantini (a destra), 1942.

Vecio

un'altra che porta su uno spigolo. Lo si raggiunge e si arriva in vetta. Poche parole, la commozione è grande: una stretta di mano e poi giù di corsa verso il rifugio dove un nostro amico ci aspetta con le scarpe. Quattro salti giù per il ghiaione fin sotto la parete. Qui troviamo il nostro terzo compagno, è la fedele Diana che scodinzolando ci viene incontro festosa; povera bestia, anche lei ha bivaccato».

Nano

tana. Abbiamo sopra di noi ancora un tratto di parete che ci fa impensierire. Su dritti non si passa: "Chissà, forse a destra – dico al Vecio – oltre quello spigolo, c'è una fessuretta?". Il Vecio parte in traversata, spostandosi su appigli piccolissimi, finché sparisce oltre lo spigolo. Non so dire quanto attesi. Le corde scorrevano lentamente. Quale lentezza! Ad un tratto, finalmente, sento la voce del Vecio, che grida: "La vetta è qua. Abbiamo vinto". Credo che mai, da quando vado in roccia, abbia provato un momento più bello. Mi sentivo le lacrime agli occhi. In breve mi preparo a partire ed, impiegando tutte le mie forze, raggiungo il Vecio. Sopra di noi era la vetta. Ci separavano da essa alcune cordate di roccia discretamente agevole. Con la maggiore celerità possibile, continuiamo per un colatoio, indi per uno spigolo. Alle due pomeridiane eravamo in vetta».

Il gran Pilastro di Rozes

PRIMA RIPETIZIONE

LUIGI GHEDINA (BIBI)

Con la fine della guerra rientrò in Ampezzo «Bibi» Ghedina, il quale ricostituì la cordata con il «Vecio» Costantini. Insieme effettuarono, nel settembre del 1946, lo Spigolo SO del Pilastro di Rozes: un'altra impresa di tutto rispetto, di cui avremo occasione di parlare in seguito. Per il momento, data l'importanza di questo ormai classico itinerario, ci sembra opportuno completare il capitolo con la segnalazione delle varie ripetizioni.

Il primo a ripercorrere la traccia del «Vecio» fu – naturalmente – il Ghedina, il quale scelse come compagno di cordata un giovane e promettente allievo: Lino Lacedelli, che – in seguito – farà molto parlare di sé. Essi effettuarono la prima ripetizione (2ª salita) il 25 giugno 1950, impiegando 16 ore di scalata e senza bivacco.

Così la descrisse il Ghedina ([1]):

«È noto che il Gran Pilastro, parete di 600 metri, è legato al nome di Romano Apollonio, uno dei migliori sportivi che ricordiamo con ammirazione, sebbene scomparso quando tutto da lui si attendeva e sperava, e a Ettore Costantini, entrambi «scoiattoli». Questo Pilastro, della Tofana di Rozes, attendeva dal 1944 chi l'avrebbe vinto per la seconda volta. La parete respinse inesorabilmente ogni ulteriore tentativo, e il Pilastro rimaneva lì quasi a sfidare i più agguerriti alpinisti. Alcuni austriaci, i migliori arrampicatori del momento, attratti dalla grandiosità dell'impresa, vollero tentare ma senza esito. Gli "scoiattoli" allora, per mantenere alto l'onore della bandiera, decisero la ripetizione. Accordatomi con il compagno di cordata Lino Lacedelli, predisposi tutto nei minimi particolari. Il 18 giugno 1950 attaccammo, ma dopo 80 metri di arrampicata fummo costretti ad abbandonare a causa del maltempo. All'alba del 22 eccoci ancora alla base, ma ancora una volta il forte acquazzone annullò il nostro tentativo. Finalmente alle 5 del 25 giugno, sebbene il tempo sia incerto, ha inizio la salita. Un saluto ed un augurio del nostro portatore che ci incita ad essere decisi e già la roccia ci assorbe. Precedo Lino e a 40 metri dalla base incontro la famosa traversata a pendolo. Non esito e riesco a superarla; mi convinco che l'allenamento è a buon punto. Terminata la seconda cordata salgo verticalmente, poi piego a destra lungo una fessura che mette a dura prova i muscoli. Sono sotto una placca di roccia liscia dove i chiodi non trovano presa. Passano 40 minuti che mi sembrano eterni, quindi uno scatto e riesco ad andare oltre. Godo per questo successo e appena Lino mi raggiunge riprendo a salire lungo la fessura, meno impegnativa. Presto, vedo sporgere sopra, la impressionante parte centrale della parete. Mi pervade un senso di titubanza, che riesco ad allontanare, perché più che mai io e Lino abbiamo deciso di vincere. Sono le 8,30. I nostri amici che dal lontano bosco seguono l'arrampicata ci fanno giungere il loro incitamento. Si riprende lungo la parete nero-gialla fin sotto il primo grande tetto che sporge circa due metri. Attacco questo serio ostacolo e con 4 chiodi mi porto sul bordo del tetto stesso. Appena fisso il sesto chiodo, mi vedo uscire quello su cui ero appeso. Un attimo prima, e la nostra sorte sarebbe stata segnata. Pure avendo avvertito il pericolo corso, dopo una breve sosta riprendo a salire lungo croste di roccia gialla e procedo a tratti in libera arrampicata e a tratti con uso di chiodi, fino all'incontro di una roccia bianca compatta, che mi ostruisce la via. Il problema da risolvere è serio. Con piccoli chiodi la supero ed entro in un diedro bianco con una fessura che con l'uso di chiodi mi consente di raggiungere il secondo tetto. L'ostacolo da superare è durissimo. Non ho più materiali. Sono ancorato alla roccia mediante staffe. Calo il cordino a Lino che mi rifornisce del necessario. Dopo 30 minuti riprendo. Due chiodi e sono al bordo del tetto. Le corde però non scorrono. Sono incastrate nella fessura. Che fare? Occorre uscire, e subito, dal grande pericolo: ma pare non vi sia via d'uscita. Concentro tutte le mie forze e con uno scatto decisivo riesco a passare. Un sospiro di sollievo, ancora cinque metri ed entro nella cengia del bivacco.

Sono le ore 15 e gli amici dal basso ci fanno giungere le loro grida entusiastiche. Sono stanchissimo. Lino recupera i chiodi e mi raggiunge. È raggiante di gioia. Ci rifocilliamo, ed ora Lino passa al comando della cordata. Si deve superare il grande strapiombo. Dopo poco lo vedo attaccato a chiodi e staffe. Mi avverte che la roccia è bagnata e viscida e che le mani non fanno presa sugli appigli. Lo seguo con trepidazione e finalmente dopo sforzi sovrumani lo vedo risolutamente salire. Coraggiosamente Lino ha superato l'ultima grande difficoltà. Ancora 250 metri ci separano dalla vetta, ma solo il tempo ci preoccupa, perché s'è messo a piovere. Lino, incoraggiato dal successo, continua la sua arrampicata con andatura "veloce": dico veloce se questo termine può essere usato per una arrampicata di sesto grado superiore. Supera l'ultimo diedro prima facile e poi impegnativo e con tre cordate usciamo sulla parete terminale. Sono le 20,10. Un fitto nebbione ci avvolge. Per 50 minuti cerchiamo invano di trovarci una via e finalmente alle 21 una schiarita ci consente di salire, dopo una traversata diagonale verso lo spigolo. Ritorna la nebbia ma ormai nessuno

---

([1]) Dall'articolo «Il Gran Pilastro di Rozes» pubblicato su «Le Alpi Venete» anno IV - Natale 1950 - N. 4, pag. 173.

ci può fermare. Lino sale ed io lo seguo; andiamo un po' alla cieca ed alle 21,10 calchiamo la vetta. Era la nostra bella e tanto sognata vittoria. Una stretta di mano, un sospiro di soddisfazione e favoriti dal chiaro di luna scendiamo al Rifugio "Cantore".

Sedici ore di effettiva arrampicata e la prima ripetizione della Via Ettore Costantini - Romano Apollonio al Gran Pilastro, ritenuta ormai impossibile, era compiuta. Dopo aver seguito le tracce dei due audaci scalatori posso affermare che il Gran Pilastro è da paragonarsi, come difficoltà, alla parete N della Cima Ovest di Lavaredo, Via Cassin - Ratti, e che senza dubbio la salita è una fra le più ardue d'Europa».

LA SERIE D'ORO DELLE RIPETIZIONI

La terza ascensione della Via Costantini-Apollonio venne effettuata il 12 ed il 13 agosto 1951 da Erich Abram e W. Ausserdorfer di Bolzano, in 17 ore di effettiva scalata. La quarta salita venne compiuta l'11 ed il 12 maggio 1952 da Hermann Buhl e S. Jöchler di Innsbruck, in 16 ore. L'arrampicata fu molto contrastata dal maltempo e ritardata da un errore di via. Si aggiudicarono la quinta salita gli «Scoiattoli» Beniamino Franceschi detto «Mescolin» e Bruno Alberti detto «Rodela» di Cortina d'Ampezzo, il 20 e 21 luglio 1952, con un tempo leggermente superiore alla media (19 ore). La sesta salita ebbe come protagonisti Andrea Oggioni e Josve Aiazzi di Monza, i quali la effettuarono dal 16 al 18 marzo 1953 anche come prima invernale. Di questa ascensione parleremo più estesamente nel capitolo dedicato all'attività invernale sulla Tofana. La settima salita fu realizzata da Guido Lorenzi e Albino Michielli detto «Strobel» il 27 giugno 1954. Dietro di loro saliva la cordata monzese Alessandro Cazzaniga e Renato Scalvini, che non riuscì a raggiungere la vetta e finì malamente incrodata. Il 2 settembre di quello stesso anno, la cordata romana Paolo Consiglio e G. Micarelli portò a termine l'ottava salita dell'ambito «pilastro». La salita numero nove venne effettuata il 29 giugno 1955 da Toni Egger di Lienz e H. Frisch di Brunico, i quali impiegarono circa 14 ore.

Nell'estate del 1959 i due formidabili scalatori tedeschi Toni Hiebeler e Lothar Brandler si ritrovarono ai piedi della parete S della Tofana di Rozes.

Ricorda in proposito ([2]) Hiebeler:

«V'è il Pilastro di Rozes, con la sua parete SE di 500 metri che mi faceva dannare già da sette anni in qua. L'avevo vanamente cinto d'assedio per lunghe settimane assieme ad Uli Wyss e Max Niedermann. Era stato Hermann Buhl che sette anni prima aveva risvegliato l'entusiasmo di Uli e mio per questa parete più difficile della N della Cima Ovest di Lavaredo. E più tardi scrisse pure in un suo libro che non gli era mai successo di tentare tre volte e sempre invano un passaggio, come gli era capitato sul tratto chiave del pilastro. Poi era riuscito a passare più a sinistra, ma a suo avviso aveva raggiunto il limite estremo dell'arrampicata libera. È difficile valutare le difficoltà tecniche. Specialmente quando questi giudizi provengono da un noto alpinista. Quanto più la sua descrizione di un passaggio o di una parete riesce terrificante tanto più infiamma gli altri alpinisti. Ho parlato con Buhl pochi giorni dopo la sua avventura sul piastro della Tofana. Le sue impressioni erano ancora fresche e aveva il dorso delle mani e le dita ancora tutti scorticati. Da quel giorno ho sempre avuto il desiderio di scalare questa parete, da cui ero stato sempre regolarmente respinto. Anche ora il tempo non prometteva nulla di buono. Ma con l'alpinista fenomeno «Schnippl» potevo forse tentare quel pilastro anche con un tempo malsicuro. Perché Lothar è veramente uno scalatore come non ne ho visto altri, a parte forse Vikkerl Bacher, con il suo talento innato. Ma Lothar arrampica diritto allo scopo, più spedito, più ragionato. Supera passaggi e tetti come se si muovesse sul quarto grado. Guardandolo, pare la cosa più semplice del mondo. Però dopo, quando dovevo seguirlo, mi rendevo conto di quanto critici fossero quei passaggi. Specialmente il punto chiave, un camino-fessura strapiombante, che finisce sotto un tetto gigantesco. Dove aveva cominciato a nevicare, proprio al nostro arrivo. Beh, vieni su piccolino, altrimenti quando raggiungeremo la cima sembreremo pupazzi di neve! esclamò Lothar Brandler da sopra il tetto, benché sia di quasi due teste più piccolo di me. Quel camino e quel tetto producono nella gente alta 182 centimetri un effetto particolarmente deprimente. Comunque dovetti impegnarmi a fondo, ma mi consolai ricordando come anche il grande Hermann Buhl avesse qui penato parecchio e come anch'egli fosse stato disturbato dal nevischio. E poi noi eravamo stati avvantaggiati non essendo stati costretti a bivaccare».

Questa via ormai rappresentava uno dei più importanti test alpinistici di 6° grado superiore; e su di essa convergevano sestogradisti di mezza Europa per confrontarsi e saggiare le proprie forze.

In prima solitaria, la parete venne affrontata il 13 luglio 1964 da Toni Marchesini e superata nel tempo record di quattro ore e mezza. Da allora le cordate si susseguirono con sempre maggior frequenza, tanto da perderne il calcolo delle ripetizioni.

* * *

Come tutte le vie classiche offre ai salitori sensazioni sempre nuove, ed è per questo che riteniamo opportuno presentare agli appassionati della montagna, uno scritto dell'Accademico del C.A.I. Armando Aste di Rovereto che descrive appunto – con intensa spiritualità – l'ascensione da lui compiuta, nel giugno del 1956, in compagnia dell'amico Fausto Susatti di Cismon del Grappa. Alpinista dotato di eccezionale forza fisica e di pari generosità e modestia, Armando Aste trasfonde nel rude ambiente della montagna le qualità del suo animo sensibile e pervaso di fede spirituale. Disse di lui, il senatore Giovanni Spagnolli: «Se il rapporto uomo-montagna appare infatti superficialmente esterno, per la rude bellezza di ciò che si prova aggrappando la roccia umida o che si vede una volta giunti alla meta, per Armando Aste niente sta al paragone dell'armonia spirituale che si prova. Egli chiama le sue scalate ascesa. E al termine di questa ascesa, fatta di preghiere, incitamenti, anche invocazioni, ecco che lo sfiorano il desiderio alla perfezione e la passione di Dio».

([2]) *Tra cielo e inferno*, Ed. Tamari, Bologna, 1970.

Fuga sui tetti... (*)

ARMANDO ASTE

«Il Pilastro, così stagliato e caratteristico, sembra un paracarro enorme nell'insieme armonico della colossale parete della Tofana. Non diresti certo siano seicento metri di placche e strapiombi. Però, osservando attentamente, ti rendi conto, poi, delle proporzioni. E, come nel primo e nell'ultimo terzo, la via ti appare subito logicissima, nella parte mediana, invece, non riesci ad immaginare un itinerario fra quei tetti marcati e continui. Quelli, sono proprio veri "tetti" a squadra. Non i soliti strapiombi più o meno arrotondati, più o meno panciuti.

Era domenica e al rifugio venne molta gente con le moto e con le auto. Conobbi gli "Scoiattoli" di Cortina, formidabili. Costantini, Franceschi, Alberti, Michielli... Vidi gente innamorata delle vette. E gente gretta, meschina, distubare la pace e la dignità della montagna. Ho udito urla sgraziate. Grida roche di gole esauste. Un chiasso, un baccano infernale. Le risa, poi, non potevano che denotare il vuoto del cuore e la pochezza dei cervelli. Che pena.

"Venga anche lei, Aste, venga a divertirsi!". Divertirmi...
Ebbi vergogna e mi sentii anch'io colpevole.
Mi allontanai. Fin che fui solo.
Un usignolo cantava. Cercai di fare piano.

Mi sentivo diverso, troppo diverso dagli altri. E avevo una sensazione penosa da "isolato". Dove mai ci rifugeremo noi della montagna, se anche quassù non c'è più posto? Strada maledetta. Questo, il progresso. Questi, i rifugi che – triste ironia – "rendono".

Alle due ci alzammo. Il tempo impossibile ci ricacciò sotto le coperte. Alle tre, altra uscita e stesso risultato. Nel silenzio si udiva, superbo e inquietante, il canto dell'urogallo. Alle tre e mezzo ci fu un tentativo di schiarita. Partimmo. Allorché fummo alla base del Pilastro, sostammo a lungo indecisi. Inutile spingere continuamente lo sguardo a S, a oriente, a occidente. Inutile abbassare la testa per non vedere i tetti e le difficoltà della via; le sentivamo in noi. Di malavoglia, alle sei, attaccammo. Una roccia grigia, liscia, un po' inclinata. Qualche lunghezza di corda ci fece sbuffare un po' prima di azzeccare la giusta carburazione. Poi, quella specie di barriera fra noi e la montagna cadde e cominciammo a distillare dall'alambicco della felicità. Sempre, però, incombeva lo spauracchio d'un possibile repentino scatenarsi degli elementi. Così, la nostra ascesa era una gioia, a piccole porzioni, mai interamente posseduta. Di questo passo, dopo avere superato tre piccoli tetti, giungemmo al termine dei grigi. Di colpo restammo annichiliti. La parte mediana della via, la fascia dei soffitti, il giallo preoccupante stavano sopra di noi. È una visione che a tutta prima spaventa. Mentalmente, ci si ribella al pensiero di dover salire lassù. E, seppure debolmente, a tale vista, serpeggiava un pensiero tentatore di rinuncia, rafforzato nel nostro caso anche dalle condizioni del tempo.

Sull'orlo d'un caratteristico pozzo, che si apre e scende pressoché verticale nel seno della montagna, mangiammo qualcosa. Non avremmo più potuto farlo allorché fossimo stati impegnati sugli strapiombi. Di buona lena, attaccai i gialli. E le difficoltà non permisero più che il pensiero fosse rivolto altrove. Al maltempo per esempio. Tanto che una grandinata improvvisa non ci turbò neanche, così come ci

Armando Aste

(*) Tratto dal libro *I pilastri del cielo*, Ed. Reverdito, Trento, 1975.

trovavamo, "al coperto". Un tetto di due metri netti lo superai in bello stile, senza assolutamente affaticarmi. Non mettevo molti chiodi ed era quindi lieve l'attrito. Spesso, lasciavo un paio di moschettoni anziché uno solo, con notevole vantaggio per la scorrevolezza delle corde. "Fausto, ti metto qui una staffa, così te ne potrai servire per levare i chiodi, va bene?". "Ja!".

"Tira la bianca, Armando! Tira anche l'altra adesso!". "Trés bien!". Le nostre conoscenze in fatto di lingue estere si fermavano là. Mi sentivo bene ormai, e nella foga della contesa, anche il morale s'era rifatto. Pur con grande prudenza, dopo il tetto, feci una tirata quasi tutta in "libera". La roccia era magnifica. L'esposizione inebriante. Mi piaceva badare allo stile perché godevo di gusto nell'arrampicare bene, con eleganza. Avanzavo a poco a poco, centimetro per centimetro, quasi. Ecco un appiglio; un attimo di riposo. Scopro un nuovo appiglio. È una scoperta continua, un susseguirsi di piccole conquiste, di piccole gioie frammiste a piccole soste. Sommate, faranno poi la grande gioia. Ecco, "conosco". Un appiglio, un anfratto, una crepa, un camino, un diedro, uno spigolo, un tetto, uno spuntone, una placca: la via. La scorderò a mano a mano che il tempo passerà? Arriverò al punto di doverla rifare se vorrò conoscerla ancora? Giunsi alla "macchia bianca". Il passaggio è delicato; due "Cassin" piccolissimi e via. Avanti ancora. Un diedro strapiombante, molto chiodato, e fui sotto un altro grande tetto. Bello, bellissimo, perfetto. Un vero tetto a squadra. Feci venire vicino a me il compagno e lo feci sostare sulle staffe. C'era sotto un terrazzino, ma sarebbe stato uno sbaglio farmi assicurare di là. In vista appunto del tetto, dovevo pensare di ridurre le distanze. Mi assicurai con qualche chiodo, salii fin sotto il soffitto, misi una staffa e mi affacciai sull'orlo della sporgenza. Delicatamente, puntai un chiodo. Al primo colpo di martello, però, se ne volò via. Con calma ne puntai un secondo. Seguì la stessa sorte del primo. Lo udii rimbalzare sui grigi, poi, mi sembrò fosse giunto alle ghiaie. Perbacco. Puntai un nuovo chiodo battendolo dapprima con piccoli colpi. Finalmente. Agganciai una corda, agganciai la staffa, dondolai un attimo, fui sospeso sul bordo. Il soffitto era vinto. Misi sopra un'altra staffa per Fausto, quindi, salii ancora pochi metri e giunsi alla cengia, alla comoda cengia del bivacco.

"Fausto, ricupero le corde. Quando sei pronto puoi venire!". "Bene, sciolgo le asole. Armandooo, parto!". Era stanco. E con non poca fatica, giunse sulla cengia sbuffando. Mi disse poi che quello, per lui, era stato il passaggio più difficile. Sfido, a doversi fermare sull'orlo del tetto a levare i chiodi mentre lo zainetto ti sega le spalle e ti sbilancia. Udimmo alte grida giungere dal basso, e mi sentii chiamare. Erano gli "Scoiattoli". C'erano Franceschini e Costantini "el Vecio", cesellatore primo di questa via. C'erano anche altri patiti che, armati di binocoli, erano arrivati da Cortina. Rispondemmo ai saluti con qualche "jodel". Poi, ci liberammo di tutto ciò che avevamo addosso. Corde, chiodi, moschettoni, staffe, martelli, zainetto... Erano le diciotto e non valeva la pena proseguire per trovarci a bivaccare magari in posizioni scomode. Lì si stava a meraviglia. C'era persino il muretto di sassi, e lo strapiombo sovrastante ci garantiva anche un riparo dall'eventuale maltempo. Lo guardai, quello strapiombo, ma non mi fece più paura. Sentii che l'indomani l'avrei superato. Battuti con la punta del martello trovammo incisi sulla roccia i nomi di chi ci aveva preceduti su questa grande via: Abram, Egger, Oggioni... Fausto scrisse anche i nostri. Poi, ci concedemmo un abbondante pasto convenientemente innaffiato. Guarda un po', a noi piace star bene... Portiamo magari qualche chilo in più - e di conseguenza non siamo "veloci" - ma ne vale la pena. Burro, formaggio, mortadella; frutta fresca, frutta sciroppata, prugne secche; cioccolato, zucchero, limone, caffé d'orzo, biscotti, acqua, cognac... A pancia piena e ammutoliti, rimanemmo ad ammirare i bagliori del tramonto. Un giorno meraviglioso che se ne va. L'Antelao, la Croda da Lago, il Pelmo, il Civetta, le Cinque Torri, il Nuvolau... Provammo a cantare, ma presto Fausto mi scoraggiò. Allora ci addormentammo.

All'alba, il sole giunse a lambire di striscio la Tofana. E dopo le necessarie operazioni, senza fretta, alle sette riprendemmo a salire. Pochi metri facili in un camino e poi un grande strapiombo. La "schiena di mulo", il passaggio chiave della via. Roccia dapprima gialla, poi nera e compatta, viscida. Uno strapiombo che, come dice la relazione tecnica, sporge sette-otto metri su quindici. All'inizio trovai alcuni cunei e, conficcati fra questi, dei chiodi. Poi, avanti con le staffe. Manovre di corde. Allorché toccò a Fausto, giunse ad una staffa che avevo agganciata ad un chiodo già infisso. Nel levarla, si trovò in mano anche il chiodo... ora si poteva salire più veloci poiché era finita l'arrampicata artificiale. Che gioia! Due bellissimi camini affatto faticosi. Poi, rocce nere, compatte, invitanti. Vidi a sinistra una logica uscita verso lo spigolo, ma mi sembrò d'essere ancora troppo in basso rispetto alla cima. Poi, meravigliose placche abbastanza articolate portavano direttamente più in alto e io mi lasciai prendere la mano dall'entusiasmo. Ma dovetti fermarmi. La parete, nuovamente gialla, saliva ora strapiombando per almeno due lunghezze di corda.

"Cosa ti sembra?". "Te l'ho detto io. Bisognava traversare più in basso!". "Beh, indietro non torno; usciremo da qui sullo spigolo, vedrai". Intrapresi una traversata espostissima, su roccia friabile. Mi servii di quattro o cinque chiodi - uno, anzi, lo lasciammo - anche perché pensavo a Fausto che avrebbe dovuto seguirmi con lo zainetto sulle spalle. Si sa, le traversate sono sempre impegnative per entrambi, ma lo sono forse ancor più per il secondo. Dopo venti metri feci venire il compagno. Mi disse che quel passaggio lo aveva impressionato... Salimmo agevolmente per rocce più facili, poi, un po' obliquamente a sinistra sullo spigolo. Restammo qualche tempo al riparo d'uno strapiombo. Infatti, il mare di luce di poche ore prima s'era andato trasformando in un mare di nuvole cariche di pioggia. Poi, per rocce rotte, fummo subito in vetta ed era mezzodì. Non manifestazioni esteriori. Non esplosioni di gioia. L'avevamo dentro di noi la gioia. Nere nuvolaglie corrono nel cielo e piove. Stentiamo ad orientarci. La nebbia ci avvolge. Cosa importa! Domani saremo invariabilmente sul nostro lavoro. Un passo dopo l'altro, affondiamo nella neve con tutta la gamba. Al rifugio Cantore, ancora chiuso e sepolto nella neve, ci stringemmo la mano. Tanto per salvare la forma. Non che ce ne fosse bisogno. Giacché ci s'intende sempre. Ci intendiamo quando in silenzio si va all'attacco d'una grande parete. Ci intendiamo quando la corda scorre lenta. Ci intendiamo nei lunghi e freddi bivacchi sotto le stelle. Sulle faticate vette e nelle rinunce dolorose. Ci intendiamo quando si scende a valle e un muto linguaggio sottintende: 'Alla prossima". La vita pulsa prepotente in noi. E noi siamo felici di poterla spendere così: salendo e risalendo. Sui pilastri del cielo».

Peccato che sia tardi

TINO MARCHETTI

Per concludere la nostra breve e sommaria panoramica sulle ripetizioni della via Costantini-Apollonio al Pilastro di Rozes, ci sembra ancora opportuno ascoltare le impressioni di qualche esponente delle nuove generazioni, se non altro, per vedere come si arrampica su di essa al giorno d'oggi. Abbiamo scelto, fra le tante, la relazione ([1]) del bergamasco Tino Marchetti:

«Abbiamo raggiunto la famosa fessura che costituisce la direttrice della salita e che ci porterà quasi fino al termine della via. La roccia è solida, di un bel colore grigio e si arrampica con movimenti eleganti, sovente in spaccata. Si è in costante esposizione e il più delle volte non si scorge il compagno che sta sotto, eppure si è proprio in verticale sopra di lui; in compenso si vede benissimo il sentiero che passa alla base della parete e lungo il quale transitano i numerosi gitanti diretti al Castelletto. C'è un bel sole e si arrampica con piacere anche se i passaggi sono tutt'altro che facili, anzi spesse volte capita di non sapere come fare a raggiungere un chiodo o un bel gradino, poi invece bastano piccoli passi e con stupore ci si arriva con meno difficoltà del previsto. L'unico inconveniente sono le lunghe soste che ci tocca fare ai recuperi, infatti le nostre speranze di scaglionarci lungo la via sono risultate vane, in quanto la cordata a tre che ci precede è molto lenta e ci costringe a interminabili soste, spesso in condizioni precarie perché i terrazzini sono piccoli. I punti di sosta sono bene attrezzati ma quando arriviamo noi tutti i chiodi sono occupati e collegati fra loro da un intrico di cordini e fettucce che loro chiamano assicurazione. Siamo quindi costretti ad accontentarci di uno spuntone oppure a chiedere se per favore ci lasciano usare un chiodo dei tre o quattro che ci sono. Alla prima cengia c'è la possibilità di abbandonare la via, però decidiamo di proseguire nella speranza che ora si riesca a distanziarci visto che inizia il tratto più difficile. Potremmo anche superarli ma questo ci da fastidio, infatti oltre al groviglio che si creerebbe con le corde, faremmo anche la figura di chi vuol dimostrare a tutti i costi la propria superiorità col rischio poi di rovesciare la situazione e di essere noi a rallentare loro. Come ho detto siamo all'inizio delle difficoltà più forti, sono quattro tiri di cui due in libera e due in artificiale.

Al primo tetto i nostri due amici decidono di rinunciare alla salita, e dopo averci dato un po' di materiale, si portano sulla cengia e scendono. Il tiro successivo è sulle cosiddette "placche gialle"; la roccia è gialla e un po' friabile e i chiodi sono molto distanti. La cosa mi preoccupa un po' perché, dato che solitamente arrampichiamo su vie più chiodate, quando mi trovo di fronte a un tiro con pochi chiodi mi trovo imbarazzato e non mi decido ad attaccare. Superato però questo momento d'indecisione parto e la paura passa anche perché sono talmente impegnato che non ho più tempo di pensarci. Dopo un altro tetto siamo alla famosa "schiena di mulo": entro in una grotta e ne esco poco più sopra seguendo dei chiodi e dei cordini logori e sfilacciati legati a dei sassi incastrati a loro volta nella fessura. Salgo trattenendo il respiro per paura che qualche cordino si rompa, poi mi tranquillizzo un po': infatti se non si sono sotti al passaggio delle altre cordate non vedo perché dovrebbero rompersi proprio ora che passo io. A un certo punto anche i chiodi finiscono e mi trovo incastrato nel camino, mi volto verso il basso e mi accorgo di essere uscito rispetto alla verticale di alcuni metri, sono proprio sopra il sentiero che passa però 400 metri più sotto. Continuo a salire e, dopo una strozzatura che mi costringe a uscire nel vuoto, per fortuna solo per un breve tratto, arrivo al recupero. Emilio mi raggiunge e, dopo alcuni commenti sul bel tratto in libera superato in quest'ultimo tiro, si riparte. Ora per alcuni tiri proseguiamo più speditamente dato che la cordata che ci precedeva si è avvantaggiata. Più su però li raggiungiamo nuovamente, per fortuna siamo in una zona dove è possibile arrampicare dappertutto e riusciamo a superarli passando più a destra. Dovremmo essere fuori delle difficoltà ma una traversata che a prima vista sembrava facile mi dà del filo da torcere, poi un paio di tiri facili in diagonale a sinistra ci portano in un canale che seguiamo fino al termine del pilastro dove inizia la discesa. Ci fermiamo un attimo e intanto guardo l'orologio: sono le 20, siamo rimasti in parete 12 ore e tra poco sarà buio per cui conviene affrettarci. Senza neppure slegarci iniziamo la discesa lungo un sentierino ci ci porta in mezzo a resti di reticolati e di baracche della prima guerra mondiale, c'è persino un ponticello in legno da attraversare. Peccato che sia tardi, questi posti sono molto belli e meriterebbero di essere percorsi e visitati con più calma».

([1]) Pubblicata sull'Annuario del C.A.I. Bergamo per il 1977. L'autore è rimasto ucciso, il 28 maggio 1978, per un fatale incidente sulla Corna di Medale in Grigna.

Gli spigoli di Rozes ed altre salite

Dobbiamo, a questo punto, interrompere il nostro discorso sulle varie imprese riguardanti la parete S della Tofana di Rozes, per dare uno sguardo anche a quel che succedeva sugli altri versanti della montagna. Questo, per riallacciare un po' le fila del nostro discorso che si spezzetta e s'intreccia in mille direzioni, rendendo alquanto ingarbugliata la matassa della nostra storia. Le cordate degli «Scoiattoli» si scompongono e ricompongono, alle volte solo per brevi periodi o anche per una sola impresa, mettendo a contatto scalatori al culmine della loro prestigiosa carriera con giovani e promettenti allievi. D'altra parte è proprio questo lo scopo per il quale è sorto il gruppo degli «Scoiattoli», che ha come motto: Uno per tutti - tutti per uno!

Per quanto ci è stato possibile abbiamo cercato di armo-

Itinerari di arrampicata sulla parete S della Tofana di Rozes: 1. Via Dibona-Apollonio-Edwards. - 2. Via Pompanin-Samaia-Lacedelli. - 3. Via Dimai-Eötvös. - 4. Via Tissi-Andrich-Zanetti-Zancristoforo. - 5. Via Stösser-Hall-Schütt. - 6. Via della Julia - con variante (indicata in modo inesatto). - 7. Via Alverà-Pompanin (3° spigolo). - 8. Via Costantini-Ghedina (spigolo del Pilastro). - 9. Via Costantini-Apollonio (Pilastro di Rozes). - 10. Via Pompanin-Alverà (1° spigolo). - 11. Via Paolo VI (Pilastro di Rozes). - 12. Via Antonia (Dallago-Zardini). - 13. Via della Cascata (Menardi-Michielli C.). - 14. Via del Centenario degli Alpini. - 15 - Variante Dallago-Menardi allo spigolo del Pilastro. - 16. Via Ferrari-Sioli. (Foto G. Ghedina, con aggiornamento di Franz Dallago)

nizzare, in questo nostro lavoro di carattere prevalentemente cronologico, anche l'esigenza di esporre con una certa organicità l'attività dei principali alpinisti interessati alle scalate in Tofana. C'è poi da tener presente la necessità – per quanto possibile – di raggruppare la narrazione delle varie ascensioni secondo le diverse località, in modo da avere dei chiari punti di riferimento sul terreno. Così, anche se la nostra narrazione non sarà troppo lineare, basterà un po' di attenzione per non perdere l'orientamento ed il filo del discorso. Vediamo, ad esempio, nel 1943, apparire sulla scena della Tofana un altro giovane scalatore – anch'esso appartenente al gruppo degli «Scoiattoli» –: Ugo Pompanin detto Baa, il quale – il 30 luglio – insieme a Luigi Menardi detto Igi e Armando Apollonio detto Bocia salì, per la parete S, il Campanile di Ra Valles (m 2350). Cento metri di 6° grado, superati in sei ore di arrampicata con l'ausilio di 18 chiodi, di cui 7 lasciati in parete.

D'allora, con ben dosata gradualità, il giovane Pompanin affronta imprese sempre più difficili e rischiose, insieme ai nomi più famosi dell'alpinismo ampezzano. A questo punto – come abbiamo già anticipato – cambia lo scenario della nostra storia: dalla parete S della Tofana di Rozes si passa alla parete E della Tofana di Mezzo. Nella guida del Berti essa è così descritta: «La parete incombe sul Ra Válles per oltre 400 metri ed è divisa in tre parti da due enormi colatoi neri bagnati inaccessibili. La parte centrale sporge con un maestoso sprone di roccia gialla che, nei primi 200 metri è caratterizzato da una successione di strapiombi e tetti».

Costantini, il vincitore del «Pilastro», aveva già tentato diverse volte di superare questa possente parete: vi era riuscito il 24 giugno 1945, in compagnia di Bortolo Pompanin. I due erano saliti lungo lo sperone destro, superando un dislivello di circa 450 metri: una via di 5° grado con passaggi di 6°; per superare la quale impiegarono sei ore di arrampicata effettiva ed una ventina di chiodi. Due giorni dopo, sulla medesima parete ma per altra via (Sperone Centrale), salirono Albino Alverà, Luigi Ghedina e Ugo Pompanin, tracciando un itinerario di 6° grado, lungo all'incirca 400 metri, in 13 ore di arrampicata effettiva e un bivacco sulla vetta.

Ricorda Ghedina in proposito: «Si tratta di una via che non ha una logica verticale perché la parete è tagliata continuamente da tetti e cenge, e quindi si segue un po' la conformazione delle rocce. Ne risulta una salita non diretta ma però abbastanza bella, di estrema difficoltà ma su roccia solida. Ad un certo punto c'è una gobba strapiombante dove i chiodi non fanno molta presa e, difatti su questo passaggio, io sono volato per quattro metri».

Successivamente, Pompanin effettua anche numerose ed importanti ripetizioni, avendo quasi sempre come compagni di cordata l'amico Albino Alverà. Ancora insieme, l'anno dopo – il 15 settembre – ripetono la via Tissi alla Tofana di Rozes, con una difficile variante. Ma l'indiscutibile merito di questa giovane coppia di scalatori, almeno per quanto riguarda la Tofana, è l'aver ideato e tracciato, nell'agosto 1946, due interessanti vie lungo i cosiddetti spigoli di Rozes. Queste immense scaglie di roccia, risaltano ben evidenti, come quinte di un vasto scenario, sul lato destro (di chi guarda) la parete S della Rozes.

Abbiamo nell'ordine (da destra verso sinistra): il Primo Spigolo, lo Spigolo del Pilastro ed il Terzo Spigolo. Il 4 agosto, i nostri due amici attaccano il primo della serie e lo vincono in cinque ore di arrampicata, superando difficoltà di 5° grado. Una settimana dopo, seguendo certamente un programma prestabilito, essi affrontano anche il Terzo Spigolo e ne hanno ben presto ragione. Le difficoltà non sono eccessive (si tratta infatti di un 6° grado con due passaggi di 5°) ma la scalata presenta un interesse alpinistico di prim'ordine. Un itinerario grandioso lo definisce Toni Hiebeler ([1]): «Cinquanta metri sotto l'uscita, il passaggio più difficile. Si tratta di una traversata lunga dieci metri sulla parete assolutamente verticale. Aveva incominciato a nevicare. Ma io passai bene, così pure i miei due compagni. Il secondo della cordata successiva invece no. Ci trovavamo sull'uscita. La nevicata s'era trasformata in tormenta di neve. Stava facendosi buio. Trascorsero delle ore. Dovetti ritornare giù sulla traversata. Poi finalmente fummo tutti riuniti, fuori dalla parete. Proprio questa via classificata dagli alpinisti «solo quarto grado», dimostrò ancora una volta che non si tratta soltanto di sapersi destreggiare sul quarto grado. Perché basta che si determini anche il più piccolo incidente – un rovescio del tempo oppure una ferita – perché anche il quarto grado possa richiedere delle cognizioni superiori. La nostra salita del Terzo Spigolo della Tofana fu una specie di riscoperta, perché la via era rimasta completamente sconosciuta tra i rocciatori austriaci e germanici. Solo così ci è stato possibile effettuare la quarta salita».

Le iniziative di Ugo Pompanin e Albino Alverà lungo gli spigoli della Tofana suscitarono notevole interesse nell'ambiente degli «Scoiattoli», soprattutto perché mettevano in evidenza l'ancora irrisolto problema dello Spigolo SO del Pilastro di Rozes, molto più impegnativo dei precedenti. Il nostro racconto ritorna quindi al Pilastro di Rozes, in compagnia del «Vecio» Costantini e di «Bibi» Ghedina, di cui abbiamo già parlato in precedenza. Essi formavano la più forte cordata del momento, cui di diritto spettava di risolvere l'ultimo grande problema della Tofana di Rozes. Quegli strapiombi, quei tetti, quella roccia liscia che non offriva possibilità di sorta, sembravano quasi una sfida alle capacità e all'orgoglio degli scalatori ampezzani.

Il 13 settembre, Costantini e Ghedina si portarono all'attacco dello spigolo ma non possono affrontarlo direttamente. Dopo un centinaio di metri di roccia nera formante il basamento, sono ancora costretti a tenersi sulla destra, dove la roccia è friabilissima. In questo primo tratto il capocordata è «Bibi», il quale dopo aver evitato una serie di tetti riesce a raggiungere una piazzola dove può fermarsi ed attendere il «Vecio» che sta per raggiungerlo. Stanno arrampicando da otto ore, quando ad un tratto si rompe il martello con il quale Ghedina stava piantando un chiodo di assicurazione. L'incidente rende impossibile il proseguimento della scalata, anche perché – essendo ormai tardi – dovrebbero bivaccare in parete e non sono attrezzati per farlo. Così decidono di comune accordo di ridiscendere, lasciando il materiale (lacci, staffe, corde fisse) sul posto, in modo da poter riprendere la scalata il mattino dopo. Ma l'indomani il cattivo tempo li costringe a rimandare l'impresa

---

([1]) «Tra cielo e inferno», Ed. Tamari, Bologna, 1970.

ancora di parecchi giorni. Il 29 settembre riappare il sole, e i due risalgono lo spigolo fin dove avevano lasciato le corde. Questa volta è il «Vecio» al comando della cordata! Sulla sinistra dello spigolo trova una roccia compatta, i chiodi non fanno che minima presa, e lui, con grande audacia e abilità, sale in arrampicata libera. Proseguono poi a comando alternato. Dopo una settantina di metri raggiungono una cengia. Dopo altri trenta metri trovano, sul filo dello spigolo, una fessura piuttosto esposta. Sono altri cento metri, ma ormai la vetta è vicina e le difficoltà diminuiscono sensibilmente.

Alle ore 18 sono in vetta al Pilastro: hanno impiegato in tutto 16 ore ed utilizzato 55 chiodi. Si tratta – com'è evidente – di un altro importante itinerario di 6° grado, divenuto oggi una via classica ed assai frequentata. Ricorda Ghedina in proposito: «Si tratta di una salita dove si arrampica molto in libera, che tante cordate non molto preparate trovano più difficile della stessa parete del Pilastro».

Di questo parere è anche il «Vecio»: «Questa ascensione come difficoltà vale la parete. Quando ho fatto questa ultima erano 45 giorni che non toccavo roccia e quindi ho fatto fatica; mentre sullo spigolo ero allenato... ed ho fatto fatica ugualmente!». La prima ripetizione di questa via si ebbe soltanto sei anni dopo ad opera di Lino Lacedelli e Guido Lorenzi, una cordata della quale è giunto il momento d'interessarsi.

Gentiana punctata e *Rhododendron ferrugineum*

Lino Lacedelli e compagni

Fra i compagni scalatori ampezzani, apparsi sulla scena nell'immediato dopoguerra, si staglia l'imponente figura di Lino Lacedelli, un ragazzone dotato di forza ed agilità prodigiose ([1]). Rimasto orfano in tenera età, egli affidò il suo avvenire al mondo della montagna e non ebbe certo a pentirsene. Lacedelli, con il suo carattere deciso e tenace, perseguì subito, in modo sistematico ed instancabile, il proposito di porsi nel novero dei maggiori alpinisti italiani. Forse, nei primi tempi, la sua massima aspirazione era quella di diventare una buona guida o un buon maestro di sci, ma poi con il progredire delle sue esperienze ed in particolare con la situazione venutasi a creare alla vigilia della spedizione italiana al K 2, egli lottò con tutte le sue forze per primeggiare, ed alla fine vi riuscì. La sua attività si è svolta però in minima parte nella zona delle Tofane, anche se queste sono sempre state le montagne più care al suo cuore.

Nel 1946 venne chiamato a far parte della società degli «Scoiattoli» e fece le sue prime esperienze alpinistiche in compagnia di Ugo Pompanin, di poco più anziano di lui. Il 25 maggio 1947, insieme a Claudio Apollonio e Albino Alverà, i due effettuarono la prima ripetizione della «Direttissima» al Col Rosà, una via di 5° e 6° grado. Il 21 settembre di quello stesso anno, con Ugo Pompanin e Ugo Samaja, Lacedelli realizzò quella che modestamente venne definita come una variante diretta allo Spigolo Dibona sulla parete S della Tofana di Rozes, mentre in effetti si tratta di una nuova via che segue fedelmente lo spigolo, tenendosi un po' a destra della via Dibona, ed è notevolmente più difficile di questa: un buon 5° grado che superarono in quattro ore, adoperando soltanto tre chiodi. Essi come capitava abbastanza spesso in quei tempi, erano partiti con l'intenzione di ripetere la via Dibona, senza conoscerne bene il tracciato, e così erano saliti – senza accorgersene – lungo un itinerario parallelo, che andava pur esso a raggiungere la via Dimai-Eötvös.

Dopo alcuni anni di esperienze minori, Lacedelli cominciò sempre più spesso a scalare in cordata con Luigi Ghedina, venendo così a formare un binomio che per alcuni anni sarebbe stato alla testa dell'alpinismo dolomitico. Insieme – ricorda Pietro Rossi nel suo volume sugli «Scoiattoli» – decisero di estendere la loro esperienza a quanto di più difficile era stato, sino allora, realizzato nelle Dolomiti, per poi prendere il via per nuove, grandi imprese, entro e fuori le montagne di casa.

Nel 1949, nel corso di un sistematico allenamento, oltre a percorrere vie già note, aprirono la loro stagione, il 21 luglio, scalando la parete O del Castelletto, con difficoltà di 5° grado. Ricorda Ghedina, come due anni prima egli avesse superato quasi analoghe difficoltà su questo imponente scoglio roccioso, salendo – insieme a Mario Zardini Zesta ed Eugenio Monti – lo spigolo NO. Il 31 luglio, Lacedelli e Ghedina salgono il Pilastro E del Col dei Bos, superando difficoltà di 6° grado. L'anno dopo, il 25 giugno, la stessa cordata effettuò la prima ripetizione, senza bivacco, della via Costantini-Apollonio al Pilastro di Rozes, come abbiamo già avuto occasione di parlare. Altra ripetizione importante e senza bivacco, venne effettuata il 27 luglio 1952 da Lino Lacedelli e Guido Lorenzi, sullo spigolo SO del Pilastro di Rozes, in un tempo eccezionalmente breve: sette ore anziché le sedici dei primi salitori. In quegli anni, che possiamo considerare di transizione, il ripercorrere vie di 6° grado o 6° superiore, in tempi brevi, era considerato un'impresa della massima importanza, da porre quasi sullo stesso piano della prima ascensione assoluta, anche se era d'altronde logico che un itinerario, una volta conosciuto, venisse più agevolmente percorso. Si trattò di un fenomeno tutt'altro che negativo – ci conferma il Rossi – perché eliminò una certa confusione tecnica e creò una larga base comune di esperienze, fra gli arrampicatori europei. In questo particolare campo, la cordata Ghedina-Lacedelli ebbe al suo attivo una discreta serie di salite, come ad esempio: la via Carlesso-Menti sulla Torre di Valgrande nel gruppo del Civetta, la parte S della Torre Travenánzes nel gruppo del Fanis, la via Soldà-Conforto sulla parete SO della Marmolada, la via Bonatti-Ghigo al Grand Capucin (Monte Bianco) ecc. ecc.

Ma l'impresa che doveva confermare la fama di Bibi Ghedina e collaudare le grandi doti di capocordata di Lino Lacedelli fu, senza dubbio, la scalata della parete SE di Cima Scotoni, realizzata nel giugno 1952, avendo come terzo di cordata il promettente e sfortunato Guido Lorenzi. Si trattò di un'impresa che consolidava il prestigio degli scalatori ampezzani e li poneva ai massimi livelli internazionali. Ghedina e Lacedelli venivano chiamati a far parte del prestigioso Groupe Haute Montagne francese, ed anche Guido Lorenzi ne sarebbe stato associato in seguito, se un malaugurato incidente sul lavoro non gli avesse tolto la vita. Abbiamo ritenuto opportuno dilungarci su queste vicende, che poco hanno a che fare con il tema che ci siamo proposti, per inquadrare – sia pure sommariamente – le figure dei due massimi esponenti del gruppo «Scoiattoli» nel con-

---

([1]) Nato a Cortina d'Ampezzo il 4 dicembre 1925.

cipali aspiranti: «Bibi» Ghedina, e così la scelta si restrinse necessariamente al solo Lino Lacedelli; il quale dimostrò poi, coi fatti, come la fiducia in lui fosse ben riposta. Al suo rientro in Patria egli riprese l'attività alpinistica, con salite anche di un certo impegno ma forse per quanto riguarda le prime ascensioni, con minor grinta degli anni precedenti; e questo era anche naturale. Il 10 luglio 1955, con Albino Michielli e Arturo Zardini, salì la parete SE del Col Rosà, per la via detta «Savina»: naturalmente un 6° grado. L'11 marzo del 1956, salì in prima invernale alla Punta Anna. Dall'11 al 14 luglio 1960, insieme ad Albino Michielli e Claudio Zardini, aprì una via di 6° grado superiore, sulla strapiombante parete SO della Punta Giovannina: una muraglia giallastra di roccia, in certi punti friabile, alta circa 380 metri. La salita durò 44 ore di arrampicata effettiva, con 4 bivacchi in parete. Furono impiegati 385 chiodi di cui un centinaio lasciati sul posto: in pratica uno per ogni metro di scalata. Alle fatiche della scalata, si aggiunsero

Lino Lacedelli lungo la via Dimai-Eötvös sulla parete S della Tofana di Rozes.

testo della loro più vasta attività. Ci è sembrato infatti che parlare soltanto nella riduttiva ottica dei loro rapporti con le Tofane, avrebbe in un certo senso deformato la loro immagine.

Il 18 gennaio 1953, Lino Lacedelli, Guido Lorenzi e Albino Michielli detto Strobel, affrontano in prima invernale la via Dimai-Eötvös, lungo la parete S della Tofana di Rozes. Di questa salita avremo occasione d'interessarci più estesamente nel capitolo dedicato all'alpinismo invernale in Tofana; qui ci preme soltanto rilevare il carattere dimostrativo dell'impresa. Si voleva infatti sfatare una maligna (o interessata) diceria, per la quale gli arrampicatori dolomitici non erano adatti a sopportare rigide condizioni climatiche e ascensioni su ghiaccio e neve. Questo in funzione del fatto che, entro breve tempo, i dirigenti centrali del C.A.I. avrebbero dovuto scegliere gli elementi migliori per costituire la spedizione italiana al K 2. Un banale incidente mise – nel frattempo – fuori causa un altro dei prin-

Guido Lorenzi in arrampicata sulla via Dimai-Eötvös lungo la parete S della Tofana di Rozes.

le cattive condizioni climatiche, che divennero pessime il terzo giorno, con l'imperversare di una forte tormenta di neve. L'impresa, di rilevante importanza alpinistica, segnò il ritorno degli «Scoiattoli» alle loro Tofane, che da almeno cinque anni non registravano prime ascensioni. A queste montagne, e in particolare alla Tofana di Rozes, Lino Lacedelli riservò la sua ultima importante impresa.

In compagnia di Lorenzo Lorenzi e Orazio Apollonio, pensò che sarebbe stato giusto «raddrizzare» nella sua parte terminale la famosa via della Julia, realizzata vent'anni prima da un folto gruppo di «Scoiattoli». Essi però non erano riusciti ad innalzarsi in linea retta sino in cima alla Tofana, e, ad un certo punto, avevano dovuto compiere una forzata deviazione sulla destra. Ora si trattava di risolvere un problema d'ordine estetico e pratico secondo la miglior tradizione dell'arrampicata dolomitica: realizzare cioè una via diretta dalla base alla cima. E questo venne fatto il 22 settembre 1961, in sole tre ore di arrampicata superando difficoltà di 5° superiore: altezza della variante 250 metri.

Non si potevano concludere meglio i primi vent'anni di attività degli «Scoiattoli» in Tofana: partiti da questa via, ad essa erano tornati – dopo tante traversie – quasi a voler ribadire la loro indiscussa supremazia su questa montagna, simbolo ideale dell'alpinismo ampezzano.

Lilium bulbiferum
(Giglio rosso)

La superdirettissima al Pilastro di Rozes

Gli anni Sessanta, nel gruppo delle Tofane, furono caratterizzati dalla realizzazione di una «superdirettissima» lungo la parete SE del Pilastro di Rozes, ad opera di un gruppo di giovani e meno giovani «Scoiattoli». Si trattò, com'era di moda allora, di una via «a goccia d'acqua cadente», tracciata con metodico lavoro d'équipe e larghissimo impiego di mezzi artificiali. Ma non fu soltanto una semplice trasposizione di quanto già si era fatto, con grande clamore, in Lavaredo, perché in Tofana, la lineare progressione della via non risultava monotona e ripetitiva.

Il tracciato, per quel che riguardava le difficoltà, poteva dirsi completo: alternava infatti dei pezzi in arrampicata libera con altri in artificiale, superamento di tetti ecc. Vi erano, inoltre, per riprendere fiato, due grandi cenge, la seconda delle quali servì come punto di sosta e di raccolta del materiale, nella prima parte dell'impresa. Gli scalatori salivano ad attrezzare la parete e tornavano sulla cengia alla sera, per passarvi un po' più comodamente la notte. L'impresa durò infatti sei giorni, dal 17 al 22 giugno 1963, con cinque bivacchi: tre sulla grande cengia e due su di un terrazzino di rocce nere, molto più in alto. Una salita, così dura e impegnativa, non era fine a se stessa, in quanto il gruppo degli «Scoiattoli» intendeva «collaudare» le proprie forze in previsione di una spedizione all'Eiger, che si svolse, ostacolata dal maltempo, il mese dopo. Il merito dell'impresa va equamente suddiviso fra tutti i partecipanti, di cui sarà opportuno fare conoscenza. Il più anziano del gruppo è Albino Michielli detto Strobel, di 35 anni: forte ed estroso scalatore con centinaia di ascensioni, d'ogni grado e difficoltà, al suo attivo. Era stato compagno di cordata di Lino Lacedelli e Guido Lorenzi in diverse importanti imprese, ed aveva realizzato una mezza dozzina di vie nuove per conto suo. Aveva inoltre ripetuto le più difficili scalate di 6° grado delle Dolomiti, come la Ratti-Vitali della Cima Su Alto, la Costantini-Apollonio del Pilastro di Rozes, la Soldà-Conforto della Marmolada, la Cassin-Ratti della Cima Ovest, la «Direttissima» della Cima Grande di Lavaredo e moltissime altre.

Con Claudio Bellodis aveva ripercorso – il 13 luglio 1952 – lo Sperone Centrale della Parete Est della Tofana di Mezzo, lungo la via tracciata nel 1945 da Alverà-Ghedina-Pompanin. Un sesto grado di vecchio stile! Con Arturo Zardini detto «Tamps» (partecipante anche lui alla «Superdirettissima») aveva realizzato nel luglio del 1961, la prima ascensione del pinnacolo più basso lungo lo spallone meridionale della Punta Anna, denominandolo Torrione Angelo Dimai. Niente di rilevante: 380 metri di arrampicata, con difficoltà di 5° e 6° grado, risolti in cinque ore con l'aiuto di una decina di chiodi.

La «superdirettissima» fu l'ultima sua grande impresa, prima della mortale caduta (19 aprile 1964) sulla Torre Piccola di Falzarego. Egli, per tenersi al corrente sui fatti del giorno, si era portato appresso una radiolina a transistors; dalla quale potè avere notizia – nella fase finale della scalata – dell'avvenuta elezione a Sommo Pontefice del Cardinale Montini, e fu sua l'idea di dedicare la via, ormai conclusa, al nuovo Papa: Paolo VI. Anche l'insolita denominazione di alcuni passaggi – come ad es. quello degli «Occhiali» – è opera della sua fervida e inesauribile fantasia. Dice di lui, l'amico e biografo Piero Rossi (¹): «Strobel sembrava l'uccel di bosco, l'uomo senza pensieri, qualcosa di mezzo fra l'anarchico e lo svitato. Ed invece, era un'anima sensibile, tormentata. Il suo tormento erano gli affetti mancati, le banalità della vita, la passione (mai termine è più appropriato), la passione per la montagna, la decadenza di quelle sue forze fisiche, un tempo di leggendaria potenza». Se possiamo attribuire a Strobel il merito di aver voluto e sostenuto questa impresa, con tutto l'entusiasmo di cui era capace, dobbiamo anche rilevare che l'uomo di punta del gruppo, era – senza dubbio – Lorenzo Lorenzi; sulla breccia alpinistica da una decina d'anni, con notevole esperienza tecnica, innata abilità fisica e stile perfetto. Sarà lui, infatti, con il «bocia» della compagnia: Bruno Menardi detto «Gimmi» ad aprire la strada al gruppo, nei tratti superiori, più difficili ed esposti.

Tutta la prima parte (lo zoccolo nero), un buon 5° grado in «libera», sarà invece appannaggio delle giovani reclute: Bruno Menardi e Carlo Gandini, coetanei fra loro. Dopo la prima cengia hanno inizio le cosiddette «placche gialle» che richiedono l'uso della tecnica artificiale. Per completare l'opera ci sono anche due grandi tetti sporgenti, il primo dei quali misura all'incirca tre metri. Dopo questi passaggi, veramente al limite delle possibilità umane, si arriva alla seconda cengia, denominata «L'Albergo degli Scoiattoli» per le relative comodità di spazio che essa offre. Dopo di che iniziano gli strapiombi che portano alle cosiddette «placche bianche» di roccia friabile e poi al centro di due grandi tetti dalla caratteristica forma di «occhiali» con una specie di «naso» nel mezzo, oltre il quale si ha il punto di massima esposizione.

Racconta in proposito «Gimmi»: «All'uscita dagli "occhiali" a Lorenzo è partito un blocco sotto i piedi, ed è

(¹) Albino Michielli «Strobel», Rivista Mensile del C.A.I. gennaio 1965, pag. 41.

Albino Michielli «Strobel».

andato a sbattere, senza toccare la parete, alla base del primo spigolo. Per il resto non abbiamo mai avuto problemi: la sotto, il giorno che pioveva... non serviva neanche l'ombrello!».

La notizia dell'impresa e le belle giornate avevano attirato, sugli spiazzi attorno al rifugio Dibona, un'enorme folla di curiosi che seguiva, con il naso all'insù, le cordate in azione sul Pilastro. Il 22 giugno, i cinque «Scoiattoli» raggiunsero la vetta: lo spettacolo era terminato! Per superare i 600 metri di parete strapiombante avevano impiegato 65 ore di arrampicata effettiva, superando difficoltà di 6° grado superiore, con l'aiuto di 350 chiodi, di cui soltanto due ad espansione. Undici giorni dopo, un'altra cordata, nel mentre si apprestava a compiere la prima ripetizione della via, perdeva, per un fortuito incidente, uno dei suoi più validi componenti: l'ottimo alpinista Cesare Danese; ma non per questo interrompeva la salita. La seconda ripetizione e prima invernale, veniva effettuata, il 5 e 6 gennaio 1964, dai «Ragni» di Lecco: Felice Anghileri e Casimiro Ferrari. Ne parliamo con maggiori dettagli nel capitolo dedicato alle imprese invernali. Durante l'estate diverse altre cordate si cimentarono lungo tale via, divenuta – in brevissimo tempo – di fama internazionale. Ma non tutti riuscirono a completare l'impresa: Hubert Abele, Helmut Dumler e Pit Schubert (da solo) – forti ed affermati scalatori germanici – dovettero loro malgrado ritornare sui propri passi senza esser riusciti a forzare il tratto finale. La via venne ripetuta, quell'anno, dalla cordata tedesca Klaus e Schertle Werner, in 13 ore di arrampicata e senza bivacco (settima salita). Il 13 settembre 1964, l'Accademico del C.A.I. Marco Dal Bianco di Schio e l'alpinista belga Claudio Barbier di Bruxelles, effettuarono anch'essi un tentativo di ripetizione della via, che venne interrotto a circa un centinaio di metri dal termine, dopo undici ore di arrampicata, per non dover bivaccare in parete e per gli impegni di lavoro di uno degli scalatori. Le versioni dei due protagonisti furono abbastanza contrastanti e diedero luogo ad una vivace polemica: Dal Bianco infatti sosteneva di essere salito luogo la via Paolo VI sino a 35 metri dalla vetta e poi, senza ripiegare, aveva tracciato una variante, in parte probabilmente già percorsa

Un gruppo di «Scoiattoli» durante i lavori di sistemazione della «Ferrata Lipella». Da sinistra a destra: Carlo Gandini, Bruno Menardi, Lino Lacedelli e Lorenzo Lorenzi. (Foto G. Ghedina)

Superamento del passaggio denominato «Gli Occhiali» sulla via Paolo VI. (La foto è stata scattata da Felice Anghileri di Lecco nel corso della prima invernale)

per via di alcuni chiodi trovati infissi nella roccia, essendo l'ultimo tratto della via assolutamente invisibile per la fittissima nebbia e l'oscurità (²). Egli veniva così a sostenere che, trattandosi di una deviazione di rilevanza trascurabile, si doveva parlare di effettiva ripetizione della via.

Il Barbier, d'altro canto, la riteneva soltanto un tentativo di ripetizione o comunque una ripetizione parziale. Egli, con molta decisione, ribadiva le sue affermazioni spiegando che essi avevano deviato sulla sinistra, a circa 100-120 metri dal termine della via, per raggiungere la cima lungo la parte terminale della Costantini-Apollonio, in quel tratto molto più agevole della Paolo VI. Successivamente il Barbier, assieme a Umberto Benvegnù, percorse l'ultima parte della via Paolo VI, realizzando una variante diretta, lungo un canalone strapiombante.

Ci siamo un poco dilungati su questa tipica polemica fra «sestogradisti» di pari valore, per dare un'idea delle sottigliezze e degli equivoci che possono nascere nell'ambito dell'attività alpinistica di grado estremo. Probabilmente si era trattato di una deplorevole svista, dovuta alle non perfette condizioni di visibilità, come del resto ammette il Dal Bianco. La versione fornita dal Barbier ci è sembrata accettabile, anche in considerazione del fatto che egli ci presenta una documentazione accurata e minuziosa di questa, come di altre sue imprese. Egli è forse uno dei pochi arrampicatori che si documenta a fondo sulla via da scalare o la ripetizione da compiere. «La ritengo una preparazione necessaria per accostarmi alla montagna. In parete mi consente anche di rivivere l'esperienza spirituale e tecnica dei primi salitori. Altrimenti la salita non avrebbe alcun valore». Il Barbier, nel settembre del 1965, percorse in solitaria anche la via «Mirka», sulla parete O della Tofana di Rozes. Quell'anno, il 27 giugno 1965, i tirolesi Sepp Mayerl e Gernot Röhr effettuarono la ripetizione nel tempo record di sei ore, e definirono la via: una salita elegante con difficoltà di 4° e 5° grado superiore. Questa dequalificazione della via è dovuta probabilmente all'eccessivo uso di chiodi che ne è stato fatto da alcuni ripetitori.

(²) Da «Alpinismo umano» di M. Dal Bianco - Le Alpi Venete N. 1, 1965. Sulla figura di questo alpinista – prematuramente scomparso il 15 settembre 1967 – ci sembra ancora opportuno aggiungere che egli era tecnicamente fortissimo sia nell'arrampicata libera che in quella artificiale. Possedeva, inoltre, un'agilità sorprendente e due fattori determinanti per essere un rocciatore completo: velocità e sicurezza, ed in più doti fisiche eccezionali. Egli scalò numerose vie dolomitiche, ma meritano una particolare menzione sia la scalata della Parete O del Crozzon di Brenta (in sole tre ore e mezza) che la scalata della Cima Su Alto (Civetta) in nove ore, tempo ritenuto sbalorditivo. Per le sue brillanti imprese era stato ammesso, ancor giovanissimo, a far parte del Club Alpino Accademico Italiano e del G.H.M. francese.

Soccorso alpino in Tofana

Nel territorio di Ampezzo, molto tempo prima che l'alpinismo vi prendesse piede, esisteva già – nell'ambito delle Regole – una norma che imponeva ai propri associati di soccorrere chi, in montagna, si trovasse in difficoltà. Il secondo Laudo di Falzarego e Ambrizzola (1356) dice in proposito: «Sia osservato l'ordinamento di chi invoca salva la vita (in ordo clamentis vitae)».

Certamente in quel tempo le persone in pericolo sulla montagna, non potevano essere alpinisti incrodati, bensì viandanti dispersi nella nebbia o assiderati, pastori e mandriani travolti da valanga o caduti malamente da qualche scarpata rocciosa. Il naturale istinto del buon samaritano, sempre pronto ad accorrere in aiuto dei propri simili, in pericolo di vita, rimase, nei secoli, ben vivo nell'animo dei valligiani ampezzani. In particolare, tale norma divenne molto apprezzata nella seconda metà del XIX secolo, quando la montagna cominciò ad essere frequentata, in modo massiccio, da turisti ed alpinisti d'estrazione prevalentemente cittadina. In genere, essi si muovevano con molta circospezione e quasi sempre accompagnati da guide alpine, ma incidenti – più o meno gravi – erano sempre possibili. In questi casi l'opera di soccorso era demandata necessariamente alle guide alpine presenti nella zona. Tale impegno non venne lasciato alla discrezione dei singoli volonterosi, ma codificato nel regolamento per le guide di montagna del distretto giudiziario di Ampezzo, approvato dalla locale sezione del Deutscher und Österreichischer Alpenverein di Cortina, il 26 aprile 1898.

L'art. 9 specificava quale doveva essere il contegno di una guida in caso di qualche infortunio:

«Ogni guida di montagna è obbligata, tosto che essa viene a cognizione della mancanza di una guida o di un alpinista, oppure essendovi fondato sospetto di qualche infortunio accaduto ad una compagnia di alpinisti, di farne la denunzia al primo imbattersi di qualche umano soccorso, come pure in tutti i rifugi alpini e le capanne di montagna (malghe) abitate, che trovi sulla via eventualmente anche al prossimo posto di gendarmeria, alla prossima deputazione comunale o direzione d'una società alpina o di guide di montagna, inoltre di eccitare per quanto possibile le guide della sua stazione e quelle del circondario a prestar aiuto, qualora poi non fosse in servizio di guida e le sue forze li permettano, d'accorrere in persona a prestar soccorso. Ogni guida di montagna, che non trovasi su qualche gita o che non sia appena ritornata, ha l'obbligo di rispondere ad una tale chiamata, senza opporsi, e qualora le circostanze lo permettano, anche senza indugio. La guida è pure obbligata di dare ad alpinisti senza guida, che incontra in montagna, in quanto lo possa, le informazioni da loro richieste».

Per molto tempo, fin verso gli anni Cinquanta, il soccorso alpino, in Ampezzo come altrove, non aveva una propria organizzazione stabile, ma si attivava – di volta in volta, quando si rendeva necessario – nell'ambito della Società delle Guide e del gruppo «Scoiattoli». In seguito, si costituì una vera e propria stazione del Corpo di Soccorso Alpino con uomini e mezzi propri, provenienti dalle tradizionali associazioni alpinistiche ampezzane. Lo formavano una ventina di persone circa, ammirevoli per coraggio e abnegazione. Tutta gente che vive del proprio lavoro: alcuni di essi sono guide e maestri di sci, ma la maggior parte sono artigiani, impiegati, negozianti, che dedicano alla montagna i ritagli del loro tempo libero, per sola passione e nel modo più disinteressato.

Elenchiamo, qui appresso, i nomi di coloro che furono o che sono i più attivi in questa meritoria attività, senza però avere la pretesa di fare una statistica completa, e ce ne scusiamo sin d'ora con le persone che non abbiamo citato. Silvio Alverà, Orazio Apollonio, Candido Bellodis, Luciano Bernardi, Marino Bianchi, Ettore Costantini, Luciano Da Pozzo, Celso Degasper, Ivano Dibona, Beniamino Franceschi, Carlo Gandini, Luigi Ghedina, Lino Lacedelli, Sergio e Lorenzo Lorenzi, Bruno e Antonio Menardi, Albino Michielli, Diego Valleferro, Diego Zandonel, Claudio e Giusto Zardini. A questi, dobbiamo aggiungere i giovani entrati in servizio in questi ultimi anni e in particolare l'attuale capo del Soccorso Alpino di Cortina: Armando Dallago. Sono veramente i nuovi «Samaritani delle Dolomiti», sempre pronti in ogni momento e in qualsiasi occasione: nessuno si tira indietro, nemmeno se è notte fonda, se infuria il maltempo e sulle cime da scalare c'è la tormenta.

Partono curvi sotto i loro pesanti zaini e rimangono sulle rocce a volte 12 ore, a volte 24 e più ore, senza concedersi tregua, sfidando la morte ad ogni passo, sospesi alle loro corde su baratri di centinaia di metri. Ma non sono mai tornati a mani vuote: vivi o morti hanno sempre riportato indietro i pericolanti, quasi sempre stranieri e fra questi, quasi sempre tedeschi: scalatori più coraggiosi che esperti. Per quanto ci riguarda, limiteremo la nostra indagine agli ultimi trent'anni di attività alpinistica ed alla sola zona delle Tofane, che rappresenta il naturale, ma non esclusivo, campo d'azione del Corpo di Soccorso Alpino di Cortina. Per diverse ragioni gli interventi sono rivolti prevalentemente verso le tre cime di Lavaredo, dove l'attività alpinistica (e di conseguenza gli incidenti) è più intensa e maggiori sono le difficoltà di recupero degli infortunati. Oltre tutto, la nostra esposizione non potrà essere del tutto completa, perché i dati in nostro possesso – specialmente per il periodo anteriore al 1958 – sono piuttosto lacunosi. Segnaleremo quindi i casi più importanti, senza avere la pretesa di fare una statistica esatta di tutti i salvataggi avvenuti in Tofana.

La serie dolorosa si apre nel 1954 con la tragica vicenda

di due alpinisti monzesi: Alessandro Cazzaniga e Renato Scalvini, rimasti incrodati sotto il tetto del Pilastro di Rozes, per il volo del secondo di cordata. Lo Scalvini, rimasto appeso alla corda, a penzoloni nel vuoto, morì soffocato, un paio d'ore prima che giungessero i soccorsi. Le sue grida agghiaccianti si udirono per tutta la notte, senza che nessuno potesse recargli aiuto. Davanti a loro, su quella stessa via, si trovava una cordata di «Scoiattoli», la quale giunse in cima e pernottò al Rifugio Cantore. Essi non diedero molto peso al ritardo, in quanto avevano visto che la cordata monzese saliva molto adagio e ritenevano che avesse bivaccato da qualche parte sulla montagna. La squadra di soccorso, giunta sul posto senza i suoi migliori elementi (impegnati in altre zone), non era in grado di salire direttamente sul Pilastro, ed oltre a tutto era giunta sotto la parete quando ormai stava per imbrunire. I due monzesi avevano affrontato una via molto al di sopra delle loro forze ed avevano pagato duramente la loro temerarietà. Prima di partire avevano chiesto al loro comune amico Andrea Oggioni, qualche informazione sulla parete (che egli aveva già scalato in prima invernale), ma questi li aveva sconsigliati di tentare perché quella «era un'ascensione troppo dura per le loro possibilità». Scrisse in proposito Oggioni: «Renato andò ugualmente e lì, sul soffitto del Pilastro arrivò sfinito. Rimase appeso 24 ore senza la possibilità di essere aiutato. Quando arrivarono gli aiuti, era morto da qualche ora». L'opera di recupero della salma ebbe inizio alle prime luci dell'alba e si concluse nel tardo pomeriggio. Alcune cordate pratiche della via, la risalirono per circa duecento metri sino a raggiungere la povera vittima, che venne calata fino alla base della parete mediante un cavo d'acciaio ed un verricello.

Scrisse in proposito l'Oggioni: «Questa tragedia era evitabile, ma purtroppo non ci resta che rimpiangere l'amico perduto. All'indomani si svolgono i funerali. Una cosa impressionante, ci sono tutti gli «Scoiattoli» coi familiari, come se Renato fosse uno di loro; io mi abbandono in un angolo del cimitero, isolato, guardo tutti, guardo anche verso le Tofane che fino ad ora erano sempre state coperte da un fitto strato di nebbia e per puro caso proprio in quel momento si sono scoperte per poi coprirsi nuovamente: forse hanno voluto partecipare anche loro alla cerimonia».

Un altro incidente mortale avvenne il 20 agosto 1961 sul Terzo Spigolo di Rozes. La vittima, il bellunese Severino Lussato, era in cordata con l'Accademico del C.A.I. Bepi Caldart. Morì, dopo poche ore dal salvataggio all'ospedale Codivilla di Cortina.

Nel giugno del 1968, fu la volta di una comitiva di alpinisti austriaci (otto uomini e una ragazza) provenienti da Innsbruck, che si erano avventurati lungo la classica via Dimai-Eötvös sulla parete S della Tofana di Rozes. Una salita di medie difficoltà (4° grado) ma lunga ed insidiosa con il cattivo tempo. La comitiva, suddivisa in tre cordate, iniziò la scalata nelle prime ore di luce del giorno 22, malgrado le non buone condizioni atmosferiche. Durante l'ascensione ebbero qualche incidente che attardò l'intera compagnia. Verso sera un'abbondante nevicata rese ancora più dura l'arrampicata, sicché gli austriaci, che avevano come loro capo Fried Duckseller, decisero di bivaccare in un camino a circa trecento metri dalla vetta, e chiedere aiuto.

Fortunatamente, verso mezzanotte, le invocazioni di aiuto vennero intese dallo «scoiattolo» Carlo Gandini, che si trovava al rifugio Dibona, il quale si recò subito a Cortina in macchina (non esisteva ancora il telefono in rifugio) per dare l'allarme alla squadra del Soccorso Alpino. Durante la notte furono rintracciati dieci componenti della pattuglia di salvataggio: Marino Bianchi, Bruno Menardi, Ivano Dibona, Diego Valleferro, Diego Zandanel, Giusto Lorenzi, Sergio Pompanin, Sergio Lorenzi, Emiliano Osta e Cleto Lacedelli. Essi partirono immediatamente in soccorso degli infortunati, giungendo – verso le tre e mezza del mattino – al rifugio Cantore. Salirono poi in vetta alla Tofana di Rozes lungo la via normale, che raggiunsero verso le sei del mattino, dopo indicibili fatiche a causa dell'abbondante nevicata e del freddo intenso. Agganciate le corde alla Croce posta sulla cima, si calarono ad uno ad uno fino a raggiungere il camino-bivacco degli austriaci. Portati i primi soccorsi, specialmente alla ragazza, rimasta ferita ad un braccio e ad un altro componente della comitiva che era volato per sette-otto metri, ripartirono tutti insieme alla volta della cima, che raggiunsero verso le dieci del mattino ([1]).

Il 16 giugno 1975, due alpinisti tedeschi – per un presumibile errore di via – caddero dal Terzo Spigolo di Rozes. Nessuno aveva assistito alla tragedia e quindi i soccorritori non ebbero indicazioni precise per individuare i dispersi. Anche il maltempo ostacolò le ricerche. Una squadra percorse l'intera via senza trovare traccia degli infortunati. Il giorno dopo le ricerche vennero momentaneamente sospese. Il 18 giugno, un elicottero avvistò i corpi dei due alpinisti, ma a causa del continuo maltempo il recupero poté avvenire soltanto il 22. L'operazione durò 12 ore e vennero impiegate quattro cordate. Queste, dopo essersi portate in posizione sovrastante le due vittime, calarono un soccorritore per circa 130 metri. Costui effettuò l'imbragatura dei due corpi, straziati dalla caduta; ed aiutato dai compagni risalì con il triste fardello. Il recupero fu reso assai pericoloso da una continua caduta di sassi, smossi dalle manovre di corda.

Il 28 e 29 giugno 1977, le squadre del soccorso alpino furono impegnate nel recupero dei corpi di due alpinisti, padre e figlio, morti precipitando per circa 200 metri dalla parete SE del Col Rosà. Quel giorno, dopo aver ripercorso, senza esito, la via effettuata dagli sfortunati scalatori, le ricerche dovettero essere abbandonate a causa del buio e di una fitta nebbia che si era improvvisamente alzata nella zona. I soccorritori dovettero passare la notte, bivaccando su di una cengia, in attesa di riprendere le ricerche alle prime luci dell'alba. I due corpi vennero ritrovati alla base del Campanile Rosà e trasportati a fondo valle.

Un felice intervento ebbe luogo il 3 settembre 1978, lungo la via della Julia per soccorrere due alpiniste tedesche rimaste incrodate per un errore d'itinerario. La squadra di soccorso, composta da sette uomini, risalì la via Dimai-Eötvös e poi, attraversando la parete, si portò sulla verticale dove si trovavano le due incaute alpiniste. In breve esse vennero recuperate e calate, a corda doppia, per circa 500 metri, sino alla base della parete.

Dagli esempi che abbiamo riportato, si può trarre la

([1]) La ricostruzione del fatto è stata resa possibile da una nota di Vincenzo Gaspari pubblicata sul numero di agosto del 1968 della Rivista mensile del C.A.I.

convinzione che non esistano regole fisse per effettuare operazioni di soccorso in montagna, e in particolare sulla parete S della Tofana di Rozes che costituisce, nel bene e nel male, il banco di prova delle qualità effettive di alpinisti, più o meno esperti.

Per sapere qualcosa di più in proposito, abbiamo intervistato Armando Dallago, capo del Soccorso Alpino di Cortina d'Ampezzo, il quale ci ha fatto il punto della situazione: «I sistemi e le attrezzature del soccorso alpino non sono immutabili, ma cambiano a seconda delle montagne dove si devono applicare. Non è detto che un sistema che va bene su di una montagna possa andar bene anche per un'altra. Ci sono montagne come ad esempio la Civetta o la Marmolada che per struttura delle rocce e tipo di incidente, questi capitano quasi sempre nelle vicinanze della cima, e quindi in questi casi si hanno soltanto problemi di recupero per i quali serve unicamente il cavo d'acciaio.

Per quanto riguarda invece le Tofane, o meglio la parete S della Rozes, gli incidenti avvengono spesso anche a metà parete, e quindi oltre alla fase di recupero sorgono difficoltà anche nell'individuazione e nel raggiungimento degli alpinisti infortunati. Le difficoltà maggiori derivano dal fatto che la parete, alta quasi novecento metri, con una complicata struttura rocciosa formata da gradoni e pilastri di vaste proporzioni e con una infinità di diedri, canali e camini, presenta notevoli difficoltà di orientamento, specialmente verso le ore 10-11 del mattino, quando si alza la nebbia, in particolare nella zona dell'anfiteatro grande. Inoltre, in tale grandioso ambiente, si creano echi e risonanze che rendono quanto mai incerta e problematica la localizzazione della cordata che chiede aiuto. Alle volte è assolutamente necessario, in mancanza d'indicazioni precise, effettuare (avendone naturalmente la possibilità) una accurata ricognizione della parete a mezzo elicottero. Solo così si potrà localizzare esattamente la cordata in difficoltà e stabilire il punto giusto per effettuare l'intervento: questo è molto importante! L'elicottero poi ci porterà in vetta o sullo spallone SO, risparmiandoci un bel po' di salita e il trasporto a spalla del materiale».

«Salire, ad esempio, per la via Dimai, che è una classica di 3-4° grado e quindi relativamente facile, con tutto il materiale sulla schiena (e si debbono portar su dai 400 ai 600 metri di corde), non è impresa di poco conto. Noi in Tofana lavoriamo quasi sempre con corde, in quanto il recupero a mezzo cavo e verricello si può fare solo sullo spartiacque fra l'Anfiteatro grande e quello piccolo, ed inoltre il cavo d'acciaio diventerebbe per noi un doppio carico. Preferiamo calare una persona per 200 metri con tre corde, il che permette al soccorritore di lavorare da solo sulla parete, spostandosi lateralmente e compiendo, di volta in volta, tutte quelle manovre che si rendessero necessarie. Per fare questo lavoro ci vogliono però persone in gamba, gente ben allenata e che conosca perfettamente la via ove si effettua il salvataggio. Già così, abbiamo dei problemi, sia nel recupero in alto che nelle calate verso il basso, soprattutto sulle vie di media difficoltà. Può sembrar strano ma, lavorare su vie estremamente difficili (come quella del Pilastro di Rozes ad esempio), pur presentando difficoltà tecniche più elevate rende – a causa della verticalità – più agevoli le manovre di recupero. In questi casi si lavora sempre dall'alto. Poche volte abbiamo dovuto salire dal basso ad affrontare queste vie. Per prima cosa ci sistemiamo sulle cengie alte e poi caliamo uno o due soccorritori (a seconda dell'incidente accaduto) e riusciamo a lavorare appunto perché ci troviamo sempre sul verticale. In qualche caso siamo arrivati al limite, riuscendo ad effettuare calate di 450 metri; ad effettuare le quali ci vogliono nervi ben saldi. Persino le fabbriche di corde ci dicono che siamo dei pazzi a compiere queste manovre, ma noi siamo convinti di quello che facciamo».

Il sacrario delle Tofane

All'interno della «Galleria dei Cannoni», nelle più profonde viscere del Castelletto di Tofana, raccolto in una suggestiva nicchia della roccia, è stato innalzato da mani pietose, un rustico altare per ricordare coloro – che in pace o in guerra – lasciarono la vita su queste crode. A tutti costoro, ampezzani o no, che vissero nell'amore per le Tofane, abbiamo voluto dedicare un breve capitolo della nostra storia, per ricordare nel modo più semplice e schietto, le gesta da loro compiute su questa montagna. Purtroppo, le cronache alpinistiche di questi ultimi anni, sono costellate da una serie impressionante di disgrazie mortali, che hanno colpito, in modo particolare, guide e «Scoiattoli» che si erano distinti, in passato, sulle rocce delle loro Tofane.

Abbiamo parlato dei fratelli Romano e Armando Apolloni, di Guido Lorenzi, di Albino Michelli e di Marino Bianchi, scomparsi tragicamente in periodi diversi; ora abbiamo l'ingrato compito di elencare gli incidenti avvenuti in epoca più recente. Nessuno di questi però, anche se ciò può sembrare una ben magra consolazione, è avvenuto in Tofana. Anche da questo lato, la montagna è stata generosa con i suoi figli migliori.

La morte di Ivano Dibona, avvenuta – l'8 agosto 1968 – per un banale incidente sullo spigolo NE della Cima Grande di Lavaredo, è certo il lutto più grave e doloroso per le guide e gli «Scoiattoli» ampezzani. Atleta forte e generoso, poteva vantare in poco più di un lustro d'attività, un curriculum alpinistico dei più invidiabili. Il 25 aprile del 1966, egli tracciava, in compagnia dell'amico Renato De Pol (che sarebbe poi scomparso anche lui tragicamente) e di Luciano Da Pozzo, una «direttissima» sulla parete SE del Col Rosà. Dislivello di circa 400 metri, difficoltà di 6°, superate in 12 ore con 30 chiodi. Ancora lui, dal 10 al 13 settembre 1966, con Luciano Da Pozzo e Diego Valleferro, superò la nera parete E dello Sperone destro della Tofana di Mezzo. Dislivello di circa 400 metri, di 6° grado superiore, in 40 ore di arrampicata effettiva, con l'utilizzo di 250 chiodi, di cui 70 ad espansione.

L'ultima sua grande impresa, un mese prima della sua morte, è stata la salita della parete O della Punta Giovannina (7-8 luglio 1968) con Diego Zandanel. Dislivello di circa 320 metri, con difficoltà di 6° grado superiore, usati 250 chiodi, di cui un centinaio a pressione. Oltre a queste prime ascensioni, aveva realizzato in Tofana, le tre vie del Pilastro di Rozes: lo spigolo Costantini-Ghedina, la parete per la via Costantini-Apollonio e la via Paolo VI.

Morì a 25 anni, dopo una breve e intensa carriera alpinistica, ben degna del nome glorioso lasciatogli dal nonno: il grande Angelo Dibona, re delle guide ampezzane. Cinque anni dopo è la volta di un suo carissimo amico ed allievo: il veneziano Renato De Pol, di professione fotografo. Il 1° maggio 1973, sullo spigolo della Punta Fiàmes: una elegante e classica salita di 5° grado, venne travolto ed ucciso dalla caduta di un grosso lastrone di roccia. Il De Pol si era avvicinato alla montagna in età piuttosto tarda e in modo del tutto casuale: nel luglio del 1960, in occasione di un servizio fotografico sull'impresa degli «Scoiattoli» alla Punta Giovannina.

Quel giorno, scrisse nel suo diario: «Primi approcci con la montagna. Spaventatissimo anche per salire un ghiaione, mi faccio legare per salire pochi metri di croda alla base della via, e nel vedere all'opera gli scalatori ne rimango estasiato sì da considerarli dei sacri "mostri"». Ha inizio così la sua amicizia e le sue prime esperienze con gli «Scoiattoli», che lo porteranno – nel giro di pochi anni – a divenire un «sestogradista» completo. In tredici anni di attività egli effettuerà ben 370 salite, fra le quali diverse vie nuove, e – nel gruppo delle Tofane – la già citata «direttissima» del Col Rosà, con Ivano Dibona.

Alla morte dell'amico, continuò la sua attività con Lino Lacedelli e Alfonso Colli: la cordata dei «tre matusa» come egli la definiva. Con questi iniziò una serie di grandi salite da «primo di cordata», con una particolare predilezione per la via Costantini-Apollonio al Pilastro di Rozes, che ripeterà per ben quattro volte. Scrisse in proposito nel suo diario: «23.7.1972 - Pilastro di Rozes via E. Costantini. Bellissima arrampicata dei tre veci che continuano la lunga meravigliosa serie di sesti gradi, e con questo pilastro si aggiunge una grossissima soddisfazione alle già tante avute finora».

Poi, la terribile disgrazia!

Come De Pol, anche Mario Zandonella era giunto a Cortina d'Ampezzo per lavoro, ed era rimasto affascinato dalle sue montagne. Scrisse di lui Marcello Rossi ([1]): «Sopra Cortina si alza la Tofana. Silenzioso era Mario. Silenziosa la Tofana. Nacque un amore muto e intransigente fra i due, e non c'era stagione in cui gli strapiombi chiari e i giganteschi pilastri non seguissero il deciso avanzare di un ragazzo che andava leggero, magari da solo, e non si rendeva conto di quanto il suo gioco fosse grande e terribile. Grande e terribile la sua forza e forse non se ne rendeva conto. La sua bravura non si poteva certo misurare dalla quantità dei bivacchi. Andava, attaccava, e tornava tranquillo nel suo letto, la sera. Anche con le vie più dure (omiss.).

([1]) Rivista mensile del C.A.I. gennaio-febbraio 1976.

Sopra a sinistra. Ingresso nella «Galleria del Cannone». - *Sopra a destra.* Interno della «Galleria del Cannone». - *Sotto a sinistra.* L'altarino nel «Sacrario delle Tofane». - *Sotto a destra.* Postazione con il pezzo di artiglieria dell'epoca, risistemato in piazzola.

Grandi le sue imprese, grande la sua umanità. E sempre quel silenzio di cui si circondava, incredibile come le imprese che portava a termine».

Cadde a 24 anni, il 27 luglio 1975, sulla parete N del Pelmo, in arrampicata solitaria, come si era svolta quasi tutta la sua attività alpinistica. Non ci ha lasciato «prime» sensazionali, ma, nel suo complesso l'attività in Tofana è notevole e ben degna di essere ricordata.

TOFANA DI ROZES

— Via della Julia: con variante nuova.
— Primo Spigolo: 4 salite di cui 3 solitarie.
— Terzo Spigolo: 4 salite di cui 2 solitarie e una solitaria invernale.
— Sperone SO: via Tridentina in solitaria.
— Parete S: via Dimai-Eötvös, due salite, una solitaria e l'altra invernale.
— Parete S: via Tissi, due salite, fra cui la prima solitaria invernale.
— Parete S: via Stösser in solitaria.

PILASTRO DI ROZES

— Spigolo Costantini-Ghedina: 6 salite, di cui 3 in solitaria (prima solitaria e variante nuova, novembre 1973; e solitaria invernale).
— Via Paolo VI.
— Via Costantini-Apollonio: 3 salite (fra cui una solitaria e una invernale).

PUNTA GIOVANNINA

— Via Dibona.

Ricordiamo ancora, fra le giovani vittime della montagna, il friulano Angelo Ursella, morto a 23 anni, nella notte fra il 16 ed il 17 luglio 1970, sulla parete N dell'Eiger. Un ragazzo forte, buono e generoso, che bruciò la sua esistenza alpinistica nel breve spazio di quattro sole stagioni. Fra le diverse vie importanti da lui realizzate in Dolomiti, dobbiamo segnalare – nell'ottobre del 1968 – la prima solitaria (e terza ascensione assoluta) della via Dibona alla Punta Giovannina. Nell'estate del 1969, salì – sempre in solitaria – la via della Julia alla Tofana di Rozes, tracciandovi una difficile variante. Nell'estate del 1970, poche settimane prima di recarsi sull'Eiger, effettuò per allenamento la via Costantini-Apollonio sul Pilastro di Rozes: il suo estremo addio alla montagna che prediligeva più di ogni altra. Negli anni settanta, altri lutti vennero a funestare il gruppo degli «Scoiattoli»: prima Raffaele Zardini e poi, nel giugno del 1976, Carlo Demenego e Raniero Valleferro, giovanissime speranze dell'alpinismo ampezzano.

Nel luglio 1974, Demenego e Zardini avevano effettuato la prima ripetizione della via Michielli-Lacedelli-Zardini sulla Punta Giovannina. Ancora Demenego, con Raniero Valleferro e Alberto Dallago, in tre durissimi giorni di arrampicata, dal 13 al 15 agosto 1974, tracciò una nuova via sullo Sperone Centrale della Tofana di Mezzo. Dislivello di circa 400 metri, con difficoltà di 6° grado, tempo impiegato: 40 ore di arrampicata effettiva con l'uso di 200 chiodi, di cui 70 a pressione.

Carlo e Agostino Demenego, in memoria dell'amico Raffaele Zardini, da poco scomparso, realizzarono sulla strapiombante parete O della Punta Giovannina una nuova via di 6° grado superiore. Dislivello di circa 300 metri, superato in 25 ore complessive con l'uso di 85 chiodi. L'11 gennaio dell'anno dopo, Raniero Valleferro in cordata con Alberto Dallago, salì, in prima invernale, la via Pompanin alla Tofana di Rozes. Una scalata di preparazione e di allenamento, per la tragica spedizione al Nevado Huascaran, dove, per la caduta di una valanga, perderà la vita lo stesso Valleferro, insieme all'amico Carlo Demenego. Con questa triste segnalazione, che auspichiamo essere veramente l'ultima, concludiamo il nostro capitolo dedicato agli uomini della Tofana, che hanno perso la loro vita in montagna. Il ricordo delle loro giovani esistenze e delle loro imprese, rimarrà sempre vivo nel nostro cuore.

Myosotis alpestris
(Miosotide alpina)

Alpinismo invernale sulle Tofane

L'alpinismo invernale in Dolomiti, è stato, si può dire, inaugurato dal veneziano Pietro Paoletti, il quale – dopo essere salito, tutto solo, sulla Croda Marcora, nel gruppo del Sorapiss, il 26 novembre 1881 – effettuava con le guide di S. Vito di Cadore, il 15 gennaio 1882, la scalata dell'Antelao, ed il mese successivo quella del Pelmo. Pochi giorni dopo, quest'ultima impresa, il 22 febbraio 1882, le guide cortinesi B. Alverà e P. Dimai scalavano il Monte Cristallo. Ma dovettero poi passare ancora una decina di anni prima che qualche altro alpinista svolgesse in Dolomiti una metodica esplorazione invernale. Intendiamo parlare del tenente colonnello tedesco Theodor von Wundt di Stoccarda; il quale, accompagnato dalle guide M. Bettega e Watschinger, effettuò il 28 e 29 dicembre 1892 la salita alle Cime Piccola (m 2856) e Grande (m 2998) di Lavaredo. Il 5 gennaio 1893, il Wundt, accompagnato dalla guida ampezzana Antonio Dimai, salì la vetta della Tofana di Mezzo. Egli, oltre che abile alpinista, è noto anche per essere uno dei primi fotografi di montagna ed autore di un bellissimo volume illustrato dal titolo «Wanderungen in den Dolomiten» in cui si descrive l'incanto della montagna durante l'inverno:

«Le Alpi d'inverno! Chi può vederle e non contemplarle attonito? Che cosa c'è mai di più solenne di questo vasto mondo di giganti ammantati di neve nella loro solitudine spaventosa? Contemplandoli, il cuore si allarga e si restringe ad un tempo; vorrebbe lanciare un inno di giubilo alla grandiosità del creato, ma lo opprime la potenza delle forze elementari, che fremono pronte a scatenarsi. Guai a chi si approssimi noncurante alla montagna invernale! Il rovinìo di tremende slavine, la furia di primordiali bufere può improvvisamente prorompere da quelle solitudini candide. Ma quale intima forza è quella che trascina a lottare contro tali potenze superiori? È un grande fuoco, che ci avvampa dentro: un violento impulso d'azione, che non ci dà requie né sosta, che vuole refrigerio soltanto nella lotta serrata, che attende soddisfazione soltanto da un momento etico superiore. Qual voluttà suprema quando, dopo una lotta a fondo, possiamo superbi posare il piede sulla cima! Quale splendore guardar giù nell'abisso il vasto candido mondo irrigidito dal gelo».

Da questo volume, abbiamo ancora tratto la narrazione della prima salita invernale alla Tofana di Mezzo.

«Abbiamo alle nostre spalle una dura e lunga giornata di fatiche. Sulla porta di casa, ci accoglie papà Verzi, premuroso e indaffarato. Era stato tutto il giorno in apprensione ed ora dava sfogo alla sua incontenibile emozione. Ci dice: "Ho osservato in continuazione la Tofana con il cannocchiale, per vedere se tornavate giù. Una bella pazzia salire in montagna d'inverno con tutta questa neve! Mio Dio, che aspetto avete! E, rivolgendosi alla moglie: Vai a prendere la scopa affinché possiamo togliere la neve dai loro vestiti. Poi, venite nella stube a riscaldarvi e mangiare qualcosa di caldo. Mia moglie vi ha preparato una minestra di orzo che è una vera specialità e vi rimetterà subito in sesto". Ne avevamo veramente bisogno. Grazie di cuore amico Verzi! Eravamo partiti molto presto, questa mattina, tanto che sembrava ancora notte; ma la luna risplendeva sulla superficie ghiacciata del terreno e le stelle scintillavano, promettendoci una bella giornata.

Risalimmo abbastanza agevolmente il Vallon Tofana e poi ci inerpicammo su per un ripido canalone ricolmo di neve, che ci fece perdere parecchio tempo. Sino allora, avevamo camminato in mezzo al bosco e sotto pareti incombenti, che ci avevano precluso lo sguardo sul paesaggio, d'altronde ancora avvolto nell'oscurità. Quando giungemmo alla sommità dell'altura (Forcella del Vallon) il cielo cominciò a schiarirsi e potemmo ammirare uno spettacolo meraviglioso: avevamo il mondo ai nostri piedi! Un mondo ampio, imponente, con innumerevoli cime ed infinite distese nevose. Hallo! Come tutto ci appare bello e suggestivo da quassù. Siamo attratti, in modo irresistibile, da questa immensità. Valeva veramente la pena di lasciare tutto, per aver modo di ammirare una tale magnificenza.

Non è però uno spettacolo accessibile a tutti: per giungere quassù occorreva avere il piede ben saldo. Un passo falso può farti precipitare in un profondo e scosceso burrone, che diventerà per te una tomba di ghiaccio. Perciò attenzione! Dal punto in cui siamo giunti, possiamo vedere un buon tratto di percorso, davanti a noi. Uno scosceso pendio conduce ad una specie di vasto anfiteatro nevoso, le cui rocce sono disposte in forma di gradinata. Salire – d'estate – è un gioco da ragazzi, ma adesso è tutt'altra cosa. Qualche metro più sotto di noi era caduta della neve fresca, che aveva formato un'ingannevole copertura ad uno strato di ghiaccio, sul quale non esistevano appigli di sorta. Posavamo lentamente il piede sullo strato superiore di neve, e questo cominciava a scivolare, sino a che, qualche asperità del terreno frenava il movimento. In quel tratto il nostro equilibrio era quanto mai instabile.

Intagliare gradini nel ghiaccio era difficoltoso a causa dello strato di neve che vi si era posato sopra. La corda, alla quale eravamo legati, non serviva perché non avevamo la possibilità di poggiare i piedi su terreno solido per fare sicurezza. Avanziamo con grande circospezione, ma Toni ad un certo punto fa un movimento brusco e scivola in avanti, per quanto gli permette la corda, che io trattengo disperatamente. Anch'io ebbi le medesime difficoltà, poiché per l'eccessivo peso del mio corpo, i gradini non erano sufficientemente solidi. Si andò avanti così per circa un'ora, mentre le difficoltà divenivano sempre maggiori, e la speranza di vittoria diminuiva, passo a passo.

Marcia di avvicinamento al Vallon Tofana durante la 1ª ascensione invernale alla Tofana di Mezzo. (Foto Th. Wundt)

— Fate attenzione, se cadete non vi posso tenere, e così per noi due è la fine.
— Potete ancora resistere? No!
— Devo tornare indietro?
— Senta Toni, se il percorso non migliora sarà opportuno non proseguire oltre.

La guida, senza aprire più bocca, fece ancora un tentativo: ma il viso accigliato faceva presagire il peggio. Come Dio volle, superammo le restanti difficoltà e raggiungemmo l'ampia conca che portava alla sella divisoria fra le due Tofane: ogni pericolo era passato! La neve ci arrivava sino al ginocchio. In alcuni angoli se ne erano accumulati dei mucchi, nei quali rischiavamo quasi d'affogare. La nostra marcia sembrava interminabile, ma finalmente giungemmo ai piedi della cresta terminale che portava in vetta alla Tofana di Mezzo. Qui dovemmo iniziare l'arrampicata vera e propria adoperando le mani, e cominciammo a risentire gli effetti del gelo. In qualche punto della cresta avemmo difficoltà a proseguire per la roccia che si sfaldava e precipitava nel sottostante precipizio. Questo aveva poca importanza per noi, perché sembrava quasi che la vetta ci chiamasse con dei cenni. Queste cime sprigionano una forza magica, con la quale ci attirano irresistibilmente; e tanto più siamo vicini ad esse, tanto più questo misterioso fluido è potente. Ci trovavamo nel mezzo di una furiosa tormenta che ci fischiava alle orecchie, costringendoci a procedere a sbalzi. Giungemmo infine sulla vetta: eravamo coperti, da capo a piedi, di neve, con lunghi ghiaccioli alla barba. Dimai si tolse di tasca il fazzoletto rosso e lo legò, in segno di vittoria, al bastone che sporgeva dal cumulo di pietre (l'ometto) accatastate sulla vetta.

— Questo lo sacrifico volentieri - disse fra sé.

Peccato che la nebbia e nuvole temporalesche ci coprissero ogni vista.

Conclusa l'ascensione, e dopo essermi rifocillato e riposato, ritornai a Carbonin. Prima di lasciare la conca di Cortina, diedi ancora uno sguardo alle montagne d'intorno. Viste dal basso, nel loro manto invernale, le Tofane sembravano più alte. Adesso non mi potevano più minacciare, perché avevo stretto un patto di amicizia con loro. Addio a voi, belle montagne, ci rivedremo presto!».

Questo particolare genere di alpinismo non ebbe in Dolomiti molta fortuna, almeno sino al periodo della

Theodor Wundt al rientro dalla 1ª ascensione invernale della Tofana di Mezzo.

necessario per coricarsi. Crebbe la comodità, allorché arrivarono piccole stufette di ghisa, le cosidette «stufe da campo», le quali diffondevano bensì negli angusti e stipati ricoveri un gradevole calore, ma li riempivano quasi sempre di un fumo asfissiante. Solamente nel corso dei successivi mesi di guerra si eressero altresì dei ricoveri di travi e di assi in legno, parte tagliati e segati a gran fatica dai presidii stessi, con gli attrezzi più rozzi, parte procurati dalle retrovie. Da ottobre sino alla fine di maggio la Val Travenánzes è ricoperta da un alto strato di neve, che fino alla primavera si mantiene continuamente ad un livello di due o tre metri e più. Durante il giorno grandi fiocchi di neve turbinano e avvolgono rupi e valli in un uniforme, candido manto, sotto il quale spariscono sia i piccoli arbusti che i grandi macigni. Dal novembre 1915 in poi gli attacchi italiani nella zona delle Tofane furono sospesi; del resto sarebbero stati impossibili, ché la neve ostacola una rapida avanzata e non porge alcun riparo all'attaccante. Inoltre le persone spiccano troppo sul bianco sfondo della distesa nevosa. Gli sci e i mantelli bianchi rimediano soltanto in parte a questi inconvenienti. È pur vero che gli sci offrono pressoché l'unica possibilità di procedere lungi dai sentieri, ma per un attacco ad una posizione non si possono impiegare facilmente gli

Theodor Wundt (il primo a destra, appoggiato al bastone) osserva l'itinerario che gli viene indicato dalla guida.

guerra 1915-18, quando le truppe d'entrambe le parti dovettero presidiare la linea del fronte durante il periodo invernale. In tale periodo le Tofane rappresentarono un durissimo banco di prova, sia per gli italiani che per gli austriaci, sottoposti in eguale misura, al pericolo di venir travolti dalle valanghe, ed assiderati dalle rigide temperature e dalla tormenta. Scrisse in proposito Guido Burtscher (¹): «Assai dovettero soffrire da principio, le truppe da combattimento, a causa degli aspri venti che infuriano sui valichi, poiché né i pastrani né le tende da campo offrivano sufficiente protezione contro il freddo, la pioggia e le bufere di neve. Gli uomini si riparavano dietro ai massi, o si rannicchiavano nelle caverne e negli avvallamenti, riscaldandosi con i fuochi all'aria aperta, dove lo consentisse l'osservazione nemica. Si passò quindi un po' alla volta, a rudimentali ricoveri di pietra, che, ricoperti prima con tende, e poi con cartone catramato, offrivano per lo più appena lo spazio

---

(¹) Dal volume *Guerra nelle Tofane*, Ed. Neri Pozza, Vicenza, 1967.

Antonio Dimai fotografato da Theodor Wundt durante l'ascensione invernale alla Tofana di Mezzo.

sciatori, se non altro perché i capitomboli, dai quali nemmeno il più provetto campione può essere immune, riuscirebbero in prossimità del nemico, fatali.

Ma il pericolo più grave era rappresentato dalle valanghe. Quando nevicava per un certo periodo, sopraggiungeva improvvisamente il momento in cui, lungo quasi tutta la Val Travenánzes precipitavano dalle rupi di entrambi i fianchi della vallata grandi e piccole valanghe; ed allora si udiva per ore e ore una sequela pressoché ininterrotta di rombi, boati e di scricchiolii. Un imponente spettacolo si offriva a chi fosse in grado di seguire con l'occhio, standosene al sicuro, l'imperversare delle forze della natura. Ma, per converso, quali ore tremende doveva attraversare chiunque fosse ridotto ad aspettarsi, da un istante all'altro, di venir sepolto dalla neve o trascinato nelle voragini!».

Anche in siffatte condizioni, specie nel secondo inverno di guerra, si ebbero ricognizioni ed attività di pattuglie, lungo i costoni innevati delle Tofane. Specie in campo austriaco, si ricorse molto spesso agli sciatori; e tale pratica sportiva si diffuse largamente in Dolomiti nel primo dopoguerra.

L'attività alpinistica invernale riapparve in Dolomiti attorno agli anni Trenta, ad opera di alcune famose cordate: Comici-Brunner, Soravito-di Prampero, Brunhuber-Kasparek. Questo nuovo modo di affrontare la montagna, iniziatosi in modo del tutto saltuario ed occasionale, assunse col tempo una sempre maggior importanza. Per quanto riguarda le Tofane, non si ebbero, in quegli anni, imprese eccezionali: l'interesse maggiore degli alpinisti era rivolto a risolvere i problemi estivi della parete S, che non erano pochi, come abbiamo già avuto occasione di rilevare. Sia la Tofana di Rozes che la Tofana di Dentro, sebbene non esistano precise documentazioni in proposito, dovevano essere state scalate – più volte – anche d'inverno, durante la guerra 1915-18. Non si deve quindi considerare eccezionale la salita alla Tofana di Rozes, per la via normale, effettuata in solitaria, nell'inverno 1937-1938, dall'alpinista Claudio Prato. Le difficoltà non dovettero essere rilevanti, in quanto – come osserva giustamente la guida Toni Gobbi – durante le ascensioni invernali la presenza di neve facilita i passaggi di 1° e 2° grado. Al contrario, i passaggi di 3° e 4° grado diventano sensibilmente più difficili; resta eguale la difficoltà dei passaggi di 5° e forse di 6°. Tutto ciò si comprende facilmente quando si consideri che i passaggi di 3° e 4° sono generalmente camini o fessure, e che in queste formazioni rocciose la neve spinta dal vento si ammassa in modo da ostacolare fortemente o completamente il progresso dell'arrampicare.

Per quanto riguarda la salita invernale della Tofana di Rozes, cui abbiamo fatto cenno, ci è sembrato opportuno in mancanza d'imprese più rilevanti, segnalare quel poco che si è fatto. Per questo pubblichiamo la relazione che scrisse a suo tempo il Prati ([2]); senza voler sopravvalutare l'impresa e solo per fornire al lettore un termine di paragone con la più qualificata attività invernale, che sarebbe poi divenuta preponderante nel secondo dopoguerra. Oltre a tutto, il racconto che presentiamo ha l'indubbio pregio della naturalezza e della semplicità, con qualche tono forse un po' retorico, ma che serve molto bene ad illustrare gli aspetti minori dell'attività alpinistica sulle Tofane.

Claudio Prato

ALLA TOFANA DI ROZES D'INVERNO

«... e sciolto il nodo che ci aveva legato per lunghe ore alla medesima corda, ci sdraiammo sulla larga cima della Tofana di Roces contemplando silenziosi le montagne che stavano innanzi a noi: la parete S era fatta. Fu la mia compagna che, osservando il tenue velo di vapori che offuscava l'orizzonte, mi fece l'osservazione: "Eppure d'inverno i panorami che si godono dalle vette sono più netti, e l'aria, per il gran freddo, è limpida e tersa come cristallo, vero?".

([2]) Rivista mensile C.A.I., 1938, pp. 382-383.

Già... d'inverno, chi sa come si presenterà questa cima carica di neve? E scendendo un po' più tardi cercavo di raffigurarmi la cresta ghiaiosa trasformata in aguzza lama di neve, e più sotto ancora vagliavo la possibilità di superare i piccoli salti di roccia che nella mia immaginazione trasformavo in cateratte di ghiaccio; fantasticherie, illusioni, castelli campati in aria, eppure...

Passarono mesi ed ogni tanto pensavo alle parole della mia compagna: "d'inverno... lassù". E venne Natale. Mi trovavo a Cortina; belle discese, belle piste, belle ragazze, poca ma buona neve, e in un cantuccio della mia stanzetta la piccozza che se ne stava mogia mogia. Gite? Le solite: Tre Croci, Giau, Pocol, Nuvolau: da lassù la rividi, rossa ed enorme, e rammentai... "d'inverno... lassù". Mi decido, "domani vado a vedere se arrivo al rifugio". Partenza alle 4. In cielo manciate di stelle scintillano nell'aria fredda e secca; a Pocol sbircio un termometro: segna –16°, ma camminando sento poco il freddo. Vervei, due casette ed un rudere di guerra; la rossa parete della Tofana si rizza impetuosa, striata di bianco, e dietro l'Antelao il cielo assume una leggera tinta opalina: è il nuovo giorno che nasce. Calzo gli sci e comincio a salire nel bosco ancora buio; più in alto, alle prime radure mi riattacco alla strada estiva che si delinea sotto la neve.

Ormai è giorno e per qualche minuto la Tofana assume un colore rosso tanto acceso da farmi restare estatico ad ammirare il fenomeno meraviglioso. Penso involontariamente all'eletto pubblico di Cortina... ancora a letto, e mi astengo dai commenti. Passo passo mi innalzo, per ripidi pendii, verso la Forcella Fontana Negra e, mentre l'aria attorno a me è calma, sento in alto un fremito poderoso e vedo un filo di neve fare dei mulinelli in aria: è il vento e sembra l'ansito potente della montagna. Nel canalone della forcella la neve è tanto dura che devo levar gli sci e proseguire a piedi, mentre il vento mi schiaffeggia in pieno con incredibile violenza; per fortuna sono allenato dalla mia "bora"! Al rifugio, in riparo dall'aria, ingollo un boccone, ma il cibo è gelato in modo tale da non andarmi proprio giù; lascio gli sci e presa la piccozza salgo tra i massi che stanno dietro al rifugio, entrando nella conca sita tra la Tofana di Roces e le altre due. Sopra di me, completamente in ombra, si rizza il pendio della Tofana che, per effetto prospettico, sembra breve e poco ripido. Infilo un solco di valanga e, senza difficoltà, tocco la base della Punta Marietta. Mia intenzione sarebbe superare le facili rocce e puntare direttamente verso la cima, ma avvicinatomi al primo banco orizzontale, vedo come tutta la parete sia ricoperta da un grosso strato di ghiaccio lucido e trasparente: niente da fare. Decido allora di attraversare tutto il pendio fino a raggiungere la cresta nel punto in cui, durante la grande guerra, c'era un osservatorio.

Tranne qualche spuntone di roccia da superare o da contornare, non trovo eccessive difficoltà, ma l'ostacolo più grave da vincere è costituito dalla pessima qualità della neve: polvere con una leggera crosta che ad ogni passo si rompe costringendomi ad un penoso e faticosissimo lavoro. La traversata di circa 300-350 metri mi porta via tre buone ore, e quando son giunto vicino alla cresta, per quanto sferzato violentemente dal vento, tiro un sospirone al sentir sotto i chiodi un solido strato di neve dura. Finalmene raggiungo "l'osservatorio" e, scavalcata la cresta, per alcuni minuti posso riposare al riparo dal vento, ma purtroppo il freddo atroce mi caccia subito via; la cresta della Tofana è ridotta ad un'affilata lama di neve durissima; messa una gamba da una parte e l'altra dall'altra, tacca su tacca, lentamente mi avvicino alla cima. Il vento è di una violenza indescrivibile e più di una volta sono costretto ad attendere, con la picca ben piantata, che diminuisca la forza della raffica per proseguire. E che freddo, Dio mio! Se la mattina a Pocol il termometro segnava –16°, quassù con questo ventaccio vi saranno altri 10 in meno; purtroppo il mio naso da lungo tempo ha cessato di funzionare da termometro! Ad un tratto mi trovo in vetta: stando attento a non perder l'equilibrio e lottando col vento non mi sono accorto di essermi a poco a poco elevato ed ora, stupito giro lo sguardo attorno. "D'inverno... sulla Tofana". La promessa fattami è esaudita, ma il desiderio di imprimermi bene nella mente il panorama stupendo è tale da non permettermi di pensare ad altro: non una nube in cielo e montagne, montagne a perdita d'occhio! Dio, che freddo! Una serie di fotografie e devo scappare: è impossibile resister fermi lassù in quella ghiacciaia. Le tacche fatte in salita sono già mezzo riempite di neve polverosa ed è un altro lavoro faticoso quello di doverle quasi rifare; giunto all'„osservatorio", comincio a ricalcar le orme tracciate nella neve polverosa, anche quelle mezzo cancellate dal vento; il lavoro è improbo ed un crescente senso di stanchezza m'invade. Che debba cedere proprio ora? Un canale di valanga scende verso la conca e sperando di trovar sotto neve più solida, lo infilo e rapidamente divallo: ho avuto buon fiuto. Passato per... una ripida strettoia di roccia e un salto di ghiaccio, ecco che sotto le paretine c'è una fascia di neve gelata dallo stillicidio dei giorni precedenti: che soddisfazione sentire i ghiaccioli che crocchiano sotto i chiodi... "Tricouni". Un altro canale di neve dura ed eccomi tra i massi di Forcella Fontana Negra ed al rifugio.

Trovo nel sacco delle banane dure come pietra, ma le ingollo lo stesso, poi, calzati gli sci, inizio la discesa, resa dapprima poco piacevole per la... cattiva qualità della neve. Più sotto, nel bosco, c'è dell'ottima polvere, ed allora è una corsa pazza, interrotta solo per rimirare la candida vetta della Tofana e risponder ad una domanda che mi viene istintiva: è stato un bel sogno oppure una realtà ancora più bella?».

* * *

L'alpinismo invernale degli anni Trenta era nato, in una certa misura, come banco di prova e di preparazione per quegli alpinisti che intendevano affrontare la terribile parete N dell'Eiger: il principale problema esistente allora sulle Alpi. Nel secondo dopoguerra, il decisivo impulso al diffondersi di questa nuova e più dura concezione dell'alpinismo, venne dal fiorire – attorno agli anni Cinquanta – di numerose spedizioni extraeuropee, promosse e finanziate dai vari sodalizi alpinistici. I criteri di scelta dei partecipanti a queste spedizioni, dovevano logicamente tener conto di molti e imponderabili fattori, derivanti dalle caratteristiche ambientali e climatiche delle montagne himalayane. Era quindi necessario che gli aspiranti, per mettersi in buona luce, si dedicassero a clamorose imprese invernali. Per quanto riguarda l'Italia, si ebbero – fra l'altro – alla vigilia della spedizione al K2 le «invernali» di Walter Bonatti sulle pareti N della Cima Grande e O di Lavaredo e sulla Cresta del Furggen al Cervino. In questa visuale va inserita anche la prima invernale della via Dimai alla parete S della Tofana di Rozes, effettuata il 18 gennaio 1953 da Lino Lacedelli, Guido Lorenzi e Albino Michielli. L'impresa si svolse

Sopra. Lino Lacedelli (a sinistra) e Guido Lorenzi (a destra) durante la prima salita invernale della via Dimai-Eötvös alla parete S della Tofana di Rozes. - *Sotto.* Il «Grande Anfiteatro» durante la prima ascensione invernale.

senza incidenti, salvo un fastidioso congelamento ad un piede, che colpì Albino Michielli durante la discesa nella neve alta, a causa di uno scarpone mezzo sfasciato.

Albino Michielli e Guido Lorenzi, ancora insieme, effettuarono qualche anno dopo (30 gennaio 1955), un'altra classica ascensione, la «Via degli Inglesi» alla Tofana di Mezzo. A proposito di queste due vie, classificate di 4° grado, dobbiamo rilevare che le difficoltà aumentano sensibilmente (almeno del 33% secondo un calcolo effettuato da Toni Gobbi) durante la stagione invernale.

La salita invernale più impegnativa in Tofana, fu certo quella compiuta dai monzesi Andrea Oggioni e Josve Aiazzi lungo la via Costantini-Apollonio al Pilastro di Rozes, dal 16 al 18 marzo 1953. I due amici formavano una delle più perfette ed affiatate cordate italiane, uno dei punti di forza del celebre gruppo «Pell e Oss» del CAI di Monza. A diciannove anni – Oggioni – aveva già ripetuto tutte e tre le famose pareti N di Cassin: al Badile, alle Jorasses e alla Cima O di Lavaredo. Da primo di cordata, con l'Aiazzi, ebbe al suo attivo molte prime assolute, e tra esse il Gran Diedro della Brenta Alta, considerato, allora, una delle dieci scalate su roccia più difficili di tutta la storia dell'alpinismo. Anche questa, che si apprestavano ad affrontare, non era meno ardua; ma i due, con la loro provata capacità di valutazione delle loro forze e delle difficoltà da superare, erano ben certi di potercela fare. Un punto di onore e di orgoglio alimentava la volontà caparbia, specie di Oggioni, il quale, era stato recentemente ammesso fra gli Accademici del C.A.I., e voleva festeggiare con un'impresa eccezionale questo suo ambito traguardo. L'impresa riuscì felicemente, ed Oggioni – che sembrava maneggiare tanto bene la penna, quanto martello, chiodi e moschettoni – ne lasciò una efficace e pregevole narrazione (³) che trascriviamo integralmente.

Andrea Oggioni (disegno di Fausto Cattaneo, da «I Cento anni del Club Alpino Italiano»).

(³) Rivista mensile del C.A.I. maggio-giugno 1953, *Il Pilastro della Tofana di Rozes*, pp. 141-143.

Il chiodo della Tofana

ANDREA OGGIONI

«L'idea ci venne la scorsa estate. Fu quando, bivaccando sulla "Su Alto" i nostri discorsi ci portarono alle considerazioni che noi alpinisti siamo soliti fare in tali circostanze: il raffronto fra quello fatto e quello che resta da fare. E così, fra l'altro, nominammo anche il gruppo delle Tofane. Non era ancora spenta l'eco della quarta ripetizione della via Costantini-Apollonio sulla parete SE del Pilastro della Tofana di Roces da parte del solitario H. Buhl e considerando che solo uomini di nota fama l'avevano poche volte ripetuta, ci mosse l'orgoglio di spuntarla noi pure durante le nostre vacanze estive. Varie considerazioni ci fecero cambiare poi programma, decidemmo infine per la "Direttissima" alla Marmolada. Però il "chiodo della Tofana" era ormai piantato e noi sestogradisti conosciamo tutta l'importanza di un chiodo... L'avremmo quindi fatta come salita invernale, una esperienza questa di cui non avevamo ancora fatta conoscenza, ma che esercitava un fascino speciale per la prova delle nostre capacità.

Il riposo dei mesi invernali è buon consigliere: ci permette di studiare a fondo tutte le possibilità di riuscita e di perfezionare il nostro equipaggiamento. È necessario poi riprendere in tempo l'allenamento ed infatti, ai primi di febbraio, lo cominciammo sulla vicina Grignetta con arrampicate libere di 4°-5° grado e arrampicate tecniche di 6° grado. Breve ma proficuo, l'allenamento compiuto ci permette di essere pronti per i primi di marzo. Preparato tutto l'occorrente, partiamo da Monza il 14 marzo diretti a Cortina. Sono con noi due altri amici del CAI Roccia, i quali porteranno poi a termine la prima invernale del terzo spigolo della Tofana di Roces: tutti e quattro siamo ospiti sulla macchina di un comune e caro amico.

Il mattino seguente siamo presto in cammino; bisogna trovare qualche baita vicino alla parete onde stabilirvi la base per il nostro tentativo. Gli sci ci sono di grande aiuto quando, lasciata la strada del Passo Falzarego, ci addentriamo fra i pini ed i mughi dell'Alpe Fedarola. Chini sotto i pesanti sacchi, cadenzando il ritmo dello sforzo, guidando gli sci nella pista del compagno davanti, ci innalziamo gradatamente sino a raggiungere un baitello, sperduto fra il biancore della neve, sull'anfiteatro morenico che fa da base alla Tofana. Il posto è ideale per il soggiorno degli amici: una piccola stufa con abbondante legna, tavolati un po' corti senza pagliericcio, un tavolo e qualche panca; un vero paradiso insomma! Il tempo si mantiene bello seppure freddo; alla sera il cielo coperto di stelle ed un leggero vento da N ci rassicurano per il giorno dopo. Il mattino di lunedì 16, lasciato alla baita il superfluo, col mio ormai inseparabile compagno Josve, ci portiamo all'attacco della parete e dalle ore 8 iniziamo la salita del Pilastro per un diedro che mi impegna a fondo. Lo percorro tutto, ansando e sbuffando come una locomotiva, ma non mi preoccupo perché di solito mi ci vuole almeno un paio di tratti di corda prima che i muscoli abbiano ad abituarsi allo sforzo. Poi tutto è normale: un susseguirsi di fessure, diedri e tetti rendono la salita piacevole seppure in certi punti impegnativa. Tutta la macchina funziona a meraviglia: i superamenti "in libera" ci procurano una ginnastica confortevole; aderire col corpo e con le mani alla roccia fredda ma sicura ci da la certezza di poterla dominare con la nostra volontà.

Ma ad un tratto sembra che tutto crolli in me; un dolore lancinante allo stomaco mi obbliga a fermarmi. È come l'improvviso stridere dei freni di una macchina lanciata, un pericolo s'avanza! Spero ancora che tutto passi in fretta ma purtroppo il malessere non accenna a diminuire e quindi sono costretto ad interrompere la salita. Ci riportiamo ambedue su una piccola cengia erbosa ed inclinata. Sono appena le 13 ed avremmo potuto arrampicare ancora per alcune ore. Ma invece è necessario sistemarci qui. Piantati diversi chiodi e fatta una specie di ringhiera con le corde, prepariamo alla meglio il nostro primo bivacco. Il tempo, quando si sta inattivi, è lungo da trascorrere. Man mano che si avvicina la sera, il freddo si fa più intenso e ci obbliga ad infilarci nei sacchi di bivacco prima ancora che il sonno abbia ad impadronirsi di noi. Vorremmo parlare, cantare, ma restiamo muti ad osservare il superbo spettacolo del tramonto. Quante volte abbiamo visto il sole scendere dietro altre montagne, quante emozioni provate. Gioco di luci ed ombre, tra il biancore della neve ed il grigiore della roccia, colori indefinibili e sempre rinnovantesi, un silenzio assoluto. Tutto sembra irreale, anche la vita stessa. La città laggiù nella conca, i casolari sparsi sulla montagna sembrano nati da un sogno. Ma ad un tratto voci amiche salgono dal basso; il richiamo ci riporta alla vita. Le nostre voci rispondono prima fioche, poi più vibranti... La eco le porterà lontano, nelle nostre case, fra i nostri amici. Poi la notte: il malessere non del tutto scomparso mi impedisce un proficuo sonno ristoratore. Josve invece è completamente a suo agio e mi sembra di sentirlo russare! La temperatura è bassissima – 25 gradi sotto zero, forse – ma il nostro equipaggiamento è perfetto. Al mattino, messo fuori il naso dal sacco, rimaniamo abbagliati da una visione stupenda. Il sole ancora freddo ci illumina, mentre intorno a noi le montagne, tingendosi di rosa, si stagliano su di un cielo tersissimo, in una armonia indescrivibile di smaglianti colori. I muscoli intorpiditi stentano a rimettersi in moto; aspettiamo che il sole ci abbia a riscaldare un poco.

Tè bollente e qualche biscotto saranno il giusto compenso per la giornata di fatiche che ci attende. Dopo i soliti preparativi, alle 9 ci accingiamo a riprendere la salita. Riportandomi al punto da cui avevo dovuto retrocedere il giorno innanzi, superato il tetto abbastanza difficile, arriviamo ad un caratteristico "buco", capriccioso fenomeno della natura. Nella roccia si apre un pozzo, di circa 3 metri di diametro, che scende verticalmente sino a non vedersi la fine. Facile è aggirarlo ma difficile sarebbe uscirne dopo esserci cascati dentro! Questo pensiero mi attraversa per un attimo la mente: la salita continua proprio sopra il "buco", ed infatti più sopra un grande soffitto sbarra la via. Qui è necessario usare tutti gli accorgimenti della tecnica del 6° grado; ogni movimento deve essere ben studiato e dosato, la manovra delle corde perfetta, i chiodi ben piantati. In questi casi il compagno di cordata è l'artefice della riuscita. A lui le assicurazioni, la manovra delle corde, il comprendere lo sforzo del capo cordata non tirando più del necessario né lasciando le corde penzoloni. Quando finalmente ci troviamo riuniti più sopra, un respiro di sollievo è inevitabile. Ora una fascia di roccia gialla a chiazze bianche, in maggior parte friabile, sta sopra le nostre teste. Nel superare uno di questi delicati strapiombi, una piccola placca si stacca e mi costringe a volare. Attenzione che più sotto c'è sempre il "buco"! Chissà perché alle volte certi pensieri vengono alla mente! Fortunatamente il volo è breve, il chiodo ha tenuto e Josve è ben pronto e sicuro. Però la placca lascia il segno sulla mia testa, prima di andare a sfracellarsi 400 metri più sotto. Un po' di sangue che scende sulla fronte; il corpo penzoloni nel vuoto... il momento è delicato. La voce di Josve mi scuote dall'attimo di smarrimento; risalgo a braccia lungo la corda e raggiungo il chiodo. Come lo lascio per proseguire, ecco che si stacca spontaneamente e scende col moschettone lungo la corda... Questi sono gli scherzi benigni del Destino! Se si fosse staccato prima, come sarebbe andata a finire? A certi interrogativi non c'è risposta. Meglio pensare ad una sola cosa: proseguire. Un altro soffitto, altre manovre di corde e chiodi e finalmente una comodissima cengia. Sono le 17 e per oggi basta. Qui bivaccheremo più comodamente e ci potremo anche sgranchire i muscoli passeggiando quasi come in città.

Sono ancora le 9 quando il mattino dopo riusciamo a ripartire: il lungo sonno ci ha veramente riposati e siamo pronti ad affrontare le ultime difficoltà con rinnovato entusiasmo. Infatti ne abbiamo subito bisogno perché ora dobbiamo superare il punto più duro di tutta la salita: un camino verticale che, stringendosi man mano e strapiombando per circa 8 metri dalla base, va a morire sulla parete che a sua volta è a forma di schiena di mulo. Lungo e delicato è il superamento: quando ormai sono quasi al termine e per risolvere il passaggio basta un ultimo chiodo, questi mi sfugge e con volo a perpendicolo va fortunatamente a fermarsi sulla cengia dove avevamo bivaccato. Non ne ho altri di quel tipo ed è necessario ricuperarlo che altrimenti sarebbe impossibile passare. La riuscita dell'impresa — come alle volte anche la vita — dipende tutta da un chiodo... Mi faccio assicurare da Josve e questi, slegatosi, discende con infinita precauzione il tratto di camino che già aveva superato e ricupera il chiodo. Riavutolo, mi è possibile continuare e finalmente, superata la schiena di mulo, attendo il compagno su di un piccolo ripiano.

È ormai passato il mezzogiorno; ora le difficoltà sembrano leggermente diminuire. Infatti il superamento di due lunghi camini, di alcune placche nere e l'attraversamento a sinistra sotto l'ultimo soffitto sin sulle facili rocce che portano alla vetta, ci fanno impiegare un tempo relativamente breve. Alle 15 siamo alfine arrivati. L'abbraccio inevitabile ma oltremodo fraterno col mio compagno Josve, uno sguardo intorno come per prendere possesso di tutto ed una esplosione di gioia intensa...

Solo chi si eleva con cosciente ardire dalle nebbie della pianura per raggiungere la sublime visione delle vette, può comprendere e godere delle infinite gioie della loro conquista. Dal cielo il sole ancora alto sembra voler essere del tutto in armonia con la felicità di chi ha voluto innalzarsi ancor più verso di lui».

* * *

I due alpinisti erano rimasti 55 ore in parete, con 19 ore di arrampicata effettiva. Giunti alla sommità del Pilastro, avevano calzato i ramponi e, dopo un attimo di gioiosa sosta, erano ridiscesi per raggiungere il colletto della Punta Marietta, quindi per un ripido canalone ghiacciato erano arrivati al Rifugio Cantore. Annotata sul registro la salita, proseguirono verso la loro baita, che raggiunsero alle ore 18.

Quello stesso giorno, i loro compagni G. Maggioni e B. Papini, avevano effettuato la prima invernale del Terzo Spigolo di Rozes, lungo la via Alverà-Pompanin.

Dopo queste due imprese, per molti versi clamorose, la calma delle Tofane, durante la stagione invernale, non venne più interrotta per almeno tre anni. Il primo segno della ripresa, si ebbe il 4 marzo 1956, quando una cordata di «Scoiattoli» formata da Candido Bellodis, Beniamino Franceschi e Claudio Zardini, effettuò la prima invernale della parete S al Torrione Pomédes: 250 metri di dislivello con passaggi di 5° e 6° grado. Due settimane dopo, Bellodis e Franceschi, accompagnati questa volta dalla forte cordata Lino Lacedelli - Guido Lorenzi, effettuarono analoga ascensione alla Punta Anna. Non si trattava d'imprese impegnative, ma probabilmente di prime uscite in parete per sgranchirsi le ossa, all'inizio di stagione. Più meditata e di maggior respiro la traversata invernale delle tre Tofane, effettuata da Carlo Gandini e Bruno Menardi «Gimmi», il 21 e 22 gennaio 1964. Essi attaccarono la parete SO della Tofana di Rozes lungo la classica via Dimai-Phillimore, bivaccando al Bus de Tofana; e ripartendo il giorno dopo, per la cresta SE della Tofana di Mezzo sino a raggiungere la vetta. Un trasbordo attraverso la selletta li portò in vetta alla Tofana di Dentro e poi, con una lunga camminata sul crinale NO, completarono la traversata. I due protagonisti, che avevano aperto, l'anno prima, insieme ad altri «Scoiattoli» la via Paolo VI sul Pilastro di Rozes, non danno molta importanza a questa loro impresa che considerano poco più di una passeggiata.

L'averla però realizzata, dimostra il loro senso estetico ed una concezione classica dell'alpinismo, che non guarda solo ed esclusivamente alle difficili arrampicate di 6° superiore, che possono dare loro fama e prestigio, ma trova soddisfazione intima anche in queste traversate di carattere esplorativo, che non sono poi tanto facili come si vorrebbe far credere; specialmente in questa stagione.

Una prima invernale dei «Ragni» di Lecco

Il 5 e 6 gennaio 1964 si ebbe la seconda ripetizione assoluta e prima invernale della via Paolo VI al Pilastro di Rozes, ad opera dei «Ragni di Lecco»: Felice Anghileri e Casimiro Ferrari. Un'impresa di quelle che si è soliti definire memorabili, sia per le difficoltà intrinseche dell'itinerario che per il fatto d'esser stata compiuta in periodo invernale, e per il tempo record registrato: 20 ore di arrampicata effettiva invece delle 65 ore impiegate dai primi salitori. C'è, in ogni modo, da rilevare che, trattandosi di una via quasi completamente strapiombante, essa non presentava difficoltà dovute alla neve ed al ghiaccio; e questo era un notevole vantaggio. Essi, erano poi favoriti anche dall'esistenza in parete di circa 230 chiodi e dal conoscere preventivamente le difficoltà cui andavano incontro. A distanza di quasi venti anni, abbiamo voluto intervistare uno dei protagonisti di allora: Felice Anghileri, il quale ha rievocato per noi questa impresa, ormai quasi dimenticata.

«Ritornare col pensiero agli anni Sessanta e ricordarsi di certe cose, sarà alquanto difficile, in quanto io, come del resto tutti gli alpinisti lecchesi, non ho mai tenuto alcuna nota o documentazione di quello che andavo facendo in montagna. Noi arrampichiamo per pura passione e non per metterci in vista o per gareggiare con altri. Certo un pizzico di orgoglio l'abbiamo sempre avuto, ed anch'io – come altri – ho cercato di realizzare imprese che lasciassero un segno indelebile della nostra presenza sulle maggiori montagne, sia nelle Alpi occidentali che orientali. In particolare, data la nostra predisposizione per l'alpinismo acro-

Casimiro Ferrari (a sinistra) e Felice Anghileri (a destra) sulla prima cengia del Pilastro di Rozes, mentre si accingono a bivaccare, durante la prima «invernale» della via Paolo VI. (Foto F. Anghileri di Lecco)

batico, ci rivolgemmo – almeno nei primi tempi – verso le Dolomiti. L'idea di fare questa salita in Tofana, ci venne suggerita del tutto casualmente, da alcuni articoli di giornale che davano grande risalto alla notizia di una disgrazia alpinistica avvenuta durante un tentativo di ripetizione della via Paolo VI al Pilastro di Rozes. Una cordata di "Catores", forti arrampicatori dolomitici, vi aveva lasciato un morto. Un alpinista di punta del gruppo, giunto sulla prima cengia, si era appoggiato al bordo di un sasso, smuovendolo – non si sa bene come – e precipitando con esso nel vuoto. Il parlare che si era fatto attorno a questa via, considerata una delle più difficili dell'epoca, invogliò i migliori del nostro gruppo a volerla ripetere, aggiungendovi le difficoltà di un percorso invernale. Per prima cosa, volli andare sul posto per riconoscere la via di discesa, in quanto è abitudine di noi lecchesi, prima di affrontare una salita invernale, renderci pure conto dell'itinerario che si deve fare al ritorno. Durante l'estate del 1963 mi recai in Tofana con la guida Annibale Zucchi, per effettuare la ricognizione preventiva. Ricordo che lo Zucchi, nello scendere in moto dal rifugio in Grigna ove si trovava, ebbe un incidente e si fece male ad un gamba. Io, che allora ero un pivellino al suo confronto, dovetti prendere il comando della cordata lungo la via Costantini-Apollonio al Pilastro di Rozes. Avevo infatti scelto questa via per non dover salire dal versante più facile... e poter fare così anche un po' di pratica lungo un itinerario abbastanza simile a quello che avrei dovuto affrontare in "invernale".

Io, come del resto tutti gli altri alpinisti lecchesi che facevano parte dei "Ragni", non avevo un compagno fisso di cordata, in quanto nel gruppo c'era una forma d'interscambio che dava la possibilità di trovare sempre – per qualsiasi impresa – gente in forma e ben allenata. Eravamo in quattro o cinque interessati a questo progetto, ma alla fine siamo emersi noi due (Casimiro Ferrari ed io) perché avevamo tempo, capacità e allenamento per portarlo a termine, e così siamo andati. Eravamo anche abbastanza affiatati fra noi, cosa molto importante con la tecnica delle due corde (il cosiddetto "tira e molla" che oggi non si usa più). Un sistema di arrampicata, nel quale – per andare veloci – gli alpinisti dovevano svolgere le manovre di corda istintivamente, senza bisogno neppure di parlare (tira la rossa - molla la gialla). Partimmo allo sbaraglio, come si usava fare in quei tempi: zaini piuttosto pesanti, materiale e viveri per tre-quattro giorni di parete e senza una nozione precisa dell'itinerario. Quando arrivammo a Cortina, parlammo con gli amici che avevamo là, e questi ci diedero tutti quei chiarimenti di cui avevamo bisogno e ci fornirono anche di uno schizzo orientativo.

Ricordo che il povero Strobel ci accompagnò, addirittura, fino all'attacco della via, e quando eravamo in parete, veniva – ogni sera – sul sentiero contornante la base, per chiederci se avevamo bisogno di qualche cosa, per lanciare dei razzi illuminanti o per tenerci semplicemente compagnia, accendendo la radio a tutto volume per farci ascoltare musica. Questi contatti con il mondo esterno ci furono molto utili nei tre giorni che passammo in parete. Gli «Scoiattoli» avevano aperto quella via, con la tecnica del cosiddetto "jo-jo", che oggi sembra essere tornata di moda. Essi, con dovizia di uomini e di materiali, attrezzavano la parete con corde fisse, in modo da poter tornare a dormire sulla seconda cengia, detta "l'Albergo degli Scoiattoli", dalla quale ripartivano poi il giorno dopo. Noi invece, con il poco materiale che avevamo al seguito, non potevamo permetterci questo andirivieni, e ci fermavamo a bivaccare al termine della scalata giornaliera. Certo sapevamo dove fermarci perché ci era stato detto: così trovammo sempre bivacchi più che comodi.

Il tempo – per fortuna – rimase sempre bello, e trovammo anche la parete abbastanza pulita, tranne che sulle cengie più alte. Il freddo – comunque – si mantenne sempre molto intenso; ma a questo eravamo preparati. Il primo giorno salimmo la placca iniziale in libera (con difficoltà di 5° e 6° grado) sino a raggiungere la prima cengia. Il tratto seguente fino alla seconda cengia (quella del bivacco) fu superato tutto in artificiale. Ci innalzammo tra chiodi e strapiombi, mentre le difficoltà si susseguivano in modo ininterrotto. Le ultime luci del giorno arrossavano la parete sulla quale ci trovavamo. La nostra preoccupazione era quella di raggiungere la seconda cengia, dove avremmo potuto agevolmente bivaccare.

Alle 17, mentre ormai era quasi buio, raggiungemmo la seconda cengia: un posto più che confortevole. Apprestammo la tendina e ci ristorammo; poi rimirammo un po' dal nostro terrazzo naturale Cortina, tutta sfavillante di luci, e con un movimento impressionante di macchine che scendevano dal Passo Tre Croci e dalla Valle di Carbonin. Alle 19 ci coricammo nei nostri sacchi a pelo e riposammo fino alle ore 7 del mattino. Preparammo nuovamente i nostri zaini e cominciammo così la seconda giornata di salita. Dopo una ventina di metri, trovammo su di un comodo ballatoio un chiodo ad espansione, che indicava il posto di bivacco della cordata gardenese che ci aveva preceduto. Proseguimmo, sempre in arrampicata, in direzione degli strapiombi detti "occhiali". Li superammo, e, dopo due lunghezze di corda in arrampicata libera di 4° grado, raggiungemmo una grotta. Avevamo arrampicato per tutto il giorno, senza accorgerci che ormai eravamo nel pomeriggio inoltrato. Qui ci apprestammo al secondo bivacco che fu un po' più scomodo del primo, ma però sempre ottimo. Il mattino seguente, riprendemmo la nostra salita, con leggero ritardo rispetto al giorno prima, ma ormai eravamo sicuri che verso mezzogiorno avremmo raggiunto la vetta. Per l'ultima giornata, non si prevedevano difficoltà estreme. Attraversammo in obliquo, verso destra e poi a sinistra, fino a raggiungere un camino, che superammo direttamente e poi leggermente a destra, fino ad una cengietta. La vetta, ormai, si profilava nitida nel cielo e la raggiungemmo, in facile arrampicata, a mezzogiorno.

Eravamo felici d'aver realizzato il nostro sogno, ma non potemmo fermarci molto lassù, perché il tempo a nostra disposizione era poco: dovevamo infatti ritornare in serata a Lecco. Prendemmo la via normale in discesa e arrivammo giù al rifugio Dibona, dove ci accolse familiarmente il gestore Mario Recafina, che ci aveva tenuto d'occhio, con il suo binocolo, per tutta la durata dell'ascensione. Ci rifocillammo e prendemmo la via del ritorno. Non potevamo però passare da Cortina senza fermarci a salutare i nostri amici: i primi salitori della via Paolo VI, i quali si unirono a noi nel condividere la nostra gioia. Sono gli stessi ideali e gli stessi intenti che ci legano in un'amicizia leale e sincera. Esprimemmo loro i nostri giudizi sulla via da poco percorsa, e dichiarammo le reali difficoltà da noi riscontrate. Consideriamo questa salita come una delle più belle delle Dolomiti, che potrebbe benissimo essere paragonata alla direttissima della Cima Grande di Lavaredo per la via Blander-Hasses».

* * *

Dal 24 al 26 febbraio 1964, una cordata di giovani alpinisti polacchi: Jevzy Krajski, Junusz Kurczab, Eyszard Rodzinski e Ryszard Szabirski, effettuò la prima invernale della via Stösser sulla parete S della Tofana di Rozes. Una decina di giorni dopo, i polacchi rimasero incrodati sullo «Spigolo degli Scoiattoli» alla Cima O di Lavaredo, lasciandovi un morto ed un ferito. Da allora, per tre anni, le Tofane vennero lasciate in pace durante il periodo invernale.

Nei primi mesi del 1967, il cortinese Diego Valleferro e lo studente universitario Giorgio Peretti di Venezia, effettuarono la prima ripetizione invernale della Tofana di Mezzo, con una scalata particolarmente difficile per le avverse condizioni atmosferiche. In due, partiti dal rifugio Dibona, dopo sette ore e mezza di arrampicata lungo la via ferrata, raggiunsero la vetta, superando notevoli difficoltà ambientali (ghiaccio e neve dappertutto) e climatiche, con una temperatura che aveva raggiunto i 25 gradi sotto lo zero. Sulla via del ritorno i due alpinisti scesero lungo il sentiero che porta a Ra Válles e poi a Cortina. Nel corso della discesa, il Peretti riportò una grave distorsione della caviglia ed un principio di congelamento. Dopo di che, passarono altri sette anni senza che più nessuno mettesse piede in Tofana durante la cattiva stagione. Probabilmente si era anche attenuato l'interesse degli alpinisti per questo genere d'imprese. Comunque, dal 1974 al 1976, si ebbero ancora tre ascensioni invernali in Tofana: esattamente una all'anno. Questa volta tutte localizzate sulla Tofana di Mezzo. Il 20 e 21 gennaio 1974: prima ripetizione e prima invernale della via Dibona-Da Pozzo-Valleferro sulla parete E, ad opera di Andrea Menardi, Guido Salton, Raniero Valleferro, Alberto Dallago e Raffaele Zardini. Il 26 e 27 febbraio 1975: prima invernale della via Demenego-Dallago-Valleferro sullo Sperone Centrale della Tofana di Mezzo, ad opera di Andrea Menardi, Guido Salton e Giampietro Bosetti. Il 19 e 20 marzo 1976, sul finire della stagione invernale, Modesto Alverà e Diego Ghedina ripetono la via Michielli-Zardini-Lacedelli sulla Punta Giovannina. Poi più nulla!

Un periodo di stasi sembra calato sulle Tofane: forse non c'è più niente d'interessante da fare e le cronache alpinistiche diventano sempre più scarne. Cosa ci riserberà l'avvenire in questo campo? Probabilmente lo sviluppo futuro dell'alpinismo, per così dire agonistico, sarà indirizzato verso una speciale componente tecnico-atletica, conosciuta oggi con il nome di «sassismo». Si tratta, in pratica, di una sublimazione dell'arrampicata libera, che si avvale soprattutto di una concentrazione psichica perfetta e di una assoluta padronanza atletica del proprio corpo. In questo modo, le nuove generazioni di alpinisti, o meglio le loro avanguardie, con un metodico allenamento giornaliero e con notevole predisposizione acrobatica, riescono a superare l'ormai decrepita concezione «artificialista» dell'arrampicata. Si tratta però, come si può ben capire, di un movimento d'elite che fa, dell'arrampicata in parete, una vera e propria specialità sportiva, alla quale ci si deve dedicare con animo e mentalità professionali. Anche il cosiddetto «terreno da gioco» sul quale si deve operare non può prescindere da determinate caratteristiche perché questa nuova tecnica possa essere adottata con successo. Da questo punto di vista, le Tofane, e in particolare la parete S della Rozes, rappresentano il terreno ideale. In tal modo, tutte le più difficili vie di 6° grado della Tofana sono state affrontate, in questi ultimi anni, dai nostri spericolati «acrobati», con l'uso di un ridottissimo numero di chiodi e percorse in tempi incredibilmente brevi.

Per fare soltanto un esempio, diremo che la via Paolo VI, tracciata dai primi salitori in 65 ore di arrampicata effettiva con l'uso di 350 chiodi normali e 2 ad espansione, è oggi normalmente (si fa per dire...) ripercorsa da questi ragazzi super-allenati in 4-5 massimo 6 ore, con l'ausilio di pochi chiodi (una quarantina al massimo) e quasi tutti per sola sicurezza. Ma, a questo punto, sarà bene concludere la nostra storia, per non correre il rischio di smarrire il senso della proporzioni e fare pronostici troppo azzardati e non realistici.

Ultime cronache dalle Tofane

Verso la metà degli anni Sessanta, apparve sulla scena dell'alpinismo ampezzano un gruppetto di giovani e intraprendenti scalatori, che ebbero come loro primo campo d'azione i contrafforti del Doss di Tofana e di Ra Zéstes, dove ancora si poteva realizzare qualcosa di nuovo. Piccoli problemi di modesta entità, che gli alpinisti precedenti non avevano mai preso in considerazione, servirono loro per entrare, con la necessaria gradualità, nel mondo incantato delle Tofane. Così, anche quel trascurato angolo del massiccio, venne minuziosamente e vantaggiosamente esplorato ai fini alpinistici. Armando e Andrea Menardi, con Franz, Armando e Alberto Dallago, furono gli iniziatori e gli animatori di questa importante, e per il resto non ancora conclusa, svolta dell'alpinismo ampezzano.

Itinerari di arrampicata sulla parete S della Tofana di Rozes: 1. Via Antonia (Dallago-Zardini). - 2. Via della Cascata (Menardi-Michielli). - 3. Via del Centenario degli Alpini (Franz e Armando Dallago, Andrea Menardi). - 3 bis. Variante diretta alta della Via Julia (Lorenzi-Apollonio-Lacedelli). - 4. Via dell'Incubo Nero (Campanile - C.A.I. Mestre). - 5. Via della Julia (Apollonio-Alverà-Costantini-Ghedina). - 6. Via Paolo VI (Lorenzi-Menardi-Michielli-Gandini-Zardini). - 7. Via Stösser-Hall-Schütt. - 7 bis. Via Tissi-Andrich-Zanetti-Zancristoforo. (Foto G. Ghedina, con indicazione degli itinerari a cura di Franz Dallago)

La cordata che ha effettuato la «via Antonia» alla Tofana di Rozes. Da sinistra a destra: Armando Dallago, Franz Dallago e Raffaele Zardini. (Foto Cecchini)

Il 1° novembre 1965, al termine di un paio d'annate piuttosto incolori per l'attività degli «Scoiattoli», si fanno avanti: Armando Menardi con Franz e Armando Dallago, per effettuare la prima salita, per la parete SE, del campanile De Zordo, che si trova sulla sinistra orografica del canalone che da Pietofana porta a Forcella Ra Zéstes. Il dislivello è minimo: 70 metri, ed anche le difficoltà non sono rilevanti: un 5° grado con passaggi di 6°; il tempo impiegato: 5 ore e mezza, e 12 chiodi usati. La medesima cordata affrontò, il 15 maggio dell'anno dopo, il Torrione Zesta, sulle pendici meridionali del Doss di Tofana. Questo era già stato scalato nel 1961 per lo spigolo E da Bernardo e Rinaldo Menardi (via Lola) e, prima ancora, nel 1942 per la parete SE da Costantini e Luigi Ghedina. Dislivello circa 280 metri, difficoltà di 5° con passaggi di 6° grado, tempo impiegato: ore 5 e mezza, chiodi usati 7.

Il 27 agosto 1966, Franz Dallago e Armando Menardi scalarono la Torre Albino, sul versante S di Ra Zéstes, in ricordo dell'indimenticabile Strobel. Cento metri di dislivello, con difficoltà di 5° e 6° grado, tempo impiegato 8 ore. Su questa medesima torre, il 6 luglio 1975, Andrea Menardi e Guido Salton, tracciarono una nuova via per il diedro SE. Difficoltà di 4° grado, superate nel tempo di un'ora. In questo periodo, qualcuno del gruppo, ormai stanco di scalate in tono minore, prese ad osservare con maggior attenzione la parete S della Tofana di Rozes, per vedere se c'era ancora la possibilità di tracciare qualche altra via. Il problema non era semplice perché di spazio libero su quella immensa parete ce n'era rimasto poco. Comunque, Franz Dallago e Raffaele Zardini, il 16 agosto 1968, riuscirono a «ritagliarsi» la loro prima via importante, un centinaio di metri sulla sinistra della classica via Dimai-Eötvös. Per questa particolarità la via è denominata da qualcuno «via Sinistra», ma i primi salitori l'hanno dedicata ad Antonia, figlia di Angelo Dibona, per la simpatia e l'amicizia con la quale accoglie tutti gli appassionati della montagna che si presentano al Rifugio Dibona, situato proprio ai piedi della parete S della Tofana di Rozes.

Il dislivello di questo itinerario, sino al raccordo con la via Dimai, è di circa 500 metri e presenta difficoltà di 5° grado superiore e 6°. Per l'ascensione vennero usati 35 chiodi, di cui 3 a pressione: tempo impiegato ore 11. A tale proposito ci sembra opportuno riportare l'inedita relazione scritta a suo tempo da Franz Dallago:

«Quest'anno il tempo è sempre stato molto incerto, ma nei giorni che precedono il ferragosto sembra mettersi sul

Franz Dallago sugli strapiombi della «via Antonia» alla Tofana di Rozes, Iª assoluta 16 agosto 1968.

bello stabile e noi vogliamo approfittare, così il 15 agosto ci portiamo alla base della parete con l'idea di salire fino ad un gigantesca caverna che si vede dal basso e di cominciare poi ad attraversare l'enorme strapiombo che la sovrasta. Così infatti facciamo e con circa 200 metri di salita raggiungiamo la grande caverna, che la nostra immaginazione faceva paragonare all'imboccatura dell'inferno, e che – da vicino – si presenta in una veste molto più dimessa, essendo profonda solamente una ventina di metri.

Ad attirare la nostra attenzione invece è il grande strapiombo che sovrasta la grotta dove cerchiamo di individuare il punto più accessibile. Fin qui le difficoltà sono state di 3° e 4° grado, ma ora dovrebbero aumentare di parecchio. Comincio a salire per una lista di roccia staccata (difficoltà di 5° grado) che si trova sulla destra rispetto alla grotta. Dopo questo primo tratto che si svolge in arrampicata libera, ha inizio lo strapiombo vero e proprio. In traversata obliqua verso sinistra, tra enormi difficoltà sia per lo strapiombo che per la chiodatura difficile, riesco a salire, centimetro dopo centimetro, verso una grossa fessura che si trova proprio sopra la grotta. Mi pare di poter raggiungere questa fessura in pochi minuti, invece mi occorrono ben cinque ore per aver ragione di questi trenta metri di grande strapiombo, e poi un'altra ora per superare la fessura di 4-5 metri che porta ad un buon posto di cordata, e qui giunto ritengo di essere già a buon punto, essendo lo strapiombo testé superato la chiave di tutta la salita.

Ora, dato che le ore sono passate in fretta e noi non siamo attrezzati per un bivacco, bisogna pensare a scendere. Inizio così a calarmi nel vuoto verso i miei amici (Armando Dallago e Raffaele Zardini) e quando sono alla fine della corda mi trovo staccato dalla parete di ben dieci metri, cioè di quanti ne strapiombava il tratto in artificiale. I miei amici mi buttano una corda per poter rientrare sino a loro. In tutto avevo trascorso ben sette ore (fra salita e discesa) sulla volta superiore della caverna, e quindi mi sento un po' stanco, ma anche deciso e sicuro di poter portare a termine l'ascensione il giorno dopo. Mi pare che ormai questa via ci appartenga un poco. Il giorno successivo, di buon mattino, ci portiamo nuovamente fino alla caverna, e poi usufruendo dell'abbondante materiale lasciato il giorno precedente, in poco più di mezz'ora supero lo strapiombo, quindi recuperati gli zaini può salire Raffaele, che lascia lo strapiombo tutto chiodato per favorire qualche eventuale ripetizione.

Oggi in parete siamo solo in due, perché non siamo riusciti a trovare nessun altro disposto a venire con noi, dato che Armando era stato trattenuto lontano da impegni di lavoro. Siamo giunti ora su di un tratto non ancora toccato dalla mano dell'uomo e procediamo per la continuazione della fessura, che è formata da roccia molto bella e sana. Di mano in mano che si sale la fessura si va allargando, tanto che per lunghi tratti è possibile arrampicare all'interno di essa, con difficoltà di 5° superiore. Queste cordate nella fessura sopra lo strapiombo sono il tratto più bello di tutta la via. Ad un certo punto, sbucando dalla fessura

La cordata che ha effettuato la «via del Centenario». Da sinistra a destra: Andrea Menardi, Armando Dallago e Franz Dallago.

mi vengo a trovare alla base di un grande colatoio, che nasce dal piccolo anfiteatro, dove passa anche la via Dimai-Eötvös. Prendiamo ora a salire sul lato destro del colatoio con difficoltà molto diminuite ma con più fatica, data dai pesanti zaini che per la diminuita verticalità non possiamo più recuperare con le corde. Di primo pomeriggio sbuchiamo sulla via Dimai-Eötvös, e proseguendo per questa ci portiamo fino in vetta dove troviamo ad attenderci Armando, che già ci aveva aiutati il giorno precedente, e questa è un vera fortuna in quanto la cima è avvolta in una nebbia fittissima».

Altro importante banco di prova in Tofana per questo gruppo di giovani, fu la ripetizione della via Costantini-Ghedina sullo spigolo del Pilastro di Rozes, ad opera di Armando Dallago e Andrea Menardi; i quali – il 17 ottobre 1971 – realizzarono anche una difficile variante di circa cento metri, con difficoltà di 6° grado. In tal modo veniva eliminata l'illogica deviazione sulla destra che spezzava la linearità della via. L'anno dopo, i più attivi del gruppo (Andrea Menardi, Armando e Franz Dallago) si sentirono ormai pronti per realizzare l'impresa, ch'era stata il grande sogno della loro vita. Essi intendevano tracciare una via «direttissima» sulla parete S della Tofana di Rozes, a destra della via Julia, per il cosiddetto Gran Diedro. Dopo una intensa preparazione primaverile, nei giorni 8 e 9 giugno 1972, raggiunsero il loro obiettivo, superando 900 metri di dislivello, in 24 ore effettive di arrampicata, con l'impiego di 96 chiodi normali e 5 a pressione. Un'impresa di grande rilevanza che, da buoni alpini, dedicarono al «Centenario delle Truppe Alpine» che si stava celebrando proprio in quei giorni. Dato l'interesse della scalata riteniamo opportuno trascrivere la relazione compilata da Franz Dallago.

«Da parecchio tempo avevamo in mente la soluzione di questo grande problema ma, soltanto ora, ci siamo sentiti abbastanza preparati per passare all'azione. Infatti, dopo aver preparato ed accumulato tutto il materiale necessario, decidemmo di attaccare giovedì 8 giugno. La notte è ancora fonda quando in auto ci avviamo verso il Rifugio Dibona. Il primo chiarore dell'alba si fa strada mentre risaliamo il Vallon Tofana e passiamo sotto le vertiginose pareti del Pilastro di Rozes e del Terzo Spigolo. Alle 5 siamo pronti per attaccare. Il cielo è già chiaro e si dovrebbe avere una giornata bellissima. Attacca in testa Armando nel punto più basso del gran spigolone a destra della via della Julia e della Grotta Tofana e sale su per un caminetto di 4° grado per 40 metri fino alla cengia che porta alla grotta. Saliamo ancora verticalmente nella seconda cordata prendendo nella sua parte meno pronunciata (sinistra) un tetto che si supera in arrampicata libera con appigli solidissimi: e subito sopra facciamo posto di cordata. Fa piuttosto freddo ma tra non molto dovrebbe spuntare il sole e le cose dovrebbero migliorare concedendoci di poter proseguire più speditamente.

Armando continua al comando della cordata per diverse lunghezze di corda sullo spigolo che ora s'innalza attraverso pareti fortemente strapiombanti e con difficoltà di 5° grado. Per fortuna arriva anche il sole che, riscaldandoci, fa riacquistare la consueta sensibilità delle nostre mani. Verso le 9 siamo tutti e tre in cima allo spigolo che si può considerare il basamento della grande muraglia della Tofana a circa 350 metri dalla base. Proseguiamo per altre 4 cordate passando per due camini ed una profonda grotta piena di impronte fossili molto belle, ma anche di parecchio ghiaccio che ci ostacola moltissimo. Sopra la grotta giungiamo su di una buona cengia che sale obliquamente verso destra fino

Franz Dallago sul diedro della «via del Centenario».

alla base del Gran Diedro. E qui ci concediamo qualche minuto di riposo. Son le 11 quando attacchiamo il Diedro che sarebbe la parete più ardua della salita. È ancora Armando in testa per una cordata che presenta una difficoltà di 5° superiore per 30 metri fino ad un buon posto di cordata ma su rocce molto friabili. Il Diedro aumenta ancora la sua pendenza e diventa strapiombante e qui dopo essermi caricato di tutto il materiale occorrente, passo in testa. Ho due corde da 50 metri, un cordino da 80 metri per il ricupero del materiale, degli zaini e molti chiodi. In 6 ore mi innalzo di 45 metri per il Diedro quindi viene su Andrea che si ferma 7-8 metri più in basso dove c'è un piccolo buco che gli permette di appoggiare un piede mentre l'altro rimane sulle staffe. Poi parte Armando togliendo i chiodi che non sono buoni e che, a causa della roccia friabile, sono parecchi. Dopo 15-20 metri una grossa pietra gli cade su una mano procurandogli una ferita abbastanza seria. Stringendo i denti Armando continua a salire giungendo fino ad Andrea che lo medica alla meno peggio.

Ormai bisogna bivaccare e tutti e tre cerchiamo di ancorarci alla roccia nel modo più solido possibile. Io mi sono incastrato in una fessura così stretta che non riesco neanche a muovere le braccia e, appeso alle staffe, aspetto che la notte passi. Intravvedo gli altri due più in basso che sembrano due rondini appese al nido con un piede in una nicchietta e uno sulle staffe. Arriva l'alba del giorno 9 ma si presenta del tutto diversa da quella del giorno precedente. Nevica abbondantemente e per noi la via più sicura sembra essere rappresentata dall'uscita verso l'alto e verso le 6, infatti, mi rimetto all'opera per vincere gli ultimi 30-40 metri che dovrebbero permetterci di arrivare ad una buona nicchia sotto un tetto enorme. La roccia è sempre friabile e strapiombante: la salita sempre molto lenta e soltanto alle 11 siamo tutti e tre alla nicchia dove possiamo finalmente stare tutti assieme. Ha smesso di nevicare ma la montagna è avvolta da una coltre di nebbie umide. Riparto a sinistra per una lista di roccia friabilissima che va man mano allargandosi e che, superata, permette di arrivare a delle rocce più facili. I miei compagni mi raggiungono.

Sopra di noi alcune facili cordate ci porteranno ad incontrarci con vie già conosciute come la via della "Julia" già attraversata all'inizio e la "Lorenzi-Lacedelli-Apollonio" variante diretta verso la vetta. La roccia bagnata ed i passaggi molto esposti ci impegnano per altre 3-4 ore finché possiamo uscire dalla parete. La parte in roccia è finita ma dobbiamo ancora scendere per i nevai che sono spazzati dalle valanghe verso Punta Marietta. La nebbia fittissima ci ostacola nella ricerca dell'itinerario migliore da seguire ma verso le 16 siamo al Rifugio "Cantore" che però è ancora chiuso. Difficoltà ora non ce ne sono più. Riprendiamo la marcia verso il Rifugio Dibona dove i nostri parenti e amici sono già pronti ad accoglierci ed a tributarci le loro festose accoglienze».

Negli anni che seguirono, gli elementi più attivi del gruppo, estesero la loro attività ad altre cime della conca ampezzana. In particolare, Alberto Dallago e Andrea Menardi, in tempi diversi e con altri compagni, salirono lo Sperone Centrale della Tofana di Mezzo. Il 26 dicembre 1975, Andrea Menardi con Modesto Alverà, effettuò la prima ascensione assoluta del Torrione Mario Zandonella, che sorge nella parte più bassa del versante SE del Doss di Tofana. Dislivello di circa 160 metri, difficoltà di 5° grado, tempo impiegato ore 2,30.

Ancora Andrea Menardi, con Carlo Michielli, salì – il 1° agosto 1976 – la quota 2403 del Doss di Tofana, un marcato rilievo situato lungo la dorsale tra forcella Ra Válles e Ra Zéstes. Dislivello 180 metri, difficoltà di 4° grado con un passaggio di 5°, tempo impiegato ore 1,30.

Nel mentre la nostra storia volge al termine, non ci resta che parlare dell'ultima (naturalmente in ordine di tempo) via alpinistica realizzata sulla parete S della Tofana di Rozes: la cosiddetta via della Cascata. Protagonisti dell'impresa sono ancora Andrea Menardi e Carlo Michielli, i quali – nei giorni 3 e 4 settembre 1977 – risalirono lo spigolone arrotondato e strapiombante che chiude a destra il grande anfiteatro. Nel periodo del disgelo su questo tratto si forma una caratteristica e spettacolare cascata. Il dislivello dell'itinerario, assai lineare ed estremamente logico, misura circa 800 metri, di cui i primi 500 sono di 4° e 5° grado, e i successivi 300 di 6° e artificiale. Tempo impiegato: 20 ore di arrampicata effettiva con un bivacco. Chiodi usati: 70, nessuno dei quali ad espansione. Il primo spigolo S è stato salito il 15 ottobre 1978 da A. Campanile, F. Cesaro, E. Bassetti e S. Locatelli. L'ultima via aperta sulla parete S è quella che risale la gola-camino tra il Pilastro ed il Terzo Spigolo, ed è stata effettuata l'8 luglio 1979 da Alberto Campanile ed Ezio Bassetto, i quali l'hanno denominata, in modo assai appropriato «via dell'Incubo Nero».

Terminiamo qui le ultime cronache alpinistiche delle Tofane, con la certezza che l'interesse per queste magnifiche montagne non potrà venire mai meno e non potrà mai essere scritta la parola fine alla loro più che millenaria storia.

GUIDA ALLA VISITA DELLE TOFANE

La situazione dei rifugi

I primi rifugi in Tofana furono, come abbiamo visto, quelli costruiti dalle Regole d'Ampezzo per i propri pastori e mandriani che svolgevano la loro attività nella zona. In particolare esisteva, sin dal tardo periodo medioevale, un ricovero in località Fedarola (campo della federa) ed un altro poco sotto Forcella Bos denominato Cason de Rozes. È presumibile, inoltre, che vi fosse – già allora – qualche rudimentale costruzione dove, ora, sorge la malga Travenánzes. Nel 1859, la comunità d'Ampezzo fece costruire al Passo Falzarego – lungo la mulattiera che portava a Livinallongo – un «Cason» per il rifugio dei viandanti. Nel 1868, contemporaneamente alla costruzione della carreggiabile attraverso il valico, venne iniziata la sistemazione del piccolo ospizio Falzarego, trasformato in un confortevole edificio in muratura. Si trattava però, come facile immaginare, di ricoveri inadatti o perlomeno poco funzionali per l'attività alpinistica in Tofana.

A tale proposito, è necessario rilevare che già nel 1883 esisteva in vetta al Nuvolao la «Sachsendank», costruita a spese del barone Riccardo de Merheimb di Dresda, ma – naturalmente – era in posizione troppo decentrata per servire la zona di cui ci stiamo interessando. Solo nel 1886, per iniziativa della sezione di Cortina dell'Alpenverein, venne costruito poco sotto la Forcella di Fontana Negra, il primo rifugio alpino nella zona delle Tofane. Esso era una costruzione molto modesta ma, in compenso, assai funzionale, data la sua ottima posizione tra la Tofana di Rozes e la Tofana di Mezzo. Come tutti i rifugi dell'epoca, anche questo non aveva un gestore fisso, ma era lasciato a disposizione delle guide, che vi potevano far pernottare i propri clienti, alla vigilia dell'ascensione.

Nel 1904, proprio al centro della Val Travenánzes, in corrispondenza con il Masarè e quindi in diretto collegamento con il precedente rifugio, denominato Capanna Tofana, ne venne realizzato un altro più grande, intitolato al nome del grande alpinista Wolf von Glanvell. Esso durò soltanto undici anni, in quanto venne distrutto nel 1915 per cause belliche, e non fu più ricostruito.

Attorno alla Capanna Tofana, invece – in quello stesso periodo – gli Italiani costruirono un vero villaggio di baracche ed un solida casermetta in muratura. Il vecchio rifugio, ampliato ai lati, venne – già durante il periodo di guerra – intitolato al generale Antonio Cantore, ucciso poco sotto la forcella di Fontana Negra dal tiro di un cecchino. Nel 1922, per iniziativa del Club Alpino Italiano venne riattata – nel ricordo del generale Cantore – la vecchia casermetta di guerra, in modo da poter essere adibita a rifugio alpino. Vi furono sistemati 4 letti e 12 brande, ed i principali servizi d'alberghetto. La proprietà del rifugio passò dal Demanio dello Stato alla sezione di Cortina del Club Alpino Italiano, che ne curò la gestione per oltre cinquant'anni.

Nel secondo dopoguerra il rifugio venne di poco ampliato, ma si dimostrò ormai insufficiente, di fronte alle accresciute esigenze degli alpinisti, che in numero sempre maggiore affollavano la zona. La posizione poi, a ridosso di un costone, che, se poteva andar bene durante il periodo di guerra, per mantenere la casermetta al riparo dai tiri del nemico, ora mostrava tutti gli inconvenienti del terreno

Il rifugio Tofana nella sua struttura originale.

Il rifugio Tofana rimaneggiato nel periodo di guerra dagli Alpini. (Foto Bayer)

umido e soggetto ad accumulo di neve, che – durante il disgelo – sgretolava a poco a poco il muro perimetrale situato a monte. Questo stato di cose non potè mai trovare una soluzione adeguata (sarebbe stato necessario trasportare più in là il rifugio), e così, con il passare degli anni, l'edificio divenne sempre più fatiscente ed umido. In quello stesso periodo, cominciarono a sorgere sul versante orientale del massiccio, per iniziativa di alcuni privati, dei rifugi tipo alberghetto, che svolgevano un buon lavoro. Alcuni di essi erano nati, evidentemente in relazione al notevole sviluppo avuto dagli sport invernali e sulla scia delle iniziative sorte nel periodo delle Olimpiadi.

Presso la stazione di partenza della seggiovia Stratofana, sorge il rifugio-albergo Duca d'Aosta (m 2066) ed, al suo termine, il rifugio Pomedes (m 2240), entrambi di proprietà privata. Il secondo è stato costruito nel 1954 dalla guida Luigi Ghedina, ai piedi della Punta Anna, in eccellente posizione panoramica. Come abbiamo già visto, nel corso della trattazione, il rifugio Pomedes è una buona base per le salite lungo la ferrata alla Tofana di Mezzo e importante punto di collegamento tra Ra Valles e Vallon Tofana.

Sempre nel medesimo periodo venne costruito il rifugio Angelo Dibona (m 2050), che serve, in particolare, come base per le salite lungo la parete S della Tofana di Rozes. Esso è aperto tutto l'anno, dispone di 36 posti letto e svolge un ottimo servizio d'alberghetto. È di proprietà di Mario Recafina, che lo gestisce in collaborazione con la moglie Antonia Dibona, figlia della grande guida ampezzana. Questi rifugi, pur essendo raggiungibili in macchina o in seggiovia, e quindi di preminente interesse turistico, svolgono anche una funzione di supporto per l'attività alpinistica. Questa, comunque, restò ancora per molto tempo appannaggio esclusivo del rifugio A. Cantore, che venne potenziato al massimo, portando la disponibilità dei pernottamenti a 13 letti ed una trentina di posti in cuccetta.

Il rifugio Pomedes. Sullo sfondo la Croda da Lago e il Pelmo. (Foto G. Ghedina)

Il rifugio Dibona. Sullo sfondo la Punta Anna. (Foto G. Ghedina)

Il Torrione O del «Tridente Viennese» ed il rifugio Cantore. (Foto G. Ghedina)

Il problema di una più decorosa sistemazione del rifugio, si fece più interessante nell'imminenza delle celebrazioni per il cinquantesimo anniversario della morte del generale Cantore, ma nessuno raccolse i discreti appelli che la sezione di Cortina del Club Alpino Italiano, rivolse all'opinione pubblica e in particolare all'Associazione Nazionale Alpini, per avere un qualche aiuto nell'opera di ricostruzione del rifugio.

Tra il luglio ed il settembre 1965 si svolsero, nella zona di Forcella Fontana Negra, numerose manifestazioni commemorative, tra cui un'imponente manovra della Brigata Tridentina, che portò la 28ª batteria del Gruppo Asiago, coi relativi pezzi, in vetta alla Tofana di Rozes; la 142ª compagnia del battaglione Bolzano sulla Tofana di Mezzo e la 62ª compagnia del battaglione Bassano su quella di Dentro. Inoltre tre cordate, composte ciascuna da un ufficiale, un sottufficiale ed un alpino, tutti appartenenti al 7° reggimento, effettuarono la scalata della Tofana di Rozes per la via Dimai, della Tofana di Mezzo per la parete S e infine della Tofana di Dentro per il versante NO. Una complessa manovra di massa, come non si era mai vista – prima d'ora – nel gruppo delle Tofane.

Il 12 settembre, infine, si tenne – sempre nella medesima località – il 6° Raduno Triveneto dell'Associazione Nazionale Alpini, a commemorazione del generale A. Cantore. Tutte queste manifestazioni ebbero come epicentro il vecchio e cadente rifugio, senza che una sola voce si levasse in sua difesa. In questo caso, veramente, sarebbe stata necessaria una sottoscrizione fra tutti gli Alpini d'Italia per dimostrare, tangibilmente, il loro interesse, verso il rifugio che portava il nome dell'eroico generale, simbolo di tutte le «penne nere».

Qualche anno più tardi, quando era ormai sorto a Forcella di Fontana Negra, il nuovo e più efficiente rifugio Giussani, si scatenò una spiacevole polemica, da parte di un certo numero di alpini (non molti per la verità) che accusarono i promotori dell'iniziativa, di aver voluto scalzare il ricordo del generale Antonio Cantore nel luogo stesso del suo sacrificio. Non staremo a ricordare i vari episodi di questa vicenda, che mobilitò per un certo periodo di tempo diverse sezioni A.N.A. del Veneto e dette luogo anche ad atti vandalici contro le infrastrutture del rifugio, ma riteniamo opportuno chiarire – ora che le polemiche sono cessate – quali furono gli intendimenti della sottosezione Cai-Comit, che finanziò – mediante una sottoscrizione fra tutti i dipendenti della Banca Commerciale Italiana – la costruzione del nuovo rifugio, intitolato al nome dell'avv. Camillo Giussani, figura di rilievo dell'alpinismo milanese negli anni Trenta.

IL RIFUGIO GIUSSANI

In un primo tempo, la località prescelta per la costruzione di questo rifugio era stata quella del Col dei Bos, a 2350 metri di quota, ma esigenze di carattere locale, ne avevano impedito l'attuazione. Occorre tener presente che l'iniziativa non aveva nulla di speculativo, in quanto la sottosezione Cai-Comit intendeva donare il rifugio, senza alcuna contropartita, alla consorella sezione di Cortina, e quindi ogni decisione in merito alla localizzazione del rifugio era di competenza di quest'ultima associazione. A tale proposito, per tagliar corto ad ogni interpretazione di comodo, si ritiene opportuno pubblicare la lettera, che la Presidenza dell'Azienda Speciale Consorziale Boschi e Pascoli Ampezzani (A.S.CO.B.A.) con prot. 843 pos. IV/2-6 dell'11 settembre 1967, avente come oggetto la costruzione di un nuovo rifugio in Tofana, inviò alla sottosezione Cai-Comit per informarla della situazione in atto.

«Si fa riferimento al foglio suemarginato (lettera di richiesta Cai-Comit in data 24.7.1967) e di cui all'oggetto, per informare codesta spett. Sottosezione Cai-Comit delle determinazioni cui è pervenuta la scrivente in merito alla costruzione di un rifugio nella testata della Val Travenánzes, da dedicarsi alla memoria dell'avv. Camillo Giussani. L'apposita commissione di questa Azienda ha visitato in data 31 luglio u.s. la località «Dos del Col dei Bos», a quota 2350 circa, posta alla testata della Val Travenánzes. Al detto sopraluogo era presente anche il dott. A. Cavallotti, Presidente di codesta on. Sottosezione. È emerso subito che la località segnalata ricorre nel mappale n. 8612 (del comune catastale di Cortina d'Ampezzo), di proprietà delle 11 Regole Ampezzane ed in amministrazione alla scrivente. Ora il detto mappale, come tutti i terreni boschivi pascolivi sia delle Regole, che del Comune di Cortina, sono inalienabili, indivisibili e vincolati in perpetuo alla loro destinazione: questi vincoli sono riportati nel Libro Fondiario della Pretura di Cortina, a seguito del decreto del Commissario Uso Civici di Trieste del 1959. Alla luce di questo triplice e rigido vincolo, bisogna a priori scartare la possibilità di alienare l'area necessaria al rifugio; non rimarrebbe che stipulare un rapporto di affittanza novennale, ma ciò non è accettabile da parte di codesta Sottosezione, secondo quanto asserito dal Dr. Cavallotti.

La predetta Commissione dell'Azienda, allo scopo di evadere favorevolmente la richiesta di codesta Sottosezione, in data 18 agosto u.s., ha visitato anche una zona posta lato S del massiccio del Col dei Bos, a quota 2490 circa. Panoramicamente la posizione è bella, ma decentrata dalle ascensioni classiche e dagli itinerari delle gite; per la verità sarebbe fine a se stessa. V'è da mettere in opportuno rilievo la mancanza d'acqua. Unico punto a vantaggio resta quello d'essere inclusa nel mappale n. 8621 di proprietà del Demanio dello Stato. È stata infine visitata la località «Forcella Fontana Negra», a quota 2575 circa nel massiccio delle Tofane. L'apposita Commissione, raccolti i dati caratteristici delle tre zone, il 25 agosto u.s. si è riunita in seduta straordinaria per vagliare la possibilità di inserimento di un nuovo rifugio in una delle tre località preelencate. Per la seconda località sembra inopportuno ogni commento in quanto inadatta. Rimane così la terza soluzione, cioè «Forcella Fontana Negra». A questo punto codesta on. Sottosezione potrà obiettare che esiste nella zona il vecchio «Rifugio Cantore». È vero: la Commissione infatti si è espressa al ché un eventuale nuovo rifugio sorga come palestra di alpinismo e, se vogliamo, anche come potenziamento dell'attuale rifugio Cantore.

Alpinisticamente la zona offre tutto, dal sentiero facile a quello ardito, dalla scalata di 1° grado a quella di 6° superiore. Con la costruzione della Funivia delle Tofane (Freccia nel Cielo), rispettivamente con la progettata cabinovia «Ra Valles - Bus de Tofana», la Forcella Fontana Negra potrà diventare un centro alpinistico per eccellenza. C'è da rilevare che il terreno è del Demanio dello Stato (mappale n. 8611) e quindi libero da vincoli, con l'esclusione del di-

Rifugio C. Giussani a Forcella di Fontana Negra. (Foto Gandini, Milano)

ritto di prelazione a favore del Comune di Cortina, nel caso di vendita di aree demaniali. La Commissione, esprimendosi favorevole per quest'ultima soluzione, ha voluto però affermare che, per quanto attiene l'alpinismo estivo e invernale, le gite e l'affluenza ai rifugi, deve essere il C.A.I. di Cortina ad esprimersi, quale unico organo competente, ed al tempo stesso che sia il C.A.I. a pronunciarsi per la posizione di un eventuale nuovo rifugio. A tale scopo l'ing. Luigi Menardi, Presidente del C.A.I. di Cortina, è stato investito del compito. In data 7 c.m. la Sezione del C.A.I. di Cortina, ha indetto una seduta straordinaria con la partecipazione di una nutrita rappresentanza del Corpo Guide Alpine e degli Scoiattoli di Cortina. L'assemblea, ed il sig. Menardi ing. Luigi se ne è fatto interprete presso la scrivente, si è espressa all'unanimità per la località «Forcella Fontana Negra» esprimendo, ancora una volta, la propria riconoscenza per quanto codesta on. Sottosezione ha fatto e farà per lo sviluppo alpinistico delle Dolomiti Ampezzane. (omiss). Infine si può fin d'ora assicurare che il Comune farà rinuncia al diritto di prelazione sull'acquisto di aree demaniali, a favore di codesta spett. Sottosezione».

Ci siamo soffermati, forse più del necessario, su questo argomento, per chiarire – una volta per tutte – l'assoluta buona fede dei promotori l'iniziativa, che d'altronde era già evidente dall'interesse che essi avevano dimostrato in precedenti occasioni, come il ripristino delle gallerie di guerra al Castelletto.

Il rifugio Giussani, posto a quota 2561 m, venne inaugurato nell'estate del 1972; ed è, per la sua funzionalità e sobria eleganza, fra i migliori della cerchia dolomitica. Si tratta di una moderna costruzione a due piani, con ampio sottotetto utilizzabile, dotata di 53 posti letto e di alcune camerette fornite di acqua corrente con lavabo. Servizi igienici, con bagno e due docce, riscaldamento a doppio sistema: nelle camere a termosifone e nella saletta-ristorante ad aria condizionata. Cucina con impianti modernissimi e tavoli capaci di una sistemazione contemporanea per almeno cinquanta persone. La gestione, affidata alla famiglia di Vittorio Dapoz (Località Col n. 3 - Cortina d'Ampezzo - tel. 0436/60411) è eccellente sotto ogni punto di vista. Ricorda in proposito Lino Lacedelli: «Si può tranquillamente affermare che, in questo rifugio, si mangia meglio che in tanti alberghi di Cortina».

L'avv. Camillo Giussani non poteva essere onorato più degnamente. E sono sue le parole che, in un angolo del grande soggiorno, accolgono il visitatore: «Eravamo impazienti: e la montagna ci ha educati nella lunga sopportazione, nel disagio e nella fatica. Eravamo pavidi, o temerari: e la montagna ci ha detto, per chi la sappia ascoltare, che la paura non va ignorata, ma vinta, che il coraggio non va sperperato nel vano e nel troppo, ma speso con oculata misura e controllato con vigilante prudenza. Eravamo facilmente egoisti: e la montagna ci ha appreso a mortificare codesto egoismo, in un tacito patto di vicendevole aiuto, un tacito patto che diventa lassù un moto naturale dell'animo, uno spontaneo soccorritore».

Itinerari consigliati

LE VIE DI AVVICINAMENTO

Il gruppo delle Tofane è facilmente accessibile da più parti, grazie alle due comode e veloci strade statali: d'Alemagna (N. 51) e Dolomiti (N. 48) che ne lambiscono le pendici, e dalle quali si dipartono alcune vecchie strade militari, riattate da tempo, e numerosi sentieri di facile percorribilità. L'itinerario di avvicinamento più frequentato (percorribile in auto) è quello che dalla strada statale N. 48 (Km 114), per le Malghe Fedarola, conduce al Rifugio A. Dibona, ad oltre duemila metri di quota. Lungo questa stradella ex militare, in località Pomédes, c'è una deviazione che porta al Rifugio-Albergo Duca d'Aosta, dal quale – in seggiovia – si può accedere al sovrastante Rifugio Pomédes. Proseguendo sulla statale verso il Falzarego (una mezzoretta, in macchina da Cortina) si giunge al Km 111, dove si diparte un'altra strada ex militare che raggiunge la località di Rózes, poco sotto la Forcella Bos (m 2330). Il transito su questa strada è però consentito soltanto alle jeep autorizzate.

Da Gilardon, una strada carrozzabile con due deviazioni porta: da un lato in località Rumerlo e Col Druscié e dall'altro all'incantevole Lago Ghedina, ai piedi delle Crepe de Cianderou. Quest'ultima diramazione prosegue poi verso il Sasso de Peron e si collega con la statale N. 51, oltre il Ponte de ra Sia, in località Pian de Fiames. Potrebbe definirsi come una specie di circonvallazione alta da O di Cortina. Sul versante N del gruppo montuoso si può raggiungere, sempre in macchina, la località di Ponte Alto. Com'è facile constatare, queste strade abbreviano di molto l'avvicinamento alle basi di partenza per le ascensioni alpinistiche.

Altra via di accesso al versante O del gruppo, in particolare per coloro che vogliono raggiungere l'alta Val Travenánzes, è quella della Funivia di Passo Falzarego che porta al Rifugio Lagazuoi (m 2750) sull'omonima montagna. Con una bella traversata, in leggera discesa per le Forcelle Lagazuoi e Travenánzes, si raggiunge Forcella Bos (m 2330), dalla quale si può agevolmente raggiungere (sentiero ghiaioso) il Castelletto. Non parliamo poi della funivia «Freccia nel Cielo» che, da Cortina con fermate intermedie al Col Druscié ed a Ra Valles, porta in vetta alla Tofana di Mezzo.

Strade carrozzabili, seggiovie e impianti funiviari, rendono estremamente veloci gli accessi alle Tofane, ed è quindi naturale che esse siano molto frequentate da turisti ed escursionisti in cerca di facili emozioni. Tutta questa gente, però, non si stacca di molto dalle vie battute o dalle zone circostanti i rifugi e i punti d'arrivo degli impianti funiviari. È un vero peccato, perché la bellezza e la complessità di questo gruppo montuoso cominciano a delinearsi

Segnaletica per la Val Travenánzes.

Il corso impetuoso del Rio Travenánzes, che scorre profondamente incassato all'altezza del Ponte Alto.

principalmente ad una certa quota e in alcune zone, poco frequentate, come la Val Travenánzes. Vale quindi la pena, anche per il semplice turista, di programmare, nel corso della sua vacanza, qualche passeggiata di più ampio respiro e di maggior soddisfazione.

TRAVERSATA DELLA VAL TRAVENÁNZES

Il più interessante degli itinerari escursionistici di fondovalle, è il sentiero contrassegnato con il N. 401, che percorre – in leggera discesa – la Val Travenánzes, da Forcella Bos a Ponte Alto, per una lunghezza di circa 14 km. Tempo medio di percorrenza: cinque ore e mezza. Il senso di marcia, da S verso N (dalla testata della convalle al suo sbocco nel Pian de Loa) è quasi obbligato, in quanto permette un certo risparmio di forze.

Nel caso si volesse partire dal Passo Falzarego, senza usufruire della funivia, dovremo imboccare il sentiero N. 402, che risale il Canalone Falzarego ed attraversa la Forcella Travenánzes, per intersecarsi poi, sotto Forcella Bos, con il sentiero N. 401, che forma il nostro itinerario.

Il terreno circostante si presenta disseminato da grossi massi, attorno ai quali si possono ancora ammirare trinceramenti, postazioni e ricoveri, risalenti al periodo della guerra 1915-18. Di particolare interesse il cosiddetto «Sasso Misterioso», sulle prime pendici (versante O) del Castelletto. Esso è inciso da una profonda spaccatura verticale che ne caratterizza l'aspetto, tanto che gli Austriaci, lo avevano denominato «Sasso Spaccato». Scendendo ancora per un centinaio di metri, lungo la destra idrografica del Rio Travenánzes, troviamo il «Sasso Piramidale», gigantesco roccione dalla caratteristica forma a triangolo. Dietro ad esso il «Sasso di Sbarramento»; ed ancora più in là, sull'opposta sponda del torrente, si possono notare i «Due Dadi» ed altri avamposti austriaci. Tutta questa zona fu teatro, per diversi anni, di sanguinosi combattimenti, ed è interessante ed anche abbastanza facile, cercare di ricostruire sul terreno, che non è gran che mutato d'allora, i movimenti e le manovre d'entrambe i contendenti ([1]).

Il nostro itinerario prosegue poi sul versante idrografico sinistro della valle, e quindi sarà opportuno – dopo aver visitato la zona dei «Sassi» di guerra – ritornare al quadrivio oppure cercare un passaggio a guado attraverso il torrente, che in questo punto non presenta eccessive difficoltà. Il sentiero, sul versante destro della valle, conduce al «Salto del Masarè», e lo si potrà eventualmente utilizzare nel corso di un altro itinerario (Periplo della Tofana di Rozes) che descriveremo più avanti.

Di mano in mano che si scende, la valle si restringe sino alla strozzatura di quota 2080 m, ove si trovava il Rifugio Wolf v. Glanvell, sede del comando austro-tedesco della valle, distrutto da un bombardamento il 1° agosto 1915.

Più avanti, a quota 1965 m, troviamo l'ormai abbandonata Malga Travenánzes, in amena posizione tra verdeggianti radure, sulle quali incombono – d'ambo le parti – i possenti muraglioni delle Tofane e l'imponente costiera rocciosa Fanis-Castello. Per un lungo tratto, il terreno diventa quasi pianeggiante e possiamo ammirare gli ambiti pascoli delle Regole di Travenánzes, che tanta discordia avevano seminato fra le genti d'Ampezzo, nei secoli passati.

Dopo il Pian di Travenánzes (m 1781) la valle si restringe ancora in una gola profondamente incassata, tra il Monte Vallon Bianco e le ultime propaggini della Tofana III. Il sentiero si sposta sulla destra del torrente, mantenendosi sempre abbastanza alto sul livello dell'acqua, che scorre in modo tumultuoso, sul fondo di questa specie di canyon. Come si può constatare, l'ingresso della valle è piuttosto scomodo e difficile, specie durante la brutta stagione. Non si può quindi dar torto a quei valligiani che, anticamente, preferivano utilizzare, per gli spostamenti delle greggi e del bestiame, il più comodo passaggio per Forcella Bos, situato alla testata della valle, anche se questo – per antica consuetudine – era precluso ai regolieri di Val Travenánzes. Il sentiero costeggia il versante NO della Tofana III, passando alla base del grande canalone che porta direttamente in vetta (via Deye-Schuster) tutto stillante d'acque durante la stagione estiva ed estremamente valangoso nel periodo delle nevi e del disgelo. Il paesaggio assume un aspetto orrido e selvaggio, che incute nel visitatore un senso di doveroso rispetto per le forze della natura, che sembrano aver concentrato in questa forra la loro più temibile presenza. Tutta la zona è completamente deserta ed i visitatori assai rari. Per questo è molto facile imbattersi in branchi di camosci che vengono qui ad abbeverarsi e rinfrescarsi. Proseguendo ancora la nostra marcia, vediamo – a poco a poco – schiudersi la valle in un'ampia conca boscosa, nella quale confluiscono su Ponte Alto, la Val di Fanes, l'imboccatura della Val Travenánzes ed il Pian de Loa.

Il paesaggio, contornato da alte montagne, ha qui una suggestione profonda e incancellabile. Per quanto lo sguardo si volga all'intorno, non si notano tracce d'insediamento umano: le Regole Ampezzane hanno saputo mantenere integro il loro patrimonio boschivo ed hanno tenuto lontano anche la speculazione edilizia, che tanti disastri ecologici ha perpetrato in altre località. Il sentiero, dopo aver contornato le estreme propaggini della Tofana III, scende – in corrispondenza del canalone de ra Ola – in modo abbastanza ripido, verso il Ponte Cadoris (m 1462), ritornando sulla sponda sinistra del Rio Travenánzes. Il torrente scorre, sempre più incassato, in una tortuosa gola rocciosa di cui si vede a malapena il fondo; uno spettacolo impressionante! Il sentiero, ormai divenuto ottima mulattiera, percorribile in jeep, s'innesta sulla strada proveniente dalla Val di Fanes, all'altezza del Ponte Alto: ultima meraviglia del nostro intinerario! A questo punto le comitive che, generalmente, effettuano la traversata della Val Travenánzes, senza porsi altri problemi, faranno in modo che qualche auto o jeep li venga a prelevare e li riporti sino a Cortina. Nel caso invece che

---

([1]) A tale proposito sarà utile, prima di accingersi a percorrere questo ed altri itinerari in Tofana, consultare il volume di L. Viazzi *Le Aquile delle Tofane* (Ed. Mursia, Milano), e in particolare, i capitoli: la battaglia del Castelletto e la trappola di Val Travenánzes. Questo aggiornamento di carattere storico-militare permette al visitatore una più soddisfacente conoscenza del paesaggio, in gran parte compenetrato dalle opere e dagli avvenimenti di guerra.

il gruppo non disponesse di auto, il rientro potrebbe avvenire con una interessante scorciatoia (sentiero N. 408) attraverso il Passo di Posporcora, per il Pian da ra Spines sino a Fiames, dove, presso l'omonimo albergo, c'è il capolinea di un regolare servizio d'autobus per Cortina. Il percorso da Ponte dei Cadoris è di circa sei chilometri, percorribili in circa tre ore e forse anche meno.

GIRO DELLE TRE TOFANE

Di maggior impegno ed interesse, anche se – naturalmente – un po' più faticoso, il periplo dell'intero gruppo. Avendo già visto la traversata del lato occidentale, non ci rimane che segnalare i passaggi lungo il versante SO, che sono anche i più frequentati. Giunti al Passo di Posporcora, invece di scendere per il sentiero della Val Fiorenza per raggiungere la località di Fiames, s'imbocca il sentiero N. 409 che costeggia – relativamente in quota – le boscose propaggini dei Tondi di Cianderou. In tutta questa zona è anche abbastanza facile imbattersi in animali selvatici, come ad esempio i caprioli. Il sentiero si allarga alquanto, abbassandosi gradualmente di quota. Il panorama che si può ammirare lungo quest'ultima parte dell'itinerario è veramente suggestivo, la miglior visione di Cortina con lo sfondo del Sorapis e dell'Antelao, avendo di fronte il Pomagagnon e il Gruppo del Cristallo.

All'altezza delle Crepe di Cianderou, dopo alcuni zigzag, la strada si biforca: da una parte scende in direzione dei Laghi Ghedina, dall'altra prosegue – in piano – tra il Dosso di Tofana e il Col Drusciè (sentiero N. 410), sino a raggiungere la località di Rumerlo, dove si trova la stazione di partenza della seggiovia per il Rifugio-Albergo Duca d'Aosta. Qui, per la stradina ex militare, si raggiunge il Rifugio Dibona, che è propriamente la miglior base per compiere il periplo. Per raggiungere Forcella Bos, o meglio la sottostante località di Rozes, si utilizza il sentiero basso fra i pini mughi, sotto il versante S della Tofana di Rozes. Più in alto, proprio alla base della parete e parallelo a questo, passa il sentiero N. 404, che viene utilizzato per raggiungere il Castelletto.

Nel caso che il visitatore non abbia più occasione di percorrere altri itinerari nella zona, val la pena di farlo ora, in quanto anche il tracciato superiore porta a Forcella Bos, e permette di ammirare il complesso delle gallerie di guerra al Castelletto. Fra questi due sentieri c'è uno scosceso salto di roccia, con diverse stratificazioni, denominato «Ra Cordes». Nel mezzo di questa parete vi è una lunga cengia naturale che taglia orizzontalmente il grande basamento sul quale si eleva la Tofana di Rozes. Si tratta di un itinerario poco conosciuto (e quindi da percorrere con estrema cautela) che permette di ammirare i superstiti branchi di camosci, che trovano volentieri riparo in questa

Tofana di Rozes: parete SO.

località. L'imboccatura della cengia non è facile da trovare, ma una volta raggiunta, la si potrà percorrere abbastanza agevolmente. Naturalmente, quest'ultimo tratto, nel caso si raggiungesse il Rifugio Dibona con macchine proprie, rappresenterà l'inizio del periplo attorno alle Tofane, che – grosso modo – ha l'ampiezza di una trentina di chilometri. Tenendo presente che i dislivelli non sono eccessivi, l'intero giro è fattibile in una buona giornata di almeno dodici ore.

TRAVERSATA ALTA DI TOFANA

La classica traversata del gruppo Tofane è quella rappresentata dal sentiero N. 403, che da Pocol per il cocuzzolo erboso «In som dei prade», le Malghe di Fedarola e il Rifugio Dibona, sale per il Vallon Tofana a Forcella di Fontana Negra. Quest'ultimo tratto si svolge su di una buona mulattiera (in parte percorribile in jeep) che risale l'ampia conoide ghiaiosa fra la Tofana di Rozes e la Punta Anna. La parte finale è denominata «serpentina» per i suoi numerosissimi tornanti a zig-zag. Al centro del vallone s'intersecano, sulla destra: il sentiero N. 420 (Astaldi) proveniente dal Rifugio Pomedes, e sulla sinistra il sentiero N. 404, proveniente dal Castelletto. Alla Forcella di Fontana Negra, a breve distanza fra loro, sorgono i rifugi Antonio Cantore (m 2545) e Camillo Giussani (m 2600). Li si può raggiungere, dal Rifugio Dibona, in circa un'ora e mezza di cammino e senza troppa fatica. Vale la pena di arrivare lassù, non fosse altro che per ammirare il grandioso e severo panorama circostante.

Dopo una breve sosta al rifugio, si prosegue – sempre lungo il sentiero N. 403 – attraverso il caotico ammasso del Masarè, teatro di aspri combattimenti durante la guerra 1915-18. Estremamente interessante la visita ad alcuni «sassi» trasformati in fortilizi, tra i quali il famoso «Sasso Cubico», interamente scavato al suo interno. Oltre a questo, abbiamo: il «Sasso Piramidale», il «Sasso Striato» e il «Sasso del Comando». Dovunque si notano segni di esplosioni, tracce di camminamenti ed altre drammatiche testimonianze visive, di una accanita battaglia, il cui ricordo non si è ancora del tutto spento. Giunti al cosiddetto «Salto del Masarè», nel caso si voglia proseguire per la Val Travenánzes, si discenderà per un sentiero abbastanza ripido, situato sulla destra del costone roccioso a forma di ampia balconata. Inizialmente, a causa della verticalità della parete, la discesa potrebbe dare qualche apprensione, ma non presenta pericoli, se non in presenza di neve o di ghiaccio. Sulla sinistra (sempre guardando dall'alto) si trova la cosiddetta «Scala Minighel», ma di questa parleremo nell'itinerario seguente.

Il sentiero N. 403 (uno dei più lunghi tracciati nella conca di Cortina) va ad innestarsi, sul fondo della Val Travenánzes, con il sentiero N. 401 di cui abbiamo già parlato in precedenza. Per completare il periplo della Tofana II e III non ci rimane altro che seguire le indicazioni già date in precedenza, con la sola avvertenza che – giunti al Rifugio-Albergo Duca d'Aosta – ci si avvalga anche del secondo tratto della seggiovia che porta al Rifugio Pomedes, in modo da poter effettuare l'interessante traversata del «Sentiero Astaldi». Si tratta di un facile anche se emozionante percorso su di una cengia attrezzata (con passamano metallico) sul bordo meridionale della Punta Anna, dove affiorano evidentissimi e variopinti gli strati di Raibl.

Sentiero Astaldi.

Una passeggiata che ci porta veramente nel cuore geologico delle Tofane. In origine, il sentiero – realizzato per iniziativa della guida Simeone Lacedelli – partiva al Rifugio-Albergo Duca d'Aosta e passava più in basso. L'attuale tracciato, ben più suggestivo, venne realizzato ad integrazione della ferrata alla Punta Anna. Unico inconveniente: la conformazione geologica del terreno, che si sgretola e frana incessantemente, costringendo le guide a continui lavori di manutenzione.

GIRO BASSO DELLA TOFANA DI ROZES

Questo giro è certamente quello che dà maggiori soddisfazioni al visitatore che lo percorre; avendo inoltre il vantaggio d'essere il più breve e – tutto sommato – anche il meno faticoso. Il nostro punto di partenza è il Rifugio Dibona, il quale – come abbiamo già detto – offre anche la possibilità di posteggiare l'auto. Sui primi tornanti della mulattiera che risale il Vallon Tofana, imboccando il sentiero N. 404, che rasenta la base della parete S della Tofana di Rozes. Ad un terzo di strada, si trova l'indicazione per salire alla Grotta di Tofana, dove si giunge per un breve e facile canalone. Essa, all'interno, ha un caratteristico andamento a spirale e la sua visita è facilitata, in alcuni punti, da passamani di corda metallica. È necessario, inoltre, disporre di una lampada portatile che sarà utile anche nel passaggio della galleria elicoidale del Castelletto. Dopo la visita, quasi di prammatica, alla grotta, si riprende il sentiero, lungo il quale si dipartono le numerose vie di salita per l'ascensione della parete S. Proseguendo lungo il sentiero si giunge alla cosiddetta «Gran Guardia», posto fortificato italiano di cui si possono ancora notare numerose vestigia. Poco oltre troviamo il «Camino degli Alpini» su per il quale era stata realizzata una via di scalata mediante scalette ed altre attrezzature artificiali, di cui abbiamo parlato in precedenza. Si giunge finalmente ad uno spiazzo, oltre il quale si può intravvedere il caratteristico torrione merlato del Castelletto, con la ripidissima fenditura che

Una comitiva si accinge ad entrare nella «Galleria del Cannone» del Castelletto.

Cannone Deport in batteria nella «Galleria del Cannone».

sfocia, in alto, nella insellatura di Forcella Rozes, originariamente assai più ristretta e dominata da una potente guglia oggi scomparsa. Le vicende della guerra 1915-18 e in particolare lo scoppio della grande mina resero giustamente famosa questa montagna, divenuta il fulcro di tutto il nostro schieramento militare in Ampezzo.

Qui, la guerra lasciò i suoi ricordi più tangibili e caratteristici: gallerie e caverne, trincee e camminamenti. Al termine del conflitto le posizioni vennero rastrellate e smantellate per recuperare i materiali ferrosi, ed a poco a poco, il volto della guerra si attenuò e divenne meno evidente. I baraccamenti si sfasciarono ed i sentieri si disfecero per incuria, lasciando intatte soltanto le opere scavate nella roccia, molte volte difficili da raggiungere. Scrisse in proposito Cesco Tomaselli: «È triste che questo campo di battaglia così unico al mondo, come quello che presta sfondi incomparabili alle testimonianze del coraggio più ricercato, versi in miserevole abbandono. Le vie di accesso sono ridotte spesso a esili viottoli slabbrati dalle pioggie, la segnaletica si fa ogni anno più sbiadita, le gallerie crollano o sono ostruite dal fango e dai ciottoli, i ridottini e i ricoveri, ancora così pieni del pathos di allora, sono anneriti dal fuoco che vi accendono i pastori. Un monumento di gloria rovina sotto il peso dell'incuria!».

I primi a raccogliere questo appello furono le guide e gli «Scoiattoli» di Cortina d'Ampezzo; i quali, prima sotto la direzione di Marino Bianchi e poi di Lino Lacedelli, dettero inizio ad un metodico lavoro di salvataggio e di ripristino delle principali opere di guerra, ancora esistenti in Tofana, tra cui il formidabile complesso di gallerie del Castelletto. Nel 1964, Marino Bianchi, allora capo delle Guide di Cortina, durante un'escursione in compagnia di alcuni dirigenti della sottosezione Comit (Banca Commerciale Italiana) del Club Alpino Italiano di Milano, lanciava una proposta che non doveva rimanere inascoltata.

«Certamente un itinerario che girasse attorno al Castelletto costituirebbe una passeggiata interessante: ma bisogna sgomberare la galleria dai detriti, mettere scale e corde di ferro all'imbocco e all'uscita, riordinare i sentieri di accesso dalla Forcella Bos. Noi guide lo pensiamo e lo diciamo da tempo: ma chi si cura oggi di queste cose? È così difficile e raro trovare qualcuno che ci aiuti!».

Ebbe così inizio – senza troppe formalità – un fecondo periodo di collaborazione fra il sodalizio milanese ed il gruppo delle guide cortinesi, che portò alla realizzazione di una serie di opere di rilevante importanza per l'attività alpinistica ed escursionistica in Tofana: nel 1966 la riapertura della galleria elicoidale del Castelletto, nel 1967 l'impianto della via ferrata dedicata alla medaglia d'oro G. Lipella sulla parete NO della Tofana di Rozes, nel 1970-71 la costruzione dell'efficientissimo Rifugio C. Giussani alla Forcella di Fontana Negra e nel 1975 la sistemazione della galleria dei cannoni nelle viscere del Castelletto di Tofana.

Ed appunto da quest'ultima, iniziamo il giro delle nostre visite. L'ingresso di questa galleria un tempo parzialmente ostruito dai detriti, si trova sull'opposta sponda del canalone franoso che separa il Castelletto dalla Tofana. Si tratta di una lunga galleria (un centinaio di metri circa) scavata, in senso orizzontale, dopo la conquista del Castelletto per installarvi una batteria di cannoni Deport. Ha l'aspetto di una poderosa fortezza, illuminata da grandi finestroni-feritoie dominanti la Val Costeana, il Lagazuoi e l'alta Val Travenanzes.

Oltre alle postazioni d'artiglieria, il complesso sotterraneo dispone di vaste caverne ove erano sistemati i dormitori degli artiglieri, i depositi viveri e le riserve di munizioni.

Ingresso della «Galleria di Mina» del Castelletto.

Particolare curioso la sistemazione di un gabinetto, con i tubi di scarico scavati a picco sullo strapiombo. L'interno è stato ripulito e riordinato com'era in origine, proteggendo i grandi finestroni a picco sul precipizio con corde fissate alla roccia, in modo da creare condizioni di massima sicurezza per tutti i visitatori, compresi i ragazzi. Nella parte terminale, dove tre aperture concentriche formano una specie di cripta luminosa, è stato posto un rustico altare formato da tronchi d'albero, sormontato da un'artistica croce in bronzo che si staglia nel vano di un'apertura ad ogiva, sul cui sfondo s'intravvede la Marmolada. Una targa, fissata all'altare, riporta la seguente dicitura: «A ricordo di tutti i combattenti che si fronteggiarono quassù durante la guerra 1915-18». Qualche anno fa, per completare la sistemazione dell'opera, venne faticosamente ricollocato – com'era e dov'era – un vecchio cannone Deport da

75 mm, che ricrea in modo tangibile l'ambiente dell'epoca. All'ingresso della caverna è stata posta un'altra targa per ricordare il significato dell'iniziativa: « Questa galleria ove tuonò il cannone nella guerra 1915-18 è stata ripristinata nel ricordo di Eugenio Karmann, che ne ispirò l'iniziativa, dalle Guide e dall'A.N.A. di Cortina, dal Cai-Comit di Milano e da un gruppo di amici dello scomparso, affinché diventi luogo di preghiera e di meditazione in memoria di tutti coloro che fra queste montagne vissero le più dure fatiche spesso concluse nel sacrificio supremo».

Dopo la visita alla «Galleria dei Cannoni» ritorniamo sui nostri passi e ci apprestiamo a risalire la «Galleria di Mina» (a quota 2440 m), il cui ingresso è occultato in un anfratto roccioso di forma vagamente triangolare. Lo si raggiunge, inerpicandosi per una quindicina di metri lungo una paretina inclinata, attrezzata con funi e scale metalliche. Si possono ancora notare, nella parte alta, i resti delle scalette di legno costruite nel 1916, per facilitare l'accesso al cunicolo. Accanto all'ingresso si trovano i resti di due baracche in muratura, incastrate in una cavità naturale. Qui era sistemato il compressore Sullivan. L'apertura della galleria ha l'ampiezza di circa due metri per due, ed ha uno sviluppo a zig-zag di circa mezzo chilometro e supera un dislivello di circa 150 metri. Il primo tratto di galleria ha un andamento rettilineo e presenta una scalinata di 180 gradini in legno, per la maggior parte nuovi: un corrimano metallico aiuta la salita. Il tracciato si svolge a sinistra e raggiunge un finestrone ovoidale, aperto sul «Camino dei Cappelli», ed utilizzato, durante i lavori di scavo, per lo scarico dei detriti. Qui si trova anche l'alloggiamento del compressore Inghersoll ed i cunicoli d'intasamento della mina. Di mano in mano che si prosegue, la galleria diventa sempre più ripida e con andamento elicoidale: tacche sul fondo sostituiscono i gradini ed una fune metallica, fissata lateralmente nella roccia, aiuta a superare il pendio. Una prima apertura sbocca direttamente sull'orlo del cratere, ma il vertice del cunicolo è più in alto e si biforca in due rami, al centro della parete, proprio di fronte alla cresta e alle guglie terminali del Castelletto. Un'esile cengia attrezzata con corde fisse consente di scendere sull'orlo interno del cratere di mina. Si può risalire abbastanza agevolmente la dirupata costiera del Castelletto, visitando varie posta-

Il cratere della mina sulla Forcella di Rozes. Sullo sfondo le guglie del Castelletto.

Costone N della Tofana di Rozes. Sulla destra la Val Travenánzes, e in basso il punto in cui è collocata la «Scala Minighel».

zioni e gallerie austriache, ancora in discreto stato di conservazione.

Si scende in Val Travenánzes, seguendo lo zoccolo inferiore del Castelletto, che presenta una cengia agevolmente percorribile ed assai interessante per i ricordi di guerra. È possibile, inoltre, utilizzare uno scosceso canalone parzialmente attrezzato, dove per ghiaie e roccette, si ha la possibilità di giungere, quattrocento metri più sotto, nel dedalo di Val Travenánzes, dove fra i tanti macigni resi famosi dalle insidie di guerra, spicca il «Sasso Misterioso»: l'enorme masso posto a guardia dello sbarramento austriaco. Muovendoci in direzione del torrente e rimanendo sempre sul versante idrografico destro della valle, incapperemo in un sentiero che ci condurrà al grande salto di roccia, che costituisce l'estrema propaggine del Masarè di Fontana Negra. Qui, una caratteristica cascata, disperde al vento i suoi vapori biancastri, sullo sfondo delle rocce nerastre di un altissimo muraglione. Questa è la località da cui ha origine il toponimo di Fontana Negra, denominazione che è poi passata alla forcella sovrastante il Masarè.

Il sentiero porta direttamente, sulla sinistra della cascata, alla base della cosiddetta «Scala Menighel» che costituisce la più antica «via ferrata» delle Dolomiti Orientali. Non è propriamente una «via ferrata» come la s'intende oggi, ma comunque era la prima volta che sulle Tofane (o forse nell'intero arco delle Dolomiti Orientali), venivano piantati e cementati dei chiodi fissi, ed in numero così elevato, per superare un passaggio difficile, alto un'ottantina di metri.

La «scala» venne costruita nel 1907 da un valligiano di nome Luigi Gillarduzzi detto Menighel, gestore del rifugio von Glanvell, distrutto più tardi durante la prima guerra mondiale; rifugio che si trovava a metà circa della Val Travenánzes, poco più su dell'omonima malga. Con questa specie di scorciatoia attraverso il «Salto del Masarè» si abbreviava di molto il percorso in direzione della Forcella di Fontana Negra. La differenza è più che evidente dall'esame del terreno: infatti, il sentiero che risale il costone di sinistra (piedestallo della «Nemesis»), compie una deviazione eccessivamente lunga e tortuosa, per coloro che provengono dal lato di Forcella Bos. Per questo, il Menighel costruì l'insolita «scala» cementando nella parete, in senso trasversale, 274 sbarrette metalliche, lunghe circa quaranta centimetri, e disposte alla distanza di un buon palmo, una dall'altra. In tal modo si sale senza sforzo, come sospesi nel vuoto, avendo la parete (verticalmente) sul fianco destro: questo per quanto riguarda il tratto inferiore della «scala», dove si trovano ancora infisse le sbarrette originali dell'epoca. Quelle che si trovavano nella parte alta, vennero segate o contorte dagli Austriaci, quando gli Alpini – nel 1916 – conquistarono il cosiddetto «Trincerone Verde», sul bordo occidentale del Masarè.

Nel 1957, un gruppo di «Scoiattoli» tra cui Luigi Ghedina e Claudio Zardini, provvide a riattare la «scala» rimettendo in efficienza le sbarre piegate e sostituendo quelle mancanti. Si può notare la differenza fra i vecchi e nuovi ferri, dato che questi ultimi sono ripiegati ad U con en-

Il «Sasso Cubico» con l'ingresso all'interno della postazione.

trambe le estremità fissate nella roccia, mentre gli altri sono infissi da una parte sola. Inoltre i vecchi ferri hanno la sezione rettangolare, mentre quelli nuovi sono di forma arrotondata. A metà della parete c'è una bella cengia che interrompe la tensione dell'arrampicata: un consiglio che vale – naturalmente – per i neofiti della montagna. Giunti alla sommità della «scala», si risale il vallone per un sentiero comodo e ben segnato, con l'unico rammarico di doverlo fare in salita. Il paesaggio circostante ha l'aspetto di un terreno lunare, sconvolto e frantumato da un immane terremoto. In questo groviglio di massi, si vedono trincee, postazioni e cavernette, che rendono particolarmene interessante tutta la zona del Masarè. A mezza strada dalla Forcella di Fontana Negra, è di prammatica una visita al «Sasso Cubico», riconoscibile per il suo aspetto di fortino ben squadrato. Giunti ad un largo spiazzo fra i massi, invece di proseguire per il sentiero in direzione di Forcella Fontana Negra, si svolta a sinistra (in direzione della Nemesis) e poco dopo ci appare il piccolo fortilizio costruito dagli Austriaci, nel vano tentativo di fermare l'avanzata degli Alpini. Osservando l'interno del «sasso» dall'ingresso, vediamo un breve corridoio, con due profonde incavature sulla sinistra, che dovevano probabilmente servire come corpo di guardia per gli occupanti. Addentrandoci nella caverna troviamo, sulla destra, un largo vano ove si possono ancora vedere dei pagliericci di legno, per il riposo della piccola guarnigione. Al centro della parete, fronteggiante l'ingresso, si trova una grossa feritoia quadrata per la postazione della mitragliatrice, accanto alla quale ce n'era un'altra più piccola, che serviva probabilmente per l'osservazione del tiro. Qui si svolse l'accanita resistenza del gruppo di comando austriaco, durante i combattimenti del luglio 1916. Dopo una breve sosta, che serve anche a ripigliare un po' di fiato, si riprende a salire verso la Forcella di Fontana Negra, sino al Rifugio C. Giussani, dove finalmente il giro della Tofana di Rozes, può dirsi praticamente concluso. Il tempo impiegato, compresa la discesa al Rifugio Dibona, si può calcolare nell'ordine di 8-9 ore.

L'ASCENSIONE DELLE TRE VETTE

Dopo le facili traversate lungo il perimetro del gruppo, sarà opportuno salire le tre vette (per le vie normali) in modo d'avere un quadro d'insieme dell'intero massiccio. Questa visione la si può anche avere salendo con la funivia «Freccia nel cielo» sulla vetta della Tofana III, ma sarebbe preferibile – almeno per chi ha un minimo di possibilità fisiche – farlo con le proprie gambe. Gli appassionati della montagna ben sanno quali soddisfazioni comporta la conquista di una vetta con le sole proprie forze; tanto più che – in tutti e tre i casi – le difficoltà da superare sono veramente minime. Naturalmente non bisogna prendere sottogamba la montagna, che deve essere affrontata – in ogni

Sopra. Tofana di Rozes: parete NE.
Sotto. Una comitiva di alpinisti sosta alle «Tre Dita».

caso – con buon equipaggiamento ed in compagnia di persone esperte. La salita normalmente più frequentata è quella della Tofana di Rozes, che dispone di un buon rifugio come base.

Il sentiero (indicato con un segno blù) ha inizio dalla base della Punta Marietta ed attraversa obliquamente la vasta gradinata del versante orientale sino a raggiungere l'anticima. Dalla Punta Marietta parte anche un'altra traccia di sentiero (contrassegno in rosso) che porta alle Tre Dita. L'ultima parte della salita si svolge su di un costone, molte volte innevato. Il dislivello da superare è di circa 700 metri; durata dell'escursione: tre ore circa.

Anche la salita alla Tofana di Mezzo per la via normale ha come base di partenza il Rifugio C. Giussani alla Forcella di Fontana Negra. Con la costruzione della funivia, questo itinerario ha perso molto del suo interesse, ma riteniamo sia sempre valido ed anche turisticamente interessante, specialmente in senso inverso: dalla vetta (sulla quale si giunge comodamente con la «Freccia nel cielo») alla Forcella di Fontana Negra. Il senso di marcia in discesa dovrebbe invogliare anche gli escursionisti più pigri a percorrere questo itinerario. Esso è già stato descritto minutamente nel capitolo di carattere storico, ma non sarà inutile ripeterne gli estremi: si risale il canalone ghiaioso sulla destra di Punta Giovannina sino alla non sempre agibile Forcella del Vallon. Poi per una delle cengie che tagliano il versante O della montagna si raggiunge il «campo nevoso occidentale» e lo si risale, sulla sinistra, fino a raggiungere la sella fra la Tofana II e III. Quindi si percorre la cresta sulla destra, munita di corda metallica fissa, sino a raggiungere la vetta della Tofana di Mezzo, affollata di turisti in ammirazione del panorama. Tre ore sono più che sufficienti per raggiungere questa vetta, ormai deturpata per sempre. Di maggior interesse il proseguimento della traversata sino alla Tofana III, che presenta ancora il suo aspetto originario.

Dalla selletta fra le due montagne si prende un facile camino (munito di corda metallica) che porta sulla cresta, anch'essa attrezzata come «via ferrata», sino alla vetta. Dopo essere risaliti per un centinaio di metri lungo il crinale, si può effettuare una interessante deviazione per proseguire su di una larga cengia che attraversa il pendio meridionale, passando sopra il «campo nevoso» di Potofana, sino a raggiungere lo spigolo NO, dove si trovano delle trincee. Si risale ancora per una cinquantina di metri lungo lo spigolo per una serie di gradini scavati nella roccia e si giunge davanti all'ingresso di una galleria che attraversa per 70 metri in senso orizzontale la montagna. L'uscita si trova sullo spigolo E e ci offre una magnifica visione della conca di Cortina. Si riprende a salire nuovamente da questo lato per circa una ventina di metri di dislivello e si giunge in vetta. Anche questa deviazione richiede almeno tre ore per essere portata a termine.

La discesa avviene lungo il facile declivio del versante N fino alla quota 2922, dove la cresta si biforca in due rami ad Y, e dove si trovano ruderi di baraccamenti italiani del tempo di guerra. All'insellatura con la Cima Formenton ha inizio un buon sentiero militare (N. 407) che scende per una profonda gola, al cui termine si trova la diroccata ex caserma italiana di Formenton. Il sentiero attraversa poi la morena occidentale e raggiunge la Forcella Ra Valles. A questo punto c'è la possibilità di utilizzare la funivia «Freccia nel cielo» per rientrare più in fretta a Cortina, oppure proseguire ancora per la mulattiera che porta a Rumerlo, Gilardon e Lacedel. In senso inverso si svolge la via normale di salita alla Tofana III, per effettuare la quale occorrono circa 6 ore di buona camminata. Poco prima di affrontare la sommità terminale, dove praticamente finisce il sentiero N. 407 (più avanti infatti si avrà solo una labile traccia sul ghiaione) si passa accanto ad una bella e solida baracca, incastrata nella roccia. Si tratta di una fedele ricostruzione di un ricovero militare del periodo di guerra, che oggi serve ottimamente come bivacco o riparo d'emergenza.

Percorsi attrezzati in Tofana

I percorsi attrezzati, denominati comunemente «vie ferrate», sono la principale caratteristica delle Tofane. Su di essi si svolge un'intensa attività escursionistica di buon livello: si è calcolato ad esempio, che, sulla «ferrata Lipella» (per esperti) transitino normalmente, durante una stagione, dalle tre alle quattromila persone, ed anche più. Le ferrate sono essenzialmente tre con alcune diramazioni e collegamenti, più un lungo itinerario per cengia naturale, che forma un anello sostanzialmente in quota intorno alle Tofane. Si è così realizzato un percorso spettacolare, per l'arditezza dei passaggi e la logica progressione dei diversi itinerari, che costituisce la più valida ed emozionante traccia per chi voglia visitare i luoghi ove si svolsero gli acrobatici combattimenti della «guerra d'aquile» sulle Tofane.

In quel periodo, sia gli Italiani che gli Austriaci realizzarono nella zona, naturalmente per scopi bellici, diverse vie attrezzate: Castelletto, Cengia Martini sul Lagazuoi, Creste Bianche, Col Rosà (lungo il camino alla destra dell'attuale ferrata), Cristallo, Averau, Fanis-Vallon Bianco, Sasso di Stria ecc. Poi, finita la guerra, anche le vie attrezzate caddero in disuso e vennero smantellate dai recuperanti di materiali ferrosi. In parete ci andava solo chi sapeva

Versante NO della Tofana di Rozes con il tracciato della via ferrata «Giovanni Lipella». Sono inoltre indicati i sentieri che dalla Val Travenánzes conducono a Forcella di Fontana Negra. (Foto G. Ghedina)

Giovanni Lipella

fare dell'alpinismo, e gli altri badavano a non discostarsi troppo dai sentieri. Solo nel 1957, per iniziativa delle guide di Cortina, venne realizzata, sulla Tofana di Mezzo, la prima via ferrata ad uso alpinistico-turistico.

Gli infissi artificiali (funi d'acciaio, pioli, scalini metallici e scale complete), la cui posa in opera su pareti verticali o addirittura strapiombanti è spesso un capolavoro di tecnica e di ardimento, consentono anche a chi non è scalatore di superare passaggi che, senza attrezzatura, presenterebbero difficoltà di terzo, quarto e anche quinto grado. In genere questi percorsi dovrebbero essere vietati alla maggior parte dei turisti domenicali. Alpinisticamente queste vie non sono classificabili, anche se, spesso, la loro effettiva difficoltà meriterebbe una qualche classificazione. In pratica una via ferrata è percorribile da tutti coloro che siano dotati di una certa destrezza e forza fisica, purché non soffrano di vertigini ed abbiano un minimo di conoscenza dell'ambiente dolomitico. Meglio ancora se accompagnati da una guida o da un esperto di montagna. Agli alpinisti solitari si consiglia, in ogni caso, l'uso di un cordino lungo un paio di metri e di un moschettone da agganciare alla corda fissa. Qui, cercheremo di descrivere le diverse «vie ferrate» in modo da collegarle fra loro, realizzando un interessante itinerario circolare.

VIA FERRATA LIPELLA

Iniziamo il nostro giro ancora dal rifugio Dibona in direzione del Castelletto, risalendo quindi l'omonima galleria. Tralasciamo la descrizione di questo tratto, rimandando il lettore al precedente capitolo (Giro basso della Tofana).

Giunti sul bordo superiore del cratere di mina al Castelletto, invece di scendere sulla sinistra in direzione del Sasso Misterioso, si prosegue per una larga cengia sino a giungere alla prima fune metallica. Una targa in bronzo segna l'inizio della via, dedicata alla medaglia d'oro ([1]) Giovanni Lipella, irredento trentino e volontario di guerra caduto in combattimento sul Monte Asolone, nel giugno del 1916.

Si superano molto agevolmente i primi sbalzi di roccia e quindi una traversata orizzontale che porta ad una seconda cengia. Più in alto, su di una cengietta, si trovano delle corde fisse, che consentono una breve deviazione per raggiungere due belle grotte naturali: una più grande con apertura ovoidale ben delineata e l'altra, più piccola, con imboccatura tondeggiante. Tornati sulla cengia precedente, si effettua un'altra traversata orizzontale, con la quale si aggira lo spigolo che divide la parete O da quella N. Per una cengia molto ampia si attraversa la parete nera, intersecata da colatoi d'acqua, proveniente dal disgelo dei soprastanti nevai. Tutta la roccia è stillante d'umidità, il che rende il passaggio piuttosto delicato, specialmente nel caso d'improvvise gelate. Lo scolo delle acque, tiene costantemente ricolme due piccole vasche, a forma di catino, che si trovano quasi al termine del tratto di rocce nere. Una sorsata d'acqua fresca ed una sciacquata alle mani ed alla faccia, sono di prammatica per gli alpinisti accaldati. Poi si deve ancora salire per un tratto di paretina verticale, che è superabile anche con una variante che si snoda all'interno di una galleria naturale. Per altre cengie e facili salti di roccia, si giunge in un punto, dal quale si possono ammirare – finalmente – le altre due Tofane.

Si giunge così ad una comoda cengia, per la quale si può raggiungere le Tre Dita e quindi il rifugio Giussani, oppure proseguire – sulla destra – per circa 300 metri su di un cengione leggermente inclinato e non munito di corde fisse. In caso di maltempo, di stanchezza o per l'ora tarda, conviene interrompere la salita, che – in quest'ultima parte – presenta ancora qualche difficoltà.

Al termine del «sentierone», di cui si è detto più sopra, ha inizio un nuovo tratto di corde fisse che taglia obliquamente (da sinistra verso destra) l'imponente anfiteatro roccioso che ha il suo culmine nell'anticima di Rozes. Il paesaggio dà l'impressione di una cupa bolgia dantesca, appena lambita dal sole nel tardo pomeriggio della stagione estiva. La via ferrata s'impenna paurosamente (ma sempre con

---

([1]) Trascriviamo la motivazione della medaglia d'oro: «Irredento e volontario di guerra portò e comunicò fede ed entusiasmo nei suoi mitraglieri. Durante l'infuriare del bombardamento nemico, corse da un'arma all'altra, tutti incitando con la parola e con l'esempio alla resistenza ed alla fiducia nelle sorti del combattimento. Rimasta un'arma senza tiratore e senza serventi e in una posizione ormai insostenibile, noncurante del violento fuoco avversario, se la caricò sulle spalle, e, portatala in altro luogo, riaperse da solo il fuoco sulle ondate nemiche. Ferito una prima e una seconda volta, continuava a tirare fino a che colpito ripetutamente al petto, cadde offrendo in olocausto alla Patria la sua bella esistenza».

In alto: Inizio della ferrata. (Foto G. Ghedina) - *Al centro*: La prima traversata. Sullo sfondo il Castelletto. (Foto G. Ghedina) - *In basso*: La grotta ovale. (Foto G. Ghedina)

Diversi passaggi lungo il primo tratto della «Ferrata Lipella».

straordinaria sicurezza) su questa tenebrosa parete a forma di gradinata. È questo il punto più esposto e impegnativo dell'intero percorso e va quindi affrontato nelle migliori condizioni. Dopo un paio di salti di roccia si giunge sotto un tetto orizzontale, segnato da una caratteristica striscia di roccia giallastra. Si prosegue verso destra fino a scavalcare lo spigolo che delimita l'anfiteatro, e quindi per la parete – sempre attrezzata con corde – si raggiunge l'anticima a quota 3000. Da qui, in poco più di mezz'ora, si raggiunge la vetta per la via normale.

Il tempo di salita, dall'attacco, è di circa tre-quattro ore. La discesa al rifugio Giussani (segnata con vernice blu) è abbastanza comoda e richiede, perlomeno, un'ora e mezza di tempo. Il giro completo, con partenza e rientro al rifugio

Passaggio del costone centrale.
(Foto G. Ghedina)

Dibona, dura all'incirca sette-otto ore. Trattandosi di un percorso realizzato su di un versante N, si deve avere l'avvertenza di effettuarlo durante la stagione estiva (luglio-agosto-settembre) per non dover trovare delle cattive sorprese (ghiaccio, neve o cascate d'acqua). Da tener presente che il sole compare sulla parete nel pomeriggio. Ogni anno, agli inizi di stagione, le guide di Cortina per conto dell'Azienda Autonoma di Soggiorno e Turismo, ne effettuano il controllo, per riparare gli eventuali danni. Recentemente sono state sostituite tutte le corde fisse in cattivo stato di conservazione.

CENGIA PAOLINA

Dopo il giro della Tofana di Rozes per la «ferrata Lipella», vale la pena di pernottare al rifugio Giussani, per compiere, il giorno dopo, il periplo alto delle due rimanenti vette: Tofana di Mezzo e Tofana di Dentro. L'itinerario si snoda, senza notevoli variazioni di quota, lungo le cenge e le terrazze che delimitano il versante occidentale del massiccio, collegando Forcella di Fontana Negra alle località di Potofana ed Orte. L'ambiente è quanto di più selvaggio e solitario si possa desiderare, ed è totalmente differente, anche dal punto di vista paesaggistico, da ogni altro versante del gruppo. L'itinerario, già abitualmente percorso dai reparti austriaci durante la «grande guerra», venne riscoperto e segnato, nell'estate del 1966, da un gruppo di «Scoiattoli» cortinesi, tra i quali Carlo Gandini e Bruno Menardi. Essi, in onore della loro maestra elementare, diedero il nome di «Paolina» alla cengia in questione; che risulta percorribile – in tutta la sua lunghezza – senza l'aiuto di corde fisse o di altre sistemazioni artificiali. È però necessario rilevare che, in qualche tratto, l'itinerario è molto esposto e può presentare delle difficoltà, specialmente in presenza di neve o di ghiaccio.

Dal rifugio Giussani, contornando la base della Punta Giovannina, ci si avvia in direzione del profondo intaglio che segna – lungo il versante SO – la linea di demarcazione fra la Tofana II e la III. Esso forma una specie di cono di deiezione, alla base del quale si è formato un ripido nevaietto, che permette di raggiungere una cengia, che – nel periodo di guerra – era stata intitolata al nome del tenente Sabelli. Facendo attenzione alle segnalazioni di colore rosso (ma non c'è pericolo di sbagliare, in quanto la cengia non ha altre diramazioni) si prosegue, aggirando il campanile della Némesis. Qui la cengia è alta ben 670 metri sulla Val Travenánzes e, pur espostissima, offre un agevole transito verso il primo circo della Tofana di Dentro. Si prosegue attraverso ghiaioni, sempre costeggiando la parete, e si giunge ai piedi del nevaio ghiacciato di Potofana, dove abbiamo il secondo circo. Si scende per l'ampio vallone morenico, svoltando poi sulla destra per una grande cengia ben visibile. Al termine di questa cengia (che si restringe nella sua parte finale) si raggiunge il terzo circo, assai ampio e ricco di vegetazione d'alta quota. Lo si attraversa per una pista di camosci e si raggiunge la località di Orte. A questo punto si potrebbe scendere per il caratteristico canalone ghiaioso de ra Ola, verso Ponte Alto o il Passo di Posporcora, ma per chi intende completare il periplo del gruppo e rientrare al rifugio Dibona (per riprendersi magari la propria macchina, lasciata in posteggio) dovrà scendere a Ra Valles, per il sentiero N. 407.

Sarà però, in ogni caso, opportuno mantenersi sul tracciato in quota che compie un largo giro sotto le pareti di Cima Formenton e delle due Tofane, sino a raggiungere la quota 2470 m, dove si trova la stazione intermedia della «Freccia del Cielo», sul bordo orientale del vallone. Qui, ha inizio il sentiero ferrato «G. Olivieri» che collega Ra Válles al rifugio Pomedes, lungo il versante meridionale del Dos de Tofana. Una scorciatoia molto remunerativa e relativamente facile; realizzata – qualche anno fa – da Luigi Ghedina, per completare, ad anello, il complesso delle vie ferrate dedicate a Giuseppe Olivieri. Dopo una breve sosta

Passaggio sulla ferrata Formenton in Tofana Terza.

Passaggi lungo il tratto sommitale della «Ferrata Lipella».

1 - Bivacco sulla Tofana Terza all'inizio della ferrata Formenton. 2 - Tracce di sentiero militare sulla cengia Paolina. 3 - In vista delle pendici meridionali del Vallon Bianco. 4 - Località Potofana. 5 - Verso gli «Orte de Tofane». 6 - Canalone «Ra Ola».

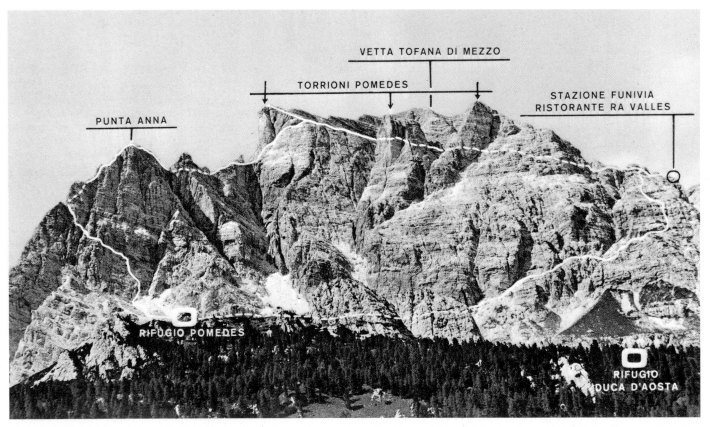

I Rifugi Pomedes e Duca d'Aosta con le cime: Punta Anna, Torrioni Pomedes, Vetta Tofane di Mezzo e la stazione funivia ristorante Ra Valles. (Foto G. Ghedina)

al rifugio Pomedes (il giro – in effetti – è molto lungo e faticoso) si riprende il cammino in direzione del sentiero Astaldi (di cui abbiamo già parlato) e si raggiunge – finalmente – il Vallon Tofana ed il rifugio Dibona.

VIA FERRATA ALLA TOFANA DI MEZZO

L'iniziativa della realizzazione di questo grandioso itinerario, il primo installato nelle Dolomiti d'Ampezzo, va attribuita alla notissima guida cortinese Luigi Ghedina, che – in quegli anni – si era costruito il rifugio Pomedes, proprio alla base dello sperone roccioso che si protende dalla Punta Anna, sui contrafforti meridionali della montagna. Allo studio del percorso e alla sistemazione del tracciato, collaborarono attivamente con Bibi Ghedina, numerosi suoi colleghi: Ettore Costantini, Albino Michielli, Candido Bellodis e Claudio Zardini, i quali poi, con Fausto Dibona, Beniamino Franceschini, Pietro Apollonio, Albino Alverà e Marino Bianchi, attuarono la posa in opera delle attrezzature con un lungo e appassionato lavoro che li tenne occupati per ben 125 giornate lavorative di 10-11 ore ciascuna. La ferrata si snoda essenzialmente lungo la cresta dentata che costituisce lo spigolo S del contrafforte (Punta Anna), gira poi attorno i Torrioni di Pomedes, con un percorso più volte rimaneggiato, sino a raggiungere il caratteristico Bus de Tofana, e s'innalza sino alla massima vetta seguendo sostanzialmente il tracciato della via Mackintosh. Dopo l'inaugurazione della via (1957) furono compiuti altri lavori di miglioramento per eliminare, soprattutto, il passaggio in alcuni canaloni franosi che richiedevano continui lavori di manutenzione.

Nel 1966, il tracciato tra la Punta Anna e il Bus de Tofana, anziché portarsi (a mezza costa) sul versante meridionale per poi risalire il faticoso ghiaione, venne tenuto più alto, in prosecuzione del crestone roccioso. Si realizzava così un percorso molto più sicuro e panoramicamente più interessante, riducendo – in parte – anche il tempo di percorrenza. L'inconveniente delle frane e delle scariche di sassi non venne però del tutto eliminato, in quanto la via, anche passando più in alto, riattraversava nuovamente la paretina scabrosa.

Luigi Ghedina, che di questa ferrata è sempre stato il «patron», ha riordinato – qualche anno fa – in modo definitivo, il tracciato di questa via, apportandovi una sostanziale modifica. Con drastica decisione, ha mantenuto in quota il tracciato del sentiero, facendolo passare tra due grossi spuntoni di roccia, ben visibili sopra il Bus de Tofana. Il passaggio chiave è sul versante N di uno di questi torrioni. Un passaggio decisamente difficile, su di uno strapiombo impressionante, alto un centinaio di metri. Qui, il sentiero sembra terminare nel vuoto e sono molti gli escursionisti che preferiscono ritornare sui propri passi,

«Via Ferrata» alla Punta Anna.

Via ferrata alla Tofana di Mezzo. - *A sinistra*. Il passaggio molto esposto della «via ferrata Aglio». - *A destra*. Il sentiero prosegue, senza altre difficoltà, verso il «Bus de Tofana».

compiendo magari quella deviazione nel canalone, assai meno esposta. La corda metallica di supporto è fissata all'altezza dei piedi, e quindi bisogna abbassarsi di molto con il corpo, per effettuare la breve ma emozionante traversata: una quindicina di metri in tutto. Appena si è in posizione, con le mani aggrappate alla corda ed i piedi appoggiati ad un esile cornice, si ha la sgradevole sensazione d'esser buttati all'infuori, specie se abbiamo sulle spalle uno zaino troppo pesante. È assolutamente necessario non lasciarsi prendere dal panico, avere il polso fermo e magari farsi assicurare dai compagni di cordata. Non dimentichiamo di fissare il moschettone, per ulteriore sicurezza, alla corda metallica. Al massimo, si potrà rimanere appesi come salami nel vuoto. Ricordo che per effettuare tale passaggio, ho dovuto utilizzare gli avambracci all'altezza del gomito, per mantenere l'aggancio con la corda fissa. In ogni caso il passaggio va affrontato in modo deciso e senza titubanze. Coloro che temono di non farcela è meglio che vi rinuncino a priori: dopo la Punta Anna e prima del terzo Torrione di Pomedes, troveranno un sentiero veloce e ben segnalato che li porterà alla stazione intermedia della funivia.

Mi ha detto in proposito Luigi Ghedina: «Non si può pretendere che tutti possano andare con tranquillità sulle vie ferrate. Bisogna che ci siano anche percorsi attrezzati che per alcuni vanno bene e per altri no. In ogni modo non si poteva più mantenere in esercizio il vecchio tracciato perché richiedeva troppe riparazioni. In quel tratto il sentiero andava giù in un profondo canalone e poi risaliva al Bus de Tofana, ma c'erano sempre corde rotte, perché non si poteva esser lì a controllare ogni volta quel che succedeva. In queste condizioni la ferrata diventava un pericolo. Tutto sommato, è molto meglio utilizzare questo passaggio, difficile fin che si vuole, ma sicuro e inamovibile».

Questa seconda parte, che inizia dalla Punta Anna, ove ha termine la «ferrata Giuseppe Olivieri», e si conclude al Bus de Tofana, è stata dedicata all'alpinista Gianni Aglio, finanziatore dell'opera. Anche il torrione, munito di una doppia corda, una per la salita e l'altra per la discesa, è stato battezzato con il nome Gianni. Vi si gode di una visione panoramica eccezionale. Il Bus de Tofana è un punto nodale della ferrata, dal quale per un ripido canalone ghiaioso (versante S) si può scendere in mezz'ora circa al rifugio Giussani. A N abbiamo la conca di Ra Válles, per la quale si può scendere facilmente alla stazione della funivia. Recentemente in questa località è stata installata una seggiovia. Il terzo tratto della ferrata affronta la grande piramide sommitale, segnata da innumerevoli stratificazioni colorate. Con l'arrivo in vetta della funivia «Freccia nel cielo» il percorso attrezzato, almeno in questa parte finale, ha perso un po' del suo interesse ma è sempre ugualmente frequentato. Dal Bus de Tofana si prosegue prima su roccia (corde fisse), poi traversando un piccolo nevaio e salendo quindi per ghiaie miste a rocce verso un canalone che si risale sulla destra orografica (corde fisse) fino ai piedi di una parete. La si supera da sinistra a destra raggiungendo un piccolo pulpito.

Superata una parete esposta (due scale metalliche), si prosegue per una cengia verso sinistra che porta sulla cresta meridionale della Tofana di Mezzo. Tenendosi leggermente a destra si superano due tratti di roccia (corde fisse) e quindi (scala metallica) si ritorna in cresta dove si aggirano alcune rocce su una cengia molto esposta ma larga. La salita diventa poi libera su rocce solide alternate da tratti di sentiero segnato. Raggiunta l'anticima si scende per alcuni metri ad un piccola forcella, si traversa in cengia verso destra e poi direttamente in vetta. La via di discesa, per chi voglia raggiungere il rifugio Giussani, segue la parete NO, prima per cresta e poi lungo il nevaio ghiacciato, alla fine del quale si prende a sinistra per cengia e sentiero fino a raggiungere il grandioso ghiaione che si percorre in ripida discesa, fin nei pressi della Forcella di Fontana Negra. Un buon sentiero lungo il Vallon Tofana e la traversata Astaldi ci riportano al rifugio Pomedes. Il giro completo richiede almeno otto ore. Più rapido il rientro – dalla vetta della Tofana a Cortina – mediante la funivia. Di recente, la società che gestisce la funivia, ha fatto installare lungo tutta la cresta che collega la vetta della Tofana II con quella della Tofana III delle solide corde metalliche, che rendono più agevole lo spettacolare percorso.

VIA FERRATA ETTORE BOVERO AL COL ROSÀ

Completata la rassegna delle principali vie ferrate esistenti nel gruppo delle Tofane, non ci rimane che parlare di quella realizzata al Col Rosà, in posizione forse un po' decentrata ma di non minore interesse, nei confronti delle altre. Essa venne realizzata dalle guide cortinesi nel 1965, sul bordo di una profonda spaccatura, che già era servita, durante la guerra, a proteggere un altro percorso attrezzato. Furono impiegati 320 metri di corda metallica, 40 chiodi e 30 scalini di ferro.

Trascriviamo la relazione diffusa dai promotori della ferrata: «Dal Passo Posporcora (tabella) si raggiungono per sentiero a zig-zag le rocce del Col Rosà, dove sono ben visibili alcune caverne di guerra. Si costeggiano a sinistra le rocce e poi si sale verticalmente, superando alcuni facili salti, fino a raggiungere la parete superiore. Qui è posta, vicino ad una grotta, la targa di metallo che ricorda Ettore Bovero. Si prosegue a destra per sentiero fino ad un ballatoio (bella veduta della conca ampezzana). Si sale verticalmente per circa 10 metri (corde fisse) e si prosegue poi per facili rocce non attrezzate. Una parete verticale di 30 metri con buoni appigli ed una breve traversata verso destra portano allo spigolo che si risale per circa 30 metri abbastanza esposti. Si traversa a sinistra per 4-5 metri (molto esposto); poi si sale verticalmente per circa 50 metri (esposto ma con buoni appigli). Altri 20 metri impegnativi portano al termine del tratto esposto. Per alcuni salti di roccia e poi per sentiero si raggiunge una spaccatura che si supera mediante vecchi scalini di guerra raggiungendo poi in breve la vetta. Il tempo di percorrenza dal Passo è di circa un'ora e mezzo. In tutta la zona della cima ci sono da visitare interessanti gallerie militari. La discesa si svolge tutta per sentiero, lungo il versante N, coperto di rododendri. Dopo circa un chilometro, il sentiero N. 447 piega a destra fino a ruderi militari, poi scende per mughi e bosco per la parete NE fino ad un ghiaione, disceso il quale, in breve, si prende la strada che raggiunge nuovamente il Passo Posporcora. Percorrenza dell'intero giro: 4 ore.

Le tre Tofane dal rifugio Mietres.

Impianti di risalita e piste sciistiche

L'attività sciistica lungo la fascia NO della conca di Ampezzo, è concentrata – in massima parte – sulle pendici orientali della Tofana di Mezzo, che si presentano molto ben soleggiate durante il mattino. Qui, sorsero – negli anni Trenta – i primi rudimentali impianti di risalita denominati slittovie. Si trattava, com'è facile intuire, di grossi slittoni, trainati verso l'alto da un sistema di funi, e sui quali trovavano posto i primi sciatori. Ne venne costruito uno in direzione del Canalone di Tofana, ed un altro verso il Col Druscié, sul cui tracciato s'installarono poi le attuali seggiovie. Esse servivano un paio di piste ciascuna, tra cui una riservata ai soli campioni e denominata «Duca d'Aosta», perché il principe Amedeo vi si era slogato una spalla con un impressionante capitombolo.

Tutti questi impianti vennero potenziati, in previsione dei Giochi Olimpici Invernali che si tennero in Cortina nel 1956; ed oggi l'intera zona possiede attrezzature di ottimo livello internazionale. Il carosello degli impianti ha inizio da Campo Corona e sale, per diverse vie, al Son dei Prade, al Col Taron, a Pomedes e al Col Druscié, servendo ben tredici piste di varia difficoltà. Tutte assai facili quelle poste tra Pocol e il Col Druscié, e per di più collegate fra loro da sciovie (Pocol, Olimpia, Crignes, Roncate e Colfiere). Di maggior importanza la seggiovia Tofana, costruita nel 1950 ed oggi raddoppiata. La stazione di partenza è situata in località Rumerlo, ai piedi del Col Druscié, raggiungibile in auto da Cortina. Essa porta a quota 2098 m, dove sorge il rifugio-albergo Duca d'Aosta, superando una lunghezza di 1224 m e un dislivello di 420 m. Da qui ha inizio la famosa «*Pista del Canalone*», che scende nel primo tratto sul ripido ghiaione in zona aperta, immettendosi, dopo circa un chilometro, nel bosco, sino a raggiungere la località di Colfiere. La pista è lunga 4100 m, e – pur essendo molto ampia – ha una pendenza sensibile e presenta continue difficoltà. È giudicata difficile e consigliata ai soli esperti. Lo sciatore medio può facilmente discendere in sicurezza con lo stem. Durante i Giochi Olimpici essa servì per la gara di discesa libera e lo slalom gigante femminile.

Altrettanto difficile la «*Pista Cacciatori*», che scende fra i mughi sulla sinistra del Canalone e parallela ad esso. Non sempre viene battuta. Molto difficile la pista «*Vertigine Bianca*», che si snoda tra i massi e mughi sulla destra del Canalone, al quale poi si ricollega, in fondo al ghiaione. Molto difficile anche la «*Pista Labirinti*» che scende lungo il tracciato della seggiovia, con possibilità di collegarsi sia con il Canalone che con la pista Olimpia. Facile invece la «*Pista Tofanina*», che parte dal rifugio-albergo Duca d'Aosta e raggiunge la strada che porta al rifugio Dibona, sino alla Malga Fedarola, dove si presentano due possibilità: o, di raggiungere, sulla sinistra, la località Piemerlo, oppure, sulla destra, le piste di Son dei Prade, sopra Pocol, per le quali si raggiunge Cortina. Gita della lunghezza totale di circa 8 chilometri, adatta ad ogni categoria di sciatori.

Nelle adiacenze del rifugio-albergo Duca d'Aosta si ha la stazione di partenza del secondo tratto di seggiovia per il Pomedes, costruito nel 1955. Esso è denominato «*Stratofana*» e porta a quota 2283, superando un dislivello di 184 m ed un lunghezza di 654 m. Da qui parte la pista del «*Vallon di Pomedes*» di media difficoltà. Essa scende dapprima per un ripido pendio e poi per un largo e facile cana-

Stazione di arrivo della teleferica militare sulla Tofana III. (Foto R. Zardini)

Sciatori ampezzani agli inizi del Novecento.

lone. Costeggia, sulla sinistra, il bordo roccioso della montagna e corre lungo gli enormi ghiaioni che si staccano dalla Punta Anna. Una pista molto scorrevole, dalla quale è possibile accedere direttamente al Canalone, prendendo, fin dall'inizio della discesa, una diagonale sulla sinistra. Di media difficoltà anche la «*Pista Caprioli*», che si svolge tra i mughi sul versante rivolto verso il rifugio Dibona. Accanto al rifugio Pomedes ha inizio la «*Pista Olimpica*», detta anche «*Stratofana*», che può considerarsi come una delle migliori del mondo, per lunghezza, difficoltà e dislivello. Essa venne tracciata in occasione dei Giochi Olimpici, appositamente per la discesa libera maschile. Il suo inizio è assai verticale e forma, tra i due caratteristici spuntoni di roccia, un ripidissimo «schuss». In fondo al muro – che tuttavia si può aggirare scendendo a sinistra sulla variante di Pomedes – il famoso «mare in burrasca» che introduce ai primi due «schuss», difficili ma molto ampi e quindi superabili facilmente in slalom. In fondo due curve nel bosco: sarà necessario fare attenzione di non uscire dal secondo «schuss» in velocità, altrimenti si rischia di volare fuori pista. Sono questi gli accorgimenti consigliati dal grande campione Zeno Colò, che ricorda questa pista di gara, come una delle più belle da lui percorse durante la sua lunga vita sportiva. Proseguendo poi a mezza costa, s'imbocca una doppia curva denominata «S» e si percorre in falsopiano le pale di Rumerlo, sino a giungere in località San Zan, a 1380 m di quota dove ha termine la difficile pista. La sua lunghezza è calcolata in 3500 m, con un dislivello di 902 m ed una larghezza media di 60 metri. Considerati i nuovi criteri per le gare internazionali la parte alta della pista ha subito notevoli lavori di assestamento, che hanno reso il suo tracciato molto più scorrevole e veloce. Si tratta – in ogni caso, come afferma ancora Zeno Colò – di una pista accessibile allo sciatore medio, se si escludono i due muri in alto, che si possono discendere facilmente con successive diagonali.

Tutte le piste che scendono dalla Tofana, trovano un facile collegamento con la zona di Colfiere, attraverso un raccordo che costeggia il Col Drusciè. È possibile inoltre raggiungere le piste della zona Socrepes-Pocol grazie ad deviazione sulla destra, all'altezza dell'arrivo della pista Olimpia. Interessante e assai comoda la sciovia «*Piemerlo*» che, dall'omonima località (m 1557) sale sulle Pale di Rumerlo, superando un dislivello di 145 m. Grazie a questo impianto è possibile immettersi sull'ultimo tratto della pista Olimpia e collegarsi con la parte terminale del Canalone di Tofana, via Colfiere-Campo Corona. Lo scopo principale di questo impianto è appunto quello di sfruttare uno dei tratti più belli della pista Olimpia, che qui è molto larga, piacevole e senza troppe difficoltà.

Dal Col Drusciè, raggiungibile con il primo tratto della funivia «Freccia nel cielo» si dipartono due piste: La «*Drusciè A*» che scende con una serie di muri che tagliano quasi verticalmente il bosco. Il tracciato è però molto ampio e quindi permette di girare con discreta facilità. Malgrado questo, la pista è consigliabile agli sciatori esperti, o perlomeno a coloro che eseguono lo stem. con sicurezza. Le difficoltà sono poi accentuate anche dal fondo di neve compatta e dura, non esposta come le altre piste della zona, ai raggi del sole. La seconda parte della pista, molto meno impegnativa, si snoda fra gli alberi sino a raggiungere la pista del Colfiere. Per la sua forte pendenza essa è particolarmente adatta allo slalom speciale.

La pista «*Drusciè B*» presenta medie difficoltà. Essa è lunga all'incirca 3400 m, e si snoda per la maggior parte nel bosco, su terreno molto vario, con diversi canalini. Ha inizio sulla sinistra del rifugio Col Drusciè con una curva ed un muro lungo circa una trentina di metri, sul quale si può tuttavia scendere in slalom con relativa facilità. Al termine del muro, largo circa 10-15 metri, la pista si restringe ed entra nel bosco con un'ampia curva sulla destra. Si segue un largo sentiero per circa un chilometro e mezzo; dopo di che, una diramazione sulla destra porta, per facili balze e

La funivia «Freccia nel cielo» alla Tofana di Mezzo.

prati aperti, verso Campo Corona; mentre svoltando a sinistra si esce dal bosco e si raggiunge la pista di Colfiere.

Il più importante e moderno fra i numerosi impianti di risalita delle Tofane è senza dubbio la funivia denominata «*Freccia nel cielo*» che da Cortina risale in tre tronchi sino alla vetta della Tofana di Mezzo. Il primo tronco raggiunge il Col Druscié superando una lunghezza di 2200 metri; il secondo tronco raggiunge la località Ra Valles a quota 2464 m, superando in unica campata un dislivello di 700 m per una lunghezza di 1650 m; il terzo tronco raggiunge la massima vetta (m 3244) dove sorge un grandioso belvedere. La lunghezza totale di questo impianto è di 5595 m, e il dislivello complessivo è di 2004 m. Portata oraria di 600 persone. Sciisticamente vengono usati soltanto i primi due tronchi, il terzo costituisce un richiamo per chi vuol ammirare dall'alto il panorama, che nelle giornate di bel tempo, spazia dall'Adamello alla Laguna Veneta.

Si sono ormai placate da tempo le polemiche che seguirono l'ambizioso progetto, specialmente per quel che riguarda l'ultimo tratto, costoso quanto inutile, e non saremo certo noi a rinfocolarle, ma il constatare gli irreparabili danni estetici e alpinistici arrecati alla vetta della Tofana di Mezzo, ci sembra perlomeno doveroso.

Scrisse in proposito Paolo Monelli [1]: «L'altro giorno acciugato con altre trenta persone nella cabina della Freccia nel Cielo, la novissima funivia che porta fin sulla vetta della Tofana di Mezzo, 3244 metri, mi ha assordato la voce del mio agitato vicino, che credevo assorto, col naso sul vetro, nella contemplazione dell'esaltante veduta di vette, di valli, di cielo, "guarda laggiù, come si vede bene la nostra macchina!", e gongolava la moglie, che si scorgesse ancora così bene la loro vettura sul piazzale della stazione sottostante. Per gente siffatta si è costruita questa costosa strada aerea, a così ottusi gitanti si regola la sedentaria conquista di una vetta che pochi anni fa raggiungevano solo rare cordate di pazienti alpinisti, per anguste cenge e un certo campo ghiacciato e un labirinto di rocce?».

Di parere totalmente opposto, un altro grande scrittore di montagna, Dino Buzzati [2]: «A cose fatte, devo dire che non ho sentito più una protesta, per quanto riguarda il paesaggio. È pacifico che la montagna è tanto più bella quanto più lasciata nel suo stato selvaggio. Qualsiasi modificazione o aggiunta solitamente stona. Ed è ben giusto che su questo tasto si tenga duro soprattutto a Cortina dove, è onesto ammetterlo, l'ambiente naturale è più che decentemente rispettato e non si sono commessi i delitti architet-

---

[1] Dall'articolo «Riforme a Cortina» pubblicato sul Corriere della Sera del 17 settembre 1971.
[2] Dall'articolo «La Tofana a portata di mano» pubblicato sul Corriere della Sera del 10 aprile 1971.

tonici che sconciano altre valli celebri. Personalmente non arrivo alle eroiche intransigenze di Antonio Cederna, ma sono dalla sua parte. Eppure, guardando e riguardando la Tofana, non mi sento offeso. Prima di tutto non si tratta di una cima di speciale bellezza. Anzi è senz'altro la montagna meno bella dell'Ampezzano. Non possiede strutture vertiginose, non presenta, come la sorella Tofana di Rozes, splendide pareti da sesti gradi. Alpinisticamente, nonostante la veneranda «via degli inglesi», è di secondario interesse. A nessuno è mai venuto in mente di paragonarla, come si usa per tutte le grandi Dolomiti, a un castello, a un altare, a una selva di minareti, a un eliseo di spiriti e di fate. La contaminazione, comunque, sussiste. Esaminiamola. La fune, anzi le funi (2200 metri da Cortina al Col Druscié, 1655 dal Col Druscié a Ra Valles e 1740 da Ra Valles alla cima) praticamente non si vedono neppure, salvo che in rare situazioni di controluce. Le cabine che vanno su e giù sono come dei silenziosi insetti che non possono disturbare. L'occhio invece del grande dirupo a mezza altezza e la sagoma geometrica della stazione d'arrivo, anch'essa sul bordo dell'ultima parete. Minuscole infrazioni nella vastità della montagna. Tuttavia infrazioni alla purezza, che si ridurranno quando verranno tolte di mezzo le installazioni dei cantieri e i profili geometrici con opportune aggiunte in muratura, verranno raccordati al profilo delle rupi, così da risultare mimetizzati.

Del resto mi sono chiesto: è proprio stabilito che in ogni caso le costruzioni disturbino al paesaggio? I pittori romantici, per abbellire le loro scene alpestri, non mettevano forse dei castelli, delle torri, dei ruderi, in cima ai picchi? E lo scorgere un insediamento umano in luoghi apparentemente inaccessibili e negati alla vita non può suscitare un sentimento di meraviglia favolosa e quindi una emozione poetica? Certo non vorrei la Stazione Centrale di Milano in vetta del Cervino né il grattacielo Pirelli in groppa alla Cima Grande di Lavaredo. Dio ce ne scampi. Ma non per far piacere all'ing. Apollonio, quella visibile presenza umana a forma di mastaba, sulla vetta della maggior Tofana, potrà apparire ad alcuni perfino patetica e rassicurante. Splendido, benché già passato in giudicato è il balzo dal Col Druscié al gradone di Ra Valles, dove centinaia di sciatori guizzano giù per i dossi serviti dagli skilift. Con la cabina si sorvola la pista che da Ra Valles scende direttamente a Cortina: comincia con un impressionante canalone più ripido che

Tofana di Mezzo e Tofana di Dentro nella loro veste invernale. (Foto Alpinismus)

quello classico della Tofana, ma sdrammatizzato all'attacco da una serie di staccionate messe in opera quest'anno. Benché non rischiosa come il canalone del Cristallo, ora in disarmo, è probabilmente la pista più impegnativa di Cortina, ma in condizioni di neve ottima, una delle più esaltanti. Finora gli sciatori sono pochi, forse perché intimiditi dall'aspetto, più preoccupante della realtà».

Grazie a questa funivia è stato possibile raggiungere le magnifiche distese nevose di Ra Valles, rimaste – sino allora – inspiegabilmente dimenticate dal punto di vista sciistico. Tre impianti, disposti a raggiera (sciovia Cacciatori, seggiovia Pian Ra Valles e doppia seggiovia al Bus de Tofana) sfruttando razionalmente l'ampia conca innevata in tutta la sua estensione.

Numerose e varie sono le piste, alcune delle quali utilizzabili anche a primavera inoltrata, come quella che porta al *Bus de Tofana*, dove esiste anche un piccolo nevaio perenne. Essa è lunga all'incirca duemila metri ed è classificata di media difficoltà. Vi è poi la facile pista *Cacciatori*, che scende su ambedue i fianchi dell'omonima sciovia; è molto larga e costantemente in ottime condizioni d'innevamento. Altra pista facile e molta ampia è quella di *Pian Ra Valles* che è, in pratica, la continuazione della precedente, per la lunghezza di circa un chilometro. Vi è poi la difficile pista *Forcella Rossa*, cui faceva cenno lo scrittore Buzzati nell'articolo più sopra citato, che supera l'omonimo valico e scende con notevole pendenza, sul versante di Rumerlo del Dosso di Tofana.

Vi sono poi piste non battute di carattere sci-alpinistico, come quella per la *Val Fiorenza*. Essa scende lungo il canalone Valles di Sotto fino al passo Posporcora, divallando poi in direzione di Fiames. Un'altra, denominata *Pista Ra Cesta*, scende sotto i Tondi di Cianderou, con percorso molto vario e difficile, sino a raggiungere il laghetto Ghedina. Queste tre ultime piste sono consigliabili soltanto a sciatori provetti. E pochi sono, infatti, coloro che vi si avventurano. La gran massa degli sciatori affolla le piste più facili e si tiene lontana da ogni tentazione pericolosa, e questo – forse – non è gran male. Il grande «circo bianco» per il momento è limitato allo spalto di Ra Valles, che offre – di per se stesso – innumerevoli possibilità e straordinarie risorse agli appassionati dello sci. Speriamo che si accontentino e non cerchino d'estendere il loro campo d'azione oltre il dovuto. La città di Cortina, mirabile esempio di urbanistica alpina, che ha saputo inserirsi in un ambiente di grandiosa bellezza senza snaturarlo, speriamo voglia anche valorizzare le risorse sciistiche della Tofana con oculatezza e rispetto dell'ambiente. L'irretimento delle funi d'acciaio sembra aver raggiunto il limite massimo, oltre il quale i benefici acquisiti potrebbero trasformarsi in danno irrimediabile per l'intera comunità.

Bibliografia

ALVERÀ PIETRO, *Cronaca d'Ampezzo*, 4 volumi dattiloscritti.
ASTE ARMANDO, *I Pilastri del Cielo*, Ediz. Reverdito, Trento 1975.
BATTISTI CARLO, *I Nomi Locali dell'Ampezzano*, dall'«Archivio per l'Alto Adige», Ediz. Istituti di Studi per l'Alto Adige, Annata L, Firenze.
BELLI MARIO FERRUCCIO, *Storia di Cortina d'Ampezzo*, Ediz. Tamari, Bologna 1973.
BERTI ANTONIO, *Dolomiti Orientali*, Vol. I, par. 1ª, IV Ediz., Ediz. C.A.I. - T.C.I., Milano 1971.
BOCCARDI RENZO, *Uomini contro Montagne*, Mondadori, Milano 1935.
BRENTARI OTTONE, *Guida Storico Alpina del Cadore*, Ediz. Stab. Tip. Sante Pozzato, Bassano 1886.
BRESCIANI BRUNO, *Il Castello di Bottestagno in Ampezzo*, Ediz. Cassa di Risp. di Verona, Vicenza e Belluno 1953.
DE AMICIS UGO, *Piccoli Uomini e Grandi Montagne*, F.lli Treves Ed., Milano 1924.
DE GREGORIO BEPI, *Cortina e le sue Montagne*, Ediz. Cappelli, Bologna 1952.
DE GREGORIO BEPI, *Primo Centenario della salita alla Tofana di Mezzo 29 Agosto 1863*, Verona 1963.
EDWARDS AMELIA, *Untrodden peaks and unfrequented valleys*, London 1873.
GANDINI CARLO, *Prime salite e ripetizioni delle guide ampezzane*, dalla rivista «Due Soldi», Notiz. della Cassa Rurale e Artigiana di Cortina d'Ampezzo, 1966.
GANDINI CARLO, *Prime salite, ripetizioni importanti e prime invernali degli Scoiattoli di Cortina*, Ediz. della Cassa Rurale e Artigiana di Cortina d'Ampezzo, 1968.
GANDINI CARLO (a cura), *Angelo Dibona*, Ediz. Alpine, Foto Ghedina, Cortina 1976.
GANDINI CARLO e ALVERÀ FRANCO (a cura), *40 Anni di prime salite e soccorsi in montagna degli Scoiattoli di Cortina*, Ediz. Cassa Rurale ed Artigiana di Cortina d'Ampezzo, 1979.
J. GILBERT & G. C. CHURCHIL, *The Dolomites Mountains*, Longmann Green and Co., London 1864.
GLANWELL WOLF, *Dolomitenführer*, Wien 1898.
GROHMANN PAUL, *Wanderungen in den Dolomiten*, Verlag von C. Gerolds' Sohn, Wien 1877.
GUICCIARDINI GIULIO, - CORSI SALVIATI, *Il Tabià e le sue decorazioni ad intaglio*, in «Lares», n. 2, pp. 83/88, aprile 1938.
KARMANN EUGENIO, *Il Castelletto*, Dal «Notiziario» del Circ. per il Personale B.C.I., Milano 1976.
—, *Le Alpi Venete*, Rassegna delle sezioni trivenete del C.A.I., Vicenza.
MAJONI ANGELO, *Cortina d'Ampezzo nella sua parlata*, Tip. Valbonesi, Forlì 1929.
MARCUZZI GIORGIO, *La Fauna delle Dolomiti*, Ediz. Manfrini, Calliano 1976.
MARIOTTI FELICE, *Cortina nei secoli*, Ediz. Mursia, 1976.
MARIOTTI G. ANGELO, *Studio Geologico del Gruppo delle Tofane*, Tesi di laurea per l'anno accademico 1963-1964, Università degli Studi di Modena.
NOE H., *Toblach, Ampezzo und die Dolomiten des Ampezzaner Thales*, 1883.
PAMPANINI RENATO e ZARDINI RINALDO, *Flora di Cortina d'Ampezzo*, Tip. Valbonesi, Forlì 1948.
PIANETTI DANILO, *L'avventura dolomitica di Viktor Wolf von Glanvell*, Ediz. Ghedina, Cortina 1975.
RICHEBUONO GIUSEPPE, *Ampezzo di Cadore*, Tip. Piave, Belluno 1964.
RICHEBUONO GIUSEPPE, *Storia di dieci pecore da nove milioni l'una*, Ediz. Cassa Rurale e Artigiana di Cortina d'Ampezzo, 1969.
RICHEBUONO GIUSEPPE, *Antichi Laudi delle regole*, Ediz. Cassa Rurale e Artigiana di Cortina d'Ampezzo, 1972.
ROHRACHER J., *Das Ampezzo Thal*, Innsbruck 1878.
ROSSARO ENRICO, *Dolomiti di Cortina d'Ampezzo*, Ediz. Manfrini, Calliano 1969.
ROSSI PIERO, *Gli Scoiattoli di Cortina*, Ediz. Tamari, Bologna 1965.
SCHAUMANN WALTER, *Guida alle località teatro di guerra fra le Dolomiti*, Ediz. Foto Ghedina, Cortina 1972.
TERSCHAK FEDERICO, *L'Alpinismo a Cortina dai suoi primordi ai giorni nostri*, Ediz. Pais, Roma 1953.
VIAZZI LUCIANO, *Diavoli sulle Tofane*, Ediz. Agielle, Lecco 1971.
VIAZZI LUCIANO, *Le Aquile delle Tofane*, Ediz. Mursia, Milano 1974.
WUNDT THEODOR, *Wanderungen in den Ampezzaner Dolomiten*, Berlin 1893.
ZANGRANDI GIOVANNA, *Case Rustiche Ampezzane*, da «Monti e Boschi», n. 6, Ediz. T.C.I., Milano, giugno 1951.
ZANOLLI RENATO, *Storia e Storie - Guida di Cortina e d'Ampezzo*, Ediz. By Team 3 Publicity, Cortina 1977.
ZARDINI RINALDO, *Indice dei nomi dialettali ampezzani di piante e fiori spontanei*, Istituto di Studi per l'Alto Adige, Roma-Bolzano 1949.
ZARDINI RINALDO, *Geologia e fossili attorno a Cortina d'Ampezzo*, Ediz. Ghedina, Cortina 1980.

Indice

Presentazione	Pag.	5

L'AMBIENTE NATURALE ED UMANO

Descrizione generale del massiccio	»	11
Studio geologico del gruppo delle Tofane (G. Angelo Mariotti)	»	13
Geologia e fossili attorno a Cortina d'Ampezzo (Rinaldo Zardini)	»	25
La vegetazione (Rinaldo Zardini)	»	35
Toponomastica delle Tofane (Carlo Battisti)	»	39
I tabià d'Ampezzo	»	65
L'esplorazione dei valichi	»	70
Le vie di comunicazione attorno alle Tofane	»	76
L'antica cartografia delle Tofane	»	78

L'ALPINISMO IN TOFANA

La conquista delle cime: Paul Grohmann e le sue guide	»	85
L'attività delle guide (1880-1900)	»	98
I primi alpinisti italiani sulle Tofane	»	106
Viktor Wolf von Glanvell: l'esploratore della Val Travenánzes	»	110
Col Rosà: palestra di arrampicamento	»	114
Dov'è questo Col Rosà? (Orazio De Falkner)	»	115
Un brutto scherzo (Luigi Tarra)	»	117
La via Dimai-Eötvös sulla Parete Sud della Tofana di Rozes (1901)	»	119
La più vertiginosa traversata delle Alpi (Ugo de Amicis)	»	122
Guerra sulle Tofane	»	125
— Ricognizione alpinistica lungo la Parete NO della Tofana di Rozes: 21-22 luglio 1915	»	125
— La via di salita nel Camino degli Alpini	»	130
Angelo Dibona sulla Parete Sud della Tofana di Rozes (1920-1930)	»	139
L'epoca del 6° grado	»	142
Un tentativo solitario (Gianni Caliari)	»	143
La via diretta sulla Parete Sud della Tofana di Rozes	»	144
— La Via Tissi (1931)	»	147
Anni di transizione per guide e alpinisti	»	149
Luigi Ghedina: il folletto delle Tofane	»	151
Come vincemmo il Pilastro SE della Tofana di Rozes (E. Costantini - R. Apollonio)	»	155
Il gran Pilastro di Rozes - Prima ripetizione (Luigi Ghedina «Bibi»)	»	162
— La serie d'oro delle ripetizioni	»	163
Fuga sui tetti... (Armando Aste)	»	164
Peccato che sia tardi (Tino Marchetti)	»	166
Gli spigoli di Rozes ed altre salite	»	167
Lino Lacedelli e compagni	»	170
La «superdirettissima» al Pilastro di Rozes	»	173
Soccorso alpino in Tofana	»	176
Il sacrario delle Tofane	»	179
Alpinismo invernale sulle Tofane	»	182
— Alla Tofana di Rozes d'inverno (Claudio Prato)	»	185
Il chiodo della Tofana (Andrea Oggioni)	»	189
Una prima invernale dei «Ragni» di Lecco	»	191
Ultime cronache dalle Tofane	»	194

GUIDA ALLA VISITA DELLE TOFANE

La situazione dei rifugi	Pag.	201
— Il rifugio Giussani	»	204
Itinerari consigliati	»	206
— Le vie di avvicinamento	»	206
— Traversata della Val Travenánzes	»	208
— Giro delle tre Tofane	»	209
— Traversata alta di Tofana	»	210
— Giro basso della Tofana di Rozes	»	211
— L'ascensione delle tre Vette	»	216
Percorsi attrezzati in Tofana	»	219
— Via ferrata Lipella	»	220
— Cengia Paolina	»	223
— Via ferrata alla Tofana di Mezzo	»	226
— Via ferrata E. Bovero al Col Rosà	»	229
Impianti di risalita e piste sciistiche	»	230
Bibliografia	»	235

Composizione, riproduzioni, stampa e rilegatura:
MANFRINI R. ARTI GRAFICHE VALLAGARINA S.p.A.
Stabilimento di Calliano (Trento)
Finito di stampare nel mese di ottobre 1983

Printed in Italy

(compreso di IVA)

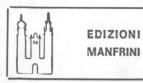

EDIZIONI MANFRINI

L. 20.000

(compreso di IVA)